政信金融业教程

中国政法大学国家监察研究院政信研究所
中国政法大学互联网金融法律研究所　　编
政信投资集团

中国财经出版传媒集团

经济科学出版社
Economic Science Press

图书在版编目（CIP）数据

政信金融业教程/中国政法大学国家监察研究院政
信研究所，中国政法大学互联网金融法律研究所，政信投
资集团编．—北京：经济科学出版社，2021.12
ISBN 978 - 7 - 5218 - 3012 - 5

Ⅰ.①政… Ⅱ.①中…②中…③政… Ⅲ.①金融投
资 - 中国 - 教材 Ⅳ.①F832.48

中国版本图书馆 CIP 数据核字（2021）第 221963 号

责任编辑：吴　敏
责任校对：齐　杰
责任印制：范　艳

政信金融业教程

中国政法大学国家监察研究院政信研究所
中国政法大学互联网金融法律研究所　编
政信投资集团

经济科学出版社出版、发行　新华书店经销
社址：北京市海淀区阜成路甲 28 号　邮编：100142
总编部电话：010 - 88191217　发行部电话：010 - 88191522
网址：www. esp. com. cn
电子邮箱：esp@ esp. com. cn
天猫网店：经济科学出版社旗舰店
网址：http://jjkxcbs. tmall. com
北京季蜂印刷有限公司印装
710 × 1000　16 开　23.25 印张　420000 字
2021 年 12 月第 1 版　2021 年 12 月第 1 次印刷
ISBN 978 - 7 - 5218 - 3012 - 5　定价：60.00 元
（图书出现印装问题，本社负责调换．电话：010 - 88191510）
（版权所有　侵权必究　打击盗版　举报热线：010 - 88191661
QQ：2242791300　营销中心电话：010 - 88191537
电子邮箱：dbts@ esp. com. cn）

本书编委会

总顾问：厉以宁

主　编：裴棕伟

副主编：何晓宇　李爱君　陈卫国　于长勇

　　　　丁　洁　董　峰　李建勇　王利军

委　员：杜善凡　陈立强　张　磊　张雯伊

　　　　胡　晨　杨亚琳　朱　冉　孙茜苇

序

　　金融是现代经济的核心，是国民经济的枢纽，维系着国民经济的命脉与安全。金融是国家的核心产业、先导产业和重要竞争力所在。

　　政信金融是金融的组成部分，也是信用经济的组成部分，作为一种资产管理工具，是政府为了履职践约、兑现承诺而开展的投融资活动。除了常见的信贷、债券、信托、资管外，主权财富基金和开发性金融也是政信金融的特定形式。政信金融具有广泛的社会基础，与市场经济体制、财政金融体系、政府信用管理、城市化发展、战略新兴产业紧密相关。

　　政信金融的起源是为了解决地方政府举债进行建设问题而鼓励社会资本方参与政府类工程建设，是地方政府信用与市场经济原理有机结合的产物。政信金融具有经营性和政策性融合的二元属性，兼具直接融资的典型特点，是深化金融体制改革、提高直接融资比重、促进多层次资本市场健康发展的一种融资方式。政信金融在中国金融战略发展和经济发展过程中具有重要价值，不仅推动了中国经济体制的改革，还助力中国经济快速发展。

　　此书全面而系统地阐述了国内外政信金融的发展实践和理论，构建了政信金融的理论体系和知识体系，内容涵盖政信金融的理论、政信金融的社会基础、政信金融格局、政信金融业务模式、政信金融产品、政信金融监管、政信金融风险管理和政信金融职业道德等。此书填补了政信金融理论的空白，健全和完善了金融理论体系，同时为我国政信金融的实践提供了理论支撑。

　　从政信金融四十多年的发展实践来看，它既是财政金融体制改革的必然产物，也是地方政府公共信用进一步发展的必然路径。随着我国数字经济发展的战略布局、数字经济基础设施的建设、传统行业的数字化转型和数字技术的创新，政信金融必将迎来其新的历史使命——成为实现社会资本参与国家数字经济建设的主要路径。各地方政府的数字经济建设和发展需要更多地依赖市场，向社会开放优质项目和获得融资，以实现与民共赢，促进社会数字经济的发展，此种需求与政信金融的作用和价值不谋而合。

愿此书在我国数字经济发展的过程中，能够为政信金融价值的实现和作用的发挥提供理论支撑，同时普及政信金融相关知识。

时建中

中国政法大学副校长

2021 年 8 月

前　言

金融看似很神秘和枯燥，从 QE、SLF、MLF、QDII、QFII 到 ABS、SPV、PPP、EPC、ROI，从银行、证券、保险、信托、租赁、产业基金、资管计划到期货、期权、定向融资计划、智能投顾、量化投资、金融工程；从项目尽职调查、征信评级、资产定价、交易结构、主体增信、抵押担保、质押保证到杠杆收购、定向增发、可转换债券、内保外贷、风险对冲、套期保值、利率互换、掉期合约……各种术语和复杂的模型等让人望而生畏。

金融其实很鲜活和有趣，从中国唐代的飞钱、宋代的交子到威尼斯公共债券；从银行储蓄、金融投资、股票、保险到信用卡消费、电子支付……我们的生活离不开金融。

金融本质又很简单和精巧，是一种技术工具和制度机制，能够通过跨期支付、主体增信和风险分担，实现跨期配置经济价值、经济风险、经济资本和经济资源。俗话说，每个硬币都有两面。无论金融产品多么高效、复杂和美妙，一旦忘记了金融必须关于民生、依赖民生和服务民生这个基本使命，必将导致金融泡沫、金融危机，乃至社会危机。

回顾世界金融发展历程，由于地理区位、经济氛围、政治体制和文化传统等因素的差异，中国产生了不同于欧洲银行货币信用体系的中央财政货币信用体系。欧洲银行信用货币体系的特点是政治力量弱、分权制约、民间信用强大，拥有大量的银行、证券交易中心、股份公司等，各类金融产品交易活跃；而中国中央财政货币信用体系的特点是中央集权、经济国有、民间信用脆弱，拥有强大的财政税收、中央企业、国有企业等，中央财政力量雄厚。正所谓尺有所短、寸有所长，以上两种体系各有优劣，完全可以相互借鉴、相互补充和相互融合，共同发展。

中国政信金融在中央财政货币信用体系框架下具有鲜明的中国特色，起源于中华民族"家国一体"基因，传承着中华民族"天下大同"理想，具有"举国体制"优势；同时，又借鉴和学习了欧洲银行货币信用体系证券交易发达、金融产品丰富和交易活跃的先进经验，并且随着中国财政金融体制改革进程而不断深化和完善。

正是基于以上思想，本着编写简明易懂、鲜活有趣、灵活实用的政信金融业教程的宗旨，本书对中国政信金融进行了理论和理念构建，业务和产品解析，投资管理和策略、监管和管理研究，这三个部分构成了本书的框架结构。

首先，从理论上讲，政信金融是信用经济的组成部分，是政府基于公共信用，为了履职践约、兑现承诺而开展的所有投融资活动。除了常见的信贷、债券、信托、资管外，主权财富基金、开发性金融也是政信金融的特定体现形式。政信金融具有广泛的社会基础，与市场经济体制、财政金融体系、政府信用管理、城市化发展、战略新兴产业紧密相关。在百年未有之大变局的背景下，政信金融有助于推动中国经济体制改革进程，助力中国数字经济快速成长和驱动中国经济高质量发展。

其次，从业务上讲，政信金融是融资主体、投资主体、平台公司和服务机构有机合作的业务模式。目前，政信金融的运作模式主要包括 PPP 项目运作模式、BT/BOT 项目运作模式、TOD 项目运作模式、EPC/EPCM 项目运作模式等。政信金融产品除了传统的政信信贷、政信债券、政信信托外，还有政信投资基金、政信定向融资计划和政信供应链金融，以及政信融资租赁、政信 REITs 和政信资产证券化等。这些产品的具体运作模式各有差异，在风险及管理方面具有不同的特点。

再次，从投资上讲，为了提高投资的科学性、艺术性、有效性和精准性，政信金融投资人必须有正确的投资理念、模式和策略，透过纷繁复杂的产品本身，洞察背后的项目操作逻辑、产业发展前景和经济发展趋势，同时要根据资产状况、成长周期、资金实力，对各种产品进行精选、匹配，构建有效的资产配置和投资组合，从而在控制风险的同时保证预期的投资收益。

最后，从监管上讲，政信金融在政府预算、政府投资、政府债务、货币和信贷政策、地方融资平台管理等法律政策框架内依法开展相关业务。依法监管、合规经营和控制风险是行业生存和发展的基础。为了防范市场风险、政策风险、信用风险、操作风险和流动性风险等，政信金融需要合理的风控模型和风控策略。

此外，对于政信金融从业人员而言，需要具有较高的业务水平、基本的职业道德，自觉接受相应行业的法律监管，遵守相应的行为准则，并随着行业发展实现个人成长。

目前，世界正在经历百年未有之大变局，我国正处于实现中华民族伟大复兴的关键时期，经济、政治和社会形势仍有很多不确定因素。但有些趋势已经逐渐明朗：一方面，在全球治理体系中，人类命运共同体理念被越来越多的国家接受，随着世界经济产业链、供应链和分销网络调整，中国将逐步走上世界经济政治文化舞台的中心；另一方面，全球经济已经进入数字化和云计算时代，区块链、比特币和智能合约应运而生，数据驱动和平台生态成为业务主流，核心技术和关键产业成为市场竞争的制高点。对于广大政信金融业务操作者来说，不仅需要具备迎接新时代机遇的信心和勇气，而且需要建设直面历史性挑战的能力和机制。未来已来，时不我待。

路漫漫其修远兮，吾将上下而求索！

目　录

第一篇　政信金融基础理论

第二篇　政信金融业务和产品

第三篇　政信金融投资和策略

第四篇　政信金融监管和管理

第一篇　政信金融基础理论

如今，国际产业链紧密结合并交织在一起，各个国家和地区已经凝聚为一个"命运共同体"。第四次工业革命、全球经济治理变革、大国博弈等因素将深刻改变未来国际经济政治格局。这是中国作为新兴大国崛起的关键期和比较优势转换期。

全球经济将保持低速增长，中国预计将会在 2035 年左右成为全球第一大经济体。随着中国"十四五"规划的开启，在经济内循环、"新基建"等政策指导下，消费和科技的发展将对经济形成巨大的推动作用，支撑中国的崛起和复兴。

作为金融业的一个细分领域，中国政信金融投资伴随着改革开放和金融业快速成长的步伐，也将进入一个新时期，展现出广阔的投资前景和巨大的社会作用。

第一章
政信金融概述

【本章内容概述】

本章重点介绍政信金融的内涵、起源、进化与前景，政府融资路径的变化，以及当今政信金融市场中各类信用之间的关系，包括主权信用、开发性金融与政信金融的关系。

【本章重点与难点】

重点：

1. 政信金融的概念、政信金融国内外对比
2. 政信金融的理念，包括家国文化、与国共赢、"四国"理念
3. 政信金融市场的信用体系及区别
4. 主权财富基金、开发性金融与政信金融的关联

难点：

1. 政信金融的概念、理念
2. 政信金融市场的信用体系

金融是现代经济的核心，是国民经济的枢纽，维系着国民经济的命脉与安全。金融业是国家的核心产业、先导产业，以及重要竞争力所在。

改革开放40多年来，中国金融业随着中国经济改革开放进程，走过了一条不同寻常的道路，从中国人民银行一家主管到"一行三会""一行两会"，再到多家金融监管机构并存和金融市场竞相发展；从商业银行主导到与保险、证券、信托和基金等机构共同发展；从为计划经济提供资金服务到成为市场化配置资源的主渠道，利率、汇率逐渐市场化。中国金融业在改革开放之初带有非常明显的计划经济痕迹，但如今已成为初具现代金融特征的市场化的金融，开始具有大国金融的特征。

党的十八届三中全会提出全面深化改革，将推进国家治理体系和治理能力现代化作为全面深化改革的总目标。政府公信力是体现国家治理能力

的基础和标志，是评价治理体系和治理能力现代化的重要表现和集中体现。对政府公信力进行系统研究是推进国家治理体系和治理能力现代化的具体举措。

政信的主体是政府，政信体现的是政府与公民和各类组织形成的履职践约、守法守规的关系。因此，政信是社会信用体系的核心，是最大的信用，或称为"第一信用"。

中西方历史文化发展过程中蕴含着丰富的政信思想。西方众多政治思想家，如柏拉图、亚里士多德、马克斯·韦伯、托马斯·阿奎那等，都十分重视政治与信用的关联，认为信用是政府存在的道义基础。

我国古代政信思想中特别重视诚信。特别是以"仁义礼智信"为基础的儒家伦理思想体系将"信"作为五常之一，加强"信"在中国传统道德规范中的地位，将"信"作为政治家的一种重要品德。

政府信用是社会信用体系的基础。如果政府信用出了问题，将引发经济系统性风险。因此，研究政府信用具有重要的作用。

第一节　政信金融的内涵与模式

学习目标	知识点
掌握政信金融的内涵	政信金融的概念
掌握我国政信金融的基本模式	政信金融产品及其构成要素、政信金融业态
了解政信金融的国际对比	美国的政信金融模式、日本的政信金融模式、英国的政信金融模式

一、政信金融的内涵

政信金融是信用经济的组成部分，作为一种资产管理工具，是政府为了履职践约、兑现承诺而开展的所有投融资活动。从融资工具的角度来看，政信金融的实践形式主要包括政府债券、金融机构贷款、地方政府投融资平台发债、政府投资基金、政府与社会资本合作（PPP）、政府信托、开发性金融等。

首先，政信金融是地方政府信用与市场经济原理有机结合的产物。地方政府肩负着城市建设、经济发展和服务民生等多重任务，本身就需要各种财政性和金融性渠道去筹集相关资金。为了解决财力不足与不断增长的资金需求间的矛盾，地方政府融资平台应运而生，从 1987 年国内第一家地方政府融资平台公司——上海久事集团有限公司开始，通过银行借款、债券发行、土地财政、PPP、产业基金等方式，成为地方政府举债融资的一个核心渠道，推动了中国政信金融业的发展。近几十年来，政信金融和政府融资平台为促进中国城镇化、工业化和现代化进程作出了巨大贡献，但也产生了一些不利影响，中国经济的高速成长与风险累积均与此紧密相关。

其次，政信金融具有经营性和政策性融合的二元属性。伴随着中国发展进入新时期、供给侧经济结构调整和金融体制改革要求，一切金融活动、金融创新、金融发展都应当以实体经济的需要为出发点和落脚点。政信金融的政策性属性使之在公共服务、"三农"、小微企业等薄弱领域和科技创新、国企改革等支柱领域更能发挥引导和支持作用。尤其是在中美竞合的背景下，政信金融的逆周期经济调控能够增强中国经济的韧性和弹性，在一定程度上化解中美贸易摩擦对中国经济造成的不利影响。

最后，政信金融作为一种资产管理工具，具有直接融资的典型特点，能够深化金融体制改革，提高直接融资比重，促进多层次资本市场健康发展。资产管理产品可以在这个领域大显身手，"技术进步 + 资本市场"不仅能够做大做强资本市场，而且能够成为战略新兴产业发展的助推器，使中国尽快成为创新型国家。

二、我国政信金融的基本模式

简单来讲，政信金融产品就是以政府为主导的 PPP 项目，地方国有平台公司为主导的民生项目、基础设施建设项目，以及产业园建设、产城融合等相关项目所产生的金融产品。其模式或简单，或复杂，但均包括主体、客体、交易架构几大要素。

政信金融的主体是指政信金融的参与方，不仅包括融资方，即地方政府或者其平台公司；也包括金融服务方，即具有相关金融牌照的银行、证券公司、保险公司、信托公司和基金公司等；还包括投资者，即广大高净值的个人投资者和机构投资者。其中，投资者分为两类：个人投资者是指自然人个人作为一级投资主体进行投资的投资者，机构投资者是指使用自有资金或者从分散的社会公众、其他机构手中筹集的资金进行投资活动的法人机构。在三方主体中，地方融资平台公司（或者其背后相应的地方政府）是融资人，政信金融服务公司是相应项目的资产（资金）管理人，投资者是相应项目的投资人和受益人。三者在法律上构成了一种契约关系。

政信金融的客体是指政信金融采用的金融工具。除了传统的银行信贷外，主要包括政信债券、政信贷款、政信产业投资基金、政信信托、政信保理与资产证券化、政信定融产品和政信融资租赁产品等其他政信金融产品。

近年来，地方政府凭借政府信用开展的各种形式的政信金融，构成了实践中的政信金融业态。政信金融业态具体包括以政府债务、政府贷款为主要形式的债务政信金融，以 PPP、融资租赁、资产证券化、政府信托为主要形式的结构性政信金融和以平台公司债务、政府投资基金为主要形式的权益性政信金融。随着政信金融规模的不断发展和扩张，一方面，为地方社会经济发展提供了源源不断的资金支持；另一方面，违规举债、明股实债、违规担保等现象层出不穷，形成了巨大的地方政府债务风险，严重影响了政府信用。为此，国务院以及财政部、国家发展和改革委员会（简称国家发展改革委）等部委相继发布一系列政策，明确举债融资的合法渠道、方式及负面清单，以防范系统性风险。

地方政府投融资平台：地方政府投融资平台的发展经历了雏形阶段（20 世纪 80 年代至 90 年代）、探索阶段（1994～2008 年）、繁荣发展阶段（2009～2014 年）、转型发展阶段（2014 年至今）。其中，2009～2014 年，我国地方政府投融资平台数量、债务规模快速发展。2014 年国家加强地方政府性债务管理，地方政府融资平台不得不脱离政府信用，成为独立的国有企业。在进行市场化转型后，它们主要通过银行贷款、发行城投债、绿色债券以及专项债券、参与 PPP 项目等方式进行融资。

政府信托：政府信托自推出以来，由于有政府的"承诺函"保驾护航，受到众多投资者的青睐，在 2012～2013 年间呈现爆发式增长。但自 2014 年以来，在财政部等部门严查地方政府违法违规举债和担保的监管新政的打击下，政府信托业务失去了政府信用的保障，对投资者的吸引力有所降低，业务规模逐渐萎缩。政府信托业务在失去政府出函、财政担保的融资优势后，地方政府正在积极探索转型升级业务模式。

政府与社会资本合作项目（PPP）：财政部从 2013 年开始大力推广 PPP 模式，使其在 2013～2016 年得到了井喷式的发展。2017 年被称为 PPP 项目规范发展之年，国家从严把控的政策环境有利于 PPP 项目的健康持续发展。

政府投资基金：当前，政府投资基金已成为我国各级政府广泛采用的政信金融形式，其数量和规模近年来都呈加速增长之势，并已形成由东部沿海地区向中西部地区扩散的分布特征。在政府投资基金得到快速发展的同时，也暴露出市场化运作不规范、名股实债、资金闲置等一系列问题，财政部、国家发展改革委、证监会等部委正在探索加强对政府投资基金的监管。

三、政信金融的国际对比

由于政治体制、经济发展水平、财政体制和金融体制的差异，我国与发达国家、其他新兴市场国家在政府信用体制上具有很大差异，在财政收入的筹集方式和偏好上也同样具有差异。但总体来说，举债不仅是发达国家地方政府普遍采取的融资手段，也是新兴市场国家越来越重视的融资手段。多数国家规定地方政府只能举借内债，只有个别国家规定在中央政府授权的情况下，达到一定级别的地方政府可以举借外债。

必须指出的是，由于银行对地方政府的监督和约束相对有限，管理上可能会存在比较多的漏洞。总体来讲，在美国和印度地方政府以发行市政债券为主；在英国，地方政府以银行贷款为主；而德国和日本则二者兼而有之。以下以美国、英国和日本为例，分析世界三种主要的政信金融模式之间的差异。

（一）美国的政信金融模式

1. 财政体制特点

美国是世界最大的发达国家，其财政体制具有很强的代表性。美国财政体制的特点是高度分权，实行联邦财政、州财政和县财政三级治理。各级地方政府具有很强的自治性，财权与事权基本匹配，在其范围内具有财政立法权、收益权、征收权和预算权，基本能够实现"一级政府、一级事权、一级收入权"。

2. 地方政府融资主要渠道

在美国，地方政府主要通过市政债券方式融资，各州及州以下地方政府融资几乎全部采取发行（市政）债券的方式。美国市政债券发行的方式有公募和私募两种，投资者包括个人投资者、货币市场基金、共同基金、商业银行、保险公司、封闭式基金以及其他投资者。

市政债券分为一般责任债券和收益债券。一般责任债券由州、市、县或者镇政府发行，以相应政府的税收能力为发行基础和偿付后盾，信用来自发行者的税收能力，定期支付本金和利息，利率相对较低，违约的情况极为罕见。收益债券指公用事业机构（为了建设某一个基础设施或者公共项目而依法成立）、委员会及其授权机构发行的特定债券。该债券与指定项目严格对应，还本付息资金源于指定项目有偿使用带来的收益。政府也可以发行收益债券，但是其资金只用于能够带来收益的政府企业，政府不能以自身的信用来担保收益债券的偿还。与一般责任债券相比，收益债券风险相对较高，所以其利率也相对较高。

政府对于一般责任债券和收益债券的偿还方式不一样。对于一般责任债券，政府可以使用项目费收入、地方税收等各种资金向投资者支付利息和偿还本金。同时，当州和州以下地方政府不能或者不愿筹集足够的资金来支付利息或者偿还本金时，债券持有人可以向法庭提起诉讼，获得政府或者其代理机构的资产。而收益债券本身已经锁定了指定项目的收入作为偿债来源。如果该项目获得的收入不足以还本付息，州和州以下地方政府不能动用其他的收入来源进行弥补。债券持有人需要自身承担部分或者全部损失。

为了增强市政债券的还本付息保障，美国有数十家专业的市政债券保险公司以及行业性组织"金融担保保险协会"，对市政债券进行保险支持。一半以上新发行的长期市政债券都获得了相关保险公司的保险支持，从而提高了债券的信用评级，降低了投资者的风险损失。

市政债券根据发行期限、资金用途不同，利率有所差异。一般来说，市政债券利率低于公司债。但是，由于市政债券的还本付息相对来说更有保证，加上联邦政府对个人投资者购买市政债券获得的利息收入免征所得税，所以市政债券的实际税后收益还是比较可观的。

（二）日本的政信金融模式

1. 财政体制特点

日本的财政体制与美国截然不同，是典型的高度集权模式，财政比较集中，中央预算收入占全国预算收入的70%以上。一方面，日本税制实行中央集权制，中央和地方税收分配比例约为60%和40%，而支出结构比例接近于30%和70%；另一方面，日本有比较完善的转移支付体系，地方财政支出的资金缺口主要通过中央对地方的转移支付（国库支付金）进行解决，中央对地方财政的转移支付占地方预算支出的40%以上。此外，地方政府还可以通过地方交付税和地方让与税获得收入，以弥补税源不足。

2. 地方政府融资主要渠道

在日本，地方政府融资既有借款，又有债券，主要通过银行信贷和发行地方债券融资。

首先，日本地方政府可以向中央政府、公营企业金融公库、银行等机构借款。由于日本实行主银行制度的公司治理结构，因此通过银行信贷融资较为普遍。

其次，日本地方政府可以通过公募或者私募方式发行债券。日本的地方债券包括地方公债和地方公营企业债两种类型。经济实力强的地方政府主要通过公募方式直接发行中长期债券，即地方公债，募集资金主要用于地方道路建设、地区开发、义务教育设施建设、公营住宅建设、购置公用土地以及其他公用事业。而地方公营企业债则是由地方的公营企业发行，地方政府提供担保的债券，资金使用方向集中于下水道、自来水和交通基础设施等领域。

最后，日本还有比较完善的财政投融资，以帮助地方政府融资。日本财政投融资运作中分配给地方政府的比重约20%，主要通过购买地方债或者为地方债提供担保的方式来保证地方公共基础设施和服务的投资和运营。因此，日本的地方债并不是真正意义上的市场性、金融性融资，与美国的市政债券之间有很大的差异。

（三）英国的政信金融模式

1. 财政体制特点

欧洲各国的财政管理体制有较大差异，但从其共性角度来看，英国和法国实行高度集中的分税制模式，财政上高度集权。一方面，中央政府与地方政府严格按照税种划分。地方建立了以财产税为主体的税收体系，但其税率和税基一般由中央政府确定。另一方面，中央政府和地方政府具有相对明确的事权范围，但中央政府通过限制地方政府财政支出的规模来影响地方政府的事权。同时，从中央政府和地方政府转移支付的角度来看，地方政府履行事权在很大程度上依赖于中央政府。

2. 地方政府融资主要渠道

英国地方政府主要通过借款方式融资，即向公共工程贷款委员会和商业银行贷款。其中，公共工程贷款委员会隶属于英国财政部债务管理办公室，通过国家贷款基金（国债性质）转贷给地方政府，为地方政府提供了近80%的借款。

为了防止债务危机的发生，世界上多数国家要求地方政府举债时必须遵守"黄金规则"，即除短期债务外，地方政府举债只能用于基础性和公益性项目支出，不能用于弥补地方政府经常性预算缺口。只有加拿大、美国、德国和瑞士等几个国家允许地方政府举债弥补财政收支季节性缺口。

第二节 信用、商业金融与政信金融

学习目标	知识点
掌握商业信用的概念	企业（商业）信用、银行信用与企业信用、商业性金融
掌握政府信用的概念	政府（公共）信用
掌握政府信用与商业信用的区别	政府信用与商业信用的区别

金融体系的基础是信用体系。按照现代社会信用运作的主体来划分，一般可以把信用简单地划分为个人信用、企业信用和政府信用三种形式。基于个人信用、企业信用和政府信用的差异，分别形成了个人消费者金融、企业

金融和政信金融。

根据信用主体的差异，其信用能力和社会对其信用要求的不同，决定了主体承担责任的不同。其中，企业（商业）信用包含的内容比较复杂，不仅包含银行信用，还包括非银行的商业信用。政信金融是基于政府公共信用的金融产品，这与企业（商业）信用具有本质差别。公共信用的主权性、高强度性和特殊性决定了政信金融不仅是一种金融工具或者金融产品，而且是一种宏观调控工具。政信金融的信用基础是地方政府，强度很高，而个人金融和企业（商业）金融的信用基础分别是个人和企业股东，其强度相对较低。

一、企业（商业）信用与商业金融

（一）企业（商业）信用

企业信用，也称为商业信用，是指工商企业在商品生产、资金筹集和资本运营过程中所进行的信用活动。商业信用是信用发展史上最早的信用方式，人们通过所谓"赊账"，即债权债务关系的建立和消除来实现商品的交换。商业信用在商品的交易过程起到了中介作用，加速了商品的生产和流通。随后信用超出了商品交易的范畴，作为支付手段的货币加入交易的过程，产生了以货币为借贷对象的信用活动。资本借贷市场即是货币信用发展的产物。

最常见的商业信用是商品赊销。工商企业在商品交易时，签订契约（合同）作为预期的货币资金支付保证。从表面上看，这种行为是商品赊销，其核心却是资本运作，实际上是企业间的直接信用。这是商业信用的最早的形式，随后的预付货款、即期汇款支付、企业信用贷款等，都是商业信用的表现形式。

（二）银行信用与企业信用

在市场经济中，银行也是一种企业，而且是专门经营信用的企业。银行信用就是由商业银行或者其他金融机构授给企业或者消费者个人的信用。银行等金融机构不仅可以为产品赊销过程中的买方提供融资支持，从而帮助卖方扩大销售，而且可以根据企业信用发放贷款，并基于企业信用状况确定贷款额度、贷款周期和还款方式。对于不符合其信用标准的企业，商业银行还会要求提供抵押、质押，或者由专业担保公司进行担保。随着市场经济的逐步发展，金融交易的数量和规模越来越大，银行信用比商业信用发展更快，在规模、范围和期限上都大大超过了商业信用，成为现代市场经济中最基本的、占主导地位的信用形式。

（三）商业性金融

在商业信用的基础上，产生了商业性金融。商业性金融是指在国家财政、货币和产业等政策指导下，运用市场经济法则，引导资源合理配置和货币资金合理流动等经济行为而产生的一系列金融活动的总称。承担商业性金融业务的金融机构是按照现代企业制度改造和组建的，以营利为目的的银行金融机构和非银行金融机构。

中国的银行金融机构主要包括国有独资商业银行（中国工商银行、中国农业银行、中国银行和中国建设银行）、其他商业银行、农村和城市信用合作社。银行金融机构以吸收存款为主要负债，以发放贷款为主要资产，以办理转账结算为主要中间业务，直接参与存款货币的创造过程。非银行金融机构是指除商业银行和专业银行之外的所有金融机构，主要包括：信托投资公司、证券公司、保险公司、公募基金公司、私募基金公司、融资租赁公司和财务公司等。非银行金融机构不能吸收公众存款，以某些特殊方式吸收资金并运用资金，提供特色金融服务。

二、政府（公共）信用与政信金融

政府信用是一种特殊资源，只有政府才享有支配此种资源的特权。政府信用具有以下特点。第一，政府信用是一种举债能力，是调节经济社会发展的重要工具。第二，政府信用是社会信用体系的一个重要内容。政府既是政府信用的参与主体，又是政府信用的裁定主体。所以，政府也要遵守市场经济和信用法则，主要体现在两个方面：一是政府政策、条例不能随意撤销、变更和废除；二是如果迫不得已要撤销、变更或废除，也要赔偿因此给老百姓造成的损失。第三，政府信用应当由国家的法律予以保障，以避免政府滥用政府信用资源。第四，政府信用也反映了公众和社会对政府的信任度，对政府守约重诺的意愿、能力和行为的评价。第五，政府信用也会产生信用风险和信用危机。

商业信用、银行信用和政府信用都是现代信用体系的主要形式。银行信用和政府信用都是在商业信用基础上产生和发展的。但商业信用、银行信用和国家信用也有明显的区别：发行人不同，信用风险不同，信用规模和融资功能不同，对经济活动的影响也不同，其中银行信用规模、功能最全（见表1.1）。

表 1.1 　　　　　　　商业信用、银行信用和政府信用对比

类别	子类别	借款人	融资规模	功能与影响	风险	金融模式
企业信用	商业信用	企业	较大	小	大	商业金融
	银行信用	银行（发行人）	最大	大	中等	

续表

类别	子类别	借款人	融资规模	功能与影响	风险	金融模式
政府信用	中央政府	中央政府	大	较大	小	主权金融（主要是财政手段）
	地方政府	地方政府＋融资平台	较大	较小	较小	政信金融（主要是金融工具）

政府信用是政府为了弥补收支平衡、建设和发展资金不足而对外借款的一种方式。政府对公民提供各种服务，诸如国防、教育、交通、医疗保健及社会福利，需要庞大的经费支出，但是政府税收的增加往往赶不上支出的增加。因此，政府财政可能会出现庞大的赤字。为弥补财政赤字，政府发行或出售各种信用工具。这些信用工具代表政府对持有人所做出的将来偿还借款的承诺，因此政府信用又被称之为公共信用。

政府信用本质上是一种政府负债。政府信用的财务基础是政府将来偿还债务的能力。这种偿债能力源于政府所能控制和使用的财务资源，主要来源于以下几个方面：政府的税收收入、政府经营和转让国有资产（包括土地、矿产、国有企业股权等）的收入、政府发行货币的专享权力等。

政府信用体现在公共事务管理当中，要求抛开政府官员的自利动机，一心一意为公众服务，制定公共政策、提供公共产品、维护公共利益，因此，政府信用体现的就是一种公共意识。

在信用经济的链条中，尤其是市场经济中，政府信用是极其重要的一环。政府不仅运用信用手段筹集资金，为社会提供公共产品和服务并承担风险较大的投资项目，而且政府信用所创造的金融工具也为中央银行调节货币供应量提供了操作基础。

总体来看，自20世纪30年代各国放弃金本位制以来，开始发行不可兑换的信用货币，信用货币也就在名义上成为中央银行的债务和持有人的债权，尽管这种债权是不能兑现的。随着信用货币的发行和金融业的深入发展，信用经济已成为现代社会生活不可分割的部分。经济学家从生产方式出发，以信用为研究对象，将信用经济看作货币经济的一种形式，其信用的含义即为资本借贷。根据马克思的分析，在发达的市场经济中，再生产过程的全部联系以信用为基础，市场经济就是信用经济。因此，信用经济是现代市场经济的主要特征。

三、政信金融与商业金融的区别

政信金融是政府为了履职践约、兑现承诺而开展的所有投融资活动。它属于金融业的细分领域，基于中央及地方政府信用，由政信金融机构提供投资、融资、建设、管理、资产证券化退出等金融服务。从长远来看，政信金融将主要以资产管理计划的形式出现。政信金融包括政府以自身信用为依据开展的投融资行为，如政府债券、政府借款等；以市场化方式开展的投融资行为，如 PPP、资产证券化、融资平台、政府投资基金等。

政信金融不仅是地方政府发展经济的主要投融资工具，而且是地方政府落实中央政府财政、金融、产业等宏观调控政策，进行逆周期调控的基础性金融工具，还是建设有为政府和服务实体经济的工具，是构成中国模式的核心支柱之一。

政信金融的借款人是地方政府或者平台公司，其信用基础是地方政府的财政预算支出能力，与地方政府的信用关联。政信金融与企业和机构相比，其信用度更高。

政信金融和商业金融有着本质的区别（见表1.2）。商业金融的借款人是企业，其信用基础是企业综合实力和发展潜力，其信用背书是企业股东，信用度相对较低。

表1.2　　　　　　　　　　　政信金融与商业金融的差异

金融类型	借款人/发行人	信用基础	信用背书	信用风险	适用领域	功能作用
政信金融	政府/平台公司	财政预算支出能力	中央或地方政府	低	公共服务、"三农"、小微企业、战略新兴产业等	基础作用
商业金融	企业	综合实力和发展潜力	企业股东	高	经营性领域	放大作用

中国政信金融业务是政府投融资体制改革和财政管理体制改革的重要产物。2015年1月1日，《预算法》（2014年修正，即所谓的"新预算法"）生效前，地方政府的直接融资职能主要是由其设立的地方政府融资平台（简称平台公司）来承担。可以简单地理解为，政信产品这一时期主要表现为由政府及其融资平台公司主导或参与的金融产品。如今，政信金融的实践形式更加丰富，不仅包括政府债券、金融机构贷款、开发性金融，还包括地方政府投融资平台、政府投资基金、政府与社会资本合作（PPP）、城投债信托等。

政信金融表面上看只是地方政府的投融资手段，但实质上与国家政治体制、财政制度、金融制度及相关制度等紧密相关，在其框架内运行。尤其需要指出的是，在经济发展的不同阶段，政信金融还必将受到当时投融资政策和产业政策的约束和监管。

第三节　主权财富基金、开发性
金融与政信金融

学习目标	知识点
掌握主权财富基金的概念	主权财富基金、主权信用评级
掌握开发性金融的概念	开发性金融
掌握主权财富基金、开发性金融与政信金融的关系	主权财富基金、开发性金融是政信的特定体现形式

政信金融是中央政府或地方政府以自身信用开展的金融活动。其中，中央政府的信用为主权信用，而中国特色的政信金融还包含开发性金融等表现形式。合理使用政府信用，对产业进行开发，能够促进产业创新与发展。

一、主权财富基金

自各国放弃金本位制以来，信用经济已成为现代社会生活不可分割的一部分。政府信用在整个社会信用体系中处于核心地位，对社会经济的发展有着不可忽视的作用。在西方发达国家，绝大部分贸易是以信用方式结算的。而信用资源是稀缺的，当国家无法有效地应对和管控政府信用的时候，信用风险就会随时降临。

（一）主权财富基金

主权财富（sovereign wealth），与私人财富相对应，是指一国政府通过特定税收与预算分配、可再生自然资源收入和国际收支盈余等方式积累形成的，由政府控制与支配的，通常以外币形式持有的公共财富。

传统上，主权财富管理方式非常被动保守，对本国与国际金融市场的影响也非常有限。随着近年来主权财富得益于国际油价飙升和国际贸易扩张而急剧增加，主权财富的管理成为一个日趋重要的议题。国际上最新的发展趋势是成立主权财富基金（Sovereign Wealth Funds，SWFs），并设立通常独立于央行和财政部的专业投资机构来管理这些基金。

（二）主权财富基金的意义

主权财富基金的本质与私人基金相同，即通过科学有效的管理和运用基金资产，获得投资收益，实现基金资产的保值增值。对于主权财富基金，政府是基金管理人，国家是基金投资人，因此主权财富基金天然具有管理资产庞大、投资安全性要求高、信用级别高的属性。目前，世界上很多国家都通过这种方式来管理通过国际贸易积累的外汇资产、政府税收收入、通过发行特别国债筹集的资金、自然资源出口收入等资产，并且将其投资于国际股票市场、主权债务、房地产市场、股权投资领域等。相对比传统的国家储蓄，主权财富基金通过积极的投资策略和灵活的资产运作，使得基金具有很强的财富增值能力，成为保卫国家财富的一员猛将。

国际上不乏资产规模动辄上千亿的超级主权财富基金，比如世界上第一个主权财富基金管理机构——科威特投资局、目前规模最大的主权财富基金管理机构——挪威主权财富基金，以及收益惊人的新加坡淡马锡公司管理的基金（见表1.3）。

表1.3　　　　　　　　世界部分主要主权财富基金管理机构

国家	主权财富基金管理机构	成立年份
科威特	科威特投资局	1953
新加坡	淡马锡公司	1974
阿联酋	阿布扎比投资局	1976
挪威	挪威主权财富基金	1990
俄罗斯	俄罗斯联邦稳定基金	2004
卡塔尔	卡塔尔投资局	2005
中国	中国投资有限责任公司	2007

在我国国资管理体系中，还有一个重要的形式：政府产业投资基金体系。我国政府产业投资基金具体包括两大类，即政府出资管理的产业直投基金和政府与合伙人合作的政府引导基金。中国投资有限责任公司（主权财富基金）、国家开发投资集团和政府产业投资基金都属于我国国资管理体系的一部分。它们各有侧重地在我国政府的海外投资、产业投资、创业投资等各个领域贡献着力量，也彰显着政府主导的投资行为所焕发的无限活力。

（三）主权信用评级

主权信用评级是信用评级机构进行的，对一国政府作为债务人履行偿债责任的信用意愿与信用能力的评判。目前，涉及主权信用评级业务的主要是国际三大评级机构：惠誉国际、标准普尔和穆迪。

国际上流行国家主权评级，以体现一国偿债意愿和能力。主权评级涉及的内容很广，除了要对一个国家国内生产总值增长趋势、对外贸易、国际收支情况、外汇储备、外债总量及结构、财政收支、政策实施等影响国家偿还能力的因素进行分析外，根据国际惯例，国家主权等级列为该国境内单位发行外币债券的评级上限，债券评级不得超过国家主权等级。

国家主权信用评级具体涉及的主权评级包括长、短期外币债国家上限评级，长、短期外币银行存款国家上限评级。鉴于外币转移风险及国家系统风险，国家上限评级代表了外币债务发行人所能得到的最高评级。另外，还涉及政府外币及本币长期债券评级。主权评级标准从 AAA 至 C，各个评级机构有各自的分类标准。

例如，在确定或调整主权信用评级及评级前景时，穆迪一般主要考察该国的宏观经济状况、前景以及财政状况及货币政策。其中，中央政府的债务负担（主要指外债）及偿债能力是主要的考察指标，但一国的经济增长前景对主权评级来讲则显得更为重要。评级级别分为两个部分，包括投资等级和投机等级。

二、开发性金融

开发性金融（development financing）机构众多，如世界银行、亚洲开发银行、中国国家开发银行等。开发性银行的资金主要用于开发和发展。开发性金融是实现政府发展目标，弥补体制落后和市场失灵，有助于维护国家经济金融安全，增强竞争力的一种金融形式。

（一）开发性金融

开发性金融是政策性金融的深化和发展，一般为政府拥有、赋权经营，具有国家信用，体现政府意志，把国家信用与市场原理，特别是与资本市场原理有机结合起来。

从世界性的发展趋势看，开发性金融一般经历三个发展阶段。第一阶段是政策性金融初级阶段。开发性金融作为政府财政的延伸，以财政性手段弥补市场失灵。第二阶段是制度建设阶段，也是机构拉动阶段。开发性金融以国家信用参与经济运行，推动市场建设和制度建设。第三阶段是开发性金融作为市场主体参与运行。随着市场的充分发育，各类制度不断完善，国家信用与金融运行分离，经济运行完全纳入市场的轨道、框架，开发性金融也就完成了基础制度建设的任务，开始作为市场主体参与运行。

开发性金融是国家金融，其运作具有以下主要特性：通过融资推动项目建设和所涉及领域的制度及市场建设；以国家信用为基础，市场业绩为支柱，信用建设为主线；将融资优势和政府组织协调优势相结合；通过发行政府债券和金融资产管理两种方式相结合，实现损益平衡。

（二）开发性金融的意义

1. 在经济建设中的长期资金支持作用

随着经济增长，我国人口多、资源少、发展不平衡等问题日益突出。涉及国家经济整体发展的战略性领域，"两基一支"（基础设施、基础产业和支柱产业）领域的建设资金问题未得到彻底解决，特别是煤电油运等能源交通供应又趋紧张，主要农产品以及重要原材料等也出现了资源约束。开发性金融运用市场化的运营模式，直接向上述"瓶颈"领域提供大额长期资金，支持经济的持续发展。

2. 构建可持续发展的制度基础

制度建设滞后已成为我国金融可持续发展的"瓶颈"，这不可避免地给各类金融机构带来潜在风险。运用开发性金融的体制建设优势，通过国家级政府组织增信，能够推动市场制度建设，构建金融可持续发展的制度基础，促进国民经济整体运行效率的提高。

3. 构建开发性金融合作机制，运用组织增信控制整体风险

从地方政府角度来看，项目融资需要各级政府有相应的投入，尤其要发挥组织协调优势，对融资项目进行地方政府组织增信，有效整合各方要素，实现经济发展的良性循环。

4. 经济建设中的调控引导作用

针对经济运行中存在的投资需求进一步膨胀、货币信贷增长偏快等问题，可以发挥开发性金融在促进发展和调整结构中的调控引导作用，严格按照中央银行下达的信贷规模发放贷款，确保不突破。进一步控制信贷投向，优化信贷结构。通过中央政府对开发性金融机构增信，开发性金融机构对地方政府增信，更好地贯彻和发挥宏观调控职能。在重点支持的领域，解决经济社会发展的融资"瓶颈"，从融资总量和结构上进行控制和调节。[①]

三、主权财富基金、开发性金融：政信金融的特定体现形式

20 世纪 90 年代以来，我国金融业获得了快速发展，不仅自身规模快速增长，而且促进了经济增长和社会进步。我国对政府信用的利用程度也在加深，且越来越高效，形成了包括中国投资有限责任公司、国家开发投资集团和政府产业投资基金在内的国资管理体系，对维持国家金融安全和稳定、带动国家产业发展、实现国家财富效益最大化都具有重要作用。

在政信金融的大框架下，无论是主权财富基金还是开发性金融，我国都形成了一套独特的体系和理论。纵观政信金融的发展和演化，政府财政、投融资和市场结合更加紧密。

[①] 引用自国家开发银行对"开发性金融"的相关论述。

第四节　政信金融理念

学习目标	知识点
掌握政信金融的理念	家国文化、与国共赢、"四国"理念

政府信用的价值在政治、经济、伦理、文化和社会价值等各个维度都有非常重要的体现。在市场经济条件下，政府信用既是无形的生产力，也是社会经济发展的基石，更是历史的主流。

政信文化源自"富民强国"的中华传统文化，而"富民强国"思想是我国古代治国理政的核心。

一、政信金融理念起源于中华民族的"家国一体"理念

家国文化是中国社会发展的基石，也是中国政信文化的渊源。《尚书》中有"裕民""惠民"的观点，《周易·益》有"损上益下，民说无疆"的卦象，把重视人民的利益视为统治者的德政。

（一）解决百姓住房问题

以政府和社会资本合作模式建造廉租房以及进行棚改，对解决人民住房困难、有效推动经济增长、促进社会稳定起到了重要的作用。而这种模式早在唐宋就已经出现。当时的廉租房大多是政府和民间合作的产物。寺庙和道观在唐朝充当了廉租房管理和维护的角色。政府无偿划拨土地，善男信女捐赠建房资金，房产的维护保养费用从寺庙和道观的香火钱中支取。大都市的庙宇常有上千间客房，供应试的学生、出门的商人和遭了天灾的百姓临时居住。北宋初年，社会稳定，经济快速发展，民众大量涌入城市，房屋租赁市场异常火爆。节节攀升的房租使越来越多的人租不起房，露宿街头。于是，为了稳定社会，北宋政府出台了"廉租房"政策。店宅务（初名楼店务）是宋代官方房屋管理机构，负责官屋及邸店的计值出租和营修。据《宋会要辑稿》记载推算，日租约15文，月租约500文。据苏辙《论雇河夫不便札子》"一例只出二百三十文省"，月租是两日的收入。

孤寡老人的赡养也是一大问题。唐代设立的"悲田院"专门收容贫困、老幼残疾等无依靠的人。宋代沿袭了这套体制，但改为"福田院"。北宋初年，皇帝强令各地建"福田院"，每家福田院都有几百间住房，逃荒入京的流民、穷困的市民、无人奉养的老人都有资格在里面免费居住，并且免费提

供伙食和医疗服务。宋徽宗时期，因为"福田院"收养人数不够，宋徽宗下令在京城（开封）设立居养院，拿没有人继承而充公的绝户财产充当经费，收养鳏寡孤独者。全国各地纷纷仿照京城的这一模式设立居养院，进而普及到县城。明朝开国皇帝朱元璋下令南京的官员寻找一块闲置土地，盖260间瓦房，供没有住房的南京人居住。后来，上海又复制了"南京模式"，对宋朝留下的居养院进行翻修，供没房的人居住。明清时期，会馆开始兴起，这与明清的科举之风盛行有关。穷学子进京赶考，需要一个落脚的地方，于是先期进京做官和做生意的人联合起来，置地建房，供进京赶考的同乡后辈居住，也用于异乡人在客地聚会。

（二）官方和民间共同参与赈灾

古代赈灾也采取官民合作，除了政府主导的自上而下的"官赈"，还有民间乡绅志士自下而上的"义赈"。赈灾方式有粮食赈济、钱币赈济、土地赈济、医疗赈济、房屋赈济、减免徭役赋税、以工代赈等。

赈济粮来源于常平仓、义仓、社仓三类仓储。常平仓是最早的仓储系统，可以追溯到西汉宣帝时期。义仓归州或县管理，有"富贫相恤"的民间互助意义。社仓属于乡仓，由民间自营，地方官若挪用社仓中的粮食，就会被以扰挠国政、贻误民生治罪。南宋理学家朱熹曾在建宁府崇安县开耀乡设社仓，备荒救灾，地方政府拨给一定的平价粮，由乡间人士负责经营管理。与官方主导赈灾相比，民间自主的募集和捐献可以调动全社会的力量参与。政府与民间两者合作进行赈灾，相互弥补，最大限度地促进赈灾成效的达成。

几千年来的富民强国思想一以贯之，简单又深刻。统治者想要长治久安，必须保障人民生活安定，让利于民，藏富于民。在推行仁政德政的过程中，政府和统治阶级的信用不断增强，政信文化也随之丰富。政信文化与富民强国思想同根同源，相辅相成，互为促进。

二、政信金融理念传承着中华民族"天下大同"的理想

天下为公的大同理想一脉相传，仁义忠信礼义廉耻的文化基因世代相传，为中华儿女注入了深厚的家国情怀，为中华民族的团结统一奠定了人心根基。中国政信蓬勃发展，其背后蕴含着独特的政信文化。中国政信文化既是富民强国的家国文化，也是政府、企业、民众与国共赢的政商文化。

随着2014年PPP模式的兴起，除了涉及军事和国家安全等领域外，越来越多的领域向社会资本开放。这是国家在顶层设计上的一次重大突破。允许社会资本参与国家重大基础设施建设和公共服务领域的建设，一方面有利于发挥社会资本运营、管理、盈利的优势；另一方面，让利于社会资本，允许社会资本参与之前政府垄断的行业。

国家推动供给侧改革、促进城镇化建设、提出"一带一路"倡议等，

一方面是扫除经济发展的障碍，另一方面则是培育新的经济增长动力。单纯依靠政府的力量来实施这一系列政策措施，难度大、期限长，于是政府和社会资本合作投资的模式被采用，成为长三角一体化发展、粤港澳大湾区建设、京津冀协同发展、长江经济带发展四大国家区域战略和"一带一路"倡议采用的重要方式。

市场上各类政信类理财产品以省级、地市级及区县级的城投公司为发行方，多数是为政府项目发行的融资工具。在投资人眼中，这些项目的安全性较之非政府类项目更高。同时，这些产品还有增信措施，既有信用保证，又有各种动产和不动产的抵质押保障，相当于具备了"双保险"。

政信行业以共赢思维，为参与各方提供更大回报。随着市场经济的深入和国家改革政策的不断优化，充分和有效利用社会资本进行国家社会主义经济建设已经成为主旋律。各地政府也需要更多地依赖市场，从社会获得融资。只有开放更多优质项目给市场，与民共赢，才能获得更好的发展。参与政信，共赢未来。这也正印证了王安石说的"富其家者资之国，富其国者资之天下，欲富天下，则资之天地"。

政信合作模式能够对项目进行深度把控，对项目的经营管理理念更符合投资者的利益诉求。政信金融能够深入项目，深度孵化项目，提升项目价值，实现政信金融产品投资人的共生、共赢目标。

三、政信金融理念体现着中国特色"举国体制"的优势

政信金融具有国资融、国资建、国资管、国资还的"四国"优势。国资融是指地方政信融资；国资建是指国资工程公司参与建设，项目可控；国资管是指国资金融管理机构承揽并监督金融产品发行；国资还是指还款有上级来源保障。依靠"四国"保障，政信金融产品的安全性非常可靠，投资收益也有保障。

总体来看，国家通过基础设施建设稳增长，一定会加强政府履约能力。2020年4月财政部公布，按照国家统计局公布的国内生产总值（GDP）数据计算，全国政府债务的负债率（债务余额/GDP）为38.5%，低于欧盟60%的警戒线，也低于主要市场经济国家和新兴市场国家的水平。根据财政部的数据，政府部门，尤其是中央政府仍具有很大的加杠杆空间，以政府信用为基础进行融资，扩大基础设施建设。

政信金融的"四国"优势体现在以下方面：

第一，政信是一个长期稳定的市场，违约率极低，政信债务不会被取消，政信债务实质违约率为0。

第二，中央出台的文件严禁地方政府违约毁约，严禁"新官不理旧账"，确定债务终身问责制，"新预算法"要求把地方政府债务分门别类纳

入全口径预算管理，实现"借、用、还"相统一。

第三，地方债务被纳入中国人民银行登记系统，违约成本高，政府信用受损会造成极大的影响，代价极大。

从具体产品来看，中国政信金融囊括政府债券、政府借款、市政债券、PPP理财产品、产业投资基金、政信类私募基金、信托计划、资产证券化、境外债券等多种形式的综合性金融产品。

政信金融模式通常由政府与银行、基金公司、保险公司等进行合作，主要投资于政府负有提供责任，同时又适合市场化的公共服务、基础设施类项目，主要包括燃气、供电、供水、供热、污水及垃圾处理等市政设施，公路、铁路、机场、城市轨道交通等交通设施，医疗、旅游、教育培训、健康养老等公共服务项目，以及水利、资源环境和生态保护等项目。

总体来看，政信金融是当今世界现代金融业的一个重要细分领域。从中国40多年改革开放的实践来看，它既是财政金融体制改革的必然产物，也是地方政府公共信用进一步发展的必然方向。

思考与练习

一、思考题

（1）我国近几十年的经济发展与政府投融资的关系。

（2）当代政信金融相关主体的合作模式与目标。

二、练习题

1. 单项选择题

（1）现代政信的核心是（　　　）。

A. 政信文化　　B. 政信金融　　　C. 政信法规　　　D. 政信监管

（2）社会信用体系不包含（　　　）。

A. 政府信用　　B. 企业信用　　　C. 个人信用　　　D. 国企信用

（3）不属于政信生态的是（　　　）。

A. 社会信用体系建设　　　　　B. 金融生态环境

C. 营商环境　　　　　　　　　D. 金融文化环境

（4）政信金融业务的参与者不包括（　　　）。

A. 政府主体　　　　　　　　　B. 政信金融服务公司

C. 投资者　　　　　　　　　　D. 做市商

（5）古代赈灾不包括（　　　）。

A. 常平仓　　B. 义仓　　　　　C. 社仓　　　　D. 府仓

（6）在西方发达国家，（　　　）的贸易是以信用方式结算的。

A. 100%　　B. 90%　　　　　C. 80%　　　　D. 70%

(7)（   ）不属于世界三大评级机构。

A. 标准普尔　　　　　　　　　B. 穆迪投资者服务公司

C. 大公国际资信评估有限公司　　D. 惠誉国际信用评级公司

2. 多项选择题

（1）政信金融的形式包括（   ）。

A. 政府债券　　B. 政府借款　　C. 资产证券化　　D. 政府性基金

（2）（   ）是政信理论构建的基础，对政信实践具有指导价值。

A. 社会契约论　　　　　　　　　B. 委托—代理理论

C. 公共财政理论　　　　　　　　D. 国家治理理论

（3）狭义上的政信包括与政信较为直接相关的基本法律制度体系以及政信的专门立法，包括（   ）。

A. 社会信用体系建设　　　　　　B. 政府信息公开

C. 政务诚信　　　　　　　　　　D. 行政裁量权规范

（4）地方政府投融资平台发展经历过（   ）。

A. 雏形阶段　　　　　　　　　　B. 探索阶段

C. 繁荣发展阶段　　　　　　　　D. 转型发展阶段

（5）美国地方政府主要通过市政债券方式融资，市政债券分为（   ）。

A. 一般责任债券　　　　　　　　B. 收益债券

C. 专项债　　　　　　　　　　　D. 国债

（6）日本地方政府融资既有借款，又有债券，主要通过（   ）进行融资。

A. 银行信贷　　　　　　　　　　B. 发行地方债券

C. 海外融资　　　　　　　　　　D. 投资银行

（7）政信金融常见的形式包括（   ）。

A. 政府债券　　　　　　　　　　B. 政府借款

C. 融资平台产品　　　　　　　　D. 政府性基金

（8）政信金融服务机构包括（   ）。

A. 相关部委　　B. 金融机构　　C. 智库　　　　　D. 行业论坛

（9）政信债券主要包括（   ）。

A. 国债　　　　　　　　　　　　B. 地方债

C. 政策性银行债　　　　　　　　D. 外国债券

（10）政信贷款主要包括（   ）。

A. 银行贷款　　　　　　　　　　B. 商业银行贷款

C. 外国政府贷款　　　　　　　　D. P2P

（11）欧元也是6个非欧盟国家（地区）的货币，其中包括（   ）。

A. 摩纳哥　　B. 圣马力诺　　C. 梵蒂冈　　　　D. 安道尔

（12）政信金融产品发行备案机构包括（　　）。

A. 金交所　　　　　　　　　B. 保险公司

C. 地方政府　　　　　　　　D. 银行间市场交易商协会

3. 判断题

（1）经济学意义上的政信是政府及其所属机构为履行向社会提供基础设施、公共服务的承诺，实现经济社会发展目的，以自身的履约意愿、资源和能力为基础，进行的投融资活动和资源配置活动。　　　　（　　）

（2）政信金融是政信的核心和主体，包括政府为了履职践约、兑现承诺而开展的所有投融资活动。　　　　　　　　　　　　　　　（　　）

（3）构成政信理论体系的制度要素主要包括政信目标、政信文化、政信金融、政信法规、政信生态五个方面。　　　　　　　　　（　　）

（4）英国地方政府主要通过借款方式融资，主要来自公共工程贷款委员会和商业银行贷款。　　　　　　　　　　　　　　　（　　）

（5）根据《巴塞尔协议》的规定，如果地方政府具有特定的获取收入的能力、不可能破产，则可以将地方政府债权视同对主权的债权。（　　）

（6）穆迪信用评级级别由最高的 AAA 级到最低的 C 级，一共有 21 个级别。评级级别分为两个部分，包括投资等级和投机等级。　（　　）

4. 简答题

（1）试论述从唐宋开始的古代的"廉租房""棚改""养老院"项目。

（2）政信是社会信用体系的核心，它的基础性作用体现在哪些方面？

练习题答案

1. 单项选择题

（1）B　（2）D　（3）D　（4）D　（5）D　（6）B　（7）C

2. 多项选择题

（1）ABCD　（2）ABCD　（3）ABCD　（4）ABCD　（5）AB　（6）AB
（7）ABCD　（8）ABCD　（9）ABCD　（10）ABC　（11）ABCD　（12）AD

3. 判断题

（1）正确　（2）正确　（3）正确　（4）正确　（5）正确　（6）正确

4. 简答题（略）

第二章
政信金融的社会基础

【本章内容概述】

本章重点介绍政信金融的社会基础，包括政信金融与市场经济体制、政信金融与公共财政、政信金融与以银行为代表的金融体系，以及政信金融与房地产、城市化发展、战略性新兴产业等。

【本章重点与难点】

重点：

1. 政信金融与市场经济体制
2. 政信金融与财政金融体系
3. 政信金融与银行储蓄
4. 政信金融与房地产
5. 政信金融与"新基建"
6. 政信金融与战略性新兴产业

难点：

1. 政府融资的阶段性变化
2. 政信与国家发展的关系

第一节　政信金融与市场经济体制

学习目标	知识点
掌握中国特色社会主义市场经济的特点	政府调控下的市场经济、相对集中的权力配置、务实的发展路径
熟悉政信金融与市场经济体制	政府投资与市场化的结合

中国特色社会主义市场经济兼具计划经济与市场经济的优势，具有政府调控下的市场经济、相对集中的权力配置和务实的发展路径三个显著特点。

一、政府调控下的市场经济

在改革开放之初，我国学习和借鉴日本、韩国、新加坡等国家的"政府主导型市场经济"。随着改革的深入和市场经济体制的完善，越来越多的专家和学者认识到，政府的介入和调控是必要的。政府的宏观调控（包括宏观财政、金融、产业、税收等政策对公有制经济的直接调控）是中国经济发展的关键因素，同时这也是我国与西方自由市场经济的重要区别。

市场经济固然有其自发性、效率高的优势，但也存在着"市场失灵"的困境。例如，2008年美国金融危机爆发的原因之一就是对市场和个体理性的过度信任。所以，中国政府一直强调和坚持高度理性地把握经济形势，通过政府调控市场经济，有利于中国实现现代化的长远目标。

二、相对集中的权力配置

从实际运作角度来看，应当根据一个国家的具体条件和实际情况，选择集权、分权或者二者兼而有之的模式。在中国模式下，一方面，资源、要素、商品的配置权由市场来发挥作用，这是经济上的分权；另一方面，国家对市场具有宽泛的主导权，通过宏观调控来避免市场失灵，这是经济上的集权。正是因为相对集中的权力配置，才可以发挥社会主义的优越性——集中力量办大事。

一般而言，在市场经济条件下，政府投资选择必须遵循以下几个原则：弥补市场失灵的原则，维护市场配置功能的原则，调节国民经济运行的原则。政府投资是国家宏观经济调控的必要手段，在社会投资和资源配置中起重要的宏观导向作用。政府投资可以弥补市场失灵，协调全社会的重大投资比例关系，进而推动经济发展和结构优化。政府投资职能一般表现在以下几个方面：

第一，均衡社会投资，发挥宏观调控作用。在市场经济条件下，尽管政府投资在数量上不占据主要地位，但对社会投资总量的均衡能起到调节作用。当社会投资量呈扩张势头、通货膨胀趋势严重时，政府投资主体通过减少投资量，缓解投资膨胀。当经济不景气、社会投资低迷时，政府投资主体采取增加投资量的途径，扩大社会需求，推动经济发展。

第二，政府投资对调节投资结构、引导社会投资方向起着重要作用。国家在经济发展的不同时期需要制定不同的产业政策，确定产业发展次序。投资的基本方向是国家产业政策规定优先发展的产业，特别是国民经济薄弱环节，对社会效益大而经济效益并不显著的产业予以重点扶持，这有利于优化投资结构，协调投资比例关系。政府投资起到了先导和示范作用，通过运用直接投资和间接投资手段（如投资补贴、投资抵免、投资贷款贴息等），引导社会投资更多地投入国家鼓励发展的产业和领域。

第三，为社会民间投资创造良好的投资环境。判断投资环境的好坏，很重要的一个方面是公用设施和社会基础设施完善与否。有相当一部分公用设施和社会基础设施及软环境建设是无法实现商品化经营或商品化程度很低的，即不能实现投资经济活动投入产出的良性循环，因此这方面的投资是政府投资主体的义务和责任。

第四，支持区域内国家重点项目建设。政府投资主体从资金、移民搬迁、劳动力供给等方面为重点项目的建设提供保障，承担区域内公益性项目投资，集中力量投资于基础项目和支柱产业项目；同时，通过各项政策和经济手段，推动资产的重组，进行存量调整；推进现代企业制度建设，使企业成为投资的基本主体。

政府投资的范围有严格的限定，目的是提高政府投资的资金使用效率，充分发挥金融服务实体经济的作用。政府投资在范围上主要有以下四点原则：

第一，政府投资要严格限制在公共领域，包括公益性项目和基础设施项目，并允许企业集团、实力较强的私营企业对有盈利能力的公益性和基础性项目进行投资。政府投资要进一步划分为公共事业投资和产业投资，并采用不同的投资管理模式。政府投资项目要实行项目法人责任制，严格按现代企业制度要求进行经营管理，确保投资者的利益和风险约束机制得到落实。同时，改革预算外资金管理体制，变分散管理为必要的集中管理，弱化部门利益，堵塞管理漏洞，壮大政府投资实力。因此，有必要建立政府投资的项目评估审议制度和错案追究制度，促进投资决策民主化、科学化；广泛引入竞争机制，大力推进规范的招标承包制度。

第二，创建公共财政支出框架，调整支出结构，确定支出范围。在政府投资活动中，必须保证国家机器的正常运转，加大对社会公益事业的支持，扶持农牧业生产和扶贫，搞好非经营性基础设施建设；实现职能回归，压缩生产性基本建设投资和企业挖潜改造资金，财政资金坚决退出生产性和竞争性领域；理顺财政职能与企业发展的关系，财政对企业扶持仅限于安排下岗职工基本生活保障和再就业补助、剥离企业中的社会事业机构等。在完成事业单位机构改革的基础上，按照"公益"标准确定事业单位类别，区别情况，安排资金。

第三，对经营性基础设施项目，要积极推动产业化经营，改变目前基础设施项目主要由政府"一家抬"的局面，减轻财政负担。对有收益的基础设施项目，如轨道交通、收费公路、自来水厂、燃气、热力以及污水、垃圾处理设施等，政府要采取招标方式选择投资企业，并赋予投资企业项目的特许经营权。中标的投资者可采取建设—经营—转让（BOT）、建设—拥有—经营—转让（BOOT）、建设—拥有—经营（BOO）和建设—转让—经营（BTO）等多种方式。

第四，要合理安排投资布局，调整区域产业结构。投资布局即政府投资在各地区的分配比例关系，是政府投资政策的重要组成部分。我国地域辽阔，地区经济极不平衡，合理安排和布局意义重大，不仅有利于调节生产力布局和区域产业结构，而且也是缩小地区差距、促进地区协调发展的必要手段。

三、务实的发展路径

1978 年，我国抛弃了"以阶级斗争为纲"的错误路线，通过"猫论"（不管白猫黑猫，逮着老鼠就是好猫）、"摸论"（摸着石头过河）等方法论，厘清了思路，走中国特色的社会主义道路和制定适时优化的发展战略。

在改革开放之初，党中央提出"以经济建设为中心""发展才是硬道理"；当经济全球化浪潮扑面而来，提出"引进来，走出去"，大力发展出口导向型经济；针对民生问题、贫富差距问题，提出"构建和谐社会"；等等。40 多年来，就这样一步一个脚印，与时俱进，开拓创新，才取得了今天的发展成就。

总的来说，世界上从来不存在十全十美、永恒不变的发展模式，任何一种模式都必须随着时代的发展而及时调整。中国模式不是完成时，而是进行时，处于一个持续完善的动态过程。

四、政府投资与市场化的结合：政信金融

分税制改革后，地方政府基本形成税收收入、土地财政收入以及投融资平台向银行贷款等多种资金来源格局。但由于税收制度短期难以调整，税收收入有限，因而，部分地方政府依赖土地财政和政府投资平台融资等预算外收入来解决融资缺口问题。地方政府职能的无限拓展、地方经济社会发展的巨大需求、分税制财政体制的倒逼作用以及片面的政绩考核机制等，迫使地方政府越来越深地陷入公司化和金融化。在财政资金之外，地方政府以政府信用为基础，或者以市场化的方式，利用多种投融资手段，为地方经济发展寻找资源，国债转贷、城投类企业债券、政府信托、资产证券化、地方政府投融资平台、PPP、政府投资基金等各种创新性的政信金融形式得以迅猛发展。

第二节　政府（公共）信用管理与政信市场

学习目标	知识点
熟悉我国政府信用管理创新实践	我国政府信用管理创新实践、政府融资的阶段
熟悉政府信用与金融市场	主权信用下的政信金融保护、《政府投资条例》规范政信投资

政府信用是社会信用体系的基石。政府对自身信用进行管理是实现国家管理的重要方式之一。政府基于自身信用开展投融资业务是实现民生福祉的重要途径。

一、我国政府信用管理创新实践

我国政信实践的创新发展与改革开放、地方政府职能拓展、分税制财政体制改革等紧密相关。总体来看，我国政府信用相关的文化、法规、生态等软环境正在不断提升和优化，但基于国家宏观调控的需要，以地方政府为主体开展的政信金融活动因面临严峻的监管形势而陷入困境。因此，为了促进我国政信创新实践的持续发展，必须采取多种措施，实现政信各组成部分的共同发展。

第一，以政务诚信打造社会信用体系。基于近年来国内外发生的一系列重大变化以及不断出现的重大失信事件，国家着力对诚信文化建设进行了全面战略部署，包括政务诚信建设、商务诚信建设、社会信用建设、传统文化资源传承、征信业发展等。积极推进政务诚信和社会诚信建设，转变诚信文化建设策略，从解决单个问题到从顶层设计和制度上解决根本问题，将诚信内化为公众意识，从提高公民道德素质扩展到在国际上维护国家利益，促进征信业向国际化迈进。

第二，关于诚信建设的法律法规。目前，《政府信息公开条例》《征信业管理条例》《全面推进依法行政实施纲要》《国务院关于加强政务诚信建设的指导意见》《社会信用体系建设规划纲要（2014—2020年）》等规章制度已出台并实施。此外，《信用法》《公共信用信息管理条例》《统一社会信用代码管理办法》等已启动立法研究工作。

第三，从社会信用体系建设、金融生态环境和营商环境三个方面打造信用生态。在社会信用体系建设方面，2014 年国务院发布《社会信用体系建设规划纲要（2014—2020 年）》，开始全面推动社会信用体系建设。在金融生态环境方面，地方政府是地区金融生态环境的参与主体，政府治理水平是地区金融生态环境评价中最为关键的因素。在营商环境方面，营商环境是地方发展重要的软实力，对于激发地方经济发展活力，从而优化地区政信生态环境具有重要意义。近年来，东北等地区政府通过整顿机关作风、建立政府失信记录等方式加强政务诚信，建立廉洁高效的政务环境和诚信规范的市场环境，使当地营商环境得到了显著改善。2018 年，国家发展改革委提出了《中国营商环境试评价方案》，粤港澳大湾区研究院发布了《2017 年中国城市营商环境报告》，对我国的营商环境进行了分析。营商环境的改善和优化从客观上反映了企业对地方政府的满意度和信赖程度有所提升，政信生态环境正在逐步优化和发展。

二、政府信用与金融市场

根据目前国家的政策与政信项目的发展趋势，应加大对公共服务领域的投入与关注；不断加大政府和社会资本合作信息公开力度；加大政府性基金预算与一般公共预算统筹力度；规范政府融资渠道，逐步缓解地方政府债务压力；规范金融机构为地方政府开展的投融资服务；规范地方政府和平台公司融资，使政信项目不断趋于规范化。

（一）主权信用下的政信金融保护

在安全性方面，主权信用下的政信金融有五大保障。

（1）信用保障：根据巴塞尔委员会 2006 年发布的《巴塞尔协议 II》，地方政府债权可以视同主权债权，对于地方政府而言，应当具有特定的获取收入的能力和降低违约风险的机制安排。《巴塞尔协议》认定地方国资平台债务为主权债务，不能违约，不可取消，风险权数趋于零。

（2）政策支持："新预算法"以及国务院及相关部委出台了一系列政策法规，从不同角度对以地方债、地方私募债为代表的政信行业进行了规范性和安全性保障。

（3）履约保障：《中共中央、国务院关于完善产权保护制度依法保护产权的意见》确定债务终身问责制，严禁"新官不理旧账"，地方政府违约要承担法律和经济责任。在制度越来越完善的情况下，政府对待债务管理极为严肃，让地方更有积极性来解决问题，化解债务风险。

（4）央行征信：政信投资行为有法律法规约束，纳入中国人民银行征信等级系统，违约成本高。政府信用受损会对地方经济发展造成严重影响。

（5）业绩优良：市场长期稳定，违约率极低。政信债务不会被取消，延期风险是所有金融产品的不可消除风险，但概率仍然很低，政信债务实质违约率为 0。

（二）《政府投资条例》规范政信投资

2019 年 5 月 5 日，《政府投资条例》（以下简称《条例》）正式公布。政府投资涉及交通基础设施、教育医疗、环保等诸多领域，体量巨大。《条例》聚焦政府投资方向，从法律层面对政府举债融资进行了规范，为防风险提供法治保障，激发社会投资活力。

《条例》明确规定，政府投资资金应当投向市场不能有效配置资源的社会公益服务、公共基础设施、农业农村、生态环境保护、重大科技进步、社会管理、国家安全等公共领域的项目，以非经营性项目为主。非经营性项目包括市政道路、园林绿化、基础教育等。政府投资以非经营性项目为主，意味着准经营性项目、经营性项目是以社会资本为主。

《条例》为地方非经营性基础设施建设投资指出了一条道路。《条例》坚持鼓励和引导社会资本方参与政府投资建设，政信金融合作模式前景可期。政府投资可以更好地引入社会资本，以更好发挥政府投资的作用，形成基础设施领域投融资的新格局。

《条例》进一步规范了政府投资项目审批制度，对重大政府投资项目，应当履行中介服务机构评估、公众参与、专家评议、风险评估等程序，强化投资概算约束力。未来政府投资项目信息将更加透明，政信合作项目的财政承受能力更加有保障，政府将有更加稳定、可靠的资金来源，以保证政信项目的有序和长期运行。

第三节　政信金融与财政金融体系

学习目标	知识点
了解我国财政体系和金融体系现状	财政核算体系、一般公共预算、政府性基金预算、国有资本经营预算；直接融资、间接融资
了解政府融资	政府融资的四个阶段
熟悉政信金融与银行储蓄的区别与联系	银行储蓄与政信金融资金来源的区别与联系、银行储蓄与政信投资流向的区别与联系

我国的财政体制主要分为三个发展阶段：1949～1978年的"统收统支、高度集中"阶段（财力主要集中于中央）；1978～1994年的"划分收支、分级包干"阶段（财力下放到地方）；1994年之后的"分税制"阶段（财力主要集中于中央）。40多年来，我国财政制度基本上实现了从计划型财政向市场型财政的过渡，适应市场经济需要的公共财政体系基本建成。

一、我国财政体系现状

我国目前实行分税制财政管理体制。在实行分税制的财政体制下，各级财政的支出范围按照中央与地方政府的事权划分。中央财政主要承担国家安全、外交和中央国家机关运转所需经费，调整国民经济结构、协调地区发展、实施宏观调控所需的支出，以及由中央直接管理的事业发展支出。地方财政主要承担本地区政权机关运转所需支出，以及本地区经济、社会事业发展所需支出。

根据事权与财权相结合的原则，将税种统一划分为中央税、地方税和中央与地方共享税。其中，维护国家权益、实施宏观调控所必需的税种划为中央税；同经济发展直接相关的主要税种划为中央与地方共享税；适合地方征管的税种划为地方税。分设国家与地方两套税务机构，中央税和共享税由国家税务机构负责征收，地方税由地方税务机构负责征收。

（一）财政核算体系

政府财政统计核算体系是从经济角度反映一个政府治理国家、管理经济活动运行情况的多功能体系。政府财政统计核算体系的框架主要涉及四张表，即资产负债表、政府运营表、现金来源和使用表、其他经济流量表。这四张表之间相互关联，将流量和存量联系起来。

（二）一般公共预算

一般公共预算是对以税收为主体的财政收入，安排用于保障和改善民生、推动经济社会发展、维护国家安全、维持国家机构正常运转等方面的收支预算。

1. 一般公共预算收入

我国一般公共预算收入包括两个部分：全国一般公共预算收入、结转结余及调入资金。其中，一般公共预算收入又可分为中央一般公共预算收入和地方一般公共预算收入。结转结余及调入资金主要来源于调入预算稳定调节基金、从政府性基金预算和国有资本经营预算调入资金、动用结转结余资金。

2. 一般公共预算支出

全国一般公共预算支出包括三个部分：全国一般公共预算支出、补充预算稳定调节基金和结转下年支出的资金。为了使我国每年的决算赤字等于预算赤字，在编制预算时，并不编制补充中央预算稳定调节基金和结转下年支出科目的具体数额，而是在决算时视当年的财政实际收支情况和预算赤字来确定这两个科目的规模，所以中央一般公共预算支出和中央一般公共预算支出总量的预算数总是相等的，全国一般公共预算支出和全国一般公共预算支出总量的预算数也总是相等的。

（三）政府性基金预算

政府性基金预算是国家通过向社会征收以及出让土地、发行彩票等方式取得收入，专项用于支持特定基础设施建设和社会事业发展而发生的收支预算。政府性基金预算根据基金项目收入情况和实际支出需要，按基金项目编制，以收定支，具有专款专用性。

1. 政府性基金收入

我国政府性基金收入包括三个部分：全国政府性基金收入、上年结转收入和地方政府专项债务收入。其中，全国政府性基金收入为中央政府性基金收入与地方政府性基金本级收入之和。中央政府性基金收入总量为中央政府性基金收入、上年结转收入和地方上解收入之和。地方政府性基金相关收入为地方政府性基金本级收入、中央政府性基金对地方转移支付收入和地方政府专项债务收入之和。

2. 政府性基金支出

我国政府性基金相关支出包括两个部分：中央政府性基金支出和地方政府性基金相关支出。其中，全国政府性基金相关支出等于中央政府性基金支出和地方政府性基金相关支出之和，再减去重复计算的部分（中央对地方的转移支付）。中央政府性基金支出则是中央本级支出与对地方转移支付之和。

（四）国有资本经营预算

国有资本经营预算是国家以所有者身份对国有资本实行存量调整和增量分配而发生的各项收支预算，是政府预算的重要组成部分。

1. 国有资本经营预算收入

国有资本经营预算收入是指经营和使用国有财产取得的收入，具体包括以下项目内容：（1）利润收入，即国有独资企业按规定上交给国家的税后利润；（2）股利、股息收入，即国有控股、参股企业国有股权（股份）享有的股利和股息；（3）产权转让收入，即国有独资企业产权转让收入、国有控股或参股企业国有股权（股份）转让收入，以及国有股减持收入；（4）清算收入，即扣除清算费用后，国有独资企业清算收入、国有控股或参股企业国有股权（股份）享有的清算收入；（5）其他国有资本经营收入；（6）上年结转收入。

我国国有资本经营预算收入包括两个部分：全国国有资本经营预算收入和上年结转收入。其中，全国国有资本经营预算收入为中央国有资本经营预算收入与地方国有资本经营预算本级收入之和。中央国有资本经营预算收入总量为中央国有资本经营预算收入和上年结转收入之和。地方国有资本经营预算收入总量为地方国有资本经营预算本级收入和中央国有资本经营预算对地方转移支付收入之和。

2. 国有资本经营预算支出

国有资本经营预算支出主要是根据产业发展规划、国有经济布局和结构调整、国有企业发展要求以及国家战略、安全需要的支出，弥补国有企业改革成本方面的支出和其他支出等。国有资本经营预算支出可分为三大类：（1）资本性支出，即向新设企业注入国有资本金，向现有企业增加资本性投入，向公司制企业认购股权、股份等方面的资本性支出；（2）费用性支出，即弥补企业改革成本等方面的费用性支出；（3）其他支出。

我国国有资本经营预算支出主要由两个部分构成：全国国有资本经营预算支出和向一般公共预算调出资金。其中，全国国有资本经营预算支出等于中央本级支出与地方国有资本经营预算支出之和。全国国有资本经营向一般公共预算调出资金等于中央向一般公共预算调出资金和地方向一般公共预算调出资金之和。

国有资本经营预算以收定支，全国国有资本经营预算支出和全国向一般公共预算调出资金之和等于全国国有资本经营预算收入总量。

二、政府融资进入政信投资时代

从改革开放开始，政府融资大致分为四个阶段，如图 2.1 所示。

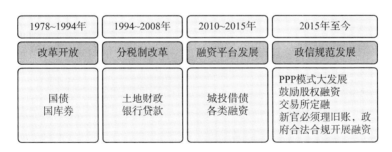

1978~1994年	1994~2008年	2010~2015年	2015年至今
改革开放	分税制改革	融资平台发展	政信规范发展
国债 国库券	土地财政 银行贷款	城投借债 各类融资	PPP模式大发展 鼓励股权融资 交易所定融 新官必须理旧账，政府合法合规开展融资

图 2.1　政府投资变化历程

第一个阶段是改革开放时期（1978～1994 年）。在这个阶段，政府通过发行国债、国库券来支持国内投资和地方发展建设。

第二个阶段是分税制改革时期（1994～2008 年）。在这个阶段，土地财政、银行贷款是地方经济发展的主要资金来源和推动力。

第三个阶段是地方融资平台时期（2010～2015 年）。各地方政府通过城投借债，支持地方进行基础设施建设、棚改、产业园建设等，促进本地百姓住房安置与就业。

第四个阶段是政信投资时代（2015 年以后）。政信规范发展，通过鼓励股权融资、交易所定融等方式，合法合规开展融资，用于地方发展。其中，地方政信私募债将充分发挥稳投资、扩内需、补短板的作用，增加投资者对本地经济社会发展的参与度，保证投资人的投资安全。

三、我国金融体系现状

我国市场上的融资方式一般分为直接融资和间接融资。直接融资通常指股票和债券融资，间接融资通常指银行贷款。在世界银行等国际机构的研究中，一般分为"市场主导型金融体系"（直接融资）和"银行主导型金融体系"（间接融资）。直接融资和间接融资的比例关系既反映一国的金融结构，也反映一国的两种融资方式对实体经济的支持和贡献程度。二十国集团（G20）国家直接融资比重大多为 65%～75%，美国显著高于其他国家，超过 80%。[1] 目前，向"市场主导型"（直接融资）的金融结构演进是一个普遍规律，通过资本市场进行金融资源配置是基本趋势。

与其他国家相比，我国的直接融资比重相对较低，仍以传统的银行金融为主，不仅与发达国家存在差距，也低于处于转型期的俄罗斯，以及人均收入不及我国的印度和印度尼西亚等国。

当前我国正处在转变经济增长方式的关键时期，应进一步推进金融体系市场化改革，改善金融结构。政信金融作为调经济、惠民生的重要手段，在促进我国经济转型升级、推动发展直接融资方面有重要作用。

四、政信金融与银行储蓄

储蓄存款是社会公众将当期暂时不用的收入存入银行而形成的存款。储蓄存款的存户一般限于个人。传统的储蓄存款不能用支票进行支付，可以获得利息。对于这种存款，通常是由银行给存款人发一张存折，而储蓄存款的存折不具有流通性，不能转让和贴现。发展储蓄业务，在一定程度上可以促进国民经济比例和结构的调整，可以聚集经济建设资金，稳定市场物价，调节货币流通，引导消费，帮助群众安排生活。储蓄存款的种类包括定期存款、活期存款、通知存款、单位存款、结构性存款。

---

① 中国证监会，《直接融资和间接融资的国际比较》，2015 年 5 月。

（一）银行储蓄与政信金融资金来源的区别与联系

1. 银行储蓄的来源

（1）股本，即商业银行成立时，股东投入的资金，占比很小。

（2）对客户的负债，即个人和企业存入银行的资金，是商业银行资金的主要来源。其中，居民存款占比、财政存款占比、企业（包括非金融企业和非银行金融企业）及机关团体占比是浮动的。

（3）同业拆借，即商业银行为了应付短时间资金不足而向其他金融机构的借款，时间很短，占比很小。

2. 政信投资的来源

在政信金融市场中，投资者是指参与政信金融活动，认购政信金融产品的自然人和机构。

（1）个人投资者（private investors）。个人投资者是指作为一级投资主体进行投资的居民个人。

2018 年 5 月 26 日，中国招商银行股份有限公司和贝恩公司（Bain Company）联合发布的《2017 中国私人财富报告》指出，全国高净值人群（可投资资产 1000 万元人民币）从 2006 年的 18 万人跃升至 2017 年的 187 万人（见图 2.2）。这意味着，过去十年间，每天有接近 400 人跻身千万级以上高净值人群。

图 2.2 我国千万资产高净值人群的数量和增长情况

资料来源：中国招商银行股份有限公司、贝恩公司，《2017 中国私人财富报告》，2018 年。

高净值人群中人均持有可投资资产约 3100 万元人民币，共持有可投资资产 49 万亿元人民币。其中，创富一代企业家占比 40%，职业金领占比 30%，二代继承人占比 10%。2016 年，广东、上海、北京、江苏和浙江五个省市的高净值人士占全国总数的 47%，可投资资产占全国高净值人群财富的比重约为 62%。①

（2）机构投资者（institutional investors）。机构投资者与个人投资者相对应，是指使用自有资金或者从分散的社会公众、其他机构手中筹集的资金进行投资活动的法人机构。机构投资者具有资金实力雄厚、风险承受能力强和交易的专业能力强等特点。

（二）银行储蓄与政信投资流向的区别与联系

1. 银行储蓄的主要流向

2008 年金融危机后，"钱"更多地流向地方政府和居民，对应的行业主要是基础设施建设和房地产。在银行传统信贷中，2015 年与房地产直接和间接相关的贷款占比高达 56%，这些"钱"主要来自银行。以资金信托为例，2016 年底 17 万亿元的资金中，投给地方基础产业的有 2.7 万亿元，占比 16%；投给房地产的有 1.4 万亿元，占比 8%；不考虑投给工商企业、购买债券等资金运用项目中与地方政府、房地产相关的融资，资金信托中至少有 24% 是投向了地方政府基础设施建设和房地产项目。② 至于其他非银行金融机构的资金运用，如保险债权投资计划，几乎尽归于此。

银行是基础设施建设资金和相关金融服务的主要提供者。一方面，基础设施建设投资中约 90% 的资金来源于自筹资金、国家预算内资金和国内贷款。这三类资金来源可以进一步细分为自有资金、城投债、非标融资、PPP、地方政府债、银行贷款和非银行金融机构借款等形式。银行主要通过发放贷款、购买债券（主要是专项债和城投债）、投资非标产品、参与 PPP 项目，为基础设施建设项目提供资金。另一方面，基础设施建设项目具有施工周期长、参与主体的类型和数量多等特点，不同经营环节、不同参与主体有着不同的金融需求。银行在提供开户结算等基本服务的同时，还为相关主体提供包括债券承销、资产证券化、融资租赁等综合金融服务。综上所述，基础设施建设项目发力势必会导致对银行资金和金融服务需求的大幅提升。

2. 政信投资的主要流向

改革开放 40 多年来，我国经济高速增长，其中投资是拉动经济增长的绝对主力，尤其是 2008～2010 年我国形成了投资高峰拉动经济增长的局势。2008 年，投资对经济贡献率为 53.2%，2009 年高达 86.5%，2010 年为 66.3%。③ 政府投资主要依靠政信合作进行融资，投向国家未来重点项目，资产明确，多渠道可查；信托种类繁多，更加市场化，风险较难把控。政信

---

① 中国招商银行股份有限公司、贝恩公司，《2017 中国私人财富报告》，2018 年。
② 殷剑峰、吴建伟、王增武，《钱去哪了：大资管框架下的资金流向和机制》，社科文献出版社 2017 年版。
③ 安信证券，《历史回溯之中国未有之变：2008—2015》，2016 年。

背后依靠的是主权信用，是"有形的手"的重要依托。信托则依靠市场，具有相应的市场风险。

目前，政信项目的投资包括以下几个方向：燃气、供电、供水、供热、污水及垃圾处理等市政设施；公路、铁路、机场、城市轨道交通等交通设施；医疗、旅游、教育培训、健康养老等公共服务项目；农业、林业、水利、资源环境和生态保护等项目。

专栏：工商银行客户分析

一、客户数量

过去几年，工商银行的客户数量整体持续稳定增长。公司客户以每年8%左右的速度增长，且趋势向好（见专栏图2.1）。个人客户数量以每年7%左右的速度增加，并保持稳定（见专栏图2.2）。

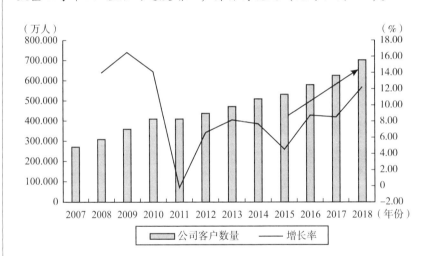

专栏图2.1　工商银行公司客户数量的变化

二、私人银行业务

工商银行私人银行业务的目标客户是金融资产在800万元以上的高净值客户。2010年以来，工商银行私人银行业务的客户和管理资产增速超过20%，但近两年的增速有所放缓（见专栏图2.3）。

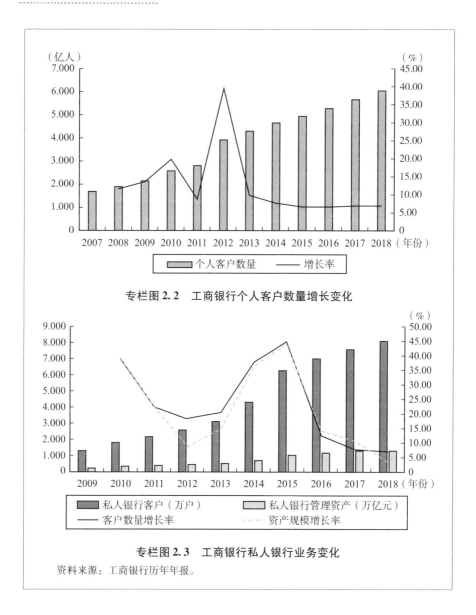

专栏图 2.2　工商银行个人客户数量增长变化

专栏图 2.3　工商银行私人银行业务变化

资料来源：工商银行历年年报。

第四节　政信金融与城市化发展

学习目标	知识点
掌握政信金融与城市化发展的关系	政信金融与基础设施建设、政信金融与房地产、政信金融与产城融合

长期以来，城市建设庞大的投资需求与资金缺口是摆在我国政府面前的一个严峻课题。城市建设中的融资问题已成为促进城市化发展、加快城市经济和社会发展的关键。为应对政府融资需求，以政信金融合作的模式，引导社会资本进入基础设施领域，能够使城市建设投资主体多元化、融资渠道多样化，实现城建项目的投资、融资、运营、管理的良性循环。

一、政信金融与基础设施建设

国民经济的"三驾马车"包括投资、消费、出口。政府投资一马当先，是推动经济增长的重要力量。改革开放 40 多年来，我国固定资产投资保持快速增长，投资保持了对经济增长较高的贡献率（见表 2.1）。

表 2.1　　　　　　　我国经济增长"三驾马车"的贡献力度　　　　　单位：%

年份	最终消费支出		资本形成总额		货物和服务净出口	
	贡献率	拉动	贡献率	拉动	贡献率	拉动
2007	45.3	6.4	44.1	6.3	10.6	1.5
2008	44.2	4.3	53.2	5.1	2.6	0.3
2009	56.1	5.3	86.5	8.1	-42.6	-4
2010	44.9	4.8	66.3	7.1	-11.2	-1.3
2011	61.9	5.9	46.2	4.4	-8.1	-0.8
2012	54.9	4.3	43.4	3.4	1.7	0.2
2013	47	3.6	55.3	4.3	-2.3	-0.1
2014	48.8	3.6	46.9	3.4	4.3	0.3
2015	59.7	4.1	41.6	2.9	-1.3	-0.1
2016	64.6	4.3	42.2	2.8	-6.8	-0.4
2017	58.8	4.0	32.1	2.2	9.1	0.6
2018	76.2	5.0	32.4	2.1	-8.6	-0.6
2019	57.8	3.5	31.2	1.9	11.0	0.7
2020	-22	-0.5	94.1	2.2	28	0.7

资料来源：国家统计局，历年《中华人民共和国国民经济和社会发展统计公报》。

2016 年基础设施投资增长 17.4%，2017 年增长 19%。2014～2017 年，铁路建设投资进入 8000 亿元稳定期，其中 2014 年为 8088 亿元，2015 年为

8238 亿元，2016 年为 8015 亿元，2017 年为 8010 亿元。①

从投资结构来看，工业投资、基础设施建设投资和房地产投资是三大领域。其中，在基础设施建设方面，尤其是交通基础设施方面，实现了跨越式发展。基础设施建设投资是稳增长的重要手段，从历史数据来看，基础设施建设投资和房地产投资有一定的对冲。在房地产投资出现大幅下滑的情况下，基础设施建设对房地产的对冲作用更为显著。在外部贸易冲突、内需疲软、房地产调控不放松的情况下，基础设施建设投资成为经济托底的重要力量。

我国的基础设施建设仍存在发展空间和现实需求，诸如水利设施、环境整治、中西部高铁建设等方向的基础设施建设仍然是未来政策"补短板"的重要发展方向。

2018 年底的中央经济工作会议，2019 年初的全国两会，以及陆续出台的《国务院办公厅关于保持基础设施领域补短板力度的指导意见》《政府投资条例》等政策，都将稳基础设施建设投资作为实现稳增长、扩内需的重要途径。

加强基础设施建设的主要驱动力是地方政府投资。目前，基础设施建设是唯一高增长，并带动社会发展的基础门类。而基础设施建设投资需要依靠政信，用专项债、产业基金等模式推动基础设施建设。

二、政信金融与房地产

在中国人心中，房子代表着家庭的归属感和生活的安全感。这种情感诉求使房产投资成为理财的热门选择。近 20 年来，房产成为众多投资者的首选。

政信金融与房地产的关系和我国的国情紧密相关。政信金融是政府投资资金的重要来源，政府投资是拉动经济增长的利器，伴随着过去 20 年房地产市场的快速发展。

1. 地方政府土地依赖下的房地产步入上升期

伴随地方政府借助土地红利弥补财政资金不足，房产成为大众投资的金矿。土地红利和地方债是地方政府的两个抓手，地方政府对土地收入的需求在一定程度上推高了房价，在较长的时间，房地产成为地方政府着力培育的产业。在高峰时期，有的地方政府通过土地得到的收入能够达到政府所有财税收入的一半。北上广深一线城市的房价飙升，大众投资也获利不菲。

高房价导致许多民生问题，引起了政府的注意。同时，由于地方财权实权没有得到根本改善，在前几年的房地产调控中，出台的调控政策尽管很严

① 国投信达（北京）投资基金集团有限公司，《新共赢生态：政信金融投资指南》，中国金融出版社 2019 年版。

厉，却始终未曾触及地方政府对土地红利的依赖，这也是调控长久未收到效果的一个根本原因。

2. 地方融资转换酝酿新的红利：引入社会资本助力城投公司转型

在城镇化建设资金需求巨大的今天，地方政府通过土地红利补贴财政支出和地方政府融资平台公司，对于城市化进程原始资本的积累起到了重要的作用。但地方政府和融资平台公司对土地出让收益的依赖性大，一旦土地资源枯竭或债务规模增大，地方财政及融资平台很可能陷入困境。

在中央各类文件的催化下，各地已经开始对融资平台公司市场化转型进行积极探索。如今各地方政府都在对融资平台做市场化改革，拓宽融资路径，并对平台外的公司进行混改，引进市场主体。地方政府在强监管框架内，利用政策空间，实质性地推进融资平台的市场化转型。

融资平台市场化转型的重要任务之一就是盘活庞大的地方政府债务形成的资产，实现"资产变资本"，实现自我"造血"功能。地方平台公司需要通过市场化、资本化路径集聚专业资源和人才力量，解决长期以来"重投资、轻运营"的弊病，增加平台的运营能力和服务能力，从而在市场化运营中不断发展壮大，提升融资能力，以帮助地方经济更好地发展。

三、政信金融与产城融合

产业是城镇建设的基础，城镇是产业发展的载体。新型城镇化建设离不开基础设施的建设与完善、产业的合理规划与导入。在我国经济转型升级的背景下，产城融合作为一种发展思路，是目前新型城镇化建设的必然选择，以工业化推动城镇化成为地方发展的重要抓手。以产促城，以城兴产，产城融合成为我国城镇化布局新战略，能够使产业发展与城市功能提升相互协调，既增强产业聚集效应，又推进城市提质扩容。产业园区建设存在各类生产活动，同时承载的功能日益多元化。随着经济的发展，我国产业园区转型升级迫在眉睫，集生产与生活于一体的新型园区成为未来经济发展的新诉求。

改革开放以来，我国工业化和城市化成绩斐然，然而对产城关系的处理存在诸多不合理，导致产城分离现象严重，降低了工业化与城镇化中的资源配置效率。

产城融合的目的在于构筑产业、空间和社会相互支撑的可持续发展机制，打造具有可持续发展能力的新型城镇。在我国经济转型升级的背景下，产城融合是大势所趋，承担着打造城市发展新格局的重要使命。推进产城融合有利于产业转型重构和城镇价值再造。产城融合项目属于典型的城镇综合开发项目，是推进新型城镇化的重要载体。产城融合建设需要基础设施的建设与完善，需要大量的资金投入。那么，产城融合项目的资金问题又该如何解决呢？为克服传统投融资模式的弊端，与社会资本合作成为地方政府进行城镇综合开发类项目的重要选择。一方面，这种模式下的政府付费义务并不计入政府债务；另一方面，城镇综合开发类项目具有公共产品的属性，且具有周期长、投资大的特点，这使政府与社会资本的平等合作与长期运营能够较好契合。随着城镇化进程的深入推进，城镇综合开发类项目中政府和社会资本合作模式被广泛应用。

当前，城镇综合开发类项目成为地方政府发展地区经济和优化经济结构的重要抓手。总体来看，社会资本的进入补足了政府主导模式下资金匮乏、管理和运营机制不健全的短板。但相关模式在国内起步时间较晚，仍有许多需要规范的地方。因此，在城镇综合开发领域积极应用政府和社会资本合作模式的同时，要规范和规避其中的弊端，以达到推动绩效最大化的最终目的。

如今，社会资本在城镇化建设中越来越重要。城镇综合开发类项目具有投资金额大、投资周期长和子项目多的特点，存在法律法规、政社关系等亟待厘清的问题。因此，应从确定关系、相互协调、合理分配、健全法律等多个方面着手加以改进。城镇综合开发类项目在实施过程中涉及项目审批、城镇规划、国土、建设等多个政府部门主管的行政审批事项，当前一些管理规范和做法仅适用于传统建设模式，在社会资本参与城镇化建设过程中，需要相关政府部门协调联动灵活处理。由于城镇综合开发类项目包含了许多子项目，因此，要以公共性为原则，准确识别总项目和子项目的范围和内容，以确保城镇综合开发类项目可以推进城镇化和优化经济结构这一目标的实现。

第五节　政信金融与战略性新兴产业

学习目标	知识点
熟悉战略性新兴产业	战略性新兴产业的内涵、作用及发展过程；政信金融与战略性新兴产业的关系
熟悉政信金融与"新基建"	"新基建"

一、战略性新兴产业的内容

战略性新兴产业是指以重大技术突破和重大发展需求为基础、对经济社会全局和长远发展具有重大引领带动作用、成长潜力巨大的产业，是新兴科技和新兴产业的深度融合，既代表着科技创新的方向，也代表着产业发展的方向，具有科技含量高、市场潜力大、带动能力强、综合效益好等特征。《国务院关于加快培育和发展战略性新兴产业的决定》把节能环保、信息、生物、高端装备制造、新能源、新材料、新能源汽车等作为现阶段重点发展的战略性新兴产业。

（一）战略性新兴产业的内涵

战略性新兴产业具有知识技术密集、物质资源消耗少、成长潜力大、综合效益好的特点，具体包括：新一代信息技术产业、高端装备制造产业、新材料产业、生物产业、新能源汽车产业、新能源产业、节能环保产业、数字创意产业、相关服务业等领域。

从"新兴产业"角度来说，是新建立的或是重新塑形的产业。它出现的原因包括科技创新、新的顾客需求、相对成本结构的改变，或是社会与经济上的改变使得某项新产品或服务具备开创新事业的机会。从"战略性"角度来说，强调的是产业在国民经济和产业结构调整中的重要性。

2009 年，国务院首次召开战略性新兴产业发展座谈会。2010 年，启动"战略性新兴产业"发展计划，确定七大战略性新兴产业发展目标。2012 年 5 月 30 日，国务院召开常务会议讨论通过《"十二五"国家战略性新兴产业发展规划》，进一步明确了七大战略性新兴产业的重点发展方向和主要任务。2017 年 1 月 25 日，国家发展改革委发布《战略性新兴产业重点产品和服务指导目录》2016 版。该目录涉及网络经济、高端制造、生物经济、绿色低碳和数字创意等战略性新兴产业 5 大领域 8 个产业，近 4000 项细分产品和服务。

（二）战略性新兴产业的作用与发展过程

2016 年 12 月国务院印发的《"十三五"国家战略性新兴产业发展规划》（以下简称《规划》）指出，要创新财税政策支持方式，积极运用政府和社会资本合作（PPP）等模式，引导社会资本参与重大项目建设。战略性新兴产业代表新一轮科技革命和产业变革的方向，是培育发展新动能、获取未来竞争新优势的关键领域。《规划》提出，到 2020 年，战略性新兴产业增加值占国内生产总值比重达到 15%，形成新一代信息技术、高端制造、生物、绿色低碳、数字创意 5 个产值规模达 10 万亿元级的新支柱，并在更广领域形成大批跨界融合的新增长点，平均每年带动新增就业 100 万人以上。

任何国家在经济发展的过程中都会遇到原有的发展方式逐渐不再适应新形势的问题。经济继续转型、产业升级是每一个走上工业化道路的国家必须经历的阶段。在这个转变中，谁有实力，谁有眼光，谁就将继续走在世界经济的前列。一个国家要想从中等收入迈向中高等收入，乃至高收入行列，并保持在高收入水平上，就必须把握当前时代新兴产业的战略机遇。

战略性新兴产业是引领国家未来发展的重要产业，被认为是振兴经济的一大举措。未来战略性新兴产业将迎来更广阔的发展空间。"十三五"时期，我国战略性新兴产业发展迅速，涌现出一大批发展潜力大的优质企业和产业集群，成为引领经济高质量发展的重要引擎。《中华人民共和国国民经济和社会发展第十四个五年规划和2035年远景目标纲要》明确提出，着眼于抢占未来产业发展先机，培育先导性和支柱性产业，推动战略性新兴产业融合化、集群化、生态化发展，战略性新兴产业增加值占GDP比重超过17%。

（三）战略性新兴产业与财富分配

"康波理论"在60年的长周期上，将经济分为繁荣、衰退、萧条、回升四个阶段。以创新性和颠覆性的技术变革为起点，前20年左右是繁荣期，接着进入5~10年的衰退期，之后的10~15年是萧条期，最后进入10~15年左右的回升期，孕育下一次重大技术创新的出现。自19世纪60年代第二次工业革命以来，全球已经经历了四轮完整的康波周期。每一轮周期的起点都是以一个突破性的技术作为标志，如纺织工业和蒸汽机技术、钢铁技术、电气和重化工业、汽车和计算机。现阶段，全球经济正处于第五轮康波周期（1991年起），以信息技术为标志性技术创新。有研究认为，以美国繁荣的高点2007年为康波繁荣的顶点，第五次康波的繁荣期为1991~2007年。2007年至今，全球处于第五波的衰退期和萧条期之间的阶段。第四次工业革命是以人工智能、清洁能源、机器人技术、量子信息技术、虚拟现实以及生物技术为主的全新技术革命，是继蒸汽技术革命（第一次工业革命）、电力技术革命（第二次工业革命）、计算机及信息技术革命（第三次工业革命）后的又一次科技革命。第四次工业革命如果能够顺利推进，将带动全球经济走出第五次康波的萧条期。

《2019胡润中国500强民营企业》显示，传统的地产、消费、金融等民营企业正在减少，中国民营企业500强中有一半是新兴产业企业。中国民营企业500强中，涵盖新兴产业的企业达238家，占比47%，涉及节能环保、新兴信息产业、生物产业、新能源、新能源汽车、高端装备制造业和新材料等。这些新兴产业的企业主要集中在先进制造、大健康、传媒和娱乐以及电子商务等领域，分别有73家、66家、31家和18家。新兴产业已经在我国经济中占据重要位置，将为我们的生活带来巨大变化。综合各大研究机构的分析，未来拥有巨大潜力的新材料、生物制药、新能源、新网络、新文旅、物联网等十大行业，与国资、与地方政府深度结合是趋势所在。

二、政信金融与战略性新兴产业发展

战略性新兴产业依靠的基础设施建设，需要和政信结合起来。在地方新兴产业发展过程中，地方政府主导建设，催生了强大的政信融资业务需求。

当前内外环境的变化并未打断中国经济的转型升级进程，中国经济体系中第三产业对经济增长的贡献率维持在 60% 以上，最终消费对经济增长的贡献率接近 80%，产业与需求结构持续转型；以高技术产业、战略性新兴产业等为代表的新动能增长持续快于规模以上工业，工业内部结构有所优化。随着改革的深入，战略性新兴产业与社会资本合作将进一步加深，民营企业也将通过政信金融的方式与地方新兴产业发展深度结合，民间资本的力量将得到更大程度的释放，市场进行资源配置的效率也将大大提升。

三、政信金融与"新基建"

"旧基建"即人们通常理解的修桥、铺路、盖房子，具体包括铁路、公路、桥梁、水利工程等，是稳定经济增长和保障就业的重要方式。"新基建"指以 5G、人工智能、工业互联网、物联网为代表的新型基础设施，主要包括七大领域：5G 基础设施建设、特高压、城际高速铁路和城市轨道交通、新能源汽车充电桩、大数据中心、人工智能、工业互联网。"新基建"体现了"信息化、科技化和数字化"，强调为实体经济发展培育新动能。5G、人工智能、工业互联网、物联网等代表着未来经济和生活的方向。相比"旧基建"，"新基建"带动需求规模更大、带动领域更加广泛，是基础设施建设结构性转型的必要方式。"新基建"本质上是信息数字化的基础设施。它立足于科技端的基础设施建设，同时又是新兴产业。

与"旧基建"重资产的特点相比，"新基建"多采用轻资产、高科技含量、高附加值的发展模式，其涉及的领域大多是中国经济未来发展的短板。在经济下行压力加大的情况下，加大"新基建"投入是维持经济平稳发展的重要办法。总体来看，"新基建"在提振经济短期表现的同时，将为经济增长的质量及结构改善提供支撑路径。如果想靠强投资拉动经济，需要更大规模的资金投入。利用社会资本力量来帮助弥补资金缺口，成为各地政府推动"新基建"投资的重要方式。

"新基建"中相当一部分项目是由市场驱动，或者说是市场与政府合力的结果。民间投资的比重越来越大。传统基础设施建设合作方式是通过政信合作模式切入，而"新基建"的合作主体更多地集中在各类运营商等中小企业，相比信托资金，市场化资金投入占比较大，合作模式必将向基金化、多元化的投资手段转变，新的合作模式必将带来新的创新。

思考与练习

一、思考题

（1）基础设施建设与经济发展的关系。

（2）主权信用对政信金融构成哪些支撑？

二、练习题

1. 单项选择题

(1) 国民经济的"三驾马车"不包括 (　　)。

A. 投资　　　　　B. 消费　　　　　C. 出口　　　　　D. 房地产

(2) 一般而言,在市场经济条件下,政府投资选择必须遵循的原则不包括 (　　)。

A. 加强经济增长动能的原则　　　B. 弥补市场失灵的原则

C. 维护市场配置功能的原则　　　D. 调节国民经济运行的原则

(3) 政府投资职能一般不表现为 (　　)。

A. 均衡社会投资　　　　　　　　B. 调节投资结构、引导社会投资方向

C. 增加外汇储备　　　　　　　　D. 支持地区内国家重点项目建设

(4) 在公共投资领域内,政府投资工具不包含 (　　)。

A. 财政投资　　B. 转移支付　　C. 政策性金融　　D. 税收优惠

2. 多项选择题

(1) 党的十八大报告指出,要通过 (　　) 建设来推进社会信用体系建设。

A. 政务诚信　　B. 商务诚信　　C. 社会诚信　　D. 司法公信

(2)《政府投资条例》规定,政府投资基金应当投资于 (　　)。

A. 社会公益服务　　　　　　　　B. 公共基础设施

C. 农业农村　　　　　　　　　　D. 生态环境保护

(3) 政信金融的参与主体包括 (　　)。

A. 地方政府　　　　　　　　　　B. 地方融资平台公司

C. 政信金融服务公司　　　　　　D. 投资者

(4) 机构投资者包括 (　　)。

A. 银行　　　　　B. 保险公司　　　C. 证券公司　　　D. 信托公司

(5) 一个社会中,政府投资和非政府投资所占比重取决于 (　　)。

A. 国土面积的大小　　　　　　　B. 经济发展阶段

C. 政府的结构　　　　　　　　　D. 社会经济制度

3. 判断题

(1) 我国的财政体制主要分为三个发展阶段:1949～1978 年的"统收统支、高度集中"阶段 (财力主要集中于中央);1978～1994 年的"划分收支、分级包干"阶段 (财力下放到地方);1994 年之后的"分税制"阶段 (财力主要集中于中央)。　　　　　　　　　　　　　　　(　　)

(2) 政府财政统计核算体系是从经济角度反映政府治理国家、管理经济活动运行情况的多功能体系。　　　　　　　　　　　　(　　)

(3) 我国一般公共预算收入包括两个部分:全国一般公共预算收入、

结转结余及调入资金。　　　　　　　　　　　　　　　　　　（　　）

（4）机构投资者是指使用自有资金或者从分散的社会公众、其他机构手中筹集的资金进行投资活动的法人机构。　　　　　　　　　　（　　）

（5）改革开放 40 多年来，我国经济取得高增长成就，投资是拉动经济成长的绝对主力。　　　　　　　　　　　　　　　　　　　　（　　）

（6）《国务院关于加快培育和发展战略性新兴产业的决定》把节能环保、信息、生物、高端装备制造、新能源、新材料、新能源汽车等作为现阶段重点发展的战略性新兴产业。　　　　　　　　　　　　　　　（　　）

4. 简答题

（1）为充分发挥金融服务实体经济的作用，政府投资应当遵循哪些原则？

（2）对政府来说，公益性项目、准公益性项目、一般竞争性项目的投资方式应当是怎样的？

练习题答案

1. 单项选择题

（1）D　（2）A　（3）C　（4）B

2. 多项选择题

（1）ABCD　（2）ABCD　（3）ABCD　（4）ABCD　（5）BD

3. 判断题

（1）正确　（2）正确　（3）正确　（4）正确　（5）正确　（6）正确

4. 简答题（略）

第三章

新时代背景下的政信金融格局

【本章内容概述】

　　本章首先分析进入新时代国际经济和金融领域的新格局，归纳新格局对我国社会经济发展的影响，分析我国金融业发展的现状和未来发展需求，以及政信金融在应对金融全球化和高质量发展中的定位、作用和价值，从国家金融战略和资管新规的角度展望政信金融未来的发展前景。

【本章重点与难点】

　　重点：

　　1. 我国的金融战略

　　2. 提高直接融资比重

　　3. 政信金融与金融开放

　　4. 政信金融与金融风险防范

　　5. 资管新规条件下的政信金融前景

　　难点：

　　1. 政信金融与金融风险控制

　　2. 资管新规条件下的政信金融前景

第一节　新时代的中国金融大战略

学习目标	知识点
熟悉金融服务实体经济的能力	我国的金融战略、金融业的机遇、金融业高质量发展
熟悉提高直接融资比重	机遇与挑战、重点任务
熟悉战略控制金融风险	金融系统的脆弱性、金融开放与风险防控
熟悉大力发展资管业务	资产配置需求、金融脱媒与金融结构改革

习近平总书记曾经讲过"两个大局"，一个是当今世界正经历百年未有之大变局，一个是中华民族实现伟大复兴战略全局。其中，世界百年未有之大变局主要体现在四个方面。第一，世界经济重心在发生变化，从原来的大西洋两岸向太平洋两岸转移。第二，世界政治格局也在悄然发生着重大的变化：传统的 G7 统领世界的格局正在发生变化，G20 发挥的影响更大，更为广泛，更为深远。第三，全球化的进程也在发生重大的变化，逆全球化的现象开始频频出现。第四，新的科技革命浪潮和新冠肺炎疫情的暴发对世界经济的影响十分深远，很可能影响全球化进程和世界政治格局的变化。

世界正面临着一个新的时代，政信金融同样也进入了新的发展格局，机遇与挑战并存。

在 2017 年 7 月召开的全国金融工作会议上，习近平总书记强调，金融是国家重要的核心竞争力，金融安全是国家安全的重要组成部分，金融制度是经济社会发展中重要的基础性制度。他指出，做好金融工作要把握好四条重要原则。第一，回归本源，服从服务于经济社会发展。金融要把为实体经济服务作为出发点和落脚点，全面提升服务效率和水平，把更多金融资源配置到经济社会发展的重点领域和薄弱环节，更好地满足人民群众和实体经济多样化的金融需求。第二，优化结构，完善金融市场、金融机构、金融产品体系。要坚持质量优先，引导金融业发展同经济社会发展相协调，促进融资便利化、降低实体经济成本、提高资源配置效率、保障风险可控。第三，强化监管，提高防范化解金融风险能力。要以强化金融监管为重点，以防范系统性金融风险为底线，加快相关法律法规建设，完善金融机构法人治理结构，加强宏观审慎管理制度建设，加强功能监管，更加重视行为监管。第四，市场导向，发挥市场在金融资源配置中的决定性作用。坚持社会主义市场经济改革方向，处理好政府和市场关系，完善市场约束机制，提高金融资源配置效率。加强和改善政府宏观调控，健全市场规则，强化纪律性。

一、增强金融服务实体经济的能力

近几年，经济层面的逆全球化潮流甚嚣尘上，尤其是在新冠肺炎疫情蔓延全球的情况下。全球化和逆全球化两股力量的博弈给全球供应链和金融市场带来巨大挑战和不确定性。全球的经济体系、金融竞争格局及金融生态环境正在发生深刻的变化。面对"百年未有之大变局"，党的十九届五中全会提出要加快构建"以国内大循环为主体、国内国际双循环相互促进的新发展格局"。未来在我国产业发展迈向全球价值链中高端进程中，我国金融业的发展要服务于"国内国外双循环"的新发展格局，把服务实体经济作为根本目的，把防范化解系统性风险作为核心目标，把深化金融改革作为根本动力，促进经济与金融良性循环。

（一）金融业已经成为经济增长的新动力

金融是国之重器，是国民经济的血脉。一个国家或地区的金融业在GDP中占比的大小反映出这个国家或地区的产业结构特征，尤其是虚拟经济与实体经济之间的关系。我国从 20 世纪 90 年代中后期开始建立自己的现代金融体系，货币市场和资本市场从无到有，逐渐发展完善，金融机构开始市场化运作，金融开放程度逐步提升。目前，金融业已经成为经济增长的新动力。

国家统计局的数据显示，2019 年我国金融业增加值在 GDP 中占比达7.8%。从 2015 年的 8.5% 到 2018 年的 7.7%，我国金融业增加值在 GDP 中的占比呈现出持续下降趋势，到 2019 年占比为 7.8%，开始有所回升，而2014 年我国金融业增加值在 GDP 中的占比仅为 7.3%——从 2014 年到 2019年经历了快速增长、持续下降与略有回升的过程。我国金融业在快速增长后经历了国家经济发展的虚实之争，呈现出在 GDP 中占比逐渐趋稳的形势；在抑制了"脱实向虚"的势头之后，我国金融业在 GDP 中的占比有所回升。经过"十三五"期间全面深化金融体制改革，我国已经建立了支持经济社会可持续发展的现代金融体系，具体表现在：（1）在风险可控的情况下，实现了利率市场化改革，金融资源通过市场化定价进行有效配置，调动社会的源头活水进入实体经济，引导金融脱虚向实。（2）实现了多层次、广覆盖、有差异的金融机构体系，优化了银行、证券、信托、保险等金融机构的内部治理结构和战略转型，开发性、政策性金融机构与国有大型商业银行金融机构在推进重大民生需求方面发挥了重要作用，有效保障了"十三五"脱贫攻坚任务的完成和重大工程项目的资金需求，在应对重大公共卫生危机事件上，有效促进了保民生、保就业，稳住了经济发展的基本盘。（3）在金融监管方面，2018 年出台的《关于规范金融机构资产管理业务的指导意见》（简称"资管新规"）所规定的"打破刚兑""穿透底层"已经深入人心，成为业内共识和规则；互联网金融业务从野蛮生长的阶段过渡到规范有序发展，《互联网金融监管细则》及一系列行业自律规则出台，确保金融创新在风险可控的前提下的推进。（4）人民币数字化进程加快，迎接数字金融时代的到来，为在全球建立一个公信力强、公平公正、透明的金融平台奠定基础。

一个国家金融业的强大不仅表现在对域内人力、生产能力和自然资源的调动能力，而且还突出地表现在动员域外的各类资源为其服务上。相较于其他手段，金融能够以较小的成本撬动大量的资源。

历史上，拥有海上霸权长达 200 年的荷兰，以及工业革命以后的英国和美国都依赖于强大的金融体系维持其国际地位。作为世界第二大经济体、世界最大制造业经济体和全球最大外汇储备国，中国扩大金融开放就是要全面参与世界金融竞争，增强在全球金融体系中的话语权，为全球金融风险和金融问题的解决提供中国方案。

我国近几年加快了金融业开放的进程。根据2019年国务院印发的《关于进一步做好利用外资工作的意见》，全面取消在华外资银行、证券公司、基金管理公司等金融机构业务范围限制，丰富市场供给，增强市场活力；减少外国投资者投资设立银行业、保险业机构和开展相关业务的数量型准入条件，取消外国银行来华设立外资法人银行、分行的总资产要求，取消外国保险经纪公司在华经营保险经纪业务的经营年限、总资产要求，扩大投资入股外资银行和外资保险机构的股东范围，取消中外合资银行中方唯一或主要股东必须是金融机构的要求，允许外国保险集团公司投资设立保险类机构。2020年取消证券公司、证券投资基金管理公司、期货公司、寿险公司外资持股比例不超过51%的限制。

（二）深化供给侧结构性改革，增强金融服务实体经济能力

2010年，中国经济总量超过日本，成为世界第二大经济体，在此后的十年里，中国经济平均增长率保持领先，即使在2020年新冠肺炎疫情肆虐全球的情况下，中国成为全球经济体中唯一实现正增长的国家，国内经济总量突破100万亿元人民币，占世界经济的比重超过17%。

中共中央政治局于2019年2月22日就完善金融服务、防范金融风险举行第十三次集体学习。习近平总书记在主持学习时强调，要深化对国际国内金融形势的认识，正确把握金融本质，深化金融供给侧结构性改革，平衡好稳增长和防风险的关系，精准有效处置重点领域风险，深化金融改革开放，增强金融服务实体经济能力，坚决打好防范化解包括金融风险在内的重大风险攻坚战，推动我国金融业健康发展。抓住完善金融服务、防范金融风险这个重点，推动金融业高质量发展。

习近平总书记指出，深化金融供给侧结构性改革必须贯彻落实新发展理念，强化金融服务功能，找准金融服务重点，以服务实体经济、服务人民生活为本。要以金融体系结构调整优化为重点，优化融资结构和金融机构体系、市场体系、产品体系，为实体经济发展提供更高质量、更有效率的金融服务。要围绕建设现代化经济的产业体系、市场体系、区域发展体系、绿色发展体系等提供精准金融服务，构建风险投资、银行信贷、债券市场、股票市场等全方位、多层次金融支持服务体系。要更加注意尊重市场规律、坚持精准支持，选择那些符合国家产业发展方向、主业相对集中于实体经济、技术先进、产品有市场、暂时遇到困难的民营企业重点支持。

> **☞小贴士☜**
>
> 　　社会融资规模是指，在一定期间内，实体经济能够从金融体系所得到的资金总量。获得资金的方式包括企业债券、委托贷款、信托贷款、人民币贷款等。从各渠道所获得的资金比重即为社会融资结构。社会融资规模能够反映金融防风险与服务实体经济的统一，多角度、全方位反映全社会各类融资支持实体经济的状况，对于促进金融支持实体经济具有重要意义。

二、提高直接融资比重

　　直接融资是指没有金融中介机构介入的资金融通方式。在这种融资方式下，在一定时期内，资金盈余单位通过直接与资金需求单位的协议，或在金融市场上购买资金需求单位所发行的有价证券，将货币资金提供给需求单位使用。商业信用、企业发行股票和债券，以及企业之间、个人之间的直接借贷均属于直接融资。直接融资是资金直供方式，与间接金融相比，投融资双方都有较多的选择自由。

　　长期以来，我国形成了以间接融资为主的融资结构，导致企业融资过度依赖银行信贷，造成宏观经济波动风险在银行体系高度集中，金融体系缺少足够的弹性，容易受到外部因素的影响。经过多年的金融体制改革，虽然直接融资比例在不断上升，但融资结构不平衡的现象并未发生根本性转变，直接融资与间接融资比例仍不协调。根据中国人民银行的数据，2020 年我国社会融资规模存量达 3260.6 万亿元，从金融资产来看，2020 年我国货币性资产在金融资产结构中的占比高达 62%，而债券与股票资产分别只占 18% 与 20%。同期，美国货币性资产仅占 17%，而债权资产与股票市值分别占比高达 49% 与 34%。

　　党的十八大以来，我国现代金融体系围绕提高直接融资比重、优化融资结构、增强金融服务实体经济能力进行改革。近年来，我国资本市场改革发展明显加速，设立科创板并试点注册制成功落地，创业板、新三板等一批重大改革相继推出，对外开放持续深化，直接融资呈现加快发展的积极态势。

（一）提高直接融资比重的好处

　　（1）直接融资可减少企业对间接融资的依赖，降低系统性金融风险发生的概率。直接融资是资金直供方式，与间接金融相比，投融资双方都有较多的选择自由。而且，对投资者来说收益较高，对筹资者来说成本却又相对较低。直接融资比率的提高能消除公司对银行贷款、货款拖延的过分依赖。

（2）直接融资有利于提高资金使用效率。发展直接融资会使企业股份化、资产证券化、证券市场化的程度提高。企业通过参股、控股形式来组织生产和进行市场运作，有利于提高公司自有资金的配置效率。

（3）发展直接融资还可以改变公司的资产负债结构，增加资产的流动性，分散负债风险，形成一种更合理、更富效率的融资结构。

（4）直接融资能尽可能地吸收社会闲散资本，直接投资于企业的生产经营，从而弥补间接融资的不足。

（5）直接融资更加紧密地将资金供求双方联系在一起，有利于资金的快速、合理配置和使用效益的提高，同时筹资的成本较低且投资收益较大。

（二）提高直接融资比重面临的机遇与挑战

直接融资的发展根植于实体经济。当今世界正经历百年未有之大变局，新冠肺炎疫情全球大流行使这个大变局加速变化。"十四五"时期，我国将加快构建以国内大循环为主体、国内国际双循环相互促进的新发展格局，这为提高直接融资比重提供了宝贵的战略机遇。

一是实体经济潜力巨大。凭借超大规模的市场容量、完整的产业体系和素质不断提高的劳动力，我国产业发展升级的势头依然强劲，实体经济潜能将进一步释放，对资本要素的需求将加快扩大。二是宏观环境总体向好。货币、财政、产业、区域等宏观政策协同持续增强，法治保障不断强化，有利于扩大直接融资的生态体系正逐步形成。三是居民财富管理需求旺盛。我国人均国内生产总值已跨越 1 万美元关口，中等收入群体超过 4 亿人，居民扩大权益投资的需求快速上升，为资本市场发挥财富管理功能、提高直接融资比重创造了重要条件。四是我国资本市场的国际吸引力不断增强。随着金融扩大开放和全面深化资本市场改革的持续推进，境内资本市场正在发生深刻的结构性变化，日益成为全球资产配置的重要引力场。

同时，我国间接融资长期居于主导地位，存量规模大，发展惯性和服务黏性强；市场对刚性兑付仍有较强预期。资本市场新兴加转轨特征明显、发展还不充分，制度包容性有待增强；中介机构资本实力弱、专业服务能力不足；投资者结构还需优化，理性投资、长期投资、价值投资的文化有待进一步培育；市场诚信约束不足，有的方面管制仍然较多，跨领域制度协同还需加强。提高直接融资比重，必须坚持问题导向，加快破解这些体制机制性障碍。

（三）提高直接融资比重的重点任务

"十四五"时期，提高直接融资比重，要贯彻新发展理念，围绕打造一个规范、透明、开放、有活力、有韧性的资本市场，强化资本市场功能发挥，畅通直接融资渠道，促进投融资协同发展，努力提高直接融资的包容度和覆盖面。

一是全面实行股票发行注册制，拓宽直接融资入口。注册制改革是资本市场改革的"牛鼻子"工程，也是提高直接融资比重的核心举措。尊重注册制的基本内涵，借鉴国际最佳实践，总结科创板、创业板试点注册制的经验，稳步在全市场推行以信息披露为核心的注册制。同时，全面带动发行、上市、交易、持续监管等基础制度改革，督促各方归位尽责，使市场定价机制更加有效，真正把选择权交给市场，支持更多优质企业在资本市场融资发展。

二是健全中国特色多层次资本市场体系，增强直接融资包容性。形成适应不同类型、不同发展阶段企业差异化融资需求的多层次资本市场体系，增强服务的普惠性，是提高直接融资比重的关键。要科学把握各层次资本市场定位，完善差异化的制度安排，畅通转板机制，形成错位发展、功能互补、有机联系的市场体系。切实办好科创板，持续推进关键制度创新。突出创业板特色，更好地服务成长型创新创业企业发展。推进主板（中小板）改革。深化新三板改革，提升服务中小企业能力。稳步开展区域性股权市场制度和业务创新试点，规范发展场外市场。积极稳妥发展金融衍生品市场，健全风险管理机制，拓展市场深度、增强发展韧性。

三是推动上市公司提高质量，夯实直接融资发展基石。形成体现高质量发展要求的上市公司群体是提升资本市场直接融资质效的重要一环。要持续优化再融资、并购重组、股权激励等机制安排，支持上市公司加快转型升级、做优做强。进一步健全退市制度，畅通多元退出渠道，建立常态化退市机制，强化优胜劣汰。推动上市公司改革完善公司治理，提高信息披露透明度，更好地发挥创新领跑者和产业排头兵的示范作用，引领更多企业利用直接融资实现高质量发展。

四是深入推进债券市场创新发展，丰富直接融资工具。债券市场是筹措中长期资金的重要场所，对于推动形成全方位、宽领域、有竞争力的直接融资体系发挥着不可替代的作用。要完善债券发行注册制，深化交易所与银行间债券市场基础设施的互联互通，进一步支持银行参与交易所债券市场。加大资产证券化产品创新力度，扩大基础设施领域公募不动产投资信托基金试点范围，尽快形成示范效应。扩大知识产权证券化覆盖面，促进科技成果加速转化。

五是加快发展私募股权基金，突出创新资本战略作用。私募股权基金是直接融资的重要力量，截至 2020 年 9 月末，登记备案的股权和创投基金管理公司近 1.5 万家，累计投资超过 10 万亿元，在支持科技创新中发挥着日益重要的基础性和战略性作用。要进一步加大支持力度，积极拓宽资金来源，畅通募、投、管、退等各环节，鼓励私募股权基金投小、投早、投科技。出台私募投资基金管理暂行条例，引导其不断提升专业化运作水平和合规经营意识。加快构建部际联动、央地协作的私募风险处置机制，切实解决"伪私募、类私募、乱私募"突出问题，促进行业规范健康发展。

六是大力推动长期资金入市，充沛直接融资源头活水。长期资金占比是影响资本市场稳定的重要因素，也是决定直接融资比重高低的核心变量之一。要加快构建长期资金"愿意来、留得住"的市场环境，壮大专业资产管理机构力量，大力发展权益类基金产品，持续推动各类中长期资金积极配置资本市场。加大政策倾斜和引导力度，稳步增加长期业绩导向的机构投资者，回归价值投资的重要理念。鼓励优秀外资证券基金机构来华展业，促进行业良性竞争。

三、大力发展资管业务

（一）以资产配置为核心的资管时代到来

2019 年，中国人均 GDP 已经超过 1 万美元。根据《2019 胡润财富报告》，中国大陆中产家庭有 3320 万户。报告显示，大中华地区拥有 600 万人民币资产的"富裕家庭"的总财富达到 128 万亿元左右，超过大中华区全年 GDP 总量，而拥有千万资产的"高净值家庭"的数量不断扩大。中产和"高净值家庭"对财富管理的需求日益强烈。从这个意义上说，中国社会的金融体系和结构正在发生重大的变化。基于经济增长和居民收入的提高，金融体系所提供的产品供给的多样性是非常明显的。

☞小贴士☜

胡润研究院发布的《中国新中产圈层白皮书》将中产阶级定义为，除去家庭衣食住行等方面的基本生活消费支出后，仍然有高消费和投资能力的家庭。按照胡润的标准，资产达到 300 万元人民币，就可以称为中产。目前，中国中产家庭达到了 3320 万户。

（二）金融脱媒加速驱动金融结构变革

基于家庭财富管理的强烈需求，加上整个经济市场化进程的推进，推动了金融加速脱媒。金融脱媒来自融资者的需求，也来自投资者的需求。金融脱媒的加速客观上推动了金融市场的发展，特别是资本市场的发展，推动了融资的市场化和投资产品多样性。

在我国金融体系、金融产品的结构中，标准的证券化金融产品的规模迅速增长，非标准化的金融产品的比重也在逐步提高，这意味着我国金融体系的功能由过去比较单一的融资功能，慢慢走向融资和资产管理并重的二元时代。大力发展资产管理业务和财富管理顺应了我国金融结构变革的趋势，能促进我国金融现代化。

资产管理业务和财富管理业务的市场化是发展的基石，市场化的核心是推动资本市场的发展。没有资本市场的发展，就没有资产管理和财富管理的未来。市场要有足够的透明度，透明度是改善风险管理最基础的保障，特别是资金需求方的透明度是现代金融的基石。

☞小贴士☜

"金融脱媒"是指，在金融管制的情况下，资金供给绕开商业银行体系，直接输送给需求方和融资者，完成资金的体外循环。随着经济金融化、金融市场化进程的加快，商业银行主要金融中介的重要地位相对降低，储蓄资产在社会金融资产中所占比重持续下降，由此引发的社会融资方式由间接融资为主向直接融资和间接融资并重转变。

四、防范金融风险

（一）金融全球化强化了金融系统的脆弱性

金融市场全球化是指，金融业跨国发展，金融活动按全球统一规则运行，同质的金融资产价格趋于等同，巨额国际资本通过金融中心在全球范围内迅速运转，从而形成全球一体化的趋势。金融市场的全球化始于20世纪60年代出现的欧洲货币市场，20世纪80年代以后，随着西方国家纷纷放松金融管制以及发展中国家金融深化和金融自由化的趋势，许多国家的金融市场开放程度越来越高，国际资本流动日益加快。

金融全球化是经济全球化在金融领域的表现，也具有"双刃剑"作用，能够产生积极和消极两方面的效应。

金融全球化的积极作用主要表现在：国际贸易和国际投资推动了世界经济增长；促进了金融机构的适度竞争，降低了流通费用；实现了全球范围内的最佳投资组合，从而合理配置资本，提高效率；增强了金融机构的竞争能力和金融发展能力；加强了国际监管领域的国家协调与合作，从而可以适当降低并控制金融风险。

金融全球化的消极作用主要表现在：第一，金融全球化加深了金融虚拟化程度。衍生金融工具本身是作为避险的工具产生的，但由于过度膨胀和运用不当，滋生了过度投机、金融寻租和经济泡沫，剥离了金融市场与实体经济的血肉联系，反而成为产生金融风险的原因。第二，削弱了国家宏观经济政策的有效性。当一国采取紧缩货币政策，使国内金融市场利率提高时，国内的银行和企业可方便地从国际货币市场获得低成本的资金，紧缩货币政策的有效性就会下降。第三，加快金融危机在全球范围内的传递，增加了国际金融体系的脆弱性。

（二）我国金融开放与风险控制

进入新时代，我国金融开放提速。这是金融业高质量发展的必然要求。首先，从外部环境来看，我国正在建设更高水平的对外开放，这是双循环中以外部循环促进内循环的内在要求。"一带一路"倡议、《区域全面经济伙伴关系协定》（RCEP）的签署都需要更加开放的金融体系的支撑。其次，从内部发展来看，我国已经形成具有中国特色、符合中国社会主义市场经济体制的金融体系，而且具有相当的规模。根据中国银行业协会的数据，截至 2019年底，我国银行业总资产约 49 万亿美元（居世界首位，高于美国约 19 万亿美元的水平，超过欧盟银行业的资产规模总和），保险、证券、信托和公募基金总资产过去 5 年年均复合增速均超过 20%，已经具备进一步开放的基础条件。

我国金融开放将主要集中在四大领域：一是进一步放宽外资可投资资产范围，从股票、银行间债券、交易所债券市场扩展到所有金融资产；二是外资持股金融机构的比例不断放宽；三是 QFII、RQFII 等投资额度有望进一步扩容；四是在"走出去"的基础上，对于境内企业境外上市可能试点备案制，对于"一带一路"沿线国家和地区的融资及并购交易行为可能会给予相应的特殊支持。

在金融全球化和我国金融加速开放的背景下，金融风险跨国传导成为金融业的重点防范的风险。提高防范系统性风险的能力，首先需要从战略和顶层规划的角度加强金融风险的管理和控制，建立一套科学、公正、高效的金融监管体系。其次，要在风险防控的技术层面提前布局，以金融科技赋能金融监管和金融创新。随着大数据、云计算、人工智能、区块链等科技手段的进步，金融业的创新与发展不断升级。同时，随着金融科技不断驱动金融业升级转型，传统金融监管也迎来了众多的机遇和挑战。

第二节　大资管竞合新时代的政信金融

学习目标	知识点
熟悉资管行业发展趋势	资管行业的发展阶段、资管新规及其意义
了解新时代的资管行业竞合	投资管理与资产配置的转换、金融机构业务的趋势

一、资管行业严监管是大势所趋

自 2012 年以来，我国资产管理行业迎来了一轮监管放松、业务创新和快速成长的浪潮。2012 年 5 月证监会出台《期货公司资产管理业务试点办法》，同年 7 月保监会颁布了《保险资金委托投资管理暂行办法》，8 月证监会明确鼓励证券公司开展资产托管、结算、代理等业务，12 月修订《证券投资基金法》并承认私募证券基金的合法地位。这一系列政策的出台，在扩大投资范围、降低投资门槛以及减少相关限制等方面，均打破了各类金融机构等之间的竞争壁垒，使资产管理行业进入了进一步的竞争、创新、混业经营的"大资管时代"。

近些年来，资产管理产品形成了包括但不限于人民币或外币形式的银行非保本理财产品、资金信托，以及证券公司、证券公司子公司、基金管理公司、基金管理子公司、期货公司、期货公司子公司、保险资产管理机构、金融资产投资公司发行的资产管理产品等类型丰富、功能多样的局面。

据统计，2012～2016 年，我国资产管理行业复合增长率高达 40%。2016 年，我国资产管理行业规模达到了 114 万亿元人民币（见表 3.1）。

表 3.1　　　　　　　　2012～2020 年我国资产管理行业规模　　　单位：万亿元人民币

类型	2012 年	2013 年	2014 年	2015 年	2016 年	2017 年	2018 年	2019 年	2020 年
银行理财	4.59	10.21	15.02	23.5	29.05	29.54	22.04	23.4	25
信托公司	7.47	10.91	13.98	16.3	20.22	26.25	22.7	21.6	20.49
证券公司	1.89	5.2	7.85	11.89	17.58	16.88	6.27	7.18	8.55
保险资金	6.85	7.69	9.33	11.18	13.39	14.92	15.55	18.11	21
基金子公司	0	1.44	5.88	12.6	16.89	13.74	5.3	4.34	3.39
公募基金	2.87	3	4.54	8.4	9.16	11.6	13	14.77	19.89
私募基金	0.75	1.22	2.13	5.21	7.89	11.1	12.78	14.08	16.96
资产管理规模	24.42	39.67	58.83	89.08	114.18	124.03	98	103.48	115.28

资料来源：中国证券投资基金业协会、中国保险资产管理业协会、中国银行业协会。

总的来说，资产管理业务发挥了支持实体经济、优化社会融资结构、满足国民财富管理需求和增强金融机构盈利能力等积极作用。但是，由于同类资管业务的监管部门不同、监管规则和标准不一致，金融机构通过产品多层嵌套、设置资金池、表外操作、"影子银行"等方式获得监管套利，不仅在客观上提升了社会融资成本，抑制了实体经济发展，隐藏了巨大的流动性风险，而且干扰了产业、财政和货币等宏观调控的实施，影响了金融服务实体经济的质量和效率。

二、回归服务实体经济的本源

2018 年 4 月 27 日，中国人民银行、中国银保监会、中国证券监督管理委员会和国家外汇管理局联合发布《关于规范金融机构资产管理业务的指导意见》（通常称为"资管新规"），其主要内容包括：一是统一监管标准，二是消除多层嵌套、减少监管套利，三是打破刚性兑付，四是规范资金池、降低期限错配、减少流动性风险。随后，中国人民银行于同年 7 月发布《关于进一步明确规范金融机构资产管理业务指导意见有关事项的通知》，进一步明确过渡期的宏观审慎政策安排等重要事项；9 月，中国银保监会发布《商业银行理财业务监督管理办法》，与"资管新规"充分衔接，共同构成银行开展理财业务需要遵循的监管要求；10 月，中国银保监会发布《商业银行理财子公司管理办法（征求意见稿）》，其中进一步就银行理财子公司可否直接投资股票等市场做出初步设想；10 月，中国证监会发布《证券期货经营机构私募资产管理业务管理办法》及其配套细则，在征求意见稿的基础上，适度放宽私募资管业务的展业条件等。自"资管新规"公布以来，金融机构根据要求，逐步整改，降低经营风险，表外业务逐渐减少。最明显的变化是，公募基金资产管理规模在 2018 年"资管新规"颁布后大幅增加，优化了金融业资产结构。

"资管新规"是推动我国金融行业转型发展、回归服务实体经济本源、重塑金融与经济关系的顶层设计，意义重大，影响深远。首先，它明确了资产管理的本质是"受人之托、代客理财"，结束了"保本保兑付"的债务资金性质、"通道嵌套"推高融资成本和"资金空转"减少实体经济资金供应等乱象，推动资管行业迈入"资产配置"的新时代。其次，它建立了统一的监管思路与标准，划清了资管计划参与各方，包括投资人、资产管理人（各类金融机构）、融资人的法律与信用的边界，使得资管行业回归资产管理职能，让投资者真实地承担其应有的投资风险，有力促进资管行业的有序发展。最后，它通过规范以"影子银行"（表外融资）为主体的资管业务，抑制银行的跨界发展和风险连带，在一定程度上使投融资"脱媒"，使资产管理业务这种直接融资手段规范有序发展，从而推进金融业供给侧改革，落实金融服务实体经济，重塑中国金融与经济关系。

三、新时代资管行业竞合发展

未来资管行业转型将呈现三大趋势，即从投资管理走向资产配置，落后产能出清、机构各归主业，从追求规模到共生共赢。

（一）从投资管理到资产配置

投资管理是狭义的针对证券或者资产的金融服务，资产管理人从投资人出发实现投资目标。而资产配置为广义的理财概念，资产管理人根据投资人的资金计划、承受风险、特殊要求和投资目标，把资金分配在不同种类的资产上，如股票、债券、房地产及现金等，在获取理想回报之余，把风险减至最低。投资人需要的资产管理不仅是投资管理，还有资产配置。

从投资管理到资产配置的转变，对资产管理人提出了新要求。为此，基金公司需要逐步构建起基础资产—集合投资工具—大类资产配置的生态体系，从为投资人提供单一类别资产投资管理能力升级到全面资产配置服务。证券公司在压缩了非标准化业务后，需要加大投研能力和主动管理能力，通过产品设计推出更多 FOF 和 MOM 等标准化产品。

（二）专注主业，精耕细作

"资管新规"出台前，各类资产管理人混业经营，同质竞争。尽管按照行业价值链上中下游环节，商业银行和保险公司可以划分为上游资金来源机构，主要利用客户渠道吸纳资金；基金公司和信托公司可以划分为中游投资管理机构，主要负责资金的具体运作；证券公司可以看作是下游通道机构，主要为银行等其他机构提供交易便利。但是，在"保本保兑付"的背景下，以上各类资产管理人都属于"影子银行"范畴。

未来国内各类资产管理人在监管趋严的压力下，应该专注主业，精耕细作，找到自己的细分领域、业务策略，并建立独特的核心竞争力。比如，对于银行理财资产管理来说，有能力的大型银行设立理财子公司，专营机构次之，小型银行可能转化为销售端的一环；券商资产管理则可能把握银行理财需求旺盛和净值型产品供给缺口，转而面向银行渠道客户，发展固收净值型产品。

（三）新型竞合，共生共赢

国际经验表明，成熟市场经过长期充分竞争后，资产管理产业链较为完整，既有涉足全产业链的"大而全"机构，也有深耕特定领域的"小而美"机构，各类机构互相协作，形成了良好的产业生态。

各类资产管理人不仅是竞争关系，也是合作关系，应该建立一种新型竞合、共生共赢的产业生态。比如，从表面上看，银行理财子公司加入资产管理领域，将会对公募基金形成巨大的市场竞争压力，但实质上银行理财子公司更加擅长固收投资，而公募基金擅长领域是股票投资。所以，购买这两类产品的客户（投资人）属于风险偏好差异很大群体，公募基金和银行理财子公司可以利用差异化优势进行产品互补和客户嫁接。对于私募基金来说，以往投资的金融资产很大一部分是银行存款储蓄和理财产品，未来将可能不得不分流，由于预期收益率和非标准化产品的限制，与银行理财子公司进行合作也是很好的选择。

第三节 新时代政信金融新格局

学习目标	知识点
了解新时代经济发展的需求	高质量发展阶段的目标、未来发展的驱动因素
了解政信金融的前景展望	未来30年经济增长率预测、全要素生产率、地方债与各地政府规划的关系、政信金融市场的前景

一、政信金融推动我国经济体制改革进程

纵观改革开放以来经济增长模式，我国形成了政府主导型的市场经济体制，亚洲的日本、韩国、新加坡基本都属于此类经济体制，区别于西方的自由市场经济体制。在这种体制下，政府作为国家资本的代表力量，对国家经济建设起到主导作用。这种体制的优点是避免了纯粹市场调节的滞后性和盲目性弊端。从"亚洲四小龙"的腾飞到中国经济的崛起，都体现了这种政府主导型的市场经济体制的优势。政府主导型的市场经济体制成功与否，取决于政府能否最大限度地调动社会各方力量，激发市场主体的活力，参与到经济建设中。

经济学泰斗、我国股份制改革第一人厉以宁教授认为，深化改革要鼓励民间资本参与到公共服务事业，这就需要政府投资作为引导。他认为，未来政府和大企业要裂变成平台，为更多的市场主体，包括企业和个人提供释放生产力的机会。在新技术革命到来的背景下，企业作为市场竞争主体，是新技术的研发和应用主体，是新业态的缔造者，是社会就业的载体，是民生的保障，是科学技术进步的动力。因此，激发企业的创新力量，才能更好地在强国目标建设中将全要素生产率的作用发挥到极致。

在政府主导型的市场经济体制下，政府通过宏观调控发挥市场对资源的基础配置作用。公共服务类的基础设施建设需要政府作为投资主体进行持续的投入，同时需要发挥市场的作用，引入社会资本参与，但是取代不了政府投资的主导地位。而政府投资的资金来源主要包括非自筹资金和自筹资金两

个部分。其中，非自筹资金包括预算内资金、国内贷款和利用外资；自筹资金包括政府性基金、城投债、地方政府专项债、PPP 以及非标准化融资等，有政府信用在其中，撬动各类社会资本参与。

二、政信金融助力我国数字经济快速成长

继 2020 年 3 月中央政治局常委会提出加快 5G 网络、数据中心等新型基础设施建设后，4 月国家发展改革委在新闻发布会上首次明确了"新基建"的概念和范围，5 月《政府工作报告》中更再次强调新型基础设施建设在稳投资、稳增长中的重要作用，并提出了"两新一重"建设领域的概念。在《交通强国建设纲要》《数字交通发展规划纲要》等文件基础上，进一步明确了新一代交通基础设施建设需加大与信息技术的融合力度，未来专项债进一步支持与新技术结合的新型交通设施建设项目。

根据我国 31 个省（区、市）发布的 2020 年重大项目投资计划表，有 25 个省（区、市）提及"新基建"，包括"5G""数据中心""新能源充电桩""特高压"等关键词。中国国际经济交流中心和中国信息通信研究院联合发布的《中国 5G 经济报告 2020》显示，2025 年 5G 经济产出将达到 1.5 万亿元人民币，而 5G 应用将极大地提高生活、生产效率，并且将渗透到社会的各个方面。

根据中国信息通信研究院的预测，"新基建"中的 5G 网络建设，6 年间需要投资 1.2 万亿到 1.5 万亿元，可以直接拉动的产出是 10.6 万亿元，间接拉动的产出是 24.8 万亿元。

中国工程院院士、著名计算机专家倪光南表示，当前中国数字经济的发展非常迅速，"新基建"是我们数字经济的基础设施。当前，各行各业都处于数字化转型的浪潮之中，这个趋势不可阻挡。倪光南指出，在"十四五"期间，"新基建"的直接投资能达到大约人民币 10 万亿元，比如 5G 要 2.5 万亿元，特高压要 0.5 万亿元，数据中心 1.5 万亿元，人工智能 2200 亿元等。相应地，"新基建"还将带动间接投资，经测算的数据是 17 万亿元。那么，由"新基建"带来的直接投资和间接投资总量接近 30 万亿元。

"十四五"期间是我国加强西电东送、提高清洁能源消纳比例、巩固能源安全保障的重要发展阶段，短期可以拉动经济增长，长期可以把西部的新能源输送到东部。根据《"新基建"之特高压产业发展及投资机会白皮书》，到 2025 年，我国将核准超过 30 条新建特高压线路，带动社会资本进入产业链上、下游市场，整体规模可达 5870 亿元。从 2020 年开始，我国已启动特高压工程投资，当年的总投资达到 1811 亿元，带动社会投资 3600 亿元，合计规模达到 5400 亿元。

在努力实现"碳中和"的背景下，未来我国将刻不容缓地发展新能源汽

车，新能源汽车保有量的稳步增长将会促进充电桩需求的扩大。假设未来我国车桩比在 2030 年达到 1∶1，则 2060 年充电桩总量将超过 5 亿个。综合考虑充电桩的新建需求和更换需求，预计新增累计投资将达到 18.15 万亿元。

以铁路、公路、机场为代表的传统基础设施建设以政府投资为主，国债、专项债和政策性金融债等是支持传统基础设施建设的主要资金来源。与传统基础设施建设不同，"新基建"具有技术迭代快、无形资产多等特征，需持续引入增量资金提供支持；"新基建"的建设周期短，投资收益较传统基础设施建设更快，针对"新基建"的未来收益，可探索开发设施使用权订单质押融资、政府购买服务权益质押融资等依据未来收益权的金融产品。同时，适当提高"新基建"在地方债整体投资中的比重，支持企业通过发行不动产投资信托基金（REITs）实现存量资产盘活，或通过资产支持证券（ABS）、资产自持票据（ABN）将未来现金流变现融资。

在资金来源上，各地政府力图打通多元化投资渠道。例如，《天津市新型基础设施建设三年行动方案（2021—2023 年)》提出，统筹利用智能制造等专项资金，放大海河产业基金、滨海产业发展基金等引导作用，撬动社会资本加大投入力度。鼓励金融机构加大信贷资金支持力度，鼓励符合条件的项目开展基础设施领域不动产投资信托基金（REITs）试点。广东省佛山市也提出，进一步加大市、区财政资金的杠杆作用，充分发挥政府引导布局作用，促进更多社会资本参与新型基础设施建设。

根据 31 个省（区、市）未来五年规划，将 PPP 模式和 REITs 模式引入"新基建"的市场化投资成为未来的发展方向，应进一步发挥社会资本在规划、设计、建设、招商、运营等方面优势，推广财政资金、政府债券与市场化投资相结合的创新模式。

三、政信金融驱动我国经济未来 30 年高质量发展

根据"十四五"规划和 2035 年远景目标纲要，我国经济社会发展 2035 年远景目标是基本实现社会主义现代化。经济实力、科技实力、综合国力将大幅跃升，经济总量和城乡居民人均收入将再迈上新的大台阶，关键核心技术实现重大突破，进入创新型国家前列。基本实现新型工业化、信息化、城镇化、农业现代化，建成现代化经济体系。人均国内生产总值达到中等发达国家水平，中等收入群体显著扩大，基本公共服务实现均等化，城乡区域发展差距和居民生活水平差距显著缩小。生态环境方面的目标为：广泛形成绿色生产生活方式，碳排放达峰后稳中有降，生态环境根本好转，美丽中国建设目标基本实现。

我国经济高质量发展和远景目标的实现，需要深入研究经济发展的驱动力。经济社会的全面进步是一个持续推进、步步为营的过程，需要从过往的

基础上寻找未来发展的动力。

（一）改革开放以来经济增长贡献率分析

根据经济领域通用的柯布—道格拉斯生产函数（C – D 生产函数）、增长方程的归因分析，以 1980 年到 2018 年的资本、劳动和全要素生产率的数据对经济增长进行了复盘。

用柯布—道格拉斯生产函数进行测算，如式 $Y = AK^\alpha L^\beta$，经过变换得到 $\dot{y} = \varphi + \alpha \dot{k} + \beta \dot{l}$（其中，$\dot{y}$ 是产出增长率，$\dot{k}$ 是资本投入增长率，$\dot{l}$ 是劳动投入增长率，φ 是全要素增长率）。计算全要素生产率，需要确定产出增长率、资本增长率和劳动增长率。资本存量的基本计算公式为：$K_t = (1 - \delta)K_{t-1} + I_t$。资本存量的确定，还需要进一步估算历年投资流量 I、价格指数 P、折旧率 δ、基期资本存量 K_0。

根据《中国统计年鉴—2019》修订的 GDP 为总产出指标，并平减为 1978 年价格，以劳动力人数作为劳动投入指标。

当年投资流量的选择：采取全社会固定资产投资作为投资流量，固定资产投资项目的平均建设周期约为三年，第一年按照投资的 70% 计入资本存量，第二年是 20%，第三年是 10%。

固定资产投资价格指数的确定：使用历年固定资本形成总额的当年价格数据和以不变价格计算的发展速度数据，计算出 1978～2004 年隐含的固定资本形成价格平减指数，用来代替 1991 年以前的价格指数。

折旧率的确定：根据投入产出表的数据来计算 1987～2015 年的折旧率，1980～1986 年折旧率采用官方数据，2016 年的折旧率则参考 2015 年折旧率的数据。

基期资本存量的确定：核算时期是 1980～2017 年，选用 1978 年为基期核算资本存量。按照我国经济发展情况进行周期划分：1980～1984 年、1985～1992 年、1993～2007 年、2008～2018 年。

从经济增长情况来看，我国全要素生产率（TFP）呈现"三上三下"状态。1980～2018 年，经济年均增速为 9.55%，但年度之间变化幅度较大。其原因有四个。第一，样本期间，我国确立了社会主义市场经济体制，企业技术进步且效率得到较大提升，大量国外先进技术成果被引进，国内企业的管理水平和技术水平不断提高，生产率继续提高；这期间也遭遇了亚洲金融危机、世界金融危机等。第二，我国经济增长有资本驱动特征，资本对经济增长的贡献居高不下。第三，劳动增长对经济增长的贡献率普遍较低，预计未来对经济增长的贡献空间将进一步减小。第四，TFP 对经济增长的贡献率超过资本贡献率的年份有 1983～1988 年、1992～1995 年，以及 2003 年，可见 TFP 对我国经济的贡献不容忽视。纵观整个经济周期，我国经济呈现科技与资本双轮驱动的特征。具体可见表 3.2 和图 3.1。

表 3.2				我国要素投入和贡献情况			单位：%
时间周期	增长率				贡献率		
	GDP	资本	劳动	TFP	资本	劳动	TFP
1980~1984 年	9.54	7.38	3.12	4.72	30.88	19.63	49.49
1985~1992 年	9.54	8.03	4.21	3.78	34.07	26.29	39.63
1993~2007 年	10.19	12.52	0.89	3.78	48.19	5.18	46.63
2008~2018 年	7.26	18.62	0.32	-1.31	115.53	2.46	-17.99
1980~2018 年	9.55	12.43	1.72	3.44	53.41	10.53	36.06

注：TFP = 全要素生产率。
资料来源：中国社会科学院、中国政信研究院。

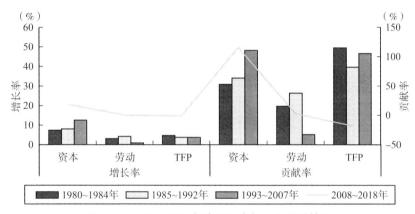

图 3.1　1980~2018 年我国要素投入和贡献情况
资料来源：中国社会科学院、中国政信研究院。

在改革开放 40 多年高速发展中，资本和劳动对国民经济增长的贡献率持续上升并保持较长时间的高位，甚至超过 90%，其中，以政府为主导带动社会各类资本的投入促进了国民经济的高增长态势。1980~2018年，资本的年均增长率是 12.53%，对经济增长的贡献率年均 53.41%。其中，2008~2018 年资本增长率为 18.62%，而对经济增长的贡献率高达115.53%。其主要原因在于对冲美国次贷危机对我国经济的负面影响，在中央层面启动了大规模的经济刺激计划，在经济的各个领域都制定了大量的投资计划，包括政府部门的投资和企业部门的投资，尤其是在基础设施建设领域，高铁、高速公路、机场建设项目加速上马，这使得资本要素对经济增长的贡献率大幅提升。

☞小贴士☜

全要素生产率（Total Factor Productivity，TFP），是指生产活动在一定时间内的效率。它是衡量单位总投入的总产量的生产率指标，即总产量与全部要素投入量之比。全要素生产率的增长率常常被视为科技进步的指标，其来源包括技术进步、组织创新、专业化和生产创新等。产出增长率超出要素投入增长率的部分为全要素生产率增长率。

全要素生产率是宏观经济学的重要概念，也是分析经济增长源泉的重要工具，尤其是政府制定长期可持续增长政策的重要依据。首先，估算全要素生产率有助于进行经济增长源泉分析，即分析各种要素（投入要素增长、技术进步和能力实现等）对经济增长的贡献，识别经济是投入型增长还是效率型增长，确定经济增长的可持续性。其次，估算全要素生产率是制定和评价长期可持续增长政策的基础。具体来说，通过全要素生产率增长对经济增长贡献与要素投入贡献的比较，就可以确定经济政策应以增加总需求为主，还是应以调整经济结构、促进技术进步为主。

（二）未来 30 年经济增长预测

伴随新一轮科技革命的到来，高质量发展已经成为我国未来 30 年发展的趋势。党的十九大提出从 2020 年到 2050 年的 30 年间要分两个阶段来安排，依次实现从小康社会到建成社会主义现代化，再到建成富强民主文明和谐美丽的社会主义现代化强国，为全面建成社会主义现代化强国指明了道路。综合考虑党的十九大提出的"分两步走"新目标所需的经济增长速度及政策取向，预测各个时段资本、劳动力等供给要素（见图 3.2 和表 3.3）。

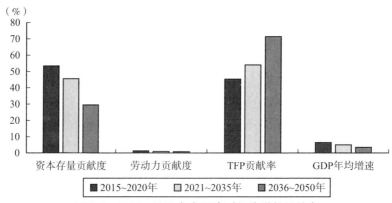

图 3.2　2015～2050 年各要素对经济增长贡献率

资料来源：中国社会科学院、中国政信研究院。

表 3.3　　　　　　　　　子周期各要素对经济增长贡献率　　　　　单位：%

	2015～2020 年	2021～2035 年	2036～2050 年
资本存量贡献度	53.41	45.6	29.42
劳动力贡献度	1.3	0.4	0.29
TFP 贡献率	45.29	54	71.29
GDP 年均增速	6.4	5	3.5

资料来源：中国社会科学院、中国政信研究院。

第一阶段：2021～2035 年，全要素生产率与资本并驾齐驱。

模型预测显示，我国潜在经济增长率将进一步下滑，从"十三五"期间的 6.4% 下降至"十四五"期间的 5.6%。在这一过程中，我国经济增长的动力也开始出现变化，资本和劳动的贡献率出现不同程度下降，尤其是就业增长率可能出现负增长，标志着"人口红利"在我国逐渐消失，但是人才红利将逐渐加强，这也将给全要素生产率提升带来利好，有望稳中有升，并与资本并驾齐驱，共同带动我国经济继续向好发展。

在这一时期，全球也将进入新一轮的创新周期，我国科技进步速度也将随之加快，全要素生产率对经济增长的贡献开始超过资本。

第二阶段：2036～2050 年，全要素生产率拉动经济增长超过资本投入。

从资本和劳动力要素来看，工业化和城镇化进程放慢之后，经济主要靠服务业和消费拉动，投资增速将降低；同时，劳动力数量将持续负增长，但是人力资本将持续提升。从全要素生产率来看，世界进入新一轮创新周期的高潮时期，新技术对经济各部门的渗透率提高，将推动我国及全球增长加速。

综合来看，2036～2050 年我国经济增长将主要靠全要素生产率拉动，依靠创新为主的核心竞争力大幅增强，3.5% 左右的年均增速中，资本存量和全要素生产率将分别贡献 1.0 和 2.5 个百分点，其中全要素生产率对经济增长的贡献率将高达 71%，达到发达国家水平，经济增长动力的有效转换，更加接近党的十九大提出的"两个阶段"战略目标。

基于未来科技发展趋势的需求，政府通过国家财政预算支持公共服务类、科技含量更高的基础设施建设，既有助于提升全要素生产率，更可惠及全社会。这就是政府投资带动企业投资，助力全要素增长的价值。

第四次工业革命的发展进程中，资本要素与企业的全生产要素成为拉动经济增长的关键要素，两者在新技术革命中有机结合，发挥乘数效应。政府资本投入与企业资本的投入共同促进企业技术进步、产业转型升级，为人工智能、万物互联时代的到来打好基础。

思考与练习

1. 单项选择题

（1）（   ）不属于中国金融战略方向。

A. 金融服务实体经济 　　　　　B. 提高直接融资比例

C. 强化监管 　　　　　　　　　D. 政府调控导向

（2）（   ）不属于中国现代金融体系的表现。

A. 利率市场化

B. 多层次、广覆盖、有差异的金融机构体系

C. 商业银行保本保息

D. "打破刚兑"的资管新规要求

2. 多项选择题

（1）我国金融开放措施包括（   ）。

A. 全面取消外资银行、证券公司、基金管理公司的业务范围限制

B. 减少外国投资者投资设立银行业、保险业机构和开展相关业务的数量型准入条件

C. 取消外国银行来华设立外资法人银行、分行的总资产要求

D. 取消外国保险经纪公司在华经营保险经纪业务的经营年限、总资产要求

E. 允许外国保险集团公司投资设立保险类机构

F. 取消证券公司、证券投资基金管理公司、期货公司、寿险公司外资持股比例不超过51%的限制

（2）我国金融行业高质量发展的要求包括（   ）。

A. 强化服务功能

B. 优化融资结构和金融机构体系

C. 为产业体系、市场体系、区域发展体系、绿色发展体系提供精准金融服务

D. 尊重市场规律、支持符合国家产业发展方向的重点企业

（3）提高直接融资比重的意义包括（   ）。

A. 服务创新驱动发展战略

B. 完善要素市场化配置

C. 健全金融市场功能、丰富金融服务和产品供给，提高金融体系适配性

D. 打造更为开放融合的直接融资体系，进一步便利跨境投融资活动

（4）提高直接融资比重的措施包括（   ）。

A. 全面实行股票发行注册制，拓宽直接融资入口

B. 健全中国特色多层次资本市场体系，增强直接融资包容性

C. 推动上市公司提高质量，夯实直接融资发展基石

D. 推进债券市场创新发展，丰富直接融资工具

E. 私募股权基金，突出创新资本战略作用

（5）金融全球化的积极作用主要表现在（　　）。

A. 推动了世界经济增长

B. 促进金融机构的适度竞争降低流通费用

C. 实现全球范围内的最佳投资组合来合理配置资本，提高效率

D. 增强金融机构的竞争能力和金融发展能力

（6）金融全球化的消极作用主要表现在（　　）。

A. 金融全球化加深了金融虚拟化程度

B. 削弱了国家宏观经济政策的有效性

C. 减少了资产组合投资收益

D. 加快金融危机在全球范围内的传递，增加了国际金融体系的脆弱性

（7）我国金融开放不包含（　　）。

A. 中国居民可对外股市、基金、债市、期货等市场金融投资

B. 外资持股金融机构的比例不断放宽

C. QFII、RQFII 等投资额度有望进一步扩容

D. 放宽外资可投资资产范围，从股票、银行间债券、交易所债券市场扩展到所有金融资产

（8）当前资管业务的发展趋势包括（　　）。

A. 以资产配置为核心　　　　　B. 金融脱媒

C. 标准化资产规模迅速增长　　D. 市场化

3. 判断题

（1）政信金融更有利于在新型基础设施建设中发挥作用，是因为新型基础设施建设周期相对较短，投资收益变现快。　　　　　　　　　　（　　）

（2）从过往40多年发展可看出中国经济增长有资本驱动特征，资本对经济增长的贡献居高不下。　　　　　　　　　　　　　　　　　（　　）

（3）市场化投资是新型基础设施建设的主要模式，所以不需要政府投资。　　　　　　　　　　　　　　　　　　　　　　　　　　　（　　）

（4）"十四五"规划和2035年远景目标包括人均国内生产总值达到发达国家水平，高净值收入群体显著扩大，基本公共服务实现均等化，城乡区域发展差距和居民生活水平无差别。　　　　　　　　　　　（　　）

（5）透明度是改善风险管理最基础的保障，特别是资金需求方的透明度是现代金融的基石。　　　　　　　　　　　　　　　　　　（　　）

4. 简答题

金融全球化条件下如何防范金融风险？

5. 论述题

（1）论述资本与科技成为中国高质量发展的两大主要驱动因素。

（2）大资管竞合发展背景下，政信金融将如何发挥对实体经济服务的功能？

练习题答案

1. 单项选择题

（1）D　（2）C

2. 多项选择题

（1）ABCDEF　（2）ABCD　（3）ABCD　（4）ABCDE　（5）ABCD

（6）ABD　（7）BCD　（8）ABCD

3. 判断题

（1）正确　（2）正确　（3）错误　（4）错误　（5）正确

4. 简答题（略）

5. 论述题（略）

第二篇 政信金融业务和产品

随着财政金融体制改革的深化和金融市场国际化的推进，政信金融模式和产品也在不断创新和升级。政信金融模式包括 PPP 项目运作模式、BT/BOT 项目运作模式、TOD 项目运作模式和 EPC/EPCM 项目运作模式等。

政信金融产品除了传统的政信信贷、政信债券、政信信托外，还有政信投资基金、政信定向融资计划和政信供应链金融，此外还包括政信融资租赁、政信 REITs 和政信资产证券化等。这些产品的具体运作模式各有差异，在风险及管理方面具有不同的特点。

第四章
政信金融业务运作模式

【本章内容概述】

本章对政信金融市场主体与运作模式进行介绍。政信金融市场主体分为融资主体、投资主体、平台公司和服务机构四大类。政信金融项目主要分为城市建设项目、地产项目及产业项目。得益于政信金融业快速发展，目前政信金融的运作模式主要包括 PPP 模式、BT/BOT 模式、TOD 模式、REITs 模式和 EPC/EPCM 模式等。

【本章重点与难点】

重点：

1. 政信金融投资主体
2. 政信金融项目分类
3. 政信金融运作模式

难点：

1. PPP 项目运作模式
2. REITs 项目运作模式

第一节　政信金融运作主体

学习目标	知识点
掌握政信金融的融资主体	融资主体的构成
掌握政信金融的投资主体	投资主体的类型
了解政信金融的服务机构	服务机构的类型

政信金融有着丰富的价值内涵，为经济发展和社会进步贡献了卓越的力量。政信金融的本质是资金融通的方式与手段，政信金融是金融市场的一个子领域。在政信金融业务运行中，政信金融的主体，即政信金融的参与方，不仅包括借款方，即地方政府或者其平台公司，也包括服务方，即具有相关金融牌照的银行、证券、保险、信托和基金公司，还包括投资者，即广大高净值的个人投资者和机构投资者。

举一个最简单的政信金融项目的例子。地方融资平台公司（或者其背后相应的地方政府）是融资人。地方政府以其信用介入，将其拥有的公共产品和公共服务特许经营权转移给政信金融服务公司，由后者按照规定条件和范围进行管理和运作，一方面将公共产品和公共服务提供给社会大众，另一方面实现投资者的预期收益要求。投资者是相应项目的投资人。

政信金融业务的参与者涉及政府主体、政信金融服务公司、投资者（社会公众或者投资机构）。在三方主体中，地方政府（平台公司）是委托人和融资者，而政信金融服务公司是资产管理人，投资者是事实上的受益人。

政信金融投资多数投向保障房建设、棚户区改造、城市道路建设等政府主导的基础设施、民生工程等项目，是我国经济发展的基石。政信投资项目往往可以使投资者从多维度受益。政信金融是基于政府信用而开展的投融资业务，本身就与政府的利益诉求息息相关。政信金融服务不单纯以逐利为目标，更会积极考虑投融资业务的社会效益。

由政府主导的投融资项目具有短期内资金缺口大、公益性强、现金流有限、需要筹建工程管理团队及专业运营团队等特性，项目存在资金缺口大、运营能力差等诸多不足。采取政府和社会资本合作模式，可以克服传统投融资模式的限制，通过专项债＋社会资本形成结构化融资，对于各方而言都能降低风险，减轻压力。

以土地开发类项目为例，当政府缺乏土地开发资金或者管理经验的时候，可以选择企业共同进行开发，并由企业负责项目的运作实施。双方共同入股参与土地开发，并按照各自投资股份的比例来分配未来的土地开发收益和分摊投资风险，大大降低了政府的支出压力。地方政府和社会资本方可通过设立合资公司，以股权合作的形式来负责项目的开发建设。项目公司成为独立的投资开发主体，负责项目的设计、投资、建设、运营、维护一体化市场运作。一方面，有利于缓解地方政府资金压力大的问题；另一方面，也有利于解决缺乏人才和相关机制的问题，达成政府和社会资本的高效契合。政信金融项目运作流程如图4.1所示。

发展地方政信金融的实质是改善地方国企的资产管理方式，根本目的是增进民生福祉。与地方政府合作政信金融，要立足长远，多谋民生之利，多解民生之忧。不断利用与拓展政信金融模式，投身到民生建设，促进"幼

有所育、学有所教、劳有所得、病有所医、老有所养、住有所居、弱有所
扶"不断取得新进展，形成有效的社会治理、良好的社会秩序。

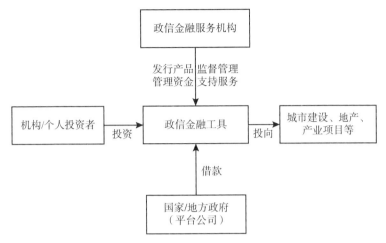

图4.1 政信金融项目运作流程

一、融资主体

（一）中央政府

作为融资方，国家是政信金融的重要融资主体，通过国家信用进行资金
融通。国家信用既是国家为弥补收支不平衡、建设资金不足的一种筹集资金
方式，同时也是实施财政政策、进行宏观调控的一种措施与手段。国家按照
信用原则，以发行债券等方式，从国内外货币持有者手中借入货币资金。因
此，国家信用是一种国家负债，指以国家为一方所取得或提供的信用，包括
国内信用和国际信用。国内信用是国家以债务人身份向国内居民、企业、团
体取得的信用，它形成国家的内债。

国家信用的财务基础是国家将来偿还债务的能力，现金流来源于三个
方面：国家的税收收入、政府有偿转让国有资产（包括土地使用权等）
获得的收入以及国家发行货币的专享权力。国家信用应当由国家的法律予
以保障。

早期的国家信用主要指银行发行的公债。西方国家银行大量掌握国家信
用工具——国库券、公债及其他国家债券，这是银行的一项重要资产业务。
商业银行往往对国家信用实行包销，通过经营国家信用工具而获得巨大利
益。中央银行则将买卖国家信用工具作为进行公开市场业务，调节货币流通
的重要手段。

国家债券是中央政府根据信用原则，以承担还本付息责任为前提而筹措

资金的债务凭证，通常简称为国债或国债券。国债的发行主体是国家，所以它具有最高的信用度，被公认为是最安全的投资工具。主权债券指由政府支持的机构发行的债券，各国政府（多为发展中国家）在国际市场以外币（如美元、欧元等主要货币）所发行的政府债券。

我国国债的发行在弥补财政赤字、筹集建设资金、保证重大工程项目的建设资金、促进国家大型基础设施建设、国防建设等方面起到巨大的推动作用。国债按偿还期限分类，短期国债一般指偿还期限为 1 年或 1 年以内的国债，中期国债是指偿还期限在 1 年以上 10 年以下的国债，长期国债是指偿还期限在 10 年或 10 年以上的国债。

国家信用是政信的具体表现，是一种特殊资源，政府享有支配此种资源的特权，政府利用国家信用负债获得的资金应该主要用于公共基础设施的建设，以及为保障经济社会顺利发展并促进社会公平的重要事项，以向社会公众提供更多的公共物品服务，并实现社会的和谐与安宁。国家信用的价值在政治、经济、伦理、文化和社会价值等各个维度都有非常重要的体现。在市场经济条件下，国家信用既是无形的生产力，也是社会经济发展的基石。

（二）地方政府

作为融资方，地方政府是政信金融的基本主体。地方政府是管理一个国家行政区域事务的政府组织的总称。根据行政区划 2020 年 11 月份的统计数据，我国共有 31 个省、自治区、直辖市（不含港澳台），下辖 297 个地市级行政区、3185 个地级市及区县级行政区。

我国地方政府既是国家机构体系的重要组成部分，负责执行或保证执行宪法、法律、行政法规和上级国家机关的决议决定，办理上级国家机关交办的事务，同时也是地方单位，依法管理地方事务。另外，民族自治地方的自治机关还享有自治权。地方各级人民政府管理本行政区域内的经济、教育、文化、科学、体育、卫生、民政、公安等行政工作，完成上级人民政府交办的事项；县以上地方各级人民政府还负责城乡建设、民族事务和监察工作，执行国民经济和社会发展计划以及预算方案。省级、地市级和区县级政府及下属投融资平台公司是政信金融主体中政府方的代表。

地方政府需要履行自身职能，向社会提供公共产品和服务。然而，政府本身是不生产这些公共产品和服务的，需要向社会购买或者调配资源。这个过程就会产生支出。当支大于收时，就会产生赤字。政府支出包括基础设施建设支出、流动资金支出、地质勘探支出、国家物资储备支出、工业交通部门基金支出、商贸部门基金支出等，还包括科学事业费和卫生事业费等社会文教费支出，以及公检法、国防、政策性补贴，等等。

地方政府债券作为市场经济和现代财政分权制度的重要组成部分，在现代经济条件下，对地方经济乃至一国经济的发展起着至关重要的作用。一是弥补地方财政赤字。当经常性的财政收入不能满足财政支出的需要时，弥补财政收支缺口的常用方法就是发行债券。根据财政赤字的大小，结合债务主体的承担能力，选择合适的债务发行规模，满足财政支出的资金需求，是地方政府债券使用的主要目的与作用之一。二是促进投资增长，筹集建设资金。社会经济的发展离不开投资的合理增长。债券融资的用途一般在地方政府法规中都有明确规定，不得滥用。地方政府债券兼顾社会性的特点，主要是为了向地方经济发展提供更多的软硬件支持，促进社会公平。三是通过发行地方政府债券来融资，不仅可以缓解地方财政的支出压力，而且可以使财政支出在更多的受益者之间合理分担。四是优化地方资源配置，调控地方经济发展。地方政府将债券收入主要用于提供地方性公共物品，这一过程使得资源在公共部门与私人部门之间进行配置。地方公益性事业将会得到更多的照顾，资金就不仅仅只在竞争性行业流转。

近年来，我国积极建立健全规范的地方政府举债融资机制，强化限额管理和预算管理，部署发行地方政府债券置换存量债务，完善地方政府专项债券制度，积极防范化解地方政府债务风险，严格控制地方政府隐性债务。此外，在投融资方面，对地方政府基础设施领域投融资行为、政府和社会资本合作（PPP）项目资本金使用等进一步规范。从风险防控角度来看，防控地方政府债务风险的根本在于用好债务资金，可以从两方面着手。首先是从资金端入手，层层跟踪资金流向，落实债务资金的最后用途。其次，可以从项目端入手，追踪项目建设资金来源，分析项目筹资过程中是否存在违法违规行为。

2019 年 6 月，中共中央办公厅、国务院办公厅印发《关于做好地方政府专项债券发行及项目配套融资工作的通知》，提出多渠道筹集重大项目资本金；鼓励地方政府通过统筹预算收入、上级转移支付、结转结余资金，以及按规定动用预算稳定调节基金等渠道筹集重大项目资本金；允许各地使用财政建设补助资金、中央预算内投资作为重大项目资本金，鼓励将发行地方政府债券后腾出的财力用于重大项目资本金。

地方政府参与的政信投资多数投向保障房建设、棚户区改造、城市道路建设等由地方政府主导的基础设施、民生工程等项目，是我国经济发展的基石，这些项目往往可以使投资者从多维度受益。政府信用介入，国企出力，百姓受惠，使投资人、政府、百姓三方共赢。以中央政府力推 PPP 模式为例，就是为了引入社会资本之力，为经济、社会成功渡过调整期，进入高质量发展期而努力。此外，国务院及财政部均引导和鼓励社会资本通过 TOT、ROT 等方式改造融资平台公司存量项目，减轻财政债务压力，腾挪出更多资金用于重点民生项目建设。

二、投资主体：投资者

在政信金融市场中，投资者是指参与政信金融活动，购入政信金融产品，融出资金的所有个人和机构。

（一）机构投资者

机构投资者与个人投资者相对应，是指使用自有资金或者从分散的社会公众、其他机构手中筹集的资金进行投资活动的法人机构。机构投资者具有资金实力雄厚、风险承受能力强和交易的专业能力强等特点。

按照机构投资者主体性质不同，可以将机构投资者分为企业法人、金融机构（银行、保险公司、证券公司和信托公司、养老基金和捐助基金等，它们既是资金供给者，又是资金需求者）、政府等。

机构投资者进行对外投资的目的主要有两个：一是资产增值，二是参与管理。机构投资者具有管理专业化、结构组合化和行为规范化的特点。

机构投资者一般具有较为雄厚的资金实力，在投资决策运作、信息搜集分析、公司研究、投资理财方式等方面都配备有专门部门，由投资专家进行管理。因此，机构投资者的投资行为相对理性化，投资规模相对较大，投资周期相对较长，有利于证券市场的健康稳定发展。

政信金融市场产品种类丰富，机构投资者入市资金越多，承受的风险就越大。为了尽可能降低风险，机构投资者在投资过程中会进行合理投资组合。机构投资者庞大的资金、专业化的管理和多方位的市场研究，也为建立有效的投资组合提供了可能。

机构投资者是一个具有独立法人地位的经济实体，投资行为受到多方面的监管，相对来说，较为规范。一方面，为了保证政信金融信誉，维护社会稳定，保障资金安全，国家制定了一系列的法律法规来规范和监督机构投资者的投资行为。另一方面，投资机构本身通过自律管理，从各个方面规范自己的投资行为，保护客户的利益，维护自己在社会上的信誉。

（二）个人投资者

个人投资者是指作为一级投资主体进行投资的居民个人。个人投资者是政信金融市场最广泛的投资主体，具有分散性和流动性。个人投资者的特点包括以下四个方面：（1）资金规模有限；（2）专业知识相对匮乏；（3）投资行为具有随意性、分散性和短期性；（4）投资的灵活性强。

政信金融具有"与民分利"的特点，个人投资者投资政信金融产品可以实现"与国共赢"。个人进行政信金融投资应具备一些基本条件，这些条件包括国家有关法律法规关于个人投资者投资资格的规定和个人投资者必须具备一定的经济实力。为保护个人投资者利益，对于部分高风险的产品，监管法规还要求相关个人具有一定的产品知识并签署书面的知情同意书。

☞小贴士

政信金融产品为什么备受个人青睐？

政信理财产品的投资起点较低，既有保险投资的低门槛，又有不输信托收益的稳健回报，属于大众投资品。对于偏好稳健投资的个人投资者来说，政信理财产品的优势非常明显。政信产品依托金融机构与各级政府在基础设施、民生工程等领域开展的合作业务，参与实体基本为地方国企或融资平台，用资项目多为国家和政府支持的、最后由政府验收还付款的项目，项目安全性较高，真实可靠，具备相对较低的违约风险、较高的信用等级、可靠的还款来源，从而在一定程度上降低了风险。

政信项目是金融市场上安全系数相对较高的投资方向。这是因为，一般而言，政信项目投资的都是政府投入较大的项目，比如基础设施建设项目和民生项目。这些项目以政府、国企、央企作为借款项目的信用支撑，这是其最大的优势。有政府信用介入，可谓当前各种投资模式中安全性最高的（一般这些项目都是以解决政府需求为目的，所以项目的借款信息都比较清晰透明，安全性比较高）。在我国现有体制和制度安排下，政府信用高于其他机构信用。

2018年，千亿基础设施建设项目获批，基础设施建设投资补短板加码；2019年，要抓好的重点工作任务包括加强保障和改善民生；2020年，大力发展"新基建"。由此可见，政信项目符合国家大政方针要求，发展前景良好，同时还款有保障，值得投资人投资。

此外，投资人选择政信产品也有技巧。投资者要关注投向何种基础设施项目，是否符合当前国家政策要求以及地方政府对融资方的支持情况，特别是要分清项目是企业信用还是政府信用，优选大型实力国企融资或担保。

三、平台公司

平台公司是融资主体和投资主体的连接者，是政信产品的提供者。一般而言，政信平台是为政信项目提供"投、融、建、管、退"一体化金融服务的平台机构，以其高效专业的资金及服务支持解决政府在基础设施、民生工程以及地方产业规划及投资等重大项目方面的问题，促进项目可持续发展。

平台公司不仅仅是资金提供方，更是共赢理念与科学发展的推动者，政信平台可以推动政府政务管理与市场运营理念及模式的创新，充分整合和利用行业资源，发挥行业群体优势，为企业的投资发展策略及研究提供专业权威的业务指导。针对各级政府在发展过程中遇到的热点、疑点、难点等问题，提供专业、高效的科学决策依据和解决方案；主要针对政策、经济、信息、科学协调发展的中长期战略进行咨询、规划，对政府重大项目相关方面进行科学的综合性研究论证，推荐对应机构参与政府项目投资以及项目中后期软硬件技术性管理；充分整合和利用行业资源，促进信息沟通与合作，最终达到多方共赢的目的。

平台公司是政信金融市场的坚实桥梁。优质平台公司一般具有灵活设计投资结构、平台增信、投资合规严谨、项目合作高效的特征。具体来看，优质平台公司可整合包含银行、券商、信托公司、金融资产交易所、保险公司、基金公司在内的各种金融机构，对各种不同条件的政府项目开展结构化投资。在项目后期，可对项目资产进行证券化、海外发债、地方交易所股权释放等，从实质上化解政府项目赎回的资金压力。平台公司在政策指引下，合法通过央企、地方国企 PPP 合作，有效与地方政府在互利共赢的基础上投资 PPP 及地方国资项目，快速启动项目。有效参与到地方国企的股份改制、平台公司改制，助力地方国有资产的盘活及高效运营。

平台公司可通过 PPP + EPC 模式，合理使用各种金融工具，快速筹措项目资金，有效促进地方建设合规、高速发展，满足地方政府基础设施、民生项目发展的充足资金需求。通过增信地方合作平台公司或项目公司的模式，通过 PPP 项目等合法项目融资通道，合理利用各种金融手段引入大额资本，有效地将项目长期融资利率降到市场平均水平以下。

四、服务机构

（一）交易所

为解决地方政府债务，化解地方债风险，国家鼓励通过市场化融资解决到期债务问题，促进重点项目的顺利完工。政信金融产品是市场化融资解决到期债务问题的重要途径。政信金融产品根据产品类型不同，根据监管要求不同，在不同的机构和场所发行备案，主要包括地方金融资产交易所、中国银行间交易商协会等。

1. 地方金融资产交易所

金融资产交易所（简称金交所）是一种新型交易平台，即以资产交易的方式，让资产持有者通过出售某类资产或者暂时让渡某类资产的权利获得融资。金交所一般由省政府批准设立，业务上受地方金融办监管，各省区市针对金融资产交易所出台相应的业务管理办法，各交易所有各自的业务规则。一般情况下，交易所有合格的审计事务所对备案企业财务信息进行审计，有承销券商对项目进行尽职调查，有律师事务所对所有备查文件进行核实，并由金交所对所有文件进行二次审核。因此，金交所的业务操作具有合规合法性，受多方监管。

以地方金融资产交易所为发行机构，地方融资平台公司以私募的形式，通过发行定向债务融资计划进行融资。通过非公开定向融资工具对特定项目进行融资，已经成为县市级地方政府解决重大基础设施建设项目和公共服务工程资金缺口的途径之一。这是因为，这种融资方式具有手续简便、资金到位快、期限适中、规模灵活等特点，在化解债务方面和解决项目建设投融资资金方面作用明显。

2. 中国银行间市场交易商协会

中国银行间市场交易商协会是银行间债券市场、拆借市场、票据市场、外汇市场和黄金市场参与者共同的自律组织，业务主管单位为中国人民银行，经国务院同意、民政部批准，于 2007 年 9 月 3 日成立，为全国性的非营利性社会团体法人。中国银行间市场交易商协会单位会员涵盖政策性银行、商业银行、信用社、保险公司、证券公司、信托公司、投资基金、财务公司、信用评级公司、大中型工商企业等各类金融机构和非金融机构。经过十几年的发展，中国银行间市场交易商协会已成为一个以合格机构投资者为主要参与者，以一对一询价为主要交易方式，囊括债券、拆借、票据、黄金、外汇等子市场在内的多板块、有层次的市场体系，市场规模稳步增长。

通过中国银行间交易商协会发行定向融资计划，需要具备以下条件：（1）"六真"原则，即真公司、真资产、真项目、真支持、真偿债、真现金流；（2）发行主体范围，对于经济基础较好、市场化运作意识相对较高的省会城市及计划单列市，支持这些地区下属的区县级地方政府融资平台类企业注册发行债务融资工具；（3）地方政府债务率不超过 100% 或负债率不超过 60%；（4）募集资金可用于项目、补充流动资金、偿还银行贷款。

通过中国银行间交易商协会发行非金融企业债务融资工具，第一类企业需要满足以下条件：市场认可度高，行业地位显著，经营财务状况稳健；最近两个会计年度未发生连续亏损；最近 36 个月内累计公开发行债务融资工具不少于 3 期，公开发行规模不少于 100 亿元；最近 24 个月内无债务融资工具或者其他债务违约或者延迟支付本息的事实，控股股东、控股子公司无债务融资工具违约或者延迟支付本息的事实；最近 12 个月内未被相关主管部门采取限制直接债务融资业务等行政处罚，未受到中国银行间交易商协会警告及以上自律处分；中国银行间交易商协会根据投资者保护的需要规定的其他条件（见表 4.1）。

表 4.1   第一类企业财务经营指标要求

行业分类	经营指标		财务指标	
	资产总额（亿元）	营业收入（亿元）	资产负债率（%）	总资产报酬率（%）
轻工业及零售贸易	—	>1000	<75	>3
建筑、建材及房地产	>1500	—	<85	>3
重工业、交通运输及其他	>1000	—	<85	>3

资料来源：中国银行间交易商协会。

第二类企业不符合上述要求的，实行注册会议制度，由注册会议决定是否接受债务融资工具发行注册。债务融资工具可以在银行间债券市场公开发行，也可以定向发行。

企业发行债务融资工具应由金融机构承销。企业可自主选择主承销商。需要组织承销团的，由主承销商组织承销团。企业通过主承销商将注册文件送达注册办公室。

（二）三方机构

政信金融产品从产品募集到交易结构设计，再到产品投向、存续期管理、到期兑付等环节，需要会计师事务所、律师事务所、信用评级机构、资产管理公司（AMC）等各类咨询服务机构的参与。

以政信行业标杆龙头企业政信投资集团为例，集团旗下业务板块涵盖保险、融资租赁、保理、证券、产业基金、地方交易所和项目工程建设等；集团旗下有20余家由央企、券商、保险、国资背景公司等优质企业控股成立的分子公司。

会计师事务所是指依法独立承担注册会计师业务的中介服务机构，是由有一定会计专业水平、经考核取得证书的会计师（如中国的注册会计师、美国的执业会计师、英国的特许会计师、日本的公认会计师等）组成的、受当事人委托，承办有关审计、会计、咨询、税务等方面业务的组织。我国对从事证券相关业务的会计师事务所和注册会计师实行许可证管理制度。会计师事务所在政信金融产品发行过程中起如下作用：一方面，对融资主体资产负债的质和量进行检查核实，从而确定企业的真正规模、实力和资信状况；另一方面，对融资主体收入费用的合法性、真实性进行确认，从而核准企业利润，确定其应纳税额。在具体实操中，会计师事务所需要对项目资金平衡情况进行评价，出具项目收益与融资资金平衡方案、财务评价报告两份文件。

律师事务所是指中华人民共和国律师执行职务进行业务活动的工作机构。律师事务所在政信金融产品发行过程中对项目进行合规性审查，提供法律意见，规范常用业务合同等。

信用评级机构是金融市场上一个重要的服务性中介机构，是由专门的经济、法律、财务专家组成的、对发行人和证券信用进行等级评定的组织。证券信用评级的主要对象为各类公司债券和地方债券，有时也包括国际债券和优先股票，普通股股票一般不作评级。债券发行过程中，信用评级是必备环节。评级机构对区域经济实力、政府治理、地方政府财政实力、政府债务及偿还能力、政府支持五个方面进行综合评估，得到地方政府信用等级。在地方政府信用等级的基础上，对地方政府一般债券偿债能力进行评估，得到地方政府一般债券信用等级；对地方政府专项债券偿债能力进行评估，得到地方政府专项债券信用等级。信用等级直接影响债券发行利率。

资产管理公司（Asset Management Companies，AMC）。凡是主要从事此类业务的机构或组织都可以称为资产管理公司。资产管理公司可以分为两类，一类是进行正常资产管理业务的资产管理公司，没有金融机构许可证；另一类是专门处理金融机构不良资产的金融资产管理公司，持有银保监会颁发的金融机构许可证。在政信金融产品出现逾期及不良时，资产管理公司进行不良资产处理，尽最大可能保护投资者权益。

第二节　政信金融项目分类

学习目标	知识点
熟悉政信金融项目分类	城市建设项目、地产项目、产业项目

一、城市建设项目

城市建设主要是指基础设施建设，包括交通、水利、能源、环保、通信等多种关系国计民生的基础建设及改扩建。基础设施建设是一个永恒的话题，当前与社会资本融合更是大势所趋，也让每一个人分享基础设施建设的红利变得近在咫尺。国有企业和社会资本在参与城市建设过程中各有所长，政信金融体现了社会资本参与地方政府基础设施建设的优势，既充分利用社会资本提升了当地的就业和经济水平，也为项目的投资人带来了丰厚且稳健的投资收益。

国有企业在参与基础设施建设的过程中具有先天优势。国有企业在基础设施与公共服务领域具有扎实的实践经验，以及较好的投资、建设与运营项目的经验，能发挥市场的资源配置作用，又能更好地承担公共服务职能。同时，国有企业与地方政府具备较好的沟通条件和业务操作上的便利。相对于民营企业，国有企业具备较好的资信等级，容易获得金融机构和社会投资人的青睐，更好嫁接社会资本与地方建设，因此国有企业参与基础设施建设深受地方政府欢迎。

社会资本具有资金、技术和管理上的多重优势。为了降低投融资风险、提高投资收益，社会资本有强大的动力和积极性去节约建设资金和运营成本。为了构建更利于社会资本进入的融资环境，需要灵活运用金融工具，其中包括但不限于产业引导基金、商业银行贷款、融资租赁、政策性银行贷款、保险、信托计划等。可以根据项目的全生命周期，从前期开发到投资运营，再到产生稳定的现金流，分阶段开发出适应项目特点的融资工具，多方位拓宽融资渠道。而其中市场化运作的国有企业，由于有着国有的股东背景、更多的让利空间、更佳的与地方政府谈判地位、更优的企业经营信誉，其投资的项目也更稳健，收益相对也更高。

（一）地下综合管廊工程

地下综合管廊是基于我国正处在城镇化快速发展、地下基础设施建设相对滞后的大背景下推出的。采用政信金融模式来建设和运营地下综合管廊被视为投融资方式的一种创新。

暴雨、地质灾害以及山洪考验着地方市政基础设施。和高楼大厦、立交桥相比，城市排水管网埋在地下，对城市外观形象不能很好加分，所以很多地方对相关建设不重视，希望用最少的投资来解决排水问题。排水系统滞后成为国内城市建设中一块公认的短板。如今，国家层面有关地下管廊建设的政策不断细化，引入社会资本参与城镇建设日渐被重视。《国家新型城镇化规划（2014—2020年）》中也提到，推行城市综合管廊，新建城市主干道路、城市新区、各类园区应实行城市地下管网综合管廊模式。

地下综合管廊工程是衡量城市文明程度的重要标志，是重要的基础设施工程，具有一次性投资大、投资回收期长、公益性和社会效应突出等特点。中央层面出台各项措施，提倡综合管廊建设应优先考虑引入社会资本。以现有的地下管廊项目为例，政信金融参与其中存在三大特点。一是经济效益、社会效益回报周期较长。相对传统的地下管线，地下综合管廊建成后，可以避免传统直埋方式下因管线扩容、维修等反复开挖道路的额外施工浪费，减少环境污染；同时，地下综合管廊避免了管线直接与土壤和地下水接触，延长了管线的使用寿命，降低了成本。二是前期建设费用较高，后期运营费用相对较低。地下综合管廊往往需要在前期投入大量的建设资金，同步配套完善的消防设施及监控设施。而建成后的物业管理则相对简便，通常情况下通过配套的监控设施即可完成对整体地下综合管廊的监控管理。与高昂的建设费用相比，运营维护费用之低，几乎可以忽略不计。三是管理各类入廊管线单位难度大。地下综合管廊集中修建，里面铺设各种市政管线，包括水、电、气、热、通信等，各管线分别属于不同的使用单位和所有人，其中有国企，也有私企，有央企，也有地方企业，管理难度很大。目前，采用入廊管线单位向地下综合管廊建设运营单位交纳入廊费和日常维护费的方式。

如今，社会资本逐渐成为政府解决基础设施建设融资的重要途径，相关项目也备受资本青睐。而我国的城镇化建设、城市现代化建设还有很长的路要走，还有很大的市场空间，作为其中不可忽视的地下综合管廊工程，同样也是未来政信投资的一个重要方向。

（二）城市轨道交通工程

交通基础设施建设具有公益性强、投资金额大、建设周期长等特征，仅仅依靠财政资金，远远不能满足与日俱增的投资需求。交通基础设施建设是稳投资的重要发力点，配套的各类财政及金融政策也陆续出台。地方交通专项债发行加速，政府通过投资来稳增长的意图明显。中央政府开始运用和推广政府和社会资本合作模式，让社会资本进入交通运输领域。

2001 年，我国轨道交通领域第一个特殊目的载体（SPV）——北京东直门机场快速轨道有限公司成立，此后社会资本进入城市轨道交通领域经历了开创探索阶段、试点发展阶段和推广发展阶段。在 2003 年以前，我国轨道交通领域引入社会资本处于开创和探索性阶段。2003～2014 年，我国轨道交通进入试点发展阶段，其中的典型案例是北京市轨道交通 4 号线工程、北京市轨道交通 16 号线工程。从 2014 年至今，我国轨道交通领域引入社会资本已经较为普遍，典型案例有北京新机场线工程、福州地铁 2 号线工程等。

在当前经济新常态下，面对交通运输行业万亿级的市场机会及相对稳定的回报收益，国内外许多社会资本已经摩拳擦掌。产业链上的建筑施工企业、工程设计公司、运营企业、财务投资者、金融机构等市场主体都有进军交通运输基础设施建设领域的意向，而且很多企业已经参与其中。

近年来，我国政府加大基础设施建设力度，符合城市轨道建设要求的地方政府均开始筹建轨道交通，我国已成为世界上城市轨道交通发展最快的国家。尤其是进入 2020 年，新冠肺炎疫情影响了国内众多行业，经济下行明显，国家重启"新基建"，包括城际高速铁路和轨道交通，例如，徐州、合肥、深圳等城市多条线路获批，总投资达到数千亿元，是名副其实的政信金矿。

城市轨道交通领域实现了社会资本的有效参与，有利于推动市场合理配置资源，提高资金使用效率，推动投资主体多元化。综合国际国内相关领域的理论和实践研究成果，轨道交通采用政府和社会资本合作模式投资建设运营有良好的效果。

（三）新型城镇化

无论是党的十九大报告，还是政府工作报告，农村农民问题和城镇化问题都是重要的内容。《国家新型城镇化规划（2014—2020年）》提出，推进符合条件农业转移人口落户城镇，推进农业转移人口享有城镇基本公共服务，优化提升东部地区城市群并培育发展中西部地区城市群，强化综合交通运输网络支撑，提升城市基本公共服务水平，以实现人们的物质生活更加殷实充裕，精神生活更加丰富多彩的目的。

而要实现城镇化，提升城市的服务功能，就要强化综合交通运输网络支撑，如城市轨道交通建设等；就要加强市政公用设施建设，如城市地下管网综合管廊建设等；就要完善基本公共服务体系，如统筹布局建设学校、医疗卫生机构、文化设施、体育场所等。而这些大规模的基础设施建设，毫无疑问将会消耗大量的货币资金。社会资本的引入，既解决了巨量的资金需求，也为社会资本带来了不菲的收益，同时由于这些项目具有政府信用背书的特殊属性，风险非常之小。

（四）智慧城市

智慧城市的概念范围极广。可以说，凡是将物联网、云计算等新一代信息技术，特别是将面向知识社会的创新2.0的方法论应用到城市建设和管理中的城市信息化高级形态，均可称为智慧城市。智慧城市的发展是一个动态的过程，其概念和发展目标会随着社会的发展目标而不断升华。建设智慧城市其实就是城市从传统发展到智能发展的过程，可以实现资源的合理利用和环境质量的提升。

我国智慧城市的发展具有几个特点：第一，需要满足工业化、信息化、农业现代化、新型城镇化等经济发展方面的多方需求；第二，我国智慧城市建设强调政府统筹规划和管理，政府部门在智慧城市建设中起到积极的引领作用，资金来源方面与国外有着较大不同；第三，我国大城市的人口密度与规模导致大堵塞、大污染，公共服务水平亟须改善与提升，大数据的多方共享和智慧使用可以帮助解决这些问题。

由于智慧城市建设需要各领域进行数据资源共享以及协作，特别是在政府以及各事业单位之间，因此，早期的智慧城市建设中，政府独资模式最为普遍。例如，在医疗领域，单凭企业无法推进各大医院的医疗数字化，即便各个医院已经实现医疗数字化，说服医院将医疗数据与企业共享也存在较大难度。而随着财政压力加大、PPP模式逐渐成熟，未来智慧城市建设将呈现多种模式并存的局面。社会资本的介入能更好地运营管理项目，提供专业人才等资源。

政信金融模式可以高效整合智慧城市的顶层设计、规划布局、建设实施、运营维护、绩效考核、费用支付等各个环节，能有效抑制盲目的投资冲动，合理确定建设运营内容，此外还能帮助政企双方聚焦，缩短规划期限、优化投资规模，聚焦内涵清晰、内容具体、效果显著的项目。

（五）公共文化设施

文化场馆类项目实施的目的是为民众提供文化、休闲、娱乐的场所，并提高民众文化素养。根据场馆整体功能和公益性特点，项目可设置不同的运营方案。从场馆经营角度分析，基本分为免费开放类和准经营类。

我国公共文化服务缺乏有力的财政支撑和保障，引入政信金融模式能够拓宽公共文化设施融资渠道，减轻政府财政负担。此外，采用政信模式建设公共文化设施，能够提高资金的使用效率。由于私营企业是在市场优胜劣汰机制中筛选出来的、具有一定竞争实力的优势企业，其具有很高的财务管理水平和专业的财务管理团队，同时私营企业以追求利润为目标的特性使得私营企业通过运用高效管理和先进技术来降低成本、缩短建设周期，因此在资金使用效率方面有绝对优势。

一方面，公共文化设施的服务对象是社会公众，建造满足公众需求的公共文化设施是国家文化政策的目标。而私营企业相对于公共部门，具有很强的市场调研能力，基于财务硬约束对市场需求具有敏锐的反应。因此，将公共文化设施交给私营企业设计建造，能够打造贴近居民生活的、公众满意度较高的文化产品。另一方面，公共文化设施采取公开竞标的方式，可以选择最合适的合作伙伴，可以让公众参与选出最佳的设计建造方案。这样做不仅在公共文化设施建设中引入竞争机制，而且能够建设出符合民意的文化建筑。

二、地产项目

依据国家法律法规和政策要求，地产项目主要分为土地整理和产业园区两大类。

（一）土地整理

土地整理是指将零碎高低不平和不规整的土地或被破坏的土地加以整理，是人类在土地利用中不断建设土地和重新配置土地的过程。土地整理是土地管理的重要内容，也是实施土地利用规划的重要手段。土地整理项目的未来发展方向是，在政府的宏观调控下，运用市场手段，充分利用国内外资金、技术和设备，为土地整理事业服务。

为了土地整理项目的顺利开展，政府要负责处理土地整理项目区的居民拆迁、居民安置、农地整理、坟墓迁移以及因整理造成的居民之间和居民与土地整理公司之间的纠纷。在我国，为降低土地整理公司的项目风险，政府应提供最低用地指标收入担保，即无论在什么情况下，如果用地指标收入低于协议中规定的水平，政府负责向项目公司支付差额部分。用地指标是指新增耕地的60%可用来有偿转让给其他地区或单位使用，但目前只有浙江、山东和广东等部分省份有此项规定。

土地整理项目公司负责安排项目建设所需资金。为使土地整理顺利开展，政府应为项目提供一定金额的从属性贷款担保，并规定利率、还款年限等，作为对土地整理项目融资的信用支持。特许权经营年限要根据项目技术可行性和经济效益的大小和可靠性来决定，因而准确测算项目经济效益至关重要。特许权经营年限到期后，土地整理公司获得的土地使用权和其他权益无偿转让或以商定的价格出售给政府或农村集体。在农地整理中，为解决当地农村劳动力的安置，在特许权期间，项目运营单位要保证一定数量的农村劳动力就业，并且当地行政村的农民集体组织以劳动力的形式入股。

在特许权经营期间，政府与土地整理项目公司如有重大分歧，由调解委员会调解。长期投资方与当地政府达成一项协议，如果项目公司不履行对投资人的偿债义务，由调解委员会调解，若调解无效，当地政府必须终止合同。如果合同在特许权期内终止，当地政府必须承担投资人的偿债义务。这项措施的运用使得当地政府必须与投资人合作，当合同在特许权期内终止时，当地政府必须努力寻找一个可以替代的项目公司来承担合同中的责任和义务。这对双方都形成了一种制约，从而尽可能保证合同得到有效执行。

在特许权经营期间，土地整理项目经营公司不能改变规定的土地用途。根据《土地管理法》规定，农地整理要在不改变农业用途的前提下进行开发运营，保证我国耕地占补平衡；市地整理后的土地用途，应根据我国土地利用总体规划和城市规划的要求进行开发运营。

（二）产业园区

产业园区是指以促进某一产业发展为目标而创立的特殊区位环境，是区域经济发展、产业调整升级的重要空间聚集形式，担负着聚集创新资源、培育新兴产业、推动城市化建设等一系列重要使命。产业园区能够有效地创造聚集力，通过共享资源、克服外部负效应，带动关联产业的发展，从而有效地推动产业集群的形成。

以文化旅游产业园区为例，文化旅游产业作为实施乡村振兴战略的重要抓手，能够有效发挥区域文化及旅游资源优势，让区域内的绿水青山成为真正的"金山银山"。随着经济格局的变化，传统房地产公司也纷纷转型，跨界发展多元化模式，大力推动文化旅游地产建设。文化旅游产业对传统产业结构转型起到了有力的推动作用，能够有效拉动城市消费，完善当地经济布局。精品旅游城市、旅游综合体、特色旅游小镇、乡村旅游风光等，未来将成为旅游目的地的主要卖点。

文化旅游项目不能完全进行市场化，因为私营企业的逐利性可能会导致对文化资源的过度开发，损害其可持续性。因此，早期大部分文化旅游项目的开发运营主体都是地方政府，即主要是通过政府财政来进行建设。同时，文化旅游项目涉及面非常广，需要大量的人力、物力和资金投入，因此无论是开发还是运维，均需要较高的融资能力及管理能力。另外，文化旅游项目中后期的运营和管理工作需要非常优秀和专业的团队，以及优秀的经营和管理理念，这些都不是政府部门管理人员所具备的。

由于地方财政收入困境以及相关管理理念的提升，以及文化旅游行业的竞争日趋激烈，文化旅游开发运营所需的团队越来越专业化。通过政府与社会资本合作进行融资和管理，以提升文化旅游项目的开发运营效率与效果，正被社会各界看好并广泛关注。

一直以来，中国的产业园区存在这样一个棘手的问题，即园区开发建设热火朝天，但真正到园区的具体运营时却无人问津。究其原因，就在于缺少一个政企合作的长效机制，社会资本运营方既缺乏束缚，也缺乏激励。短期开发有利可图，长期运营缺乏资金支撑，逐渐成为一个难以解开的死结。一旦将园区运营纳入 25 年以上的 PPP 模式框架中之后，就建立了一种长效均衡机制，能有效解决这种困境，把短期一次性赚到的钱摊到几十年的时间里，让政府和社会资本方不再将目光局限在一城一池的短期利益之上，企业很难短期逐利，政府也很难要求短期的速效政绩。这样一来，随着双方的利益诉求捆绑在一起，趋于一致，就能够各显其能，勠力同心，着眼于长远的规划和稳定的运营，从开发到招商，以及城市与产业运营，制造多个发力点。

三、产业项目

产业项目是指基于某一特定产业的政信金融项目，主要分为环保项目、高端制造和农业项目等。

（一）环保产业项目

在国家和地方财政压力较大的情况下，中低利润的环保项目面临极大的挑战，融资难度进一步加大。在这种背景下，PPP 模式加入环保项目的做法是应时而为、应势而为。PPP 模式一般是由政府主导，由政府对需要融资的环保项目进行资产评估，并采取公开招标的方式向社会投资者出让产权或者特许经营权，获得产权或特许经营权的社会投资者组成项目公司，在协议期内完成合同规定工作并从项目中获得合理利润。协议期满后，投资者需要将产权或者特许经营权无偿移交给政府。换而言之，该模式下的具体操作实际上是政府通过融资平台将项目所产生的负债由政府独自承担，转变为政府和社会资本共同承担的模式。采用 PPP 模式的单一环保项目一般具有如下特点：

第一，投资规模大。单一环保 PPP 项目的产生一般是伴随着基础设施民营化的建设而发展的。通常，这类项目多属于大型投资类项目，投资金额巨大。例如，污水处理项目、垃圾焚烧等项目投资金额经常高达十几亿元。

正是由于投资金额巨大，所以需要采用 PPP 模式来解决资金链的问题。

第二，社会效益与经济效益相结合。环保项目是具有建设性意义的长期项目，其建设主力主要来自政府。在目前已有的采用 PPP 模式运营的环保项目中，其主要的投资回报来自项目本身产生的收益。比如，污水处理厂主要是通过污水处理费来回收投资并获得利润。同时，污水处理厂的建立从长期来看对人们的身体健康具有长期性和持续性的影响，对整个城市的环境系统具有净化作用。因此，从长远来看，在经济效益的基础上，环保项目更具有社会效益和生态效益。

第三，项目覆盖面广。单一环保项目的建立和实施与政府的大力推动密切相关。从过往的历史来看，成功中标的 PPP 环保项目以城镇基础设施建设为主。这些项目在中央和各级政府的大力扶持下，增长速度迅猛，并逐渐覆盖各个区域建设。例如，根据中国政府采购网公布的数据，城市生活污水处理厂的数量由 2002 年的 537 座增加到 2012 年的 3340 座，污水处理率由 2002 年的 40% 提高到 2012 年的 87.3%，垃圾无害化处理率由 2002 年的 54.2% 提高到 2012 年的 84.8%，大中型城市基本做到了污水垃圾处理全覆盖。

（二）高端制造项目

随着高端制造的兴起，我们正迎来一个科技创富的新时代。经济学泰斗厉以宁先生曾经说过，任何国家在经济发展的过程中都会遇到原有的发展方式逐渐不再适应新形势的问题。经济继续转型、产业升级是每一个走上工业化道路的国家必须经历的一个阶段。在这个转变过程中，谁有实力、谁有眼光，谁就将继续走在世界经济的前列。

战略性新兴产业代表新一轮科技革命和产业变革的方向，是培育发展新动能、获取未来竞争新优势的关键领域。而战略性新兴产业依靠的基础设施建设需要和政信结合起来。在建设类似百鸟河数字小镇这样的项目过程中，地方政府主导建设，催生了强大的政信融资业务需求。随着改革的深入，与社会资本合作将进一步加深，为民营企业进入基础建设等领域提供通道，民间资本的力量将得到更大限度的释放，市场进行资源配置的效率也将大大提升，随之会产生新的造富机会。

（三）农业项目

农业项目类型丰富，社会效益高，政信金融投资农业项目前景喜人。我国对农业基础设施建设投入一直不足，政府财政对农业基本建设的投资力度也有弱化的趋势。由于投入不足，农业基础设施普遍落后、老化陈旧，很难对农业生产提供持续的保障，农业生产能力很难有大的提升，尤其是水利、道路等基础设施建设较为落后。但是，农业基础设施具有使用周期长的特点，一旦建成，便可长期使用，且若规划得宜，便不存在浪费现象。

农业市场容量巨大，农产品消费具有不可替代性，且潜在需求巨大，如对绿色健康食品的需求日益增长。这一特点可以为投资提供稳定的收益保障，与政信金融要求长期收益稳定的特点不谋而合。

农业收益率很难与新兴产业相比，农业的增长是以规模整合或自然增长为特点的，投资于农业产业很难有暴利的机会。但目前农业的收益率超出社会平均收益率，且在农业规模化生产的情况下收益稳定有保障，稳定增长可期，这恰恰是社会资本所需要的。此外，目前对农业投资呈现出前后两端比重大的情况，即前端投资种子种苗、后端投农产品深加工及品牌化的企业多，而投资于土地规模整合、规模化生产、基础设施改造的社会资本不多。之所以出现这种状况，原因在于之前土地使用权不明晰，社会资本不敢大规模进入。目前，这一障碍已经逐渐得到清理，政府也希望社会资本进入，并有诚意与社会资本合作，打通农业产业化的产业链。另外，土地收益的属性也适合社会资本进入。土地永远是稀缺的，而土地进行整合、规模化生产后的收益是稳定的，适合社会资本进入。

第三节 政信金融运作模式

学习目标	知识点
熟悉运作模式	政信金融参与主体之间的关系
理解项目分类	PPP，BT/BOT，TOD
了解项目优缺点	REITs，EPC/EPCM

为稳金融、保就业、稳增长，以 PPP、BT/BOT、TOD、REITs、EPC/EPCM 项目运作模式等为代表的社会资本参与模式在各地均被大力推广，中央、地方利好政策频出。针对这些模式在推广过程中的问题，各级政府均提出了有效的应对之策。

一、PPP 项目运作模式

广义的 PPP 是指政府与企业为提供公共产品或服务而建立的各种合作关系，涵盖服务外包、特许经营、完全私有等各种类型。狭义的 PPP 可以理解为一系列项目融资模式的总称，是指政府部门与社会投资者共同将资金或资源投入项目，并由社会投资者建设并运营的方式，包含 BOT、TOT、DBFO 等多种模式。狭义的 PPP 更加强调合作过程中的风险分担机制。常见的 PPP 项目结构如图 4.2 所示。

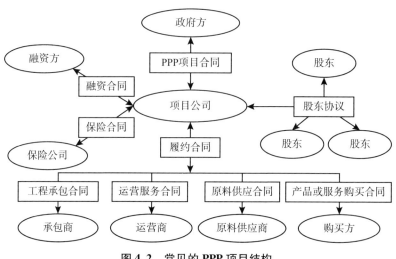

图 4.2　常见的 PPP 项目结构

　　PPP 项目运作模式的选择主要由收费定价机制、项目投资收益水平、风险分配基本框架、融资需求、改扩建需求和期满处置等因素决定。对于具有明确的收费基础，并且经营收费能够完全覆盖投资成本的项目，可通过政府授予特许经营权，采用建设—经营—转让（BOT）、建设—拥有—经营—转让（BOOT）等模式推进。对于经营收费不足以覆盖投资成本或难以形成合理回报、需政府补贴部分资金或资源的项目，可通过政府授予特许经营权附加部分补贴或直接投资参股等措施，采用 BOT、建设—拥有—经营（BOO）等模式推进。对于缺乏"使用者付费"基础、主要依靠"政府付费"回收投资成本的项目，可通过政府购买服务，企业采用 BOO、建设—租赁—经营（BRO）、经营和维护（O&M）等市场化模式推进。

　　PPP 模式运作过程中需要满足三大核心要素，即伙伴关系、利益共享和风险共担。第一要素是伙伴关系，伙伴关系的首要表现是具有共同的项目目标。政府购买商品和服务、给予授权、征收税费和收取罚款，这些事务的处理并不必然表明合作伙伴关系的真实存在和延续。比如，一个政府部门每天都从同一个企业采购办公用品并不能说明它们之间构成伙伴关系。PPP 模式中社会资本方与政府公共部门的伙伴关系与其他关系相比，其独特之处就是项目目标一致。需要明确的是，PPP 模式中公共部门与社会资本方并不是简单地分享利润，还需要控制社会资本方可能的高额利润，即不允许社会资本方在项目执行过程中形成超额利润。共享利益除了指共享 PPP 的社会成果，还包括使作为参与者的社会资本方或机构取得相对平和、长期稳定的投资回报。利益共享显然是伙伴关系的基础之一，如果没有利益共享，也不会有可持续的 PPP 类型的伙伴关系。伙伴关系作为与市场经济规则兼容的 PPP 机制，利益与风险也有对应性。风险分担是伙伴关系的另一个基础。如果没有风险分担，也不可能形成健康而可持续的伙伴关系。无论是市场经济还是计划经济，无论是社会资本方还是公共部门，无论是个人还是企业，没有谁会喜欢风险。即使最具冒险精神的冒险家，也不会喜欢风险，而是会为了利益，千方百计地避免风险。

参与 PPP 项目的社会资本一般具有如下特征：首先，应该拥有强大的资金实力，通常基础设施项目的投资额比较大；其次，这些社会资本应该是追求长期稳定回报，而非短期超额利润的；最后，这些社会资本应该具有较强的项目管理能力。因此，参与 PPP 项目的社会资本方往往是银团、养老基金、保险基金等与经营丰富的大型工程建筑企业组建的项目联合体。

☞经典案例☜

镇江新区大气污染综合防治 PPP 项目

案例简介：社会资本和园区管委会共同出资成立"镇江首创创宜环境科技有限公司"（SPV），实施项目建设运营一体化的化工园区大气污染综合防治 PPP 项目。项目总投资 1.23 亿元，通过建立园区企业大气污染物指纹图谱，集成区界、厂界、固定源在线监测站及移动监测车等多种技术手段，实现了对园区特征污染物超标排放快速溯源和全域 PM2.5、VOCs 等主要大气污染物全天监测，并在此基础上拓展了对超标排放企业开展废气治理和环保管家等技术服务。

项目模式：镇江新区大气污染综合防治 PPP 项目是国内第一个采用 PPP 模式进行化工园区大气污染综合防治的项目。由政府向项目公司购买项目可用性（符合验收标准的公共资产）以及为维持项目可用性所需的运营维护服务（符合绩效要求的公共服务）。政府方依据绩效考核结果，向社会资本方支付可行性缺口补助，包括可用性服务费和运营维护绩效服务费。其中，可用性付费主要包括项目建设成本及必要的合理回报；运营维护绩效维护费主要包括本项目范围内的设施、设备维护成本及必要的合理回报。考虑到企业污染源在线监测系统运营服务收入、污染治理业务利润，当年可行性缺口补助公式为：当年可行性缺口补助 = 当年可用性付费 + 当年运营绩效付费 - 当年使用者付费－当年政府方大气污染治理业务利润分配。政府实施机构根据绩效考核得分，向项目公司支付投资回报和运营维护费用。

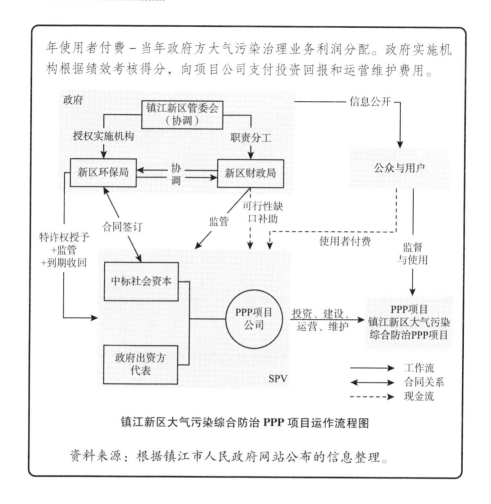

镇江新区大气污染综合防治 PPP 项目运作流程图

资料来源：根据镇江市人民政府网站公布的信息整理。

二、BT/BOT 项目运作模式

建设—移交（Build-Transfer，BT）模式是政府利用非自有资金来进行非经营性基础设施建设项目的一种模式。BT 模式主要是政府通过招标的方式选定项目施工方，并与施工方签订建设移交协议，施工方根据相应的项目要求，成立项目公司并向金融机构贷款融资，同时政府和金融机构都对项目有一定的监督管理的职责。当项目完工并经过验收达到相应的标准后，项目公司将项目移交给政府，政府按照协议支付施工方工程款项。

BT 模式的优势在于政府可以通过社会资本方和建设方优先建设市政项目，以达到发展当地经济的需要，同时因为支付在工程竣工验收之后，还可以拉长付费的时点，缓解当地政府的财政压力。

在具体金融及法务操作上，BT 模式表现为：项目发起人通过与投资者签订合同，由投资者负责项目的融资和建设，并在规定时限内将竣工后的项目移交项目发起人,项目发起人根据事先签订的回购协议,分期向投资者支付项目总投资及确定的回报。

在实际操作中,正是因为相应的费用是在项目完工后支付的,所以项目公司需要与项目发起方或者相关的单位签订回购协议,其中往往包含政府的担保或者承诺函。而在向金融机构寻求贷款的时候,项目公司则会将政府的承诺或者担保当作增信的手段,以求得更高的融资金额。

从定义上来看,建设—经营—移交(Build-operate-transfer,BOT)模式是指政府通过与社会资本方签订特许权协议,将部分基础设施建设项目授予社会资本方,由社会资本方承担项目的投资、融资、建设和维护,在协议规定的期限内,许可社会资本方经营其授权建设的基础设施。特许期满后,社会资本方将基础设施无偿或者有偿移交给政府部门。合同期限一般为20~30年。

BOT模式最大的优势包括三个方面:首先,地方政府可以充分利用社会资本方,实现"小投入做大项目",解决建设资金缺口的问题。其次,政府无须承担项目建设风险,整体的项目借款及风险都由社会资本方主要承担,不存在增加政府债务的问题。最后,相比政府,社会资本方有着更丰富的项目建设和运营经验,同时出于自身利益的考虑,项目的建设和运营积极性相对较高。

三、TOD项目运作模式

以交通为导向的开发(Transit-Oriented Development,TOD)模式是指在城市区域开发、规划设计的过程中,以交通运输为导向的一种发展模式(见图4.3)。其中,交通运输是指基于轨道交通或机场的公共交通站点,在城市中一般以火车站、机场、地铁站点或轻轨站点为主。区别于依赖私家车出行的形式,TOD模式更注重引导公共交通的通勤方式。同时,在公共交通站点的延伸区,主要通过步行、自行车等方式出行。

在用地规划上,TOD模式以公共交通站点为中心,400~800米(约5~10分钟步行路程)划定半径,对范围内的土地进行深度开发,规划建设成为覆盖商业、办公、住宅、文化、教育等功能集聚的发展区域,并更注重垂直立体空间的开发利用。从城市整体的发展前景来看,TOD模式更倾向于借助公共交通线路及节点规划引导土地开发、产业及人口导入,最终通过构建多中心的城市发展格局,形成生态、低碳、交通便捷的宜居城市。

TOD项目的两大典型要素分别为"轨道交通"和"复合业态",不仅对开发商物业组合开发能力提出了要求,并且在土地出让、开发建设等环节,对轨道交通专业背景和建设经验也都有较高的门槛,这也决定了TOD项目开发模式也具有一定的特殊性。由于具备轨道交通专业背景和开发资质的房企仍为少数,加上TOD项目开发复杂、投资大,多数房企发展TOD项目还是选择合作开发模式,房企与地铁公司合作已经成为主流趋势。

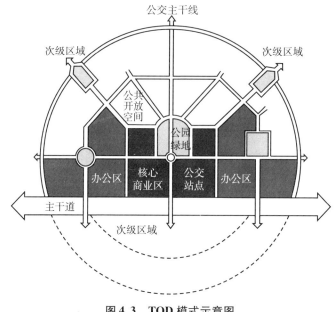

图 4.3　TOD 模式示意图

　　目前，国内较为常见的 TOD 项目合作模式有三种：项目公司式合作、股权合作，以及收益权合作（见表 4.2）。

　　项目公司合作模式。房企与地铁公司先合作成立项目公司，再进行合作，拿地开发。该模式下，项目资金来自双方自筹资金，按所占股权比例进行投入。该模式有助于满足拿地条件，同时可以分担拿地成本。

表 4.2　　　　　　　　　目前国内 TOD 项目常见合作模式比较

合作模式	参与开发方式	项目资金来源	主要优势	主要劣势
项目公司合作模式	先成立项目公司，再合作拿地	合作双方按股权比例自筹资金	成本分担，减轻资金压力	获取土地存在风险
股权合作模式	地铁公司拿地后，通过股权收购获取项目收益权，参与开发	收购前，地铁公司承担全部出资；收购后，双方按股权比例出资	模式成熟，经验丰富	股权转让流程复杂，环节长
收益权合作模式	投标获取收益权比例	BT 融资	快速高效，减轻资金压力	法律风险大，模式尚未成熟

　　股权合作模式。地铁公司拿地后，房企通过收购股权方式获取地铁公司 TOD 项目的部分权益，参与到开发建设中。该模式在国内采用较为广

泛，主要是由于地铁公司具备轨道建设相关专业能力和开发经验，在拿地环节更具优势。项目资金在合作前全部来自地铁公司，合作后由双方按股权比例承担。

收益权合作模式。项目用地不发生股权转移，房企与地铁公司按照收益权比例进行投资，在招标过程中，收益权与 BT 融资建设招标捆绑进行，如深圳红树湾项目。但该模式目前还不成熟，仅是股权合作模式受限情况下的补充创新。

对于政府而言，TOD 可以提升城市公共出行的交通效率以及土地的利用效率，优化城市结构。对于房企而言，可以通过挖掘轨道交通物业的商业价值，实现区域物业的价值增长，并提升项目溢价能力，进而通过沿线商业及土地开发收益反哺轨道交通建设，构建城市发展良性循环。但同时，TOD 项目也具有开发周期长、前期投入高、整体回报慢以及空间设计难度高、业态规划复杂等特性，对开发企业的开发经验和资金实力有较高的要求。

四、REITs 项目运作模式

不动产投资信托基金（REITs）起源于 20 世纪 60 年代的美国，而后逐步扩展到欧洲、澳大利亚、日本、韩国、新加坡等地，成为各国或地区热衷的投资工具。它在拓宽投资渠道、活跃房地产市场、培育和健全资本市场、促进社会发展等方面具有重要意义。

根据资金投向，REITs 可以分为权益型、抵押型和混合型三种不同类型。其中，权益型 REITs 拥有并经营不动产，通过获得不动产所有权以取得经营收入；抵押型 REITs 直接向不动产所有者或开发商发放抵押贷款，主要收入来源是贷款利息；混合型 REITs 则是资产组合中同时包括了实物地产项目和提供的抵押贷款。目前，我国还未出现真正的标准 REITs，发行的都是私募类 REITs 产品。

根据组织形式不同，REITs 又可以分为公司型和契约型两种。公司型 REITs 在美国占主导地位，它具有独立的法人资格，直接参与底层资产的运营管理并通过公开市场上发行 REITs 股份筹集资金。而亚洲地区普遍采用的是契约型 REITs，即成立契约型私募基金来持有项目公司股权，同时与基金管理人、托管人签订契约合同，以信托契约为依据发行收益凭证筹集资金。契约型 REITs 具有设立便利、投资灵活、税收中性等特征。

图 4.4 给出了 PPP-REITs 类 REITs 架构。该结构通过成立契约型私募基金或信托计划持有项目公司股权，从而间接控制资产，同时为降低税收成本采用"股＋债"投资结构，向项目公司发放股东借款或信托贷款，目标资产现金流以还本付息的方式向上缴付并以贷款利息作为成本在企业所得税税

前扣除。该交易结构是符合现阶段政策环境的产品。

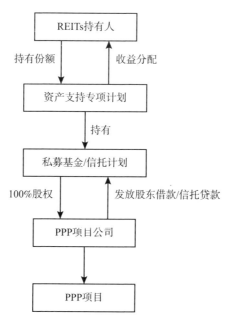

图 4.4   PPP-REITs 类 REITs 架构

五、EPC/EPCM 项目运作模式

EPC 模式和 EPCM 模式是政信金融项目常见的运作模式。

工程总承包（Engineering Procurement Construction，EPC）模式是指一个总承包商或者承包商联营体与业主签订承揽合同，并按合同约定对整个工程项目的设计、采购、施工和试运行（试车）等工作进行承包，实现各阶段工作合理交叉与紧密融合，并对工程的安全、质量、进度和造价全面负责，工程验收合格后向业主移交，由业主或业主代表管理工程实施。EPC 工程项目多集中在石油化工、制造业、交通运输和电力工业等领域。这些领域的工程项目具有以设计为主导、投资额巨大、技术复杂、管理难度大等特点。

设计、采购与施工管理承包（Engineering procurement Construction management，EPCM）模式是国际建筑市场较为通行的项目支付模式之一，也是我国目前推行的一种承包模式。EPCM 承包商是通过业主招标确定的，承包商与业主直接签订合同，对工程的设计、材料设备供应和施工管理进行全面负责。

根据业主提出的投资意图和要求，通过招标，为业主选择和推荐最合适的分包商来完成设计、采购和施工任务。设计和采购分包商对 EPCM 承包商负责，而施工分包商则不与 EPCM 承包商签订合同，但其接受 EPCM 承包商的管理，施工分包商直接与业主具有合同关系。因此，EPCM 承包商无须承担施工合同风险和经济风险。当 EPCM 总承包模式实施一次性总报价方式支付时，EPCM 承包商的经济风险被控制在一定的范围内，承包商承担的经济风险相对较小，获利较为稳定。

EPC 模式和 EPCM 模式皆为国际工程领域非常普遍的模式。业主愿意承受多大的风险、成本控制、业主的组织能力等因素将决定其在工程实施中哪一种模式是最合适的。由于要将较多的风险转移到 EPC 承包人身上，因此对业主来说，在同样的技术要求的前提下，EPC 模式的成本可能会高于EPCM 模式。

思考与练习

一、思考题

（1）为什么政信金融项目受到各类投资者的青睐？

（2）请思考政信金融还有哪些参与领域？

二、练习题

1. 单项选择题

（1）政信金融的融资主体包括（　　　）。

A. 国家　　　　B. 个人　　　　C. 私人企业　　　D. 外资企业

（2）政信金融投资主体不包括（　　　）。

A. 机构投资者　B. 个人投资者　C. 海外投资者　D. 非专业投资者

（3）政信金融服务机构有（　　　）。

A. 交易所　　　B. 商务部　　　C. 外交部　　　D. 地方政府

（4）政信金融项目分类不包括（　　　）。

A. 城市建设　　B. 地产项目　　C. 产业项目　　D. 军工涉密项目

（5）广义的 PPP 不包括（　　　）。

A. 公募基金　　B. BOT　　　　C. TOT　　　　D. DBFO

2. 多项选择题

（1）城市建设主要是指基础设施建设，包括（　　　）。

A. 交通　　　　B. 水利　　　　C. 能源　　　　D. 环保

（2）政信金融产业项目包括（　　　）。

A. 环保项目　　B. 土地整理　　C. 高端制造　　D. 农业项目

（3）政信金融可以达到（　　　）三方共赢。

A. 投资人　　　B. 政府　　　　C. 百姓　　　　D. 中介机构

（4）BOT 模式最大的优势在于（　　　）。

A. 可以充分利用社会资本方　　B. 不存在增加政府债务的问题

C. 社会资本获得更大利益　　　D. 社会资本成本更低

（5）REITs 项目可以分为（   ）。

A. 净值型　　　B. 权益型　　　　C. 抵押型　　　　D. 混合型

3. 判断题

（1）只有机构投资者才能参与政信金融投资。　　　　　　（　　）

（2）政信金融投资服务机构包含地方金融资产交易所。　　（　　）

（3）政信金融模式中地方政府是委托人和融资主体。　　　（　　）

（4）EPC 是英文 engineering（设计）、procurement（采购）、construction（施工）的缩写。　　　　　　　　　　　　　　　　　　（　　）

（5）REITs 项目投资门槛较高。　　　　　　　　　　　（　　）

4. 简答题

（1）简要介绍政信金融项目分类。

（2）介绍政信金融常见运作模式。

练习题答案

1. 单项选择题

（1）A　（2）D　（3）A　（4）D　（5）A

2. 多项选择题

（1）ABCD　（2）ACD　（3）ABC　（4）AB　（5）BCD

3. 判断题

（1）错误　（2）正确　（3）正确　（4）正确　（5）错误

4. 简答题（略）

第五章
政信定向融资计划

【本章内容概述】

本章从定义、性质、市场定位及功能等方面阐述定向融资计划，对参与定向融资计划产品的发行、评级、担保等各主体进行全面介绍，并指出定向融资计划可能存在的所有风险及风险管理措施。

【本章重点与难点】

重点：

1. 定向融资计划的性质
2. 定向融资计划的主体
3. 定向融资计划的交易结构
4. 定向融资计划的风险管控

难点：

定向融资计划的风险及管控措施

第一节　政信定向融资计划概述

学习目标	知识点
掌握政信定向融资工具的概念及类型	由来、性质、市场功能及定位
熟悉政信定向融资工具的特点	备案制、直接融资、内外部增信措施
熟悉政信定向融资工具的优势	与信托工具的对比、与其他资管产品的对比
熟悉政信定向融资工具的演变	非标准化产品的演变

一、政信定向融资计划的定义

政信定向融资计划也被称为政府定向融资工具，属于定向融资工具的一种。定向融资工具是指依法成立的企事业单位法人、合伙企业或其他经济组织向特定投资者发行，约定在一定期限内还本付息的私募债权产品。其本质是经各地方金融办公室审核批准，以支持实体经济发展为目的，遵守相关法律法规、政策规定开展的业务。

定向融资计划采用备案制发行，发行完成后需在金融资产交易所（简称金交所）登记备案，通过金交所网站或其他方式披露相关公告，并由金交所与受托管理人同时（或有）督导发行方按时兑付本息。通常，定向融资计划可分次备案分期发行，同时要求发行方提供一定的内外部增信措施。

定向融资计划属于私募性质，但不是传统意义上的私募基金或私募债券。合格投资者只有先注册为各金融资产交易所或金融资产交易中心会员，且经风险测评结果与产品的风险级别相匹配后，才能对产品进行认购和受让。同一种定向融资计划产品（同一备案编号）的投资者人数合计不得超过200人。

二、政信定向融资计划的特点

政信定向融资计划作为地方融资平台的一种债权融资工具，是除了银行贷款、发行债券以外的市场化资金募集方式，一般用于特定的、具有营收性质的基础设施建设和公共服务民生项目，能够通过项目营收和财政补贴等实现还本付息。相较于大类资管产品、信托，政信定向融资计划有以下特点：

1. 定向融资计划采用备案制

在金交所进行备案的金融产品是合法的，受法律保护，属于合法合规产品。备案材料包括备案登记表；发行人公司章程及营业执照（副本）复印件；发行人内设有权机构关于本期私募债券发行事项的决议；私募债券承销协议；私募债券募集说明书；承销商的尽职调查报告；私募债券受托管理协议及私募债券持有人会议规则；发行人经具有从事证券、期货相关业务资格的会计师事务所审计的最近两个完整会计年度的财务报告；律师事务所出具的关于本期私募债权发行的法律意见书；发行人全体董事、监事、高级管理人员对发行申请文件真实性、准确性和完整性的承诺书等。金交所自接受备案材料之日起10个工作日内出具《接受备案通知书》，发行人取得《接受备案通知书》后，应在6个月内完成发行。逾期未发行的，应当重新备案。

2. 融资方式为直接融资

直接融资工具是指在直接融资活动中所使用的工具，如企业、政府或个人发行和签署的商业票据、公债和国库券、企业债券和股票以及抵押契约等。资金供求双方联系紧密，有利于资金快速合理配置和使用效益的提高，筹资的成本较低而投资收益较大。

3. 采用非公开的方式募集

每期定向融资计划投资者不超过 200 人。通过金融资产交易所发行的定向融资计划属于私募性质，按照私募类金融产品的销售标准进行管理和监督。

4. 采用合格投资者制度

投资者必须通过合格投资者测评。对于个人和机构，按照不同的标准进行风险测评。对个人投资者，从家庭可支配收入、可投资资产占家庭总资产比例、投资知识、投资经验、可投资金封闭期限、投资收益预期、投资可承受的最大损失比例等方面来评定投资人的风险承受能力。对机构投资者，从营业收入、投资期限、已投产品类型、投资经验、现有债务、投资目的及预期收益、最大可承担的损失比例等方面进行测评。根据投资者得分情况，评定投资者的风险偏好，从而进行产品风险评级匹配。

5. 分次备案发行

可分次备案分期发行，起购金额按照交易所合格投资人标准执行。

6. 方案设计灵活

可做结构化设计，可附选择权等。

7. 要求发行人提供一定的内外部增信措施

外部增信措施有担保，内部增信措施有质押、抵押、账户监管等。

担保包括连带责任保证担保、差额补足保证担保、一般保证担保和流动性支持保证担保，也分为单担保和双担保，以及书面《担保函》。担保义务范围一般包括发行人在定向融资计划项下应偿付的本金，以及由此产生的收益、罚息、违约金以及实现债权的相关费用。

质押包括债权债务确权、质押协议和质押登记。可作为质押物的有应收账款、租金收益权和其他收益权。根据应收账款的主体不同，可分为对政府部门的应收账款、优质平台间的应收账款、一般平台间的应收账款和其他应收账款。

抵押作为增信措施，需要出具抵押协议。办理抵押一般需要实地考察抵押物，并且由第三方评估机构对抵押物的价值进行评估，然后签订抵押协议。需要注意的是，抵押期限要覆盖产品的存续期。

账户监管作为一种增信措施，也被金交所采纳。融资平台公司要与管理人设立共管募集账户，并委托银行对该账户进行监管。具体监管要求包括：受监管账户资金只能转入事先指定的融资方账户；账户资金使用 100% 受两方或三方约束；账户异常不由一方独自处理。

8. 产品存续期间有适当的信息披露要求

定向融资计划的参与机构主要包括发行方、会计师事务所、担保方、承销商、合格投资人、受托管理人、律师事务所、共管方。

产品存续期间，根据受托管理协议的约定，由受托管理人履行受托义务。产品的本息兑付将由受托管理人持续跟进执行，由金交所督导。如遇发行方违约，增信方需要代为偿付或者处置抵质押担保物进行偿付。定向融资计划受托管理人及金交所会协助定向融资计划合格投资者向发行方维权，以确保定向融资计划的本息兑付。

三、政信定向融资计划的优势

政信定向融资计划作为政府融资平台的一种常见融资工具，已经成为金融市场的重要组成部分，在国家金融监管愈加严格的趋势下，产品越来越成熟和规范，政信定向融资计划自身的优势也更突出。

一是政信定向融资计划可以形成合法有效的债权债务关系。各交易场所在国务院或各省（直辖市、计划单列市）政府和金融办的批复范围内合法合规地进行产品设计，通过交易和备案形成合法有效的债权债务关系。

二是定向融资工具的中间环节较少，管理费用低。投资人能与融资平台建立直接的债权债务关系，债权关系清晰。投资人既可通过管理人代为维护权利，也可直接地、单独地对债权进行追索和主张，避免了资管产品因为法律关系中隔着一道管理人而带来的投资人无法直接有效对融资方实施维权的问题。因此，此类模式基本摆脱了部分传统理财产品主要看管理人而不是底层资产的扭曲判断模式。尤其在资管行业打破刚性兑付的导向下，信托公司、资管公司等已无法保证每笔投资都能被兑付，所以投资风险已主要取决于融资方和增信方本身的资信，这也使投资回归到了本质，聚焦于底层资产。

三是解决了资质较好平台的融资需求。此类模式为优质平台、企业开辟了一条新的获取资金的通道，各地方金融资产交易中心备案发行的"定向融资计划""定向融资工具"除需严格审核融资方的各项资质、还款来源、还款能力等，往往还会要求关联主体为产品如期兑付提供无条件、不可撤销连带责任担保，且要求发行方办理抵质押相关风控措施，以尽可能保障投资人的本息兑付。

四是定向融资计划与非集合类的信托计划相比更灵活。同样作为专款专用的资管类金融工具，两者在募集规范、投资人数量要求方面有相似之处，而在起投金额、收益和风险集中度和风控方面又有些区别。比如，在起投金额方面，定向融资计划的最低起投门槛一般是 10 万元，信托的起投门槛原则上是 100 万元，甚至 300 万元。在收益范围方面，与相同的融资方、担保方以及相同的投资金额相比，定融类的产品收益一般要比信托产品的收益高出 1%～2%，实际情况通常会高出 2%～3%。在风险集中度方面，对投资人来说，自己的资金实力是有限的，假设一位投资人有一百多万元的金融资产，如果选择投信托，就只能选择一个信托项目，这样的资产配置的风险过于集中；但如果是投定融，由于起投门槛只有 10 万元，所以投资人可以把资金适当分散到数个项目上，风险也适当分散。然而，需要注意的是，投资领域的风险都是相对的，低风险不代表无风险。在风控措施方面，即使是相同的融资方和担保方，一般信托类产品要比定融类产品的风控措施更好一些，不过差异比较小。政信定融类产品主要是基于应收账款作为质押，这也是最主要的风控措施，而政信信托类产品往往有土地抵押。根据监管要求，严禁地方政府出具担保函，因为这样容易形成政府的隐性债务。当政府平台额度不够时，就给它注入资本或者资产等，另外主动管理类的信托会为具体项目多提供一道保障，但仅做通道类的除外。

五是定向融资计划由金交所作为平台撮合融资主体与投资人的交易。定向融资计划与传统意义上的信托、私募基金等融资工具的明显区别在于管理人角色。传统意义上，信托及私募基金的管理人的核心职责和义务是按照约定为合格投资者实现投资收益，并严格遵守相关法规提出的相应的规范性要求，因此具有较强的自主性、主动性和管理性。而定向融资计划中核心部分是资产交易平台，金交所不得自主处理资金，撮合合格投资者直接借钱给发行方，定向融资计划的安全性取决于发行方的资信情况和增信方的担保能力。

第二节　政信定向融资计划参与主体及运作模式

学习目标	知识点
掌握政信定融工具的主体	金融资产交易所、融资平台、担保方
熟悉政信定融工具的模式	政信定融工具的发行流程和产品结构

一、政信定向融资计划的参与主体

政信定向融资计划涉及多方参与主体，包括金融资产交易所、受托管理人、托管银行、融资方、担保方、三方评级机构、律师事务所及会计师事务所等。其中，金融资产交易所、受托管理人、融资方、担保方是直接参与主体，托管银行、三方评级机构、律师事务所及会计师事务所是为产品在合同、企业信用评级等提供相应服务的机构，是间接主体。

（一）金融资产交易所

1. 金融资产交易所概述

金融资产交易所（中心），简称金交所，是为非标准化金融资产提供交易信息和场所的平台，为其提供销售资质审核和信息披露服务，本质上是非标准化资产的产权交易平台，其特殊之处在于交易品种是金融资产或从金融资产衍生而来的金融产品。

2009 年 3 月，财政部颁布了《金融企业国有资产转让管理办法》，明确规定非上市金融企业国有产权的转让应当在依法设立的省级以上产权交易机构公开进行，不受地区、行业、出资或隶属关系的限制。随后，2010 年，北京金融资产交易所在一行三会、财政部及北京市人民政府的指导下成立，是我国第一家正式揭牌运营的专业化金融资产交易机构。之后，北京金融资产交易所发展成为中国人民银行授权的债券发行和交易平台，财政部指定的金融类国有资产交易平台以及中国银行间市场交易商协会的指定交易平台。全国各地也陆续组建了多家金融资产交易所，还有一些地区建立了金融资产交易中心。据不完全统计，截至目前，全国共有 60 多家金融资产交易平台（包含金融资产交易中心），分布在全国 20 多个省（自治区、直辖市），以及计划单列市。一些经济较发达地区，如江苏省，有 6 家金融资产交易中心。而近年来鼓励金融创新的地区也陆续出现多家金融资产交易中心，如贵州省有 5 家。

金交所涉及业务广泛，引起了诸多所谓"巨头"的关注，平安集团、蚂蚁金服、恒大金融、京东金融等频频组建或者参股金交所来完成战略布局。

2. 金融资产交易所经营范围及功能

金融资产交易所是为了完善我国多层级金融市场结构而建立多层次资本市场体系，解决金融市场的投融资需求。大部分金融资产缺乏公开平台支持，仅有交易属性，场外市场不断增多有利于构建多层次金融资产市场结构。

金交所经营的核心宗旨是为了使金融资产便利企业进一步融资。根据资产类型具体来看，金交所主要有以下交易类型：

第一类是基础资产挂牌转让交易。直接对不良金融资产、金融国有资产、私募份额、信托受益权、委托债权、应收账款等金融资产进行挂牌转让交易。

第二类是对资产收益权进行结构化产品设计。机构基于持有的基础资产未来产生一定现金流而发行产品，对各种存量金融资产（如应收账款收益权、小贷资产收益权、融资租赁收益权、商业票据收益权、正向保理收益权、反向保理收益权、购房尾款收益权、贸易资产收益权、项目预计回款等）进行结构设计以便盘活，同时达到资产出表的效果。

第三类是信息耦合业务。交易所在市场上发挥中介功能，提供备案登记、资产挂牌、托管服务、资金结算等服务。以票据业务为例，在整个票据交易过程中，金融资产交易所利用网络平台做到了票据信息的整合、汇集、发布。

金融资产交易所主要有以下三个功能：

第一，各家商业银行可以通过金融资产交易所平台迅速发布业务，掌握票据交易信息。通过票据信息平台信息资源共享，增加信息流动，减少银行间交易成本，降低了银行因需要调整信贷额度而通过一些中介机构进行大规模的票据贴现（转贴现）操作所带来的巨大风险，同时还能有效地加快票据的市场流动性。

第二，金融资产交易所有助于构建区域金融共同市场。金交所在金融产品研发和金融产品交易方面可以提供专业化服务，利用灵活优势引领信贷服务，在重点发展全国性金融中心的基础上逐步提出发展建立区域金融发展中心的构想。

第三，有助于金融资产规范交易。金融资产交易所作为金融资产交易的公共平台，在交易流程、交易规则、信息披露方面都有较为系统的规定，能有效防范金融风险。2011年以来国家先后发布了多个规范金融市场的政策，规范了许多金融交易行为并要求清理整顿各类交易场所，目的是预防金融风险。

☞小贴士☜

北京金融资产交易所

北京金融资产交易所有限公司（简称北交所）是中国人民银行批准的债券发行和交易平台，是中国人民银行批准的中国银行间市场交易商协会指定交易平台，是财政部《金融企业国有资产转让管理办法》项下授权的金融类国有资产交易平台，是积极稳妥降低企业杠杆率工作部际联席会议办公室授权的市场化债转股资产交易场所和"市场化债转股信息报送平台"技术支持及运营维护机构，是中国人民银行授权的债券回购违约处置服务平台。在中国银行间市场交易商协会的领导下，北交所为市场提供债券发行与交易、债权融资计划、企业股权、市场化债转股资产、债权和抵债资产交易、债券回购违约处置、到期违约债券转让等服务，为各类金融资产提供从备案、挂牌、信息披露、信息记载、交易到结算的一站直通式服务。

☞延伸阅读☜

金融资产交易所创新模式探索

在发展初期，各地金融资产交易所纷纷借助互联网，希望打造属于自己的线上平台，但这些线上平台发挥的作用十分有限，通常只是满足备案挂牌信息的发布和产品的介绍，交易和服务的信息化、数据化、专业化水平有限。其中的原因既有自身技术水平的限制，也有对监管红线把握的不确定性，还有对跨界布局财富管理行业的考虑。

近年来，一些金融资产交易所大胆创新，朝着"金交所＋互联网＋资产管理＋财富管理"的方向发展，从以下三点进行拓展：一是运用"互联网技术＋金融资产交易所"，进一步创新金融资产交易模式、交易产品、解决方案。二是运用"大数据＋云计算"，为线上投资人匹配与其风险偏好相对应的资产类型，同时运用各种数据综合判断融资主体、底层资产、结构设计的状况，解决投资人与融资方的信息不对称问题，甚至主动涉足资产管理业务，利用其平台背书进行财富管理试探。三是建立金融资产交易平台的生态系统，将各类金融机构、类金融机构、资产管理公司、中介机构等联系起来，通过互联网平台天然互通互联的属性增强资产的流动性。

（二）发行方/融资主体

政信定向融资计划的发行方即融资主体，主要是政府融资平台，即各级地方政府成立的以融资为主要经营目的的公司，包括不同类型的城市建设投资、城建开发、城建资产公司等企（事）业法人机构，主要以经营收入、公共设施收费和财政资金等作为还款来源。

根据《国务院关于加强地方政府融资平台公司管理有关问题的通知》，地方政府融资平台公司指由地方政府及其部门和机构等通过财政拨款或注入土地、股权等资产设立，承担政府投资项目融资功能，并拥有独立法人资格的经济实体。

政府融资平台分为以下几类：一是单一融资平台，负责公益性和基础性项目融资、资金拨付及还本付息，不参与项目建设和运营；二是公益性投融资平台，负责公益性项目融资、建设、运营及还本付息；三是经营性投融资平台，负责基础性项目融资、建设、运营及还本付息，并可能进行其他经营性项目投资和金融投资；四是综合性投融资平台，兼具公益性和经营性平台的特点；五是"转贷"平台，负责将贷款转贷给政府，自身不承担还款责任。

政府融资平台发行定向融资工具，为地方政府筹集资金，具有以下四个特点：

一是地方政府投融资平台是财政部门管理的政府专门投融资管理机构，具有独立法人地位。尽管政府投融资平台是按照《公司法》组建的，但性质属于财政投融资范畴，承担为地方政府筹集建设资金的任务。

二是地方政府投融资平台不以营利为目的，以增加财政收入为标准，主要为了执行政府宏观经济社会政策。其非营利性全面体现在融资项目管理的各个环节和各个方面。政府投融资所选择项目主要集中在对城市建设和发展具有重要影响的基础设施建设项目，如轨道交通、大型桥梁、地下供水管道网络改造、防洪设施等，这些项目在一定时期内往往构成地方经济社会发展的"瓶颈"。

三是政府投融资平台的业务活动既属于公共财政的范畴，也具有政策性金融的性质。政府投融资平台举借的银行贷款、发行的企业债券和票据是政府按照信用原则筹集的，也要遵循信用活动的一般准则，即有借有还，偿本付息。这些投融资活动主要是为了实现政府宏观经济社会目标，因而构成国家政策性金融的重要组成部分。

四是政府投融资活动是公共财政体系的有机补充，是公共财政不可或缺的政策工具。在政府投融资过程中，常用的政策工具包括发行市政债券、举借贷款、财政投资、财政贷款等。这些政策工具在公共财政体系中都有独特的功能。

（三）担保方

政信定向融资计划除需要严格审核融资方的各项资质、还款来源、还款能力等外，融资方通常也会引入第三方机构提供担保，承担无限连带责任作为外部增信措施。金交所对于担保方的主体信用要求为 AA 级，不低于 AA- 级，评级展望为正面或稳定。

根据大公中长期债权及主体信用等级符号和定义，AA 级企业是指偿还债务能力很强，受不利经济环境的影响不大，违约风险很低的企业。大公评级展望对正面的定义是，存在有利因素，一般情况下未来信用等级上调的可能性较大。稳定的定义是，信用状况稳定，一般情况下未来信用等级调整的可能性不大。

（四）信用评级机构

信用评级机构是金融市场上一个重要的服务性中介机构，是由专门的经济、法律、财务专家组成的、对证券发行人和证券信用进行等级评定的组织，最根本的作用是就证券的信用状况独立地发表意见。信用状况就是投资者按时获取利息和收回本金的可能性。信用评级机构在经营中要遵循真实性、一致性、独立性、稳健性的基本原则，向资本市场上的授信机构和投资者提供各种基本信息和附加信息，履行管理信用的职能。评级机构组织专业力量搜集、整理、分析并提供各种经济实体的财务及资信状况、储备企业或个人资信方面的信息，比如是否欠有恶性债务的记录、破产诉讼的记录、不履行义务的记录、不能执行法院判决的记录，等等。这种信用评级行为逐渐促成了对经济实体及个人的信用约束与监督机制的形成。

政信定向融资计划的发行备案需要提供第三方评级机构出具的信用评级证明。对于融资主体的信用评级要求为 AA 级，对担保方的要求为 AA 级或 AA- 级。

二、政信定向融资计划的运作模式

政信定向融资计划的整个发行流程为五个阶段：前期准备、材料制作、申报、备案、发行。

（一）前期准备

1. 确定发行方案

从发行方的角度来看，政信定向融资计划最重要的工作是前期的准备阶段。首先是确定发行方案，包括发行规模、产品期限和担保方式，以及拟定的年化利率和募集资金用途等。此部分工作主要由融资方即发行人来执行，有时为其提供融资设计的资产管理人也会提前介入产品发行的准备阶段。在发行方案确定过程中，交易结构的设计至关重要，常用的交易结构设计模式如图 5.1 所示。

2. 联系担保工作

定向融资计划的安全性取决于发行方的资信情况和增信方的担保能力，所以除了发行方实力背景要强以外，增信方的实力也是产品如期兑付的重要保障。根据金融资产交易所（中心）的要求，发行方和担保方至少要有一个主体信用评级达到 AA 级的国资背景的平台公司或企业。

3. 会计师开展审计工作

审计的主要工作内容包括对企业资产负债表、损益表、现金流量表、会计报表附注及相关附表进行审计，编制审计底稿，获取审计证据，出具审计报告。

4. 选择承销商

承销商的标准包括：（1）具有独立及依法存续的法人资格；（2）具有作为银行间市场交易商协会主承销商的资格；（3）最近三年没有重大违法违规行为；（4）具有良好的承销业绩和行业口碑；（5）熟悉公司债发行程序；（6）拥有熟悉相关业务规则及操作程序的专业团队；（7）拟派项目负责人具有发行公司债成功案例的经验；（8）法律、行政法规、规范性文件及自律规范规定的其他条件。

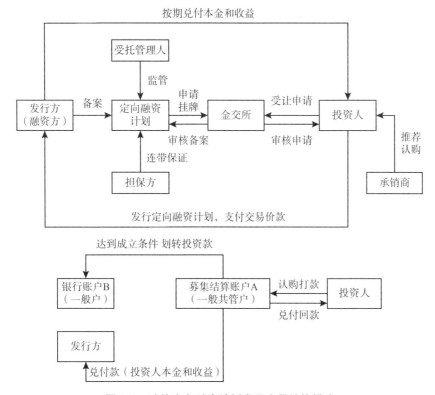

图5.1　政信定向融资计划常见交易结构模式

5. 律师开展尽职调查

律师尽职调查的主要内容包括：（1）审查目标公司的主体资格，含法人资格和经营资格；（2）审查目标公司进行本次交易行为的合法性；（3）审查目标公司的资产情况，主要是核实目标公司的各项资产的权力状况、权利是否有瑕疵、相应的资产是否赋予了相应的价值以及资产价值是否有降低的风险；（4）审查目标公司的债权债务情况，主要是核实目标公司债权的实现有无法律上的障碍以及实现的难易程度，债务承担的风险以及风险的大小；（5）审查目标公司的重要交易合同，通常包括长期购买或供应合同、技术许可合同、大额贷款合同、公司担保合同、代理合同、特许使用合同、关联交易合同等；（6）律师应审查知识产权的权利状况，是所有权还是使用权，以及有效期、有无分许可、是否存在侵权诉讼等；（7）审查目标公司的管理人员与普通员工的安排，主要审查交易对雇佣人员有无影响，是否有相应的激励措施，是否存在对此次交易造成障碍的劳动合同，解除劳动合同所付出的代价，有无可行的解决方案或规避措施；（8）对目标公司是否存在重大诉讼或仲裁的调查，公司的诉讼或仲裁活动直接关系到公司的责任和损失的可能。律师的审查将侧重于这些诉讼或仲裁胜诉的可能性，以及由此可能产生的法律费用和赔偿责任的开支。

6. 召开董事会、股东（大）会

实行股份制的企业，其融资决策属于公司的重大决策，发行前要召开董事会和股东（大）会，经过股东（大）会认可和批准方才有效。

（二）材料制作阶段

材料制作主要包括信用评级文件、担保合同文件的制作，以及相关各方签署的协议文件，包括承销协议、受托管理协议、债券持有人会议规则、设立偿债保障金专户、担保函、担保协议。由各相关的第三方服务机构撰写承销协议、募集说明书、尽职调查报告等，并由律师事务所出具法律意见书，完成上报文件的初稿。

（三）申报阶段

申报阶段的重点工作是寻找投资者。在申报阶段，主承销商开始寻找本期债券的潜在投资人，进行前期沟通。此时，中小企业定向融资计划的发行者应配合主承销商做好企业宣传和推介工作。

（四）备案阶段

金交所对上述所有制作完成的材料进行完备性审查，并与材料提供各方持续保持跟踪和沟通，确认无误后出具《接受备案通知书》。至此，产品完成备案。

（五）发行阶段

经过金融资产交易所备案后六个月内，择机发行定向融资计划。

第三节　政信定向融资计划的风险及管理

学习目标	知识点
掌握政信定融计划的风险类型	利率风险、政策风险、信用风险、流动性风险
掌握政信定融计划的风险管理	金交所对定融计划的资质审核、受托管理人对产品的系统化风险管理

一、政信定向融资计划的风险分析

政信定向融资计划产品是一种私募类债权融资工具。从金融风险控制角度来看，一项债权金融产品的主要风险形式有五项：利率风险、通货膨胀风险、政策风险、违约风险和流动性风险。前三者属于系统风险，而后两者属于非系统风险。

（一）利率风险

利率风险是指市场利率变动导致债权金融产品的收益率发生变动的风险。由于大多数债权金融产品有固定的利率及偿还价格，市场利率波动将引起债权金融产品价格反方向变化。当市场利率上升并超过债权金融产品票面利率时，投资人就不愿意购买债权金融产品，导致债权金融产品需求下降，债权金融产品价格因此下跌；反之，当市场利率下跌至低于债权金融产品票面利率时，投资者就会争相购买债权金融产品，使债权金融产品需求量上升，价格上涨。此外，债权金融产品利率风险与债权金融产品持有期限的长短密切相关，期限越长，利率风险就越大。利率风险用价格变动百分比来表示，是指当市场利率变动 1% 时，债券价格变动的百分数。对于计划持有固定收益证券到期的投资而言，其实不必关心到期之前的价格变化，因为投资人收到全部资金是既定的利息和本金，而无须关注随时变动的市场价格；但对于到期日之前可能不得不出售债券的投资者而言，利率上升意味着价格下跌，将带来资本利得的损失。

（二）政策风险

政策风险是指国家宏观政策（如货币政策、财政政策、行业政策、地区发展政策等）发生变化，导致债权金融产品实际收益率发生波动的风险。为了规避政策风险，一是要了解当下国家政策和战略方针，选择国家政策大力支持、引导的投资品种；二是要了解经济行情，尽量避免投资资金过热、国家限制的行业。

政信定向融资计划本身就具备执行国家财政金融政策的特点，在宏观层面上，符合国家长期的政策要求。从短期来看，随着国家对金融监管越来严格，要求金融工具的使用更加透明，政信定向融资计划也会更加符合国家监管要求，因此政策变化带来的影响基本是正面的积极作用。

（三）信用风险

信用风险是指债权金融产品发行人不能履行合约规定的义务，无法按期还本付息而产生的风险。企业发行债权金融产品后，其经营业绩、财务状况都直接反映在债权金融产品的市场价格上。一旦企业的营运状况不良，企业就有可能丧失还本付息的能力，债权金融产品的市场价格就会下降。一般而言，政信债权金融产品被认为是信用风险较低的债权金融产品，因为其还款来源是政府的财政资金。违约风险一般是由于发行债权金融产品的公司或主体经营状况不佳或信誉不高造成的。

政信定融工具是地方政府代建的政府公益项目进行融资的债权金融产品，借款人或担保人是资产过百亿、有过发债历史的主要政府融资平台公司；用资项目审批手续齐全、提供足额抵质押资产担保，AA 主体信用评级的国有企业提供连带担保责任。手续的合法性、齐备性保证了项目的质量；加之政府存量债务置换使得政信资产透明化、增信化、可交易化，更增强了其类国债金融理财产品的稳健性。

（四）流动性风险

流动性风险是指债权金融产品持有人打算出售债权金融产品获取现金时，其所持有债权金融产品不能按目前合理的市场价格在短期内出售而形成的风险，又称为变现能力风险。如果一种债权金融产品能够在较短时间内按市价大量出售，则说明这种债权金融产品的流动性较强，投资这种债权金融产品所承担的流动性风险较小；反之，如果一种债权金融产品按市价卖出很困难，则说明其流动性较差，投资者会因此而遭受损失。

流动性风险有三种表现：一是流动性极度不足，这是一种致命性的风险，这种风险往往是由其他风险导致的，比如大额还款方违约会引发流动性问题，人们受舆论的刺激，可能会提前赎回资产，这足以触发大规模的资金抽离。二是短期资产价值不足以应付短期负债的支付或未预料到的资金外流。从这个角度看，流动性是在困难条件下帮助争取时间、缓和危机冲击的"安全垫"。三是筹资困难。从这一角度看，流动性代表了以合理的代价筹集资金的能力。筹集资金的难易程度取决于企业/金融机构的内部特征，即在一定时期内的资金需求及其稳定性、债务发行的安排、自身财务状况、偿付能力、市场的看法、信用评级等。

政信定融工具的融资方——地方融资平台可能会出现第二种和第三种情形，这两种情形考验的是融资平台的资金筹措能力。不管是从国家对融资平台融资方式的政策导向还是融资平台自身的信用，都有利于化解融资平台的流动性风险。

二、政信定向融资计划的风险管理

政信定向融资计划涉及金融资产交易所、融资方、担保方、受托管理人、资金托管银行、信用评级机构、会计师事务所等多方主体，每个主体都是产品风险控制的责任方。要实现政信定融工具的发行目的和满足地方经济良性发展的需求，就需要保护投资者利益。

（一）金交所对定向融资产品资质审核

随着监管的加强，金交所对融资方背景的要求也在逐步提升。目前对于这类备案产品，金交所一般要求融资方具有国资、央企背景，或者具有上市公司背景。同时，要具体审核融资方的资产负债率、现金流、运营情况、人员情况等，在备案时需要提供全面的尽职调查报告，从财务情况、运营情况、人员情况、市场情况等多方面论证该融资方实力背景。所以，除政府平台、国企、上市公司外，一般民营企业想要通过这一模式在金交所备案，其概率较低。

金交所对定向融资产品的风控要求也进一步提升，尤其是在增信措施方面，需要融资方提供足额担保或抵押。对于担保方，会审核其资产规模、财务状况、负债率等，同时要求担保方至少具有 AA 以上信用评级，以保证其担保实力符合产品备案要求。对于采用抵押作为增信措施的产品，会具体审核抵押物的情况，尤其是抵押物是否存在权利负担，抵押物的估值是否公允等，为产品如期兑付提供无条件不可撤销连带责任担保。

要注意的是，在这类模式中，金交所在产品模式中扮演的是产品登记挂牌的角色，并不参与产品实际流程，能够更好地保持中立性、客观性。

（二）受托管理人的风险管理

受托管理人是政信定融工具发行的重要一方，连接着地方融资平台和交易所、承销商等各方，其对政信定融工具的风险管理及其工具所对应的项目等至关重要。受托管理人对政信定融工具的把控是系统性的、全面性的。

思考与练习

一、思考题

政信定向融资计划为什么成为政信融资的主要手段之一？

二、练习题

1. 单项选择题

（1）（　　）不属于政信定向融资工具的特点。

A. 审核制发行　　　　　　　　B. 直接融资

C. 私募债券　　　　　　　　　D. 结构设计灵活

（2）（　　）不属于政信定向融资工具的增信措施。

A. 应收账款质押　　　　　　　B. 固定资产抵押

C. 无限连带责任担保　　　　　D. 违约罚息

（3）政信定向融资工具中的应收账款抵押的主体一般是指（　　）。

A. 政府部门　　B. 平台公司　　C. 国有企业　　D. 民营企业

（4）（　　）不是政信定向融资计划的直接参与主体。

A. 融资方　　B. 担保方　　C. 交易所　　D. 银行

（5）金融资产交易所的主管部门是（　　）。

A. 财政部　　　　　　　　　B. 地方金融主管部门

C. 银保监会　　　　　　　　D. 中国人民银行

（6）金融资产交易所的经营范围不包括（　　）。

A. 不良金融资产的挂牌转让

B. 应收账款的挂牌转让交易

C. 资产收益权进行结构化产品设计

D. 对项目的投融资

（7）金融资产交易所的主要功能不包括（　　）。

A. 共享票据交易信息，增加信息流动，减少银行间交易成本

B. 加快票据的市场流动性

C. 提高融资平台的募集力度

D. 增加信息披露，防范风险

（8）政信定向融资计划的融资方的还款来源不包括（　　）。

A. 税收　　　　　　　　　　B. 平台的经营收入

C. 公共设施收费　　　　　　D. 财政资金

2. 多项选择题

（1）政信定向融资增信措施中的担保保证包括（　　）。

A. 连带责任保证担保　　　　B. 差额补足保证担保

C. 一般保证担保　　　　　　D. 流动性支持保证担保

（2）政信定向融资计划主要有（　　）。

A. 利率风险　　B. 流动性风险　　C. 信用风险　　　D. 政策风险

3. 判断题

（1）账户监管是一种增信措施，由融资平台公司与管理人设立共管募集账户，并委托银行对该账户进行监管。　　　　　　　　　　（　　）

（2）金融资产交易所的本质属性是非标准化资产的产权交易平台。

（　　）

（3）信用评级是政信定向融资工具的五个发行流程之一。　（　　）

（4）地方融资平台不是独立的法人机构，不具有企业性质。（　　）

（5）金交所对于担保方的主体信用要求为 AA 级，不低于 AA− 级，评级展望为正面或稳定。　　　　　　　　　　　　　　　　　（　　）

4. 简答题

政信定向融资计划有哪些优势？

5. 论述题

（1）与普通的理财工具相比，政信定向融资计划有什么特别之处？

（2）政信定向融资计划主要面临哪些风险？受托管理人连接平台公司、

交易所和承销商等各方，是如何进行风险管理的？

练习题答案

1. 单项选择题

（1）A　（2）D　（3）A　（4）D　（5）B　（6）D　（7）C　（8）A

2. 多项选择题

（1）ABCD　（2）ABCD

3. 判断题

（1）正确　（2）正确　（3）错误　（4）错误　（5）正确

4. 简答题（略）

5. 论述题（略）

第六章
政信投资基金

【本章内容概述】

政信投资基金作为一种新型的政府投融资方式和政信金融产品，依靠财政出资或政府信用撬动社会资本，引导社会资源投资于实体产业，不仅有效地缓解了政府财政支出压力，还有利于推动国家经济产业发展和战略的实现。本章重点介绍政信投资基金的定义、特点、分类，政信投资基金的发起设立与投资运作，以及政信投资基金的风险管理等内容。

【本章重点与难点】

重点：

1. 政信投资基金的定义及特点

2. 政信投资基金的分类

3. 政信投资基金的运作模式及运作流程

4. 政信投资基金的风险管理

难点：

1. 政信投资基金的发起设立

2. 政信投资基金的运作模式及运作流程

3. 政信投资基金的风险及其控制

第一节　政信投资基金的定义及分类

学习目标	知识点
掌握政信投资基金的概念	政信投资基金
掌握政信投资基金的特点	政信投资基金的三个特点
掌握政信投资基金的分类	按组织架构划分、按投资领域划分、按发起主体划分的政信投资基金

对于大多数人来说，基金并不陌生。由于具有专家理财、分散投资的特点，越来越多的投资者购买基金产品，通过对应资产的价格涨跌来实现投资收益，这类基金通常为证券投资基金。但市场上还存在着一类特殊的基金，它们直接投资于实体经济，用于支持产业发展，通常由政府或其下属国企发起设立，这类投资基金被称为政信投资基金。政信投资基金的投资者一般为机构投资者，因此普通民众可能难以直接感受到政信投资基金的存在。为全面剖析政信投资基金这一政信产品，本节主要介绍政信投资基金相关基础知识，包括概念、特点、分类等内容。

一、政信投资基金的定义

投资基金是指通过发行基金份额，募集投资者的资金，由基金管理人管理和运用资金从事投资活动的一种利益共享、风险共担的集合投资方式。投资基金品种繁多，从投资对象的角度来看，主要包括证券投资基金和产业投资基金。我国的产业投资基金发源于国外的私募股权投资基金，以促进地区产业和经济发展为主要目的，政府及其下属国企往往参与发起设立、投资运行等环节，并提供相应的资金支持与服务。这类投资基金具有国家政府出资背景，享受政府增信服务，因此也被称为政信投资基金。

目前，政信投资基金在实务中多以政府投资基金、政府引导基金、政府出资产业投资基金、国企产业基金等形式出现。为体现政信投资基金的设立方式、运作方式以及资金投向，本书定义政信投资基金为由中央、地方政府及国企参与基金发起设立、投资运营等环节，引导社会资本通过股权投资等方式参与实体投资，支持国家产业与经济发展的产业投资基金。政信投资基金将"市场无形的手"与"政府有形的手"巧妙结合，是一种新型政府融资方式，也是一种新型政信金融投资工具。

二、政信投资基金的特点

（一）私募发行，集合投资

政信投资基金本质上仍属于私募股权投资基金，其私募特征体现在仅面向特定投资者发行。政信投资基金的社会资本部分采取私募发行方式，并封闭运作。由于投资期较长，面临的不确定因素较多，因而投资者应是具备一定风险识别和承受能力的合格机构投资者。此外，政信投资基金是一种利润共享、风险共担的集合投资制度。它将分散的社会资本聚集在一起，投向特定的行业和领域。出资者根据认缴份额承担相应的风险和责任，获得对等的利润回报。集合投资有利于突破产业壁垒，实现规模经济。

☞延伸阅读☜

中国文化产业投资基金

中国文化产业投资基金由财政部、中银国际控股有限公司、中国国际电视总公司和深圳国际文化产业博览交易会有限公司共同发起成立，总规模为200亿元人民币，首期募集41亿元，财政部出资5亿元。中国文化产业投资基金管理有限公司是中国文化产业投资基金的管理人，负责基金运营管理和投资决策。该公司由中银国际控股有限公司、中国国际电视总公司和深圳国际文化产业博览交易会有限公司共同组建，本着规范管理、稳健经营的原则，为中国文化产业投资基金提供市场化和专业化投资管理服务。中国文化产业投资基金主要以股权投资方式，投资新闻出版发行、广播电影电视、文化艺术、网络文化、文化休闲及其细分文化及相关行业等领域，以引导示范和带动社会资金投资文化产业，推动文化产业的振兴和发展。中国文化产业投资基金是我国首只也是唯——只国家级文化产业投资基金。

资料来源：中国文化产业投资基金官网。

（二）投资特定领域，具有战略意义

政信投资基金具有特定的投资对象和投资领域。与其他投资基金相比，政信投资基金强调实业投资，一般定位于创新创业、中小企业发展、基础设施、公共服务等行业公司的股权投资，旨在促进战略性新兴产业和国家基础产业的发展，实现产业结构升级，为国家经济的高质量、高水平发展提供源源不断的动力。特别是在经济新常态的情况下，政信投资基金有利于推进供给侧结构性改革，在弥补社会经济薄弱环节的同时，加快新动能、新技术的培育，为实现社会主义现代化强国提供坚实的经济基础。

（三）政府引导，市场化运作

政信投资基金一般有中央、地方政府及国企参与其中，撬动社会资本参与对国家重点发展行业和经济社会薄弱领域的投资活动中。由于投资期限长，行业发展风险大，投资回报水平相对不高，逐利的社会资本投资动力不足。为解决这种市场失灵现象，政府往往通过出资的方式加大引导，鼓励社会资本参与项目投资，并通过适当让利的方式，提高社会资本的收益水平，激发其参与积极性。在实际运作过程中，政信投资基金由基金管理人管理基金资产，由基金托管人托管基金资产，政府部门一般不参与基金日常管理事务。政信投资基金在设立、投资、退出等各个阶段，均按照市场化的方式运

作，遵循市场经济发展规律，充分发挥市场机制作用，以保证政信投资基金的健康和可持续发展。

三、政信投资基金的分类

（一）按照组织架构分类

按照组织架构分类，政信投资基金包含公司型、有限合伙型以及契约型投资基金。

公司型投资基金是指以发行股份的方式募集资金，并以公司形态组建而成的基金。投资者通过认购基金份额成为公司的股东，根据持有股份份额享受股东权益，承担有限责任。公司型基金适用《公司法》相关规定，依照公司章程设立并运行，享有独立法人地位。

契约型基金则是按照信托契约，通过发行收益凭证而组建的基金。契约型基金涉及基金管理人、基金投资者以及基金托管公司。三方主体通过签订的信托契约相互联系。基金管理公司作为发起人，将募集到的资金组成信托财产，并严格依照信托契约运用基金资产进行投资管理；基金托管公司则按照契约保管、核算基金资产，并监督资金管理人的投资行为；基金投资者则按照持有的基金份额享受投资收益，承担投资风险，但不参与基金的管理运营。区别于公司型基金，契约型基金适用《信托法》，且不具有法人地位。

有限合伙型基金以有限合伙企业形式组建，包括普通合伙人和有限合伙人两类合伙人。普通合伙人负责基金的日常运营和专业管理，出资较少，但对合伙企业的债务承担无限责任，因而一般是专业的基金管理公司；有限合伙人则为基金提供了绝大部分资金，但不参与基金的投资运营，仅以出资额为限对基金产生的债务承担有限责任。

由于契约型基金不是法人，必须委托基金管理公司运作基金资产，而政信投资基金的规模往往较大，除投资之外，还关注基金的项目管理、运营等，因此市场上的政信投资基金大多采用有限合伙型和公司型的组织形式，契约型较为少见。

（二）按照投资领域分类

根据投资领域划分，政信投资基金大致可以分为新兴产业投资基金、支柱产业投资基金、基础产业投资基金和并购重组产业投资基金。

新兴产业投资基金重点支持处于起步阶段的创新型企业。这类基金借力于政府及其下属单位的资金实力与资信水平，引导金融机构、企业等社会资本参与投资，综合运用财政、土地、金融、科技、人才、知识产权等政策，有效推动社会各种生产要素资源向新一代信息技术、生物医药、高端装备制造、新材料、新能源等新兴行业聚集。

支柱产业投资基金则主要投向发展相对成熟、对国民经济发展起着重要支撑作用的支柱产业。这类产业往往规模较大，占比较高。支柱产业投资基金不仅为支柱产业提供资金支持，更重要的是为其引入先进技术与管理理念，促使支柱产业高质量高水平发展。

基础产业投资基金则聚焦于基础设施、交通运输、电话通信、公共服务等领域，它们在一国的国民经济发展中处于基础地位，对其他产业的发展有着制约和决定作用。基础产业投资基金有利于解决基础产业投资不足、运营效率不高等问题，并改善基础产业供需失衡的局面，破除经济发展"瓶颈"，从而为国民经济发展提供持续的基础保障。

并购重组产业投资基金主要通过提供资金、技术、管理等服务，帮助产业实现并购重组，从而调整市场结构，优化资源配置。

（三）按照发起主体分类

根据发起主体划分，政信投资基金大致可以分为政府投资基金以及国企、央企产业基金。

根据财政部发布的《政府投资基金暂行管理办法》，政府投资基金被定义为由各级政府通过预算安排，以单独出资或与社会资本共同出资设立，采用股权投资等市场化方式，引导社会各类资本投资经济社会发展的重点领域和薄弱环节，支持相关产业和领域发展的资金。2016 年国家发展改革委印发《政府出资产业投资基金管理暂行办法》的通知。该暂行办法规定，政府出资产业投资基金是指由政府出资，主要投资于非公开交易企业股权的股权投资基金和创业投资基金。政府投资基金的显著特点在于由政府财政出资引导发起。

国企、央企产业基金则是指由国企、央企牵头设立，按照市场化运作、专业化管理，用于支持创业创新、招商引资、企业上市和兼并重组等产业发展的产业投资基金。与传统的私募股权投资基金不同，国企、央企产业基金的成立不仅仅以财务回报为唯一目标，更重要的是担负着传统国企、央企转型与促进产业经济发展的重任，其投资的项目需要具有产业相关性。

四、政信投资基金的作用及意义

（一）优化资源配置，促进金融服务实体经济

我国现行金融体系是典型的以银行为主导的金融体系，资本市场发展相对不足。企业主要通过银行贷款筹融资，因而在资金使用期限、规模以及用途等方面存在约束。鉴于企业之间的异质性，不同类型的企业获取银行贷款的难易程度以及成本存在较大差别。一般来说，大型企业资本金雄厚，可抵质押资产充足，风险管理水平较高，因而更容易获得银行贷款，且贷款成本较低。对于中小微企业，特别是高新技术企业，考虑到风险因素，银行贷款支持力度较低，从而产生资金供求错配、资源配置低效率的现象。从经济长期发展的角度来看，政信投资基金的发展有利于吸引社会闲置资本投资于高

新技术企业、中小企业等主体，为其提供资金支持和专家管理服务，从而缓解资金供求矛盾，实现资源的优化配置，强化金融服务于实体经济的功能。

（二）缓解政府财政压力，发展地方产业和经济

1994年，分税制改革在财政方面对中央与地方政府的收支范围进行了重新划分。改革后，地方政府的财权有所上移。地方政府肩负着城市建设、经济发展和服务民生等多重任务，同时还受到各项法律法规对地方政府的融资约束。一直以来，地方政府都面临着较大的财政压力。近几年，国家相继出台了"新预算法"、《地方政府存量债务纳入预算管理清理甄别方法》《财政部关于对地方政府债务实行限额管理的实施意见》等法律和文件，加强对地方债务、地方融资平台等地方政府投融资渠道的规范和监管。地方政府具有较强的动机去寻找新的投融资途径。政信投资基金则为地方政府发展地方产业、缓解财政压力提供了可行方案。地方政府可以利用政信投资基金的杠杆效应，投入较少的财政资金，凭借政府信用、产业政策优惠等撬动数倍的社会资本参与到产业投资之中。这不仅实现了地方政府支持地方产业和经济发展的目的，还缓解了地方财政压力。当前，我国政信投资基金通过投资基础设施建设、医疗卫生、社会公共服务以及创新创业等实体经济领域，完善地方城市基础建设，孵化高新技术产业，推动地方经济发展。

☞小贴士☜

分　税　制

分税制是按税种划分中央和地方收入来源的一种财政管理体制，解决的是中央与地方政府之间财权与事权的划分问题。改革开放以来，我国中央与地方财政关系经历了从高度集中的统收统支到"分灶吃饭"、包干制，再到分税制财政体制的变化，财政事权和支出责任划分逐渐明确。1994年分税制改革重新划分了中央与地方的财政收入分配比例。此次改革的主要内容是：将税种划分为中央税、地方税以及中央和地方共享税三大类。改革结果集中体现在中央和地方财力的变化方面：中央财政收入占比由1993年的21.9%上升到2010年的55.7%，同期地方财政收入占比由78.1%下降到44.3%。伴随财权上移的是事权留置，地方政府的支出责任明显增加。1993年地方财政支出占比为71.7%，2010年上升到82.8%。

资料来源：郭贯成、汪勋杰，"地方政府土地财政的动机、能力、约束与效应：一个分析框架"，《当代财经》2013年第11期。

（三）优化产业结构，推动国家战略发展

长期以来，我国经济发展主要依靠生产要素的大量投入。随着人口红利逐渐消失、资源环境约束加强、"三驾马车"动力不足，经济发展速度问题、质量问题以及结构问题日益凸显。党的十九大报告指出，"我国经济已由高速增长阶段转向高质量发展阶段，正处在转变发展方式、优化经济结构、转换增长动力的攻关期"，在新阶段"要把发展经济的着力点放在实体经济上"，加快发展先进制造业，支持传统产业优化升级，坚持去产能、去库存、去杠杆、降成本、补短板。政信投资基金由政府、国企或央企引导发起，带动社会资本投向薄弱的、发展不平衡的、不充分的基础产业，以及具有重大战略意义的新兴产业、先进制造业产业以及创新创业领域。因此，政信投资基金有利于补足经济社会发展的短板，培育新产业、新动能，促进产业结构优化升级，增强我国经济的创新力和竞争力，加快建设现代化经济体系的步伐。

第二节 政信投资基金参与主体及运作方式

学习目标	知识点
掌握政信投资基金的发起主体	中央政府、地方政府、国企和央企
掌握政信投资基金的组织形式	公司型、有限合伙型、契约型
掌握政信投资基金的运作机制	运作模式、风险与收益分配、投资模式
掌握政信投资基金的运作流程	募资、投资、管理、退出

本节深入讲解政信投资基金的发起主体、组织形式、运作机制以及运作流程等内容。这些内容与政信投资基金实务操作关联性更强。通过本节的学习，读者可以了解到政信投资基金从前期发起成立到中后期投资、管理、退出的全过程。

一、政信投资基金的发起主体

政信投资基金不同于其他投资基金的独特之处在于政府信用的涉入。它们一般由中央、地方政府或国企、央企发起，但不同类型的发起人主导着不同种类的政信投资基金。

（一）由中央各部委主导，联合央企共同发起

现有的大多数国家级政府投资基金是由中央各部委出资引导，并联合各大央企共同发起的。这类政信投资基金下设的子基金或者直投项目不受地域限制，服务于全国范围内的产业和经济发展，具有全局性。

目前这类国家级政府投资基金的数量并不多，主要包括国家科技成果转化引导基金、国家新兴产业创业投资引导基金、国家集成电路产业投资基金、国家先进制造产业投资基金等，单只规模较大，平均单只目标规模超过600亿元。多数国家级政府投资基金以公司制的形式组建，少数采用有限合伙型基金形式，其基金运作结构多为"引导基金＋子基金"的双层结构。国家级政府投资基金聚焦于国家战略性新兴产业发展，有利于优化区域产业布局，促进经济转型升级。

由于中央部委之间各司其职，肩负着不同的任务和使命，因而发起的政府投资基金具有不同的目的和投向（见表6.1）。

表6.1　　　　　　　　　　部分国家级产业基金

产业基金	主导发起人	资金投向
中国国有企业结构调整基金	国资委	支持国企改革与转型
国家集成电路产业投资基金	财政部	促进集成电路产业发展
国家中小企业发展基金	工信部	支持种子、初创期成长型中小企业发展
国家科技成果转化引导基金	科技部	推动科技成果转化与应用
国家新兴产业创业投资引导基金	国家发展改革委	重点支持处于起步阶段的创新型企业
中央企业贫困地区产业投资基金	国资委	投资于贫困地区资源开发利用、产业园区建设、新型城镇化发展等
国家军民融合产业投资基金	国防科工局	投资于军民融合领域

（二）由地方政府主导发起

随着中央鼓励政府引导基金的发展态势逐渐明确，各地方政府积极主导设立政府引导基金，设立主体由省级单位逐渐延伸至市级甚至是区县级单位，各层级之间形成了较好的联动机制。各级地方政府通过出资，吸引企业和金融机构等社会资本参与到投资基金中，起到了招商引资的作用。除此之外，政府财政资金与企业合作有利于利用企业出资人在产业链上的核心地位与技术、管理等资源，发展上下游企业，完善产业链，推进地方产业发展。

由地方政府出资设立的政信投资基金主要投资于当地的优势产业、特色产业和基础产业，用于支持地方产业升级和经济发展，区域性特征明显。地方政府投资基金包括省级、地市级以及区县级层面。根据私募通的统计，截

至 2019 年 6 月底，市级政府引导基金数量达到 675 只，占全部政府引导基金数量的 51.5%，市级政府引导基金总规模达到 8693 亿元，占引导基金总规模的比重为 44.1%；省级政府引导基金数量占比 23.7%，总规模占比 34.3%；区县级政府引导基金数量占比 23.3%，总规模占比 12.8%。

（三）由国企牵头主导发起

此类政信投资基金主要由央企、地方国企主导，联合政府、民企、金融机构等主体共同发起。在实务操作中，国企主导发起的投资基金一般聚焦于自身产业链的上下游或相关领域的产业，或者从资本的角度进行资产重组，优化资本结构，对于支持区域经济发展、提高现有资源利用率具有重要意义。

此外，部分政信投资基金由其他具有建设运营能力的实业资本发起，在与政府达成框架协议后，联合银行等金融机构设立有限合伙基金来对接项目。该实业资本将主导政信类项目的建设与管理，政府部门或国企作为投资方参与其中。

☞延伸阅读☜

国贸控股集团发起设立国贸产业发展基金

国贸产业发展基金成立于 2020 年 7 月，基金总规模 30 亿元，由国贸控股集团根据厦门市国企战略发展基金管理办法和政策导向，作为基金出资人发起设立，由国兴（厦门）投资管理有限公司担任管理人，以有限合伙的形式组建。除了国贸控股集团及旗下各投资企业出资外，国贸产业发展基金还分别获得厦门市国企战略发展基金、融发基金、集美区产业引导基金共 10 亿元的资金。

厦门国贸控股集团有限公司是厦门市属国有企业集团，公司业务聚焦供应链、城市建设与运营、消费与健康、金融与科技。由国贸控股集团发起的国贸产业发展基金是厦门市首家由国企发起设立的产业基金。国贸产业发展基金将围绕国贸控股主业进行产业投资，主投新一代信息技术、现代服务业、新能源汽车、生物医药、教育、会展等领域。该基金将服务于国贸控股战略规划落地和各业务板块做大做强，布局战略新兴产业，促进国有企业转型升级和可持续高质量增长。

资料来源：根据国贸控股集团官网公布的信息整理。

二、政信投资基金的组织形式

政信投资基金的设立可采用公司制、有限合伙制和契约制等不同组织形式。在实际操作中，设立政信投资基金时主要采取公司型和有限合伙型的组织形式。

（一）有限合伙型政信投资基金

根据《合伙企业法》，以有限合伙方式成立的政信投资基金由普通合伙人（GP）和有限合伙人（LP）组成。政府出资通常以有限合伙人的形式存在，其他有限合伙人主要包括银行、企业等机构投资者。有限合伙人是投资基金的主要资金提供者，以出资额为限对基金债务承担有限责任，不参与基金的日常运营。普通合伙人一般是专业的基金管理公司，其出资金额占比较小，主要发挥"融智"的作用，凭借专业管理能力与管理经验，负责投资基金的日常运作。为保证资金安全，基金财产将委托给托管机构进行保管与监督。在有限合伙型政信投资基金的组织架构中，一般设立合伙人大会、投资决策委员会以及战略咨询委员会。其中，投资决策委员会是基金项目投资及退出的决策机构，其人员构成包括有限合作人委派的人员、普通合伙人委派的人员以及外部专家等。投资决策委员会做出投资决策后，由基金管理人具体实施操作，并进行后期管理，见图6.1。

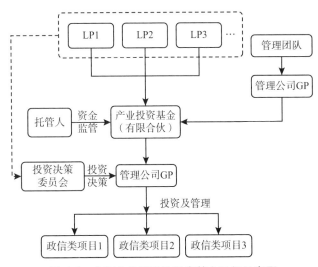

图6.1 有限合伙型政信投资基金运行示意图

☞典型案例☜

江苏省政府投资基金

　　江苏省政府投资基金成立于 2015 年 9 月，是由江苏省省级财政出资为主设立的省级综合性政府投资基金母基金。该基金聚焦江苏省委省政府重大决策部署、聚焦实体经济发展、聚焦产业转型升级，采用股权投资等方式，引导各类社会资本投资经济社会发展的重点领域和薄弱环节。江苏省政府投资基金以有限合伙制的组织形式设立。省财政厅为基金的有限合伙人，出资认缴金额为 1025500 万元，占比约为 99.95%，省财政厅以出资额为限承担有限责任，依法不参与基金的经营管理业务。江苏金财投资有限公司担任基金管理人，认缴金额 500 万元，占比约为 0.05%，具体负责基金的投资、投后管理、退出、清算等日常经营管理工作。

　　为保证基金设立的政策导向、提高投资决策的科学性，基金设立管理委员会并实行管理委员会领导下的基金管理办公室负责制，同时设立基金咨询委员会。基金管理委员会主任由省政府分管领导担任，成员包括省发展改革委、科技厅、工业和信息化厅、财政厅、生态环境厅等部门的相关负责人。基金咨询委员会主要从研究机构、金融机构、企业等单位相关人员和律师、注册会计师等专业人员中选择，由基金管理委员会选聘。基金管理人执行投资管理业务将接受基金管理委员会、基金管理办公室的指导和监督。

江苏省政府投资基金投资情况

注：2019 年度数据统计截至 2019 年 10 月底。

江苏省政府投资基金采用母子基金的运作模式，通过设立专项子基金和市场化子基金开展投资业务。其参股子基金遍布省内各大重要城市，投资于区域内重要产业，包括江苏徐州老工业基地产业发展基金（有限合伙）、南通江海产业发展投资基金（有限合伙）、江苏省大运河文化旅游发展基金（有限合伙）等。官方信息显示，截至2019年10月底，江苏省政府投资基金累计投资项目达到582个，累计投资金额达到526.56亿元。

资料来源：根据江苏省政府投资基金官网公布的信息整理。

（二）公司型政信投资基金

公司型政信投资基金依据《公司法》设立，与一般公司类似，具有比较完备的现代企业管理制度和体系（见图6.2）。政府出资、国企或央企及其他社会资本通过认缴基金公司股份参与投资，以公司股东的身份存在，享受公司章程明确规定的权利，以出资额为限承担有限责任。基金公司通过股东大会选拔出董事会、监事会，再由董事会组建或选聘基金管理团队负责基金的日常运营管理，同时将基金资产委托给另一方托管机构，由其保管并监督资金运用。股东大会和董事会是基金公司的决策机构，基金管理人则作为经理人负责基金公司的具体运营，并接受各方的监督。政府和社会资本出资人可以通过参加股东大会、选举董事等方式参与公司的重大决策。

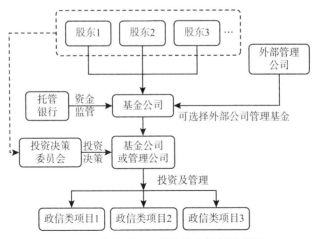

图6.2　公司型政府投资基金运行示意图

三、政信投资基金的运作机制

(一) 运行模式

当前,我国政信投资基金主要采取直接投资和母子基金两种运行模式。

1. 直接投资

直接投资是指由政府及国企、央企联合社会资本共同设立产业基金,由该基金直接投资具体标的。直接投资运行模式的好处在于可以缩短、简化投资基金的资金链和决策链,具有"直达的效果",有利于提高基金管理决策效率,降低成本费用。例如,《四川省省级产业发展投资引导基金管理办法》明确规定,投资基金主要采取股权方式直接投资项目(企业),一般不设立子基金。

2. 母子基金

为了便于投资管理,政信投资基金通常采取母子基金的运作模式。在实际操作中,这种运行模式通常由政府、国企或央企单独出资或联合社会资本设立母基金(引导基金),母基金不直接投资于具体项目,而是部分或全部出资设立子基金,由子基金投资具体标的。母基金往往下设多个子基金,这些子基金在投资领域、投资目的等方面具有一定的区分度。在设立母基金和子基金时,主要有以下杠杆形式:(1)母基金单独加杠杆。政府、国企或央企联合社会资本出资设立母基金,母基金全额出资设立子基金。(2)母基金不加杠杆。由政府、国企或央企单独出资发起设立,子基金可由母基金部分出资并联合社会资本共同设立。(3)母基金和子基金均加杠杆。母基金由政府、国企或央企联合社会资本共同出资设立,子基金由母基金部分出资,其他资金来源于社会资本。

(二) 风险收益分配

在风险收益分配方面,根据是否划分优劣级,政信投资基金可以采取平层结构和多层结构两种模式。

1. 平层结构

所谓平层结构,是指政信投资基金的所有投资者在风险承担和收益分配方面具有同等地位,不分先后,不分优劣。

2. 多层结构

多层结构是指政信投资基金的不同投资者之间存在风险承担和收益分配的先后次序。最常见的是包含优先级和劣后级的两级结构。为增加投资基金的吸引力,鼓励社会资本参与投资,政信投资基金可能会设计优劣层级。一般来说,由政府财政资金或国企、央企作为劣后级,社会资本作为优先级。处于优先级的投资者通常可以获取较为稳定的收益,承担的风险较小,而劣后级资金出资者在优先级投资者获得收益后如有剩余方可获得收益,因而收益具有较大的不确定性。

（三）投资模式

当前，我国政信投资基金主要采取股权投资方式，通过投资标的企业股权为其提供资金支持和管理服务。

四、政信投资基金的运作流程

政信投资基金运作流程主要包括"募、投、管、退"四大流程。

（一）募资

筹集资金是政信投资基金运行面临的首要问题。政信投资基金资金来源包括政府财政出资，以及企业资金、银行保险资金等社会资本。社会资本的募集采取私募形式，面向具备一定风险识别和承受能力的合格机构投资者直接发售。政信投资基金通常采取封闭式的运行机制。根据2016年中国基金业协会颁布的《私募投资基金募集行为管理办法》，私募基金筹资主要包含特定对象确定、投资者适当性匹配、基金风险揭示、合格投资者确认、投资冷静期、回访确认等流程。

（二）投资

政信投资基金的投资过程主要包括项目寻找、项目筛选、项目评估、投资决策和签署投资协议等程序。政信投资基金首先在市场上寻找合适的投资对象，并通过资料调研、项目库推荐、实地访问等方式搜集项目信息，按照一定的程序和内容对企业进行前期的甄别和筛选。这一阶段主要考虑的因素包括企业所处行业、地理位置、市场发展前景、战略地位等。对于经过筛选阶段的备选项目，若基金管理人与企业控制人达成了初步投资意向，基金管理人还会对企业展开更为深入细致的尽职调查和专业评估。尽职调查通常由基金管理人自己组建的团队或外聘的专业团队来进行，主要包括业务、财务和法律尽职调查。其中，业务尽调是对公司业务类型、运营情况、发展前景、市场竞争力等内容进行全面考察；财务尽职调查主要是对公司财务报表、会计数据和指标的分析；法律尽职调查主要是看公司是否存在法律风险。除此之外，尽职调查还包括调查分析公司管理人员、股权结构、客户关系等。尽职调查结束后，政信投资基金将与目标企业展开交易谈判，确定相关交易事项。投资基金根据调查与谈判结果，制定切实可行的投资方案，并由决策机构通过。此后，基金管理人将与目标企业在投资意向书的基础上签订正式的投资协议，双方将按照投资协议开展相应的活动。

（三）管理

投资方案正式实施后，基金管理人需要对投资项目进行管理和监督。投后管理是整个运作流程中非常重要的一个环节，它关系到投资成功与否和收益回报的高低。投后管理不仅涉及对企业经营状况、财务状况以及风险状况的管理和监测，还包括基金管理人为被投资企业提供的增值服务，如人力资源支持、战略规划支持、资本运作支持、市场营销支持等。

（四）退出

政信投资基金设有存续期限。存续期满后，政信投资基金即可终止并退出，若有需要也可按照相关规章制度延长存续期限，实现展期。政信投资基金的退出按照市场化方式运作，主要包括如下途径：

1. IPO 上市

所谓 IPO，即首次公开发行，是指公司在证券市场上首次向社会公众发行股票以实现上市，市场投资者通过购买公司股票将公司私人权益转化成公共股权。通过 IPO 上市转让股权是最理想的退出方案。股票市场的资本溢价功能将给公司原股东带来丰厚的回报，因而投资回报率较高。

2. 企业并购

并购包含兼并和收购两重含义。兼并是指企业以现金、证券等形式购买目标企业的产权，目标企业最终丧失法人资格，而主并方取得目标企业全部资产和产权将继续存在。收购是指企业通过购买目标企业全部或部分资产或股权，以获得目标企业的控制权。因而，政信投资基金可通过并购将目标企业的股权转让给第三方，实现资本退出。

3. 股权转让

股权转让是指政信投资基金将持有的目标企业股权转让给第三方。

4. 股权回购

股权回购是指目标企业的股东或管理层按照协议价格回购公司股份。

5. 清算退出

清算包括到期清算和破产清算。其中，破产清算发生在标的企业破产或投资项目失败时，届时将由专业机构和人员对企业或项目资产负债进行清点、评估、处理和分配。破产清算往往意味着损失，因而是最不理想的退出方案。

第三节　政信投资基金风险管理

学习目标	知识点
掌握政信投资基金风险	信用风险、流动性风险、经营管理风险、市场风险、政策风险

政信投资基金通过政府出资或国有资产运营，带动社会资本投资符合国

家战略发展的产业领域，一方面，通过企业增值带来的投资收益回馈于社会投资者；另一方面，通过补足社会经济发展短板、培育新增长动力，改善社会民生，促进经济增长，从而实现多方共赢。因此，政信投资基金运营成功与否事关投资者的收益，事关政府部门的市场声誉，事关社会民生与国民经济未来发展。从机构内部控制来讲，风险管理作为金融产品运营的重要内容，是政信投资基金顺利运行的基本保障。本节主要分析政信投资基金通常面临的几类金融风险，并针对每类金融风险探讨相应的风险管理办法。此外，从外界监管的角度来看，现有的政信投资基金相关法律法规约束着该类产品按照合法合规方向发展，在一定程度上防范化解了部分金融风险。

一、信用风险及控制

信用风险又称违约风险，是指交易对手不能或不愿按时履行合约条款而出现违约的可能性。现代经济是信用经济，各类经济活动的开展都离不开信用的支持。但同时信用关系的普遍存在也使得信用风险成为最常见的金融风险之一。违约事件的发生不仅会影响交易当事人的投资收益，还会随着债务链传导至其他主体、其他产品或其他市场，甚至引发系统性金融风险，2007年美国次贷危机就是一个警示。信用违约包含交易对手刻意违约和被迫违约两种情形。其中，刻意违约是指交易对手方在违约收益和违约成本的两相权衡下，主观上不愿意履行合约，即履约意愿不强，从而造成违约。而被迫违约是指交易对手方存在履约意愿，但履约能力不足导致违约事件发生。具体到政信投资基金产品，信用风险可能出现在产业投资基金与目标企业之间，即交易双方签署投资协议后目标企业履约意愿或履约能力不足导致合作停滞或失败，也可能出现在目标企业与它的交易对手之间，如目标企业持有的其他公司债权到期不能得到偿付，从而形成坏账，影响目标企业的正常运转和产业投资基金的投资损益。

为减少政信投资基金与目标企业之间出现信用违约事件的可能性，政信投资基金在制定投资策略时可通过合同条款设计来提高目标企业的失信成本，若违约成本远超过违约收益，目标企业考虑到利益最大化，将不会主动违约。此外，为实现产业扶持的目的，政府层面应加强政信投资基金行业信用体系建设，实现全国信用信息共享。政府还可实施负面清单管理，将有违约历史的目标企业纳入负面清单，并给予适当处罚。同理，合同条款设计依然适用于控制目标企业与其交易对手之间存在的信用风险。目标企业可通过设置信用风险预警指标监控交易对手的经营和财务状况，监控担保人代偿能力或抵押担保物的市场价值变化，建立信用风险预警机制。

二、流动性风险及控制

流动性风险是指资产不能以合理的价格及时成交而造成损失的可能性。一般来说，高流动性资产的风险较小，因而收益率较低。若资产流动性较差，则需要对投资者的风险承担予以一定的收益补偿，即流动性风险溢价。政信投资基金面临的流动性风险来源于投资基金自身以及投资标的。政信投资基金的运作周期较长，一般采取封闭式基金的运作模式，具有确定的存续期限。与开放式基金相比，封闭式基金在存续期间不能申购赎回，变现渠道主要包括交易所挂牌交易和期满变现退出。政信投资基金的转让相对困难，投资者一般会持有到期，因而政信投资基金本身的流动性不足。此外，政信投资基金大多投资于非上市公司股权。不同于上市流通的股票，非上市股份流动性较差，主要通过IPO上市、股票回购、并购重组等渠道转让变现。投资基金到期是否能够成功退出存在较大不确定性，对于基金管理人来讲也是一个巨大的挑战。

为解决政信投资基金的流动性问题，对于以公司制形式组建而成的产业基金，可通过挂牌上市的方式实现股份转让和产权流通。考虑到被投资资产的流动性，在选择投资标的时，政信投资基金可选择将一部分资金配置在具有较高流动性资产上，如扶持产业的债券、上市公司股票等。但在选择投资资产时，应该符合相关法律规定和政策规定。例如，《政府出资产业投资基金管理暂行办法》规定，"基金闲置资金只能投资于银行存款、国债、地方政府债、政策性金融债和政府支持债券等安全性和流动性较好的固定收益类资产"。另外，由于政信投资基金一般投资于非上市公司股权，到期通过IPO上市、股权回购等方式退出变现。退出方式的合理选择将直接影响政府产业投资基金的变现效果，因而属于流动性风险控制的内容。

三、市场风险及控制

市场风险是指未来市场环境变动造成盈利或亏损的不确定性。政信投资基金是真实投资于实体经济的，其收益来源主要包括被投资企业的分红以及未来转让股权并退出时获得的溢价。分红和转让价格的高低取决于被投资企业的生产经营状况及其盈利能力，受到市场环境变化的影响。因此，政信投资基金的市场风险主要体现在被投资企业面临的市场风险上。从宏观环境来看，被投资企业面临的市场风险包括宏观经济周期波动、宏观政策变动、购买力风险等宏观经济因素，以及行业周期波动、行业市场供求与市场竞争等市场因素；从微观产品市场来看，市场风险主要包括产品市场需求及价格变动、原材料及其他生产成本变动、产品市场竞争以及技术发展与更替等。

政信投资基金可采取组合投资策略，在不同的区域投资，投资于不同的产业和公司，从而达到分散非系统性风险的效果，降低市场环境变化特别是市场价格变化对基金投资收益的影响。此外，政信投资基金对单个项目的投资应该设置合理的额度限制，避免风险过度集中于某个项目或产业。更重要的是，政信投资基金在选择投资方向和标的企业时，应该进行充分的调研和考察准备，分析研究产业、企业的发展历程与现状，全面考虑影响产业、企业发展的宏观和微观因素，设想未来可能出现的变化和情形，并制定解决预案。根据调研分析结果，政信投资基金应谨慎选择投资对象。除此之外，基金管理人应提高应对市场变化的能力，从而降低市场风险的影响。

四、经营管理风险及控制

经营管理风险是指政信投资基金经营管理不善导致投资损失的可能性。其中，委托代理风险和信息不对称风险较为突出。政信投资基金一般由专业的基金管理人负责日常运作管理。由于基金管理人和基金投资者的利益函数与利益目标不一致，因此可能出现管理人员为实现自我利益最大化而不按照合约条款履行相应职责和义务的情况，从而产生委托代理问题。"母基金—子基金"的双层运作模式意味着政信产业投资基金存在多重委托代理关系。这可能产生巨额代理成本，不利于提高基金的运营管理效率和绩效水平。另外，基金管理人与基金投资者之间存在信息不对称，基金管理人可以利用信息优势为己谋利，从而产生逆向选择和道德风险问题。除此之外，投资决策失误、项目管理不善、公司治理不当、运作市场化程度不高等也是政信投资基金经常面临的风险。归根到底，政信投资基金的经营管理风险主要是由管理人员专业素质和能力不足以及管理制度设计不完善引起的。因而，对于经营管理风险的防控主要从基金管理人和管理制度两方面入手。政信投资基金可通过激励约束机制和监督机制设计规范基金管理人行为。例如，将基金管理人薪酬与基金运作绩效挂钩，优胜劣汰，激发管理人员工作动力；完善管理决策机制，设立内外监督机构，划清各部门的职责与权限，形成分工明确、相互制衡、相互协作的机制。

五、政策风险及控制

政策风险是指国家宏观政策（如货币政策、财政政策、产业政策等）发生变化并影响政府产业投资基金投资收益的可能性。国家在不同时期根据宏观经济与市场发展情况制定国家政策，因而政策是不断变化的。对于市场主体来讲，国家政策变动是外部冲击，因而是外生的、不可控的。政信投资基金具有明显的政策导向性，对相关政策变动较为敏感。中央和地方政府对于产业投资基金的态度与政策变化将直接影响到政信投资基金的发起设立、投资运营与收益回报。为减少国家政策变动带来的不确定性，政信投资基金，特别是基金管理人，应与政府相关部门保持良好的沟通，实时关注国家政策走向，严格按照国家相关法律法规或规章制度开展业务活动。政信投资基金与政府部门的关系紧密，具有一定的信息优势，同时享受某些政策优惠，政策风险相对较小。

思考与练习

一、思考题

（1）政信投资基金对于我国经济发展具有什么意义？

（2）当前政信投资基金面临哪些机遇与挑战？

二、练习题

1. 单项选择题

（1）政信投资基金本质上属于（　　）。

A. 证券投资基金　　　　　　　B. 私募股权投资基金

C. 开放式基金　　　　　　　　D. 股票基金

（2）以下关于政信投资基金的说法，错误的是（　　）。

A. 政信投资基金的社会资本部分应采取私募发行的方式筹集

B. 政信投资基金采取封闭式的运作模式

C. 政信投资基金除政府外的投资者包括机构投资者和个人投资者

D. 政信投资基金是一种利润共享、风险共担的集合投资制度

（3）下列关于政信投资基金组织形式说法，错误的是（　　）。

A. 政信投资基金的组织形式包括公司型、契约型和有限合伙型

B. 公司型基金适用《公司法》相关规定，依照公司章程设立并运行，享有独立法人地位

C. 契约型基金投资者按照持有的基金份额享受投资收益，承担投资风险，但不参与基金的管理运营

D. 我国政信投资基金大多以公司型或契约型的组织形式组建

（4）下列有关有限合伙制政府投资基金的说法，错误的是（　　）。

A. 合伙人分为普通合伙人和有限合伙人

B. 政府出资通常以普通合伙人的形式存在

C. 有限合伙型政府投资基金一般会设立合伙人大会、投资决策委员会以及战略咨询委员会

D. 普通合伙人对基金债务承担无限责任，有限合伙人对基金债务承担有限责任

（5）我国政信投资基金主要采取的投资方式是（　　）。

A. 股权投资　　B. 债权投资　　　C. 融资担保　　　D. 风险补偿

（6）政信投资基金最理想的退出渠道是（　　）。

A. IPO 上市   B. 兼并收购   C. 股票回购   D. 到期清算

（7）平层结构和多层结构的政信投资基金的区别体现在（   ）。

A. 组织形式不同   B. 母子基金层级数量不同

C. 风险收益优劣层级不同   D. 投资管理方式不同

（8）（   ）是政信投资基金运行面临的首要问题。

A. 筹资   B. 投资标的   C. 退出方式   D. 投后管理

2. 多项选择题

（1）《政府出资产业投资基金管理暂行办法》对基金管理人的资格要求包括（   ）。

A. 在中国大陆依法设立的公司或合伙企业，实收资本不低于 1000 万元人民币

B. 至少有三名具备三年以上资产管理工作经验的高级管理人员

C. 产业投资基金管理人及其董事、监事、高级管理人员及其他从业人员在最近三年无重大违法行为

D. 有符合要求的营业场所、安全防范设施和与基金管理业务有关的其他设施

（2）政府投资基金的闲置资金可以投资（   ）。

A. 国债   B. 银行存款

C. 政策性金融债   D. 公司股票

（3）为增加政府投资基金的吸引力，鼓励社会资本参与投资，政府可以（   ）。

A. 单独出资设立引导基金

B. 参与政府产业投资基金的日常运作与管理

C. 向其他出资人承诺投资本金不受损失和最低收益

D. 向社会资本适当让利

（4）采取母子基金运作模式的政府投资基金的杠杆形式包括（   ）。

A. 母基金单独加杠杆，政府联合社会资本出资设立母基金，母基金全额出资设立子基金

B. 母基金不加杠杆，由政府单独出资发起设立，子基金可由母基金部分出资并联合社会资本共同设立

C. 母基金和子基金均加杠杆，母基金由政府财政出资联合社会资本共同出资设立，子基金由母基金部分出资，其他资金来源于社会资本

D. 母基金加杠杆并直接投资于具体标的

（5）《政府出资产业投资基金管理暂行办法》规定（   ）。

A. 政府产业投资基金投资于基金章程、合伙协议或基金协议中约定产业领域的比例不得低于基金募集规模或承诺出资额的 60%

B. 政府产业投资基金对单个企业的投资额不得超过基金资产总值的20%

C. 已登记并通过产业政策符合性审查的政府出资产业投资基金除政府外的其他股东或有限合伙人可以按规定申请发行企业债券

D. 基金闲置资金可投资于安全性和流动性较好的固定收益类资产

3. 判断题

(1) 在政府投资基金中，国家级产业投资基金的总规模最大。（　　）

(2) 目前我国大多数政信投资基金采取母子基金的运行模式，不直接投资于企业和项目。（　　）

(3) 尽职调查是政信投资基金选择投资项目的关键环节。（　　）

(4) 政府投资基金遵循"政府引导、市场运作，科学决策、防范风险"的运作原则。（　　）

(5) 政信投资基金的社会资本部分可公开发行募集。（　　）

4. 简答题

(1) 简述政信投资基金与证券投资基金的区别。

(2) 简述政信投资基金面临的风险类型。

练习题答案

1. 单项选择题

(1) B　(2) C　(3) D　(4) B　(5) A　(6) A　(7) C　(8) A

2. 多项选择题

(1) ABCD　(2) ABC　(3) AD　(4) ABC　(5) ABCD

3. 判断题

(1) 错误　(2) 正确　(3) 正确　(4) 正确　(5) 错误

4. 简答题（略）

第七章
政信信托

【**本章内容概述**】

本章重点介绍我国政信信托产品，包括政信信托的定义及分类，政信信托的参与主体，政信信托的运作模式、操作流程和政信信托风险管理等。

【**本章重点与难点**】

重点：

1. 政信信托的定义及特点
2. 政信信托的参与主体
3. 政信信托面临的风险及管理

难点：

1. 政信信托的运作模式
2. 政信信托的操作流程

第一节　政信信托的定义及分类

学习目标	知识点
掌握政信信托的定义	信托的定义；政信信托的定义及特征
熟悉政信信托的分类	按投资项目划分、按地域划分、按融资模式划分的政信信托
了解政信信托的发展现状	政信信托的现状、发展趋势

一、政信信托的定义

（一）信托的定义

"信"即信任，"托"有委托之意。从字面上来解读，信托是基于信任的委托行为。《信托法》规定，信托是委托人基于对受托人的信任，将其财产权委托给受托人，由受托人按委托人的意愿，以自己的名义，为受益人的利益或者特定目的，进行管理或者处分的行为。简单来说，可以概括为"受人之托、代人理财"。对于信托的理解，可以从以下三个方面来把握：第一，财产权是信托的前提。委托人要对信托财产拥有绝对的支配权，并要具有能够转让财产的所有权。第二，信任是信托的基础。现代经济和金融活动都是在信任的基础上展开的，信托业务也不例外，信任关系是信托业务得以存续的基本条件。第三，信托关系涉及三方关系人，即委托人、被委托人和受益人。委托人为了受益人的利益，将委托财产交付给被委托人管理，被委托人管理财产所获取的收益归受益人所有。被委托人不能做出有损于受益人利益的行为，更不能利用信托财产为自己或第三者谋利益。三方关系是信托关系的基本结构，委托人、被委托人和受益人缺一不可，其中委托人与受益人可以为同一人。

（二）政信信托的定义及特征

政信信托是指信托公司担任受托人，与政府融资平台公司或具有政府背景的国有企业就基础设施、民生工程、PPP项目等领域作为投资标的而展开的信托业务。对于政信信托的理解，可以从以下五个特征来把握：

第一，收益性。政信信托产品和其他金融产品一样，都具有收益性，产品收益率为6%~10%，较之同期银行理财，其收益较为可观。投资人将资金交与信托公司，信托公司再将资金交由政府融资平台或具有政府背景的国有企业使用。投资人作为资金的贷出方，需要一定的资金补偿；融资平台公司、国有企业等政信主体作为资金的使用方，需要为此付出一定的资金成本；而信托公司起到中介的作用，收取管理服务费。

第二，融资主体的特殊性。这是政信信托产品区别于其他信托产品的显著特征。由于政府部门不能直接在金融市场上进行融资，所以政信信托计划的融资主体是政府融资平台公司，或者是有一定政府背景的国有企业。

第三，风险性。政信信托产品具有风险性，但是其风险特征与其他信托产品不尽相同。从理论上来说，政信信托的融资方有违约的可能性，但这种风险相较于其他信托产品而言相对可控，政信信托产品相对安全。具体的原因有：（1）从历史数据来看，相较于其他类信托产品，政信信托的坏账情况很少出现。（2）从信用形式来看，政信信托隐含政府信用。政府信用相较于其他信用形式而言更安全。如果政府融资平台违约，那么政府以后的融资成本会大幅提高，故其主观上并没有违约的意愿。此外，在政府的协调帮助下，政府融资平台债务的偿还更加有保障。严监管下的官员终身问责制使得某个官员在某地借的债务不会因为官员职务的变迁而改变，从而约束官员行为、督促其勤勉尽职，进一步降低项目风险。（3）从风险控制措施来看，政信信托可采取第三方连带责任担保、抵押实物资产和抵押应收账款等方式控制风险。

第四，社会效益性。政信信托中资金一般是用于城市基础设施建设、民生工程等社会公共产品，有利于提高城市居民的生活水平和社会整体福利，具有社会效益。政信信托为地方政府提供了一种融资方式，在利用公众资金提供社会产品的过程中提高了居民生活水平，也给信托计划的投资人带来投资收益，形成多方共赢的局面。

第五，形式上多为集合资金信托。政信信托的资金需求量一般非常大，需要大量投资者共同提供资金以满足项目实施的需要，所以政信信托绝大部分是集合资金信托，而非单一资金信托。

二、政信信托的分类

（一）按投资项目划分

按照投资项目划分，政信信托主要分为房地产政信信托和基础产业政信信托。

房地产信托是信托公司通过信托计划，从投资者手中募集资金，并将资金投入房地产项目，为投资者赚取收益的信托业务活动。房地产政信信托是房地产信托的一种特殊类型，是指信托公司将筹集来的资金投入诸如保障性住房等有利于提高社会整体福利的特定类型房地产的信托业务活动。

基础产业政信信托指的是资金投资于基础产业领域的政信信托，具体又可以细分为基础工业信托和基础设施信托。基础设施信托是指资金投资于交通、水利等基础设施建设项目的信托业务；基础工业类信托是指资金用于投资能源、矿产资源及矿产资源开采类的信托业务。

（二）按照地域范围划分

按照地域范围划分，政信信托可以分为国内政信信托和国际政信信托。国内政信信托是指业务范围仅限于本国国内的政信信托。国际政信信托是指业务范围至少涉及两个国家，信托财产在不同国家之间转移、运用的政信信托。

☞延伸阅读☜

国际政信信托与"一带一路"项目

"一带一路"是"丝绸之路经济带"和"21世纪海上丝绸之路"的简称。国家发展改革委、外交部、商务部联合发布的《推动共建丝绸之路经济带和21世纪海上丝绸之路的愿景与行动》指出,"设施联通"是"一带一路"建设的优先领域。加强"一带一路"沿线国家基础设施规划,抓住基础设施建设的关键通道和重点工程,优先打通缺少路段,提升道路通达水平,共同推进国际骨干通道建设,逐步形成连接欧亚非之间的基础设施网络,为"一带一路"沿线国家的经贸合作打下了坚实的基础。其中的基础设施、工业园区建设给政信信托带来了巨大的机遇,让政信信托的业务拓展到国际舞台。较为典型的案例如平安信托与尼泊尔共同建设友谊工业园,助力"中尼印经济走廊"建设。

"中尼友谊工业园区"项目是平安信托响应"一带一路"倡议,参与建设"中尼印经济走廊"的重要举措。"中尼印经济走廊"将能连接中国、印度和尼泊尔三国人民,打造跨越喜马拉雅的立体互联互通网络,促进三国经贸合作的进行,有利于双方携手共进、共同发展,为"一带一路"的后续项目起到了示范作用。

2017年5月,中国拉萨经济技术开发区投资发展有限公司(国有独资公司)、中国平安信托有限责任公司和尼泊尔工业区管理有限公司成功签约设立"中尼友谊工业园区"。中尼友谊工业园区将通过加强基础设施建设,引入纺织服装业、食品加工业、白色家电制造等主导产业,培育一批龙头企业,促进两国产业链的有效衔接。中尼友谊工业园区一方面给尼泊尔带来了资金和大量就业岗位,促进了当地经济发展和民生的改善;另一方面,深化了西藏自治区与南亚国家在经贸、资本、人才、管理、技术等方面的合作与交流,提高了西藏自治区特殊产业发展水平和效益,不断强化西藏自治区在"一带一路"建设相关项目中的核心功能区作用。

"一带一路"建设相关项目给国际政信信托业务带来了机遇与挑战。在机遇方面,借助"一带一路"建设相关项目的实施,政信信托的业务范围拓宽到国外,信托公司为投资人赚取收益的同时能提高自身国际知名度。此外,政信信托满足了政府融资平台进行基础设施和民生工程项目建设的融资需求，给"一带一路"沿线国家、城市带来了发展机遇。最后，政信信托积极响应"一带一路"倡议，使相关项目得以顺利开展，形成多方共赢的格局。在挑战方面，由于政信信托业务扩展到国外，信托公司业务在合规性问题上要考虑不同国家之间的法律的差异。此外，如果工程项目在国外开展，信托公司在项目尽职调查、资金运用及后续管理工作等方面存在一定不便。

资料来源：陈积敏，《正确认识"一带一路"》，人民网，http：//theory.people.com.cn/n1/2018/0226/c40531-29834263.html；《中尼友谊工业园完成全部审批工作》，中国西藏新闻网，http：//epaper.chinatibetnews.com/xzsb/xzsb/html/2019-11/22/content_919043.htm。

（三）按照融资模式划分

按照融资模式划分，政信信托划主要分为贷款型政信信托、股权型政信信托、收益权型政信信托和混合型政信信托。

贷款型政信信托是指信托公司面向投资者募集资金，并将募集来的资金以贷款的方式向融资方提供资金，政信主体拿到信托贷款后将资金用于基础设施建设、民生工程、PPP等领域项目，并按照合同约定，按时足额还本付息的政信信托项目。

股权型政信信托是指信托公司发行信托产品，从投资者中筹集资金，以入股的方式将资金投入参与基础设施等项目的公司，并作为投资者的代表行使股东权利的政信信托项目。股权型政信信托的收益与项目公司的经营成果密切相关。

收益权型政信信托是指信托公司将从投资者手中募集来的资金投资到基础设施建设等领域，项目融资方让渡特定资产收益权的政信信托项目。这些收益权包括基础设施、公路交通等的收费权、政信应收账款的收益权等。

混合型政信信托是信托公司综合运用贷款型、股权型和收益权型中的两种及以上融资模式的政信信托项目。混合型政信信托的优势在于灵活方便。信托公司可以在一个信托计划中同时采用贷款型、股权型和收益权型模式来设计产品，充分利用各类信托模式的优势，满足投资者不同的风险收益偏好。

☞延伸阅读☜

基础设施领域不动产投资信托基金与政信信托

2020 年 4 月 30 日，中国证监会和国家发展改革委联合发布了《关于推进基础设施领域不动产投资信托基金（REITs）试点相关工作的通知》（简称《通知》），标志着我国基础设施 REITs 试点正式启航。《通知》强调，基础设施领域不动产投资信托基金的试点要聚焦重点区域和重点领域，优先支持京津冀、长江经济带、雄安新区、粤港澳大湾区、海南、长江三角洲等重点区域，支持国家级新区、有条件的国家级经济技术开发区开展试点。优先支持基础设施补短板行业，包括仓储物流、收费公路等交通设施，水电气热等市政工程，城镇污水垃圾处理、固废危废处理等污染治理项目。鼓励信息网络等新型基础设施，以及国家战略性新兴产业集群、高科技产业园区、特色产业园区等开展试点。

《通知》指出，基础设施 REITs 的运作模式为"公募基金＋ABS"：由符合条件的、取得公募基金管理资格的证券公司或基金管理公司，依法依规设立公开募集基础设施证券投资基金，经中国证监会注册后，公开发售基金份额募集资金，通过购买同一实际控制人所属的管理人设立发行的基础设施资产支持证券（ABS），完成对标的基础设施的收购，开展基础设施 REITs 业务。

信托公司可以通过以下方式参与到基础设施 REITs 中来：（1）作为底层资产的供应商，提前布局相关基础资产，推动标的物业达到上市发行状态，通过 REITs 退出，实现盈利；（2）信托公司可以作为基础设施 REITs 项目的合格机构投资者，以自有资金或通过信托计划参与投资；（3）符合条件的信托公司可以作为 ABS 的管理人，参与基础设施 REITs 运营管理。随着基础设施领域不动产投资信托基金试点的不断开展，政信信托也会迎来新的发展机遇。

资料来源：中国证监会和国家发展改革委联合发布的《关于推进基础设施领域不动产投资信托基金（REITs）试点相关工作的通知》；邢成、尤浩然，《基础设施 REITs 的业务机遇和信托模式》。

第二节 政信信托参与主体及运作模式

学习目标	知识点
掌握政信信托的参与主体	投资主体、融资主体、中介机构、监管主体
掌握政信信托的运作模式	基本运作模式、贷款型运作模式、股权型运作模式、收益权型运作模式、案例分析
掌握政信信托的操作流程	产品立项、尽职调查、内部评审、发行与成立、投后管理及退出

一、政信信托的参与主体

政信信托的参与主体包括四方当事人：投资主体、融资主体、中介机构和监管主体。投资主体是政信信托中资金的提供者，融资主体是资金的需求者，中介机构将投资主体和融资主体联系起来，监管机构负责制定政信信托相关的法律法规，并对融资主体和中介机构进行监管。

（一）融资主体

政信信托的融资主体是政信信托计划中资金的需求方，具体包括各级政府及为政府融资的国有独资平台公司。

1. 各级政府

政信信托业务中的融资主体之一是各级政府，具体又包括国家政府和地方政府。它们参与政信信托的目的不在于盈利，而在于社会效益。政府通过政信信托项目（如基础设施建设、保障性住房的建设、民生工程）保障民众的基本生活需求，提高各地区人民的生活水平，让更多的人能享受到经济发展的成果，促进社会整体福利的提高。但各级政府不能直接参与政信信托，只能借助国有融资平台公司参与政信信托项目。

2. 国有融资平台公司

各级政府受法律法规的约束，无法直接在金融市场上进行投融资活动，所以需要借助融资平台公司进行资金的借贷。国有融资平台公司则是帮助政府间接参与政信信托的"中介"，是政信信托融资主体中政府方代表。

（二）投资主体

在政信信托中，投资主体是指参与政信信托业务活动、认购政信信托产品、符合一定要求的合格投资者，具体又可以分为合格的个人投资者和合格的机构投资者。

个人投资者是指以自然人的身份作为投资主体参与政信信托业务的个人。而机构投资者是与个人投资者相对应的概念，是指使用自有资金或者从分散的社会公众、其他机构手中筹集的资金投资政信信托业务领域的法人机构。按照机构投资者主体性质不同，可以将机构投资者分为企业法人、金融机构（如银行、保险公司、证券公司和信托公司、养老基金和捐助基金等）、政府及其机构等。

☞小贴士☜

政信集合信托产品合格投资者

绝大部分政信信托属于集合资金信托计划，根据《信托公司集合资金信托计划管理办法》第六条规定，政信集合信托计划的合格投资者是指符合下列条件之一，能够识别、判断和承担政信信托计划相应风险的人：

1. 投资一个政信集合信托计划的最低金额不少于100万元人民币的自然人、法人或者依法成立的其他组织；

2. 个人或家庭金融资产总计在其认购时超过100万元人民币，且能提供相关财产证明的自然人；

3. 个人收入在最近3年内每年收入超过20万元人民币或者夫妻双方合计收入在最近3年内每年收入超过30万元人民币，且能提供相关收入证明的自然人。

（三）中介机构

1. 主要中介机构：信托公司

信托公司是指依照《公司法》和《信托投资公司管理办法》设立的主要经营信托业务的金融机构，是政信信托业务中最主要的中介机构。信托公司参与政信信托的目的是赚取管理服务费。信托公司从合格投资者处募集资金，再将资金交付给融资主体使用。在此过程中，信托公司在帮助政府解决融资问题的同时为投资者带来收益，并从中赚取管理服务费。

2. 其他金融服务机构：资产评估机构、信用评级机构、会计师事务所、

律师事务所、清算机构等

为保证政信信托计划能顺利开展，金融服务类机构，如资产评估机构、信用评级机构等也会参与到政信信托业务中来。资产评估机构是指组织专业人员，按照国家关于资产评估的政策文件，以特定目的、遵循适当的原则、选择并运用适当的评估方法对各类资产的价值进行评估的机构。信用评级机构是指专门从事组织经济、法律、财务等方面的专家对证券发行方和证券信用状况进行等级评定的机构。

（四）监管主体

政信信托计划的监管机构包括国务院、财政部、国家发展改革委、银保监会等。国务院、财政部、国家发展改革委负责对地方政府、地方政府融资平台的融资行为合规性等进行监督，避免地方政府过度负债，以不合理的方式提供担保等。银保监会负责制定信托业的相关法律法规，监管信托公司开展的政信信托业务。在政信信托业务开展的全流程中，信托公司都需要严格遵守银保监会制定的各项规定。在项目发行前，信托公司视需要将政信信托的有关事项向银保监会报备；项目发行后，信托公司在投后管理、信息披露等方面也需要按照银保监会制定的各项规定执行。

二、政信信托的运作模式

（一）政信信托的基本运作模式

政信信托的基本运作模式为：信托公司发行信托计划，从投资者手中募集资金，并以贷款、股权、收益权或混合模式将资金投入基础设施建设等政信项目工程中，在为投资者赚取收益的同时满足了政府的融资需求（见图7.1）。

图7.1 政信信托计划基本运作模式

政信信托运作模式主要可以分为贷款型、股权型、收益权型和混合型四类。本节将具体介绍贷款型、股权型和收益权型政信信托的运作模式。

（二）贷款型政信信托的运作模式

在贷款型政信信托的运作模式中（见图 7.2），信托公司发行信托计划，从合格投资者手中募集资金，以信托贷款的形式将资金投向基础设施建设、民生工程等政信项目领域。在发放信托贷款前，信托公司一般会要求融资方（政府融资平台等政信主体）采取信用增级措施，如提供特定资产抵押（如应收账款、土地使用权等）、担保方承担无限连带责任担保等措施，以降低信托贷款的风险，保障投资者资金的安全性。之后，信托公司根据合同约定，按期收回本息。

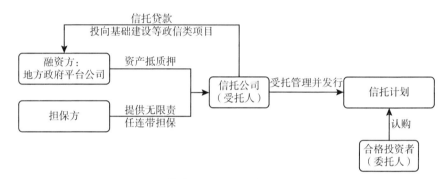

图 7.2 贷款型政信信托计划的运作模式

贷款型政信信托模式具有交易结构简单、法律关系简单、债权债务关系清晰明了和征信记录查询方便的基本特征。风险低、收益固定、容易被投资者所理解也是贷款型政信信托的特点。在此模式中，信托公司起到发放贷款、收取本息、分配收益的作用，类似银行类金融机构。信托公司不参与项目的实际运营和经营管理，只须采取一些必要的措施来控制贷款风险，以便在项目到期时能按时足额收取本息。信托公司发放信托贷款需要严格遵守相关规定。在信托贷款发放前，信托公司要做好尽职调查工作，充分考虑宏观经济、行业情况、融资方（政府融资平台等政信主体）的信用状况、资产负债率、政信项目的可行性、项目资本金等方面的因素；在贷款发放后，信托公司仍需要对政信项目工程的实施情况、资金用途的合理性等进行监督，切实履行好"受人之托，代人理财"的职责。

（三）股权型政信信托的运作模式

信托公司发行信托计划，从合格投资者手中募集资金，以股权投资的方式将资金投入参与基础设施、民生工程等政信领域的项目公司。信托公司取得项目公司的股份，作为投资者的代表行使股东权利。信托公司通过项目分红、股权转让、股权回购等方式为投资者赚取收益。股权型政信信托计划运作模式如图 7.3 所示。

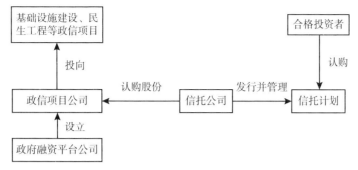

图 7.3 股权型政信信托计划运作模式

相较于贷款型政信信托运作模式，股权型政信信托运作模式有以下特点：

第一，信托公司参与公司经营决策。信托公司往往能通过派驻股东、董事等方式参与项目公司的经营决策。股权型政信信托模式的开展，对信托公司的投资管理水平、风险控制能力有着较高要求。

第二，高风险和高收益同在。股权型政信信托运作模式下，政信信托产品的风险与收益一般高于贷款型政信信托运作模式。如若被投资公司项目进展顺利、公司财务状况和经营成果良好，股权投资会给投资者带来丰厚收益。股权的清偿顺序在债权之后，公司的资产先用于偿还公司的债务，在此之后，如有剩余再分配给股东。如若公司项目进展不顺利或是经营不善、破产倒闭，政信信托的投资者可能会面临本金无法收回的风险。

第三，资金量较为充足。对于项目方来说，信托公司以股权投资方式向项目公司注入资金，一方面，增加项目公司所有者权益，有利于降低项目公司的资产负债率和财务杠杆；另一方面，信托公司以入股方式注资可能会吸引其他债务性资金的流入，给政信项目的开展提供较为充足的资金量。

第四，流通转让不便。在股权型政信信托运作模式下，由于被投资公司多为未上市公司，其股权的流通性较差，股权流通转让并不方便。

（四）收益权型政信信托的运作模式

收益权型政信信托是指政信信托的融资方让渡特定资产的收益权，信托公司将从投资者手中募集来的资金投资于特定资产收益权的运作模式（见图 7.4）。这些收益权包括基础设施、公路交通的收费权、政信应收账款的收益权等。在实际操作中，信托公司一般会要求融资方采取一系列信用增级措施，如提供资产抵押（质押），担保方承担无限连带责任担保等。为保证政信信托的顺利退出，信托公司可以在合同中要求融资方在信托计划结束后回购特定资产收益权。

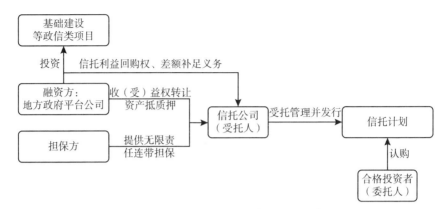

图 7.4   收益权型政信信托计划的运作模式

收益权型政信信托与股权型政信信托的不同之处在于：

第一，投资标的不同。股权型政信信托运作模式下，信托公司的投资标的是政信项目公司的股权；而收益权型政信信托模式下，信托公司的投资标的是收费权、营运权、政信应收账款等未来能提供稳定现金流的权利。

第二，信托公司管理难度不同。在股权型政信信托运作模式中，信托公司需要通过派驻股东、董事等方式参与项目公司的经营决策。而收益权型政信信托运作模式下，信托公司不一定需要参与管理。如需要参与管理，信托公司多以权利拥有者的身份行使管理权，其管理权的范围、大小由投资合同规定。相较于股权型模式，收益权型政信信托的管理难度更小。

第三，实际应用程度不同。从实际应用上来看，收益权型政信信托在实际操作领域中更为常见。

（五）政信信托案例解读

光大兴陇信托有限责任公司发行的光大·信益××号寿光集合资金信托计划是一个典型的收益权型政信信托的运作案例。[①]

1. 信托计划运作模式

光大兴陇信托有限责任公司发行期限为 2 年的光大·信益××号寿光集合资金信托计划（该信托计划投资模式如图 7.5 所示），为寿光市金海投资开发有限公司（融资方）从合格投资者手中募集 4.95 亿元资金用于补充自身日常营运资金。光大兴陇信托有限公司将资金投资于寿光市惠农新农村建设投资开发有限公司所欠寿光市金海投资开发有限公司（融资方）的 8.62 亿元应收账款收益权。同时，寿光市金海投资开发有限公司（融资方）提供价值近 10 亿元的土地进行抵押，寿光市金财公有资产经营有限公司和寿

---

①   案例来源：国投信达（北京）投资基金集团有限公司，《新共赢生态——政信金融投资指南》，中国金融出版社 2019 年版。

光市宏景城镇建设投资有限公司为该信托计划提供无限连带责任保证担保。
在信托期间内，应收账款的债务人定期还款，融资方于信托计划结束后回购
该应收账款收益权。

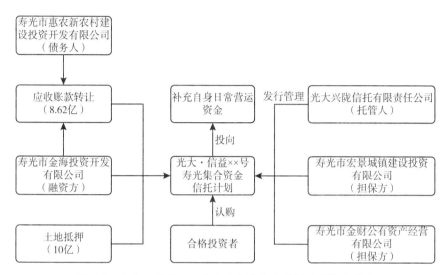

图7.5 光大·信益××号寿光集合资金信托计划投资模式

2. 融资方

该信托计划的融资方为寿光市金海投资开发有限公司。公司成立于2010
年7月29日，注册资本2亿元，是寿光市主要的城市基础设施投资建设主体
之一，以企业自有资金对盐田、风电、光电、文化产业、旅游、水利、城乡
基础设施项目进行投资。公司前两大股东是由寿光市财政局100%出资设立的
寿光市生态湿地旅游开发有限公司和寿光市德财农业开发有限公司。

融资方位于山东省寿光市，地处山东半岛中北部，渤海莱州湾南畔，先
后荣获"全国文明城市""国家卫生城市""国家环保模范城市""中国金
融生态城市""国家生态园林城市"等荣誉称号，是改革开放30周年全国
18个重大典型地区之一。该市全年地区生产总值约920亿元、固定资产投
资546.6亿元；实现财政总收入133.5亿元，其中一般公共预算收入90.3
亿元；金融机构存贷款余额分别达到925亿元、734亿元。

3. 担保方

该信托计划担保方之一为寿光市宏景城镇建设投资有限公司。公司成立
于2009年7月，注册资本3亿元，由寿光市国有资产监督管理办公室及寿
光市滨海远景城镇建设开发有限公司共同出资成立，是寿光市基础设施投资
建设主体之一，业务涉及羊口镇城镇基础设施建设、供热及盐田出租等。截

至 2018 年 6 月末，公司总资产 72.55 亿元，公司总负债 41.09 亿元，净资产 31.46 亿元。截至 2017 年末，公司营业收入为 4.63 亿元，利润总额 1.28 亿元，净利润为 1.28 亿元。公司主体长期信用等级为 AA 级，评级展望维持稳定。寿光市宏景城镇建设投资有限公司为该信托计划的到期偿付提供担保。

该信托计划另一个担保方为寿光市金财公有资产经营有限公司。公司成立于 2003 年 8 月，注册资本 6 亿元，由寿光市国有资产监督管理办公室、寿光市惠农新农村建设投资开发有限公司及寿光市城市建设投资开发有限公司出资成立，是寿光市城市基础设施的投资与建设主体，负责为寿光市城乡基础设施的建设项目进行融资。截至 2018 年 6 月末，公司总资产 185.87 亿元，公司总负债 84.3 亿元，净资产 18.59 亿元。截至 2017 年末，公司营业收入为 21.43 亿元，利润总额 1.22 亿元，净利润为 1.22 亿元。2018 年大公国际资信评估有限公司对保证人主体信用等级维持 AA 级，债券信用等级维持 AA 级。寿光市金财公有资产经营有限公司为该信托计划的到期偿付提供担保。

4. 应收账款债务人

该信托计划受让应收账款的债务人为寿光市惠农新农村建设投资开发有限公司。公司成立于 2010 年 12 月，注册资本 16.73 亿元，由寿光市国有资产监督管理办公室、潍坊高端产业投资有限公司及潍坊市保障性住房建设投资有限公司出资成立，实际控制人为寿光市国有资产监督管理办公室。公司主营业务是以自有资金对城乡基础设施、新农村、小城镇建设项目进行投资及房屋租赁。截至 2018 年 9 月末，公司总资产 253.41 亿元，公司总负债 139.45 亿元，净资产 113.95 亿元。截至 2017 年末，公司营业收入为 34.34 亿元，利润总额 3.58 亿元，净利润为 3.12 亿元。公司主体长期信用等级为 AA + 级，对应收账款的偿付具有较强的履行能力。

5. 抵押物

该信托计划由融资方提供其合法所有的价值近 10 亿元的土地作为抵押物，对应收账款债务人按期还款及融资人一次性回购标的应收账款收益权承担连带责任担保。土地价值由山东恒正土地房地产资产评估有限公司实际勘察后，在评估报告中给出。

6. 风险控制措施

该信托计划的风险控制措施包括：（1）融资方承诺对其与寿光市惠农新农村建设投资开发有限公司的 8.62 亿元应收账款进行回购，保障该信托计划到期正常退出；（2）融资方抵押其合法所有的价值近 10 亿元的土地，保证信托计划到期本息的偿付；（3）寿光市宏景城镇建设投资有限公司（资信评级为 AA 级）及寿光市金财公有资产经营有限公司（资信评级为 AA 级）为该信托计划的本息偿付提供无限连带责任担保。

总体来看，该项目的融资方处于山东省寿光市，区域经济状况良好。项目所受让的应收账款债务人信用等级为 AA + 级，实际控制人是寿光市国有资产监督管理办公室。该信托计划的两个担保方的公司信用评级均为 AA 级，其大股东均为寿光市国有资产监督管理办公室，担保方为该信托计划的偿付提供无限连带责任担保。综合以上情况，该信托计划整体信用风险水平较低。

三、政信信托业务的操作流程

政信信托业务的操作流程具体包括产品立项、尽职调查、内部评审、事前报告、发行与成立、投后管理及退出六个环节。

（一）政信信托产品的立项

政信信托产品的立项是指在信托公司业务承办部门前期充分调研的基础上，确定政信信托产品的交易结构、框架，撰写政信信托产品立项报告并进行初步评审，公司相关部门进行可行性评价、决定是否批准立项的过程。

在政信信托产品立项之前，信托公司业务承办部门提前和融资方就产品框架的设计方案进行沟通并整理、保存相关谈判记录。信托公司业务承办部门需要对政信信托项目的实施地、融资方、项目工程、运营模式等展开广泛调研，确立政信信托产品的结构框架，并撰写立项报告。在此过程中，信托公司业务承办部门可以和法律、风险控制等部门进行合作，根据各部门提供的意见，对政信信托产品的框架加以改进。此后，信托公司内部对该政信信托计划的法律可行性、商业可行性、运营可行性等进行评价，以确定是否予以立项。

（二）政信信托产品的尽职调查

政信信托产品的尽职调查是指信托公司在政信项目实际开展之前，通过现场调研、收集信息等途径对政信信托的基本要素和交易双方基本情况进行核实，对政信信托计划的合规性、可行性、风控等进行评价，并撰写尽职调查报告的过程。

尽职调查主要内容包括政信信托的基本要素和政信信托运用两个方面。政信信托基本要素的调查主要是对政信信托当事人、信托财产和信托的目的进行调查，以确保当事人具有参与政信信托的资格，信托财产和目的符合法律的规定。政信信托运用是政信信托尽职调查的重点。信托的本质是"受人之托，代人理财"，信托公司要恪尽职守，管理好、运用好从投资者手中筹集的资金。为此，信托公司需要对政信信托财产的运用进行详细的尽职调查，深入了解所投入政信项目的风险收益情况。

在政信信托运用的调查中，尽职调查重点从以下几个方面展开：宏观经济层面的尽职调查、国家政策方面的尽职调查、地域层面的尽职调查、融资方层面的尽职调查、信用增级方面的尽职调查。

1. 宏观经济层面的尽职调查

宏观经济在经济周期中处于何种位置，对于一个行业的发展至关重要。政信信托的底层项目一般是道路交通等基础设施建设工程项目。政信信托一般在经济衰退的时期发展较快。此时，政府为了刺激经济，通常会将大量资金投入基础设施建设类工程，由此带动政信信托的快速发展。经济衰退时期，各行各业都不景气，投入其他行业的资金也面临较大风险。而以基础设施建设为代表的政信领域，既能保证资金的相对安全性，还可以赚取较为可观的收益，故政信信托产品更易获得投资者的青睐。

2. 国家政策方面的尽职调查

信托公司需要对于与政信信托相关的国家政策展开尽职调查。国家对政信信托的政策导向会在一定程度上影响政信信托的发展。当国家加强对地方政府融资行为的监管时，政信信托的发展会暂时停滞；当国家放松对地方政府融资行为的监管时，政信信托会迎来发展机遇。例如，2018 年 7 月国务院常务会议召开，决定对政府融资监管政策进行调整，在防风险的框架下保障地方政府及融资平台的合理融资需求。自 2018 年 7 月起，政信信托规模快速扩大。

3. 地域层面的尽职调查

在尽职调查中，业务承办人员需要关注融资方所在地的经济状况。多数政信信托是地方政府为地方基础设施建设筹措资金而开展的，道路交通等基础设施建设项目的收入和该地经济发展状况密切相关。这直接关系到融资方是否能够履行信托合同中的义务，所以对项目实施地的区位因素分析是尽职调查工作中的重要一环。信托公司业务人员在开展地域层面的尽职调查时，通过项目所在地的 GDP、人口、财政收入等指标数据判断该地区经济发展状况和发展潜力，综合判断项目区域层面的风险。

4. 融资方层面的尽职调查

在对融资方（政府融资平台公司等政信主体）进行企业层面的尽职调查时，业务承办人员可从以下五方面展开：

（1）收集公司的基本信息。业务承办人员需要收集公司名称、地址、电话、网站等基本信息，为项目后续开展提供便利。

（2）了解公司业务范围和经营方略。业务承办人员通过对公司的业务范围、经营方略和未来发展计划的考察，对公司的基本状况和未来发展潜力进行初步评价。

（3）了解公司治理结构。业务承办人员需要了解股东结构、公司管理层和治理层的组织架构、内部控制、风险管理等，对公司内部治理的有效性进行评价。

（4）考察公司财务状况。在考察公司财务状况时，业务承办人员重点关注融资平台公司的资产负债状况和经营成果。

资产负债状况是历史存量信息，关注资产负债情况是关注历史资产负债情况对于企业未来偿债能力的影响。在调查资产负债状况时，关注公司资产类科目的质量，在评价偿债能力时，具体可以参考资产负债率、流动比率、速动比率等指标。若公司资产负债率过高，表明该公司已经借入大量债务，流动比率和速动比率较低则说明公司流动资金不足，后续偿债能力不足。如若公司资产负债率低、流动比率和速动比率高，则说明公司偿债能力较好。

经营成果涉及企业利润表的会计科目，如主营业务收入、主营业务成本、净利润等，反映的是历史经营的流量信息。公司偿还债务重要的资金来源是公司的营业收入。若公司营业收入、净利润等经营成果良好，则说明公司的偿债能力较为稳定。在考察经营成果对偿债能力的影响时，可关注利息保障倍数、现金利息保障倍数等指标。

（5）调查公司信用状况。业务承办人员可以通过以下途径调查融资方的信用状况：①走访当地工商、税务、银行等部门。业务人员可以走访当地工商、税务、银行等部门，调查融资方工商注册情况、纳税情况和银行资信情况，对融资方的信用状况进行初步评价。②通过征信网站查询融资方的信用状况。业务人员可通过企业征信网站查询融资公司是否出现合同违约等不良历史记录，对企业历史信用状况进行评价。③关注信用评级机构对该公司的信用评级。业务人员可通过专业信用评级机构对该公司出具的信用评级报告来辅助判断融资方的信用状况。

5. 信用增级方面的尽职调查

在进行信用增级方面的尽职调查时，业务承办人员需要确定融资方是否采取抵押、质押、担保等信用增级措施。若融资方提供抵（质）押物，业务人员需要进一步核实抵（质）押物的品种、品质和流动性，并合理确定抵（质）押率。若政信信托中有担保方为融资方提供无限责任担保，业务人员需要进一步调查担保方的股权结构、资产负债、经营成果、资信状况等具体情况。

（三）政信信托产品的内部评审

在撰写立项报告、进行可行性分析和尽职调查后，业务承办部门需要将相关材料交予公司层面进行内部评审。在业务承办部门提交相关材料后，合规部门对政信信托是否符合相关法律法规、部门规章进行评价，并出具相应的合规意见。风险控制部门对该政信信托的总体风险进行评估，并出具相应的风险控制意见。如果合规部门和风控部门认为该政信信托存在问题，业务承办部门还需要对此进行补充和完善。在合规部门和风控部门出具各自意见后，相关材料会提交到"信托业务评审委员会"进行裁定，委员会最终讨论决定是否通过公司层面的评审。

（四）政信信托产品的事前报告

政信信托产品在通过公司层面的内部评审后，信托公司根据实际情况决定是否向监管部门进行事前报告。并非所有的政信信托都需要事前报告，只有在政信信托业务涉及一般情况中关联方交易、异地推介、集合资金信托业务创新试点资格，以及专项业务中公益信托、银信合作业务和境外理财业务时，信托公司才需要将该政信信托产品的相关事项向监管部门提前报备。

（五）政信信托产品的发行与成立

1. 前期准备工作

在政信信托产品正式发行、成立之前，信托公司还需要进行一系列前期准备工作。

（1）开设信托财产专户。信托公司要将信托财产和信托公司的固有财产分开管理，开设信托财产专户，将政信信托财产交由合格的商业银行进行保管。信托公司需要运用信托资金时，应当向保管人提供信托合同复印件及资金用途说明。

（2）融资方开设独立银行账户。信托公司一般会要求政信信托中的融资方在指定银行单独设立银行账户，用以对政信信托资金的后续使用情况进行监督管理，防止融资方改变资金用途，给投资者带来损失。

（3）办理抵押（质押）手续和公证等事宜。

（4）对前期整个过程中的相关文件进行整理和保存。

2. 政信信托产品的推介

在完成前期准备工作后，信托公司可以将政信信托产品向合格投资者进行推介。在推介的过程中，信托公司要披露该政信信托产品的有关事项，保证资料的准确性、及时性和完整性。推介方式可分为直接推介和间接推介。直接推介是指信托公司通过公司内部渠道，将政信信托产品销售给合格投资者，如在信托公司在固定经营场所向投资者推荐政信信托产品。间接推介是指信托公司通过内部渠道之外的方式，如通过银行等金融机构或各类金融资产交易平台，将政信信托产品推介给投资者。直接推介和间接推介各有优劣，信托公司在推介政信信托产品时可以将两种方式综合运用，并根据实际情况制定合适的推介方案。

3. 政信信托产品的成立

根据《信托公司集合资金信托计划管理办法》，政信信托计划推介期限届满，未能满足信托文件约定的成立条件的，信托公司应当在推介期限届满后30日内返还委托人已缴付的款项，并加计银行同期存款利息。由此产生的相关债务和费用，由信托公司以固有财产承担。如果政信信托计划满足约定的成立条件，信托公司应将政信信托财产存入信托财产专户，并于5个工作日内披露政信信托计划的推介、设立情况。信托公司在政信信托计划成功设立的 5 个工作日内，将相关材料提交给银保监会用以报备。

（六）投后管理及退出

政信信托投后管理包括监督项目的运行、收取分配投资收益、信息披露、相关文件保存等工作。信托公司需要对政信信托底层工程项目定期进行监督，查看项目实际运行是否按照原定计划实行，同时关注信托财产的运用状况、融资方在项目实施阶段的资产负债、经营成果状况等财务情况，以确保融资方有相应的偿付能力。信托公司需要按照合同约定的方式，收取投资收益并分配给相应的投资者。信托公司还需要定期向投资者披露有关政信信托计划的实际运行情况。在投后管理过程中遇到重大变动时，要将此情况及时披露，让投资者全面、准确、及时获悉政信信托计划的风险状况。在信托期限届满后，信托公司可以按照合同约定的方式，将信托财产返还给受益人，可以通过股权（收益权）转让、回购、资产证券化等方式实现政信信托计划的顺利退出。

第三节 政信信托的风险及管理

学习目标	知识点
掌握政信信托的风险及管理	政信信托的政策风险及管理、政信信托的信用风险及管理、政信信托的市场风险及管理、政信信托的操作风险及管理

一、政信信托的政策风险

政信信托的政策风险是指与政信信托相关政策的变化给投资者带来损失的可能性。与政信信托相关的政策主要有以下几个方面：与地方政府债务相关的政策、与信托公司业务经营相关的政策、国家关于基础设施建设等领域的政策等。

政信信托业务的监管主体有国务院、财政部、国家发展改革委和银保监会等。多个监管主体同时监管政信信托业务可能会存在不同监管主体对同一事项界定不一致的问题。地方监管主体会根据各地实际情况，对中央下达的政策文件进行调整，中央和地方政策之间的差异也给政信信托业务的实际开展带来了不便。政信信托和地方政府融资平台的转型、政府融资模式创新等热点问题密切相关，政策的不确定性也会增加政信信托业务的风险。

一般来说，政策风险难以规避，但信托公司仍可以通过管理政策风险，将政策变动对政信信托业务的不利影响降到最小。信托公司可以从以下三个方面管理政策风险：

（一）系统梳理有关政信信托业务的政策框架

因为政信信托涉及多个监管主体，信托公司要系统整理各监管部门已出台的政策文件，梳理出各监管主体出台的政策之间的逻辑脉络。当新政策文件出台时，业务人员能迅速在以往的政策框架中进行修正、补充，分析新政策给政信信托业务带来的影响。

（二）关注监管部门的政策动向

监管机构在出台政策文件前，一般会向社会公布草拟性文件，听取专家学者和从业人员的意见。信托公司需要对此进行密切关注，积极参与政信信托领域的研讨会、学者论坛和专家讲座，关注监管部门的政策动向，评估相应的政策风险，做好政策变化给政信信托业务带来影响的各项预案。

（三）及时调整政信信托业务

在政策发生变动后，及时组织公司进行内部讨论，评估政策变动带来的风险，及时将风险变化告知投资者，努力将政策变化给政信信托带来的影响降到最低。

二、政信信托的信用风险

信用风险又称违约风险，指交易对手不依照契约履行相应的义务而导致交易另一方可能面临利益损失的风险。政信信托信用风险是指政信信托的融资方无法履行合同约定的事项或在金融资产清偿前破产、清算，给投资者资产带来损失的可能性。信用风险主要来源于两个方面：一是融资方主观上没有还款意愿；二是融资方主观上有还款意愿，但客观上无还款能力。政信信托的资融方为国企、央企及地方融资平台公司等政信主体，此类公司主观上有还款意愿。对政信信托而言，信用风险更多来源于政信项目后续执行出现问题，导致项目收益受损，从而使政信主体的偿还能力出现问题。

（一）建立信用风险评估体系

信托公司应构建信用风险评估体系，组织政信信托领域专家、经验丰富的从业人员对某个政信信托的信用风险进行评估、打分。在评估信用风险时，专家和从业人员要综合考虑宏观层面和微观层面的因素。在宏观层面，重点关注国家方针政策、经济周期、区位等因素对融资方信用风险的影响；在微观层面，需要考虑融资方资信背景、历史信用数据、财务状况、经营成果、现金流量、抵（质）押情况等因素对融资方信用风险的影响。

（二）采取信用增级措施

对于贷款型和收益权型政信信托而言，信托公司可以采取诸如担保、抵

（质）押等信用增级措施。融资方的担保方一般是国有企业或政府融资平台的关联方，为政信信托到期偿付提供无限连带责任担保。抵（质）押率是贷款本金利息之和与抵（质）押物价值之比。信托公司根据融资方的信用状况、抵（质）押物的品种、质量和变现能力、期限等因素，确定抵（质）押率，一般来说为30%~60%。

☞延伸阅读☜

信托公司固有业务的债权类资产五级分类

2004年，银监会发布《关于非银行金融机构全面推行资产质量五级分类管理的通知》，要求信托公司对固有业务的债权类资产进行五类资产的风险分类，详细内容见下表。五级分类中的次级、可疑、损失类贷款统称为不良贷款。信托公司要密切关注政信信托业务中贷款的情况并采取相应风险控制措施，控制不良贷款率。

信托公司债权类资产五级分类

分类	具体内容
正常	借款人能够履行借款合同，没有足够理由怀疑贷款本息不能按时足额偿还
关注	尽管借款人目前有能力偿还贷款，但存在一些可能对偿还产生不利影响的因素
次级	借款人的还款能力出现明显问题，完全依靠其正常营业收入无法足额偿还贷款本息，即使执行担保，也可能会造成一定损失
可疑	借款人无法足额偿还贷款本息，即使执行担保，也肯定要造成较大损失
损失	在采取所有可能的措施或一切必要的法律程序之后，本息仍然无法收回，或只能收回极少部分

三、政信信托的市场风险

市场风险是指由于市场因素变动导致的金融资产价格波动。市场因素多种多样，包括汇率、利率、通货膨胀率等。其中，利率风险、通货膨胀风险对政信信托影响更为常见。

市场利率的变动可能会对政信信托产品的收益率带来不利影响。从融资方的角度看，利率是资金的使用成本，从投资者角度来看，利率是投资回报率。对于贷款型政信信托而言，若贷款利率不变，当市场利率上升时，融资方通过政信信托取得资金的成本低于其他渠道的融资成本，而投资者通过政信信托产品获取的收益低于其他投资所获取的收益。市场利率的变化可能会给投资者的资金造成一定程度的损失。由于实际利率等于名义利率减去通货膨胀率，对于贷款型政信信托来说，信托期间内通货膨胀率越高，投资者的实际收益率越低。

为了应对市场风险，信托公司需要密切关注市场动向、市场利率走势和通货膨胀率，组织专家对未来利率走势加以预测，并根据专家预测结果对政信信托产品进行合理定价。对于贷款型政信信托而言，信托公司可以通过采用浮动利率计息的方式来应对市场利率变化给投资者带来的影响。

四、政信信托的操作风险

操作风险指由于信息系统不健全、内部控制不当、人为失误或外部事件而导致主体面临潜在损失的风险。操作风险的具体来源包括但不限于：信息系统缺陷、人员操作失误、内部控制程序不完备。在政信信托领域中，人员尽职调查工作不到位、项目期间管理失职、因内控不完善导致风险审批意见不能有效落实等均属于操作风险的范畴。

（一）提高政信信托从业人员专业素质

为减少人员操作失误、控制操作风险，信托公司可从以下两个方面提高政信信托从业人员专业素质：

（1）要求员工通过信托类、政信类相关的从业资格考试。信托公司可要求从事政信信托的员工学习信托和政信金融相关的知识，通过信托从业资格和政信类相关的从业资格考试，夯实与政信信托业务相关的基础知识。

（2）定期组织公司内部培训。邀请政信信托领域的专家、学者对政信信托业务进行专题讲解，组织经验丰富的政信信托业务人员对新职员进行培训，定期对员工进行考核，并加强不同业务部门之间的交流合作，提高部门之间的协作配合度。

（二）加强内部控制

信托公司需要加强公司内部控制管理，构建操作风险的管理体系，对操作风险进行识别、评估、监测和控制，同时健全公平合理的奖惩机制。信托公司可根据不同业务部门、不同岗位设定奖惩机制。激励机制不仅局限于薪酬激励，还可以通过员工福利、员工持股计划等方式提高员工的从业热情和忠诚度。在责任约束机制中，清晰的人员追责、处罚及退出程序必不可少。当出现因操作失误导致政信信托产品出现问题时，需要对业务承办人员和风险控制部门相关人员进行必要的处罚，提高从业人员失职成本，对其他业务人员起到警示作用。

思考与练习

一、思考题

（1）你认为政信信托未来发展有哪些趋势？

（2）如何管理政信信托所面临的各类风险？

二、练习题

1. 单项选择题

（1）（　　）不属于政信信托。

A. 投资于公路建设的信托　　　B. 投资于一般工商企业的信托

C. 投资于城市改造的信托　　　D. 投资于保障性住房的信托

（2）（　　）不是政信集合信托计划的合格投资者。

A. 投资一个政信信托计划的最低金额不少于 100 万元人民币的自然人

B. 夫妻双方合计收入在最近 3 年内每年收入超过 25 万元人民币

C. 投资一个政信信托计划的最低金额不少于 100 万元人民币的法人

D. 个人收入在最近 3 年内每年收入超过 20 万元人民币

（3）下列选项中，关于政信信托产品成立的说法中正确的是（　　）。

A. 政信信托计划未能满足文件约定的成立条件，信托公司应在推介期限届满后 10 个工作日内返还委托人已预缴的资金

B. 若政信信托计划满足约定的成立条件，信托公司应于 5 个工作日内披露政信信托计划的推介、设立情况

C. 信托公司在政信信托计划成功设立的 10 个工作日内，将相关材料提交给银保监会用以报备

D. 若政信信托计划发行未发行成功，相关费用由投资者承担

（4）下列关于政信信托操作流程的说法错误的是（　　）。

A. 所有的政信信托计划都需要向监管部门进行事前报告

B. 信托公司需要定期向政信信托产品的投资者进行信息披露

C. 政信信托产品的推介方式有直接推介和间接推介

D. 业务人员在进行尽职调查时需要考察融资方的信用状况

（5）信托公司要求融资方采取抵押方式对政信信托进行信用增级时，抵押率一般为（　　）。

A. 30%～50%　B. 50%～80%　　C. 30%～60%　　D. 40%～60%

2. 多项选择题

（1）按照融资模式划分，政信信托划可以分为（　　）。

A. 贷款型政信信托　　　　　B. 股权型政信信托

C. 混合型政信信托　　　　　D. 基础产业政信信托

（2）政信信托的尽职调查工作可以从（　　）展开。

A. 国家政策方面　　　　　　　B. 融资方层面

C. 宏观经济层面　　　　　　　D. 信用增级方面

（3）（　　）属于政信信托产品的操作风险的来源。

A. 人员尽职调查工作不到位　　B. 政策变动

C. 信息系统缺陷　　　　　　　D. 项目期间管理失职

（4）信托公司债权类资产五级分类中属于不良类债权资产的等级有（　　）。

A. 正常　　　　B. 关注　　　　C. 次级　　　　　D. 可疑

（5）防控政信信托的操作风险的措施有（　　）。

A. 采取信用增级措施

B. 加强公司内部控制管理

C. 密切关注市场动向、市场利率走势和通货膨胀率情况

D. 提高政信信托从业人员专业素质

3. 判断题

（1）贷款型政信信托业务中，信托公司需要参与项目公司的经营管理。

（　　）

（2）股权型政信信托模式在实际应用中并不常见。　　（　　）

（3）在评价融资方偿债能力时，可关注应收账款周转率这一指标。

（　　）

（4）信托公司在政信信托计划成功设立的 10 个工作日内，需要将相关材料提交给银保监会用以报备。　　（　　）

（5）信用评级机构不属于政信信托的中介机构。　　（　　）

4. 简答题

（1）简述政信信托产品的尽职调查的主要内容。

（2）简述政信信托产品面临的风险。

练习题答案

1. 单项选择题

（1）B　（2）B　（3）B　（4）A　（5）C

2. 多项选择题

（1）ABC　（2）ABCD　（3）ACD　（4）CD　（5）BD

3. 判断题

（1）错误　（2）正确　（3）错误　（4）错误　（5）错误

4. 简答题（略）

第八章
政信债券

【本章内容概述】

本章重点介绍我国基于政府信用而发行的债券这一政信金融产品，包括政信债券的定义及分类（国债、地方政府债、城投债等）；政信债券的运作模式，内容涵盖政信债券的发行、交易、结算、评级等；政信债券的风险及管理，涉及债券风险管理的基本框架与方法策略。

【本章重点与难点】

重点：

1. 政信债券的定义及发展历史
2. 政信债券的发行方式与发行制度
3. 政信债券的交易市场与交易方式
4. 政信债券的主要产品及产品要点
5. 政信债券的风险种类及风险管理框架

难点：

1. 债券评级
2. 久期和凸度

第一节　政信债券的定义及分类

学习目标	知识点
掌握我国债券发展历程	我国债券发展的三个阶段
掌握政信债券基本介绍	政信债券的含义、构成要素、参与主体、分类方式及特征
掌握政信债券种类	国家债券、地方政府债券、城投债券、政策性银行债券

一、我国债券市场发展历程

从 1950 年中央人民政府批准的新中国成立后发行的第一笔公债"人民胜利折实公债"到六十年代前后暂停国债形成的"既无外债，也无内债"的局面，从 1981 年恢复国债发行到如今的世界第二大债券市场，中国债券市场在曲折中前行，走过了不同寻常的发展历程。1996 年末中央托管机构建立，债券市场由此进入快速发展期，市场规模迅速壮大，市场创新不断涌现，市场主体日趋多元化，市场活跃度稳步提升，对外开放稳步推进，制度框架也逐步完善。

☞小贴士☜

人民胜利折实公债

人民胜利折实公债是 1950 年发行的一种以实物为计算标准的公债。发行目的是迅速治疗战争创伤，克服当时的财政经济困难。人民胜利折实公债的募集与还本付息，均以实物为计算标准，其单位定名为"分"。每分公债应折合的金额由中国人民银行每旬公布一次。每"分"之值，以上海、天津、西安、汉口、广州、重庆六大城市的大米（天津为小米）6 市斤、面粉 1 市斤半、白细布 4 市尺、煤炭 16 市斤的批发价格，用加权平均方法计算。

资料来源：何盛明，《财经大辞典》，中国财政经济出版社 1990 年版。

党的十九大报告提出，要增强金融服务实体经济能力，提高直接融资比重，促进多层次资本市场健康发展。伴随着当代中国金融市场从匍匐前行到快速发展，当代中国金融政策与法律的不断健全和完善，当代中国债券市场也是经历了从无到有，再到快速发展的艰难历程。

（一）萌芽阶段（1949～1959 年）

1950 年 1 月 5 日，中央人民政府批准的"人民胜利折实公债"是新中国成立后发行的第一笔公债。在我国债券市场的萌芽阶段，虽然并未形成真正意义上的债券市场，却在通货膨胀严重、国家资金匮乏的艰难时期，以政府信用为依托，顺利发行了基于政府信用的债券，成功筹集了资金，为新中国成立初期的经济建设做出了巨大贡献。

（二）停滞阶段（1960～1978 年）

1958 年开始，苏联逐步暂停了对中国的援助；以美国为首的西方国家继续对新中国进行经济封锁，新中国进入了自成立以来最困难的时期。为了更好地进行经济生产和国家建设，政府集中和分配全社会的大部分资金，解决收支矛盾，避免举债。自此时起到改革开放，我国采取特殊的经济金融政策，债券市场处于停滞阶段。

（三）快速发展（1979 年至今）

1979 年，国家在农村推行联产承包责任制，大幅度提高了农副产品收购价格，国家财政赤字大幅增加。国务院于 1981 年通过并颁发了《中华人民共和国国库券条例》，决定自 1981 年起恢复发行国库券。同年 7 月 1 日，财政部通过行政分配，实际发行国库券 48.66 亿元，发行对象以企事业单位为主、居民个人为辅，发行期限为 10 年，偿还期为 6～9 年。从此，国债恢复发行。之后，我国的债券市场得以快速发展，债券品种越来越丰富，国际化程度越来越高，融资能力越来越强，总结起来也大概经历了三个发展阶段：

1. 场外债券市场阶段（1988～1993 年）

1988 年，财政部在全国 61 个城市进行国债流通转让的试点工作，开辟了银行柜台的场外交易市场，成为中国国债二级市场的正式开端。从此，债券市场正式形成。随后，1990 年 12 月，上海证券交易所成立，采用了在实物券托管基础上的记账式债券交易形式，开辟了证券交易所的场内交易市场，形成了场内交易市场和场外交易市场并存的局面。当时，绝大多数债券交易在实物券柜台市场开展。在柜台交易市场，秩序混乱程度非常严重，如通过开具代保单形式的超发和卖空国债的违规现象相当普遍。1993 年，国家开始整顿清理和压缩银行间柜台交易市场。

2. 场内债券市场阶段（1994～1996 年）

1994 年，深圳证券交易所开通债券交易，形成了两大场内债券市场。同年，国家发行国债超过 1000 亿元；同时，证券交易所开辟了国债期货交易，直接促进了现货交易量的不断上升。1995 年 8 月，国家正式停止场外债券交易，使证券交易所"垄断经营"。1995 年，国家试点发行了记账式国债 117 亿元；1996 年正式发行记账式国债 1116.7 亿元，占当年国债发行量的 52.5%，极大地便利了债券托管，并且开展了债券回购业务，从而形成了比较完整的交易所债券市场，进一步促进了二级市场的繁荣，流通交易量比 1995 增长了近 10 倍。但由于债券缺乏中央托管，一些机构以代保管的形式超发和卖空国债，引起巨大的市场风险，并以虚假的国债代保管单作抵押，回购演变为信用拆借，大量资金违规进入房地产和股市投机。特别是，1995 年 2 月 23 日发生了国债"3·27 事件"，之后国债期货市场被关闭。

3. 场内场外并重阶段（1997 年至今）

1997 年，中国人民银行要求商业银行全部退出股票交易所市场；同年 6 月，中国人民银行成立全国银行间债券市场，规定各商业银行可使用国债、中央银行融资券和政策性金融债在银行间进行回购和现券买卖，并将债券集中托管在中央国债登记结算公司。1998 年后，为了克服东南亚金融危机的不利影响，国家进一步扩大了国债发行数量；同时，金融债券发行数量不断上升。在国家的支持下，财政部、国家开发银行、中国进出口银行先后在该市场上实现了债券无纸化、市场化发行。2013 年 9 月 6 日，国债期货正式在中国金融期货交易所上市交易，标志着国债期货时隔 18 年重新启动。

2020 年 7 月 19 日，中国人民银行、证监会联合发布《中国人民银行中国证券监督管理委员会公告》，同意银行间与交易所债券市场相关基础设施机构开展互联互通合作，中国债券市场交易场内场外的融合将在不久的将来得以实现。

二、政信债券的概念

（一）政信债券的含义

债券是一种金融契约，是政府、金融机构、工商企业等在直接向社会借债筹借资金时，向投资者发行，同时承诺按一定利率支付利息并按约定条件偿还本金的债权债务凭证。债券购买者或投资者与发行者之间是一种债权债务关系，债券发行人即债务人，投资者（债券购买者）即债权人。

政信债券是债券的一种，是基于政府信用而发行的债券，既包含国家发行的债券（即国债），也包含各级地方政府发行的债券以及各级地方政府的融资平台发行的债券，同时还包含基于政府信用的央企、国企发行的企业债、公司债等。

（二）政信债券的构成要素

政信债券作为一种有价证券，其构成要素包括：

1. 政信债券的票面价值

政信债券的票面价值是券面注明的以货币表示的票面金额，是到期偿还本金和计算利息的基本依据，包含面值数额和面值币种两个内容。政信债券面值数额都是整数，面值从 1 个货币单位到上百万个货币单位不等，取决于政信债券的性质和发行对象。面向个人的政信债券面值较小，面向机构的面值较大。一般来说，在国内发行的政信债券，币种为本国货币；在国外发行的政信债券，币种为国际通货或所在国货币。

2. 政信债券的价格

政信债券的价格包括政信债券的发行价格和政信债券的市场价格。决定政信债券价格的主要因素是市场收益率、政信债券的偿还期和政信债券的利息率。一般情况下，政信债券的发行价格与政信债券的面值是一致的，债务人偿还本金时以面值为准，而政信债券的市场价格经常变化。

3. 政信债券的偿还期限

政信债券的偿还期限是指发行人清偿债务所需要的时间。政信债券期限一般可分为三类：期限在 1 年以内的为短期政信债券；期限在 1 ~ 10 年的为中期政信债券；期限在 10 年以上的为长期政信债券。政信债券期限通常是由发行人根据资金的需求、市场利率变动趋势、投资者心理偏好、偿还期限、资金供求情况等因素而定的。

4. 政信债券的票面利率

政信债券的票面利率是指政信债券利息与政信债券票面价值的比率，通常用百分数表示年利率。政信债券票面利率在整个政信债券存续期内一般是保持不变的，但浮动利率政信债券的利率在政信债券存续期内是波动的。对于发行人来说，政信债券的票面利率是筹集资金的成本，如果利率水平定得过高，会增加筹资人的负担，定得过低又会使政信债券缺乏吸引力而不易销售；对于购买人来说，它是投资的收益，在其他条件相同的情况下，政信债券利率越高，越具有投资价值。

（三）政信债券的参与主体

政信债券的参与主体包括发行人、投资者和第三方机构。

1. 发行人

发行人以融资为目的对外发行政信债券，其身份可以是上市公司、企业、银行、政府等。

2. 投资者

投资者可以分为个人投资者和机构投资者。政信债券市场的参与主体主要是银行、基金、保险、券商资管等金融机构，个人投资者只能通过柜台交易市场购买特定种类的零售债券，比如记账式国债。在所有的机构参与者中，银行占据主导地位，但是银行一般只购买国债、国开债等利率债，仅少量配置高等级信用债，并且通常以持有到期为目的。对于基金等非银金融机构，除了购买利率债外，它们还是信用债市场的主要参与者。

3. 第三方

除发行人和投资者以外的其他政信债券市场参与者可以统称为第三方。第三方不以投融资为目的，其作用是帮助债券发行、交易的顺利完成。第三方主要包括：债券承销商、评级机构、清算机构、监管机构、律师事务所、会计师事务所等。

（四）政信债券的分类

政信债券种类繁多，并且随着人们对资金融通需求的多样化和金融创新的发展，不断有新的政信债券形式出现。目前，常见的政信债券分类大致有以下几种：

1. 按发行主体分类，政信债券可分为政府债券、金融政信债券、企业政信债券

政府债券又可分为中央政府和地方政府发行的债券，前者是由中央政府直接发行的债券，也称国债；后者是由地方政府发行的债券，也称地方政府债券或市政债券。金融政信债券主要是政策性银行发行的政信债券。企业政信债券通常又称公司政信债券，是中央企业或国有企业发行的政信债券。

2. 按付息方式分类，政信债券可分为一次还本付息政信债券、贴现政信债券和剪息政信债券

一次还本付息政信债券是指在政信债券到期时，按照政信债券票面载明的利率一次性向政信债券持有者支付利息并偿还本金的政信债券。贴现政信债券又称贴息政信债券，是指在发行时按一定折扣率，以低于票面金额的价格发行，到期按面值偿还本金的政信债券。政信债券面值与发行价格的差额就是应支付的利息。剪息政信债券是指在券面上附有定期支付利息凭证的政信债券。政信债券持有人可以凭政信债券上附有的利息支付凭证，剪下息票，兑取到期的利息。

3. 按有无担保分类，政信债券可分为信用政信债券和担保政信债券

信用政信债券又称无担保政信债券，指仅凭发行者信用所发行的，既没有抵押财产作担保，也没有第三者担保的政信债券。担保政信债券是指以有形财产作为抵押或是以第三者为担保而发行的政信债券，当发行人不能按期支付利息和本金时，政信债券持有人为满足清偿要求，可以将抵押品出售或要求第三者清偿。

4. 按发行方式分类，政信债券可分为公募政信债券和私募政信债券

公募政信债券是指按法定手续和主管机关的要求，在市场上向社会公众发行的政信债券。公募政信债券发行人必须向有关主管机关和市场提供财务报表及相关资料等信息。公募政信债券发行后可以上市转让，具有良好的流动性，但是比私募政信债券的利率低。私募政信债券是面向特定投资者发行的政信债券。私募政信债券的发行手续比较简单，不实行公开呈报制度，但不能直接公开上市交易，流动性受到限制，利率比公募政信债券高。

5. 按风险特征分类，政信债券可以分为利率债和信用债

利率债指只含有流动风险而不含有违约（信用）风险的债券。一般来讲，中央政府发行的国债、政策性银行发行的债券（如国家开发银行发行的国开债）都属于利率债。利率债的显著特征是不含信用风险，市场一般

将 10 年期国债收益率、国开债收益率等视作无风险利率参考。相对而言，信用债除流动性风险外，要求额外的信用风险溢价。信用债的种类多种多样，从发行人所属行业来看，信用债可分为城投债、产业债、地产债等。

（五）政信债券的特征

1. 安全性高

政信债券是政府或者政府下属的央企、国企发行的债券，由政府或者央企、国企承担还本付息的责任，是政府信用的体现。在各类债券中，政信债券的信用等级是最高的。政信债券是一种低风险的投资工具，这是因为：（1）政信债券的收益稳定，到期可收回本金；（2）政信债券只是一般的投资对象，其交易转让的周转率比较低，市场价格变动幅度小，因而安全性高；（3）万一企业债务人破产，政信债券持有者享有对债务人剩余资产的优先索取权。

2. 流通性强

政信债券是政府或央企、国企的债务，发行量一般都非常大。同时，由于债券的信用好，竞争力强，市场属性好，所以许多国家政信债券的二级市场十分发达，一般不仅允许在证券交易所上市交易，还允许在场外市场进行买卖。发达的二级市场为政信债券的转让提供了方便，使其流通性大大增强。

3. 收益稳定

投资者购买政信债券可以得到一定的利息。政信债券的付息由政府或央企、国企保证，其信用度高，风险小，对于投资者来说，投资政信债券的收益是比较稳定的。此外，因政信债券的本息大多数固定且有保障，所以交易价格一般不会出现大的波动，二级市场的交易双方均能得到相对稳定的收益。

以上特征表明了投资政信债券所具有的优点，但这些优点不可能同时集中在一种政信债券上。政信债券的流动性、安全性与收益性之间存在着一定的矛盾。一般来说，风险性小、流动性较强的政信债券，其收益率较低；反之，收益率较高的政信债券往往伴随着较大的风险性，流动性也差。对于投资者来说，应当了解政信债券的不同特点，以便为投资组合选择合适的政信债券。

三、几种主要政信债券

（一）国家债券

国债是中央政府为筹集资金而向社会发行并负责偿还的债务凭证。一般而言，财政部代理中央政府发行国债，由于有国家信用作背书，因此国债可被视作无风险债券，又称"金边债券"。

国债的发行方式多种多样，既可以由财政部向单位和个人直接销售，又可以通过银行等金融机构承销、向金融机构公开招标等方式发行。需要注意的是，受《中国人民银行法》限制，我国央行不得直接认购、包销国债和其他政府债券。这意味着，央行不能参与国债一级市场发行，只能参与二级市场流通。

国债是一种重要的政信债券形式，巨大的发行规模和近乎为零的信用风险使得国债在市场上具有很强的流动性，其价差也明显小于其他种类的债券，国债利率也因此具有很强的参考价值。在我国，国债利率可以作为其他资产定价的基准利率。

我国国债的发行时间一般是每年 3 ~ 10 月的 10 号。中央政府发行国债主要包括以下几个目的：为平衡财政收支、弥补财政赤字而发行国债；为筹集建设资金而发行建设国债；为实现特定目标而发行特别国债；为中央银行提供调控货币政策、干预宏观经济运行的重要工具。

与其他类型的债券相比，国债主要有以下几个显著的特征：（1）安全性高。国债的发行主体是中央政府，国家信用是所有信用类型中的最高等级，因此国债具有其他债券无法比拟的安全性。（2）流动性高。由于市场规模庞大、投资者众多，因此国债市场资金融通交易量较大，流动性较高。（3）收益稳定。国债收益稳定建立在安全性基础上，并且国债收益率通常高于同期限银行定期存款利率，因此投资国债能获得相对较高的收益。（4）利息收入免税。从世界各国的情况来看，对国债利息免税是一项通行做法。根据我国《企业所得税法》和《个人所得税法》规定，国债利息收入免征个人所得税和企业所得税。

按照期限分类，国债可以分为短期国债、中期国债和长期国债。不同国家对国债期限的界定有所不同。我国将 2 ~ 5 年国债定义为中期国债，5 年以上的国债定义为长期国债。目前我国期限最长的国债为 30 年。表 8.1 展示了截至 2020 年 10 月我国中央政府发行国债的情况。

表 8.1　　　　截至 2020 年 10 月我国中央政府发行国债的情况

期限	10 月		2020 年累计	
	面额（亿元）	同比增长（%）	面额（亿元）	同比增长（%）
1 年以下	3575.13	157.31	23726.43	76.23
1 ~ 3 年	3048.12	35.55	28424.57	23.58
3 ~ 5 年	2791.67	47.51	25459.55	− 12.02

续表

期限	10 月		2020 年累计	
	面额（亿元）	同比增长（％）	面额（亿元）	同比增长（％）
5～7 年	1698.99	81.10	17674.32	6.62
7～10 年	3335.76	88.39	51349.50	60.44
10 年以上	3258.80	188.24	41026.96	121.54
合计	17708.46	88.99	187661.34	41.63

资料来源：根据中国债券信息网公布的信息整理。

按照债券形式及流通方式分类，我国国债可分为记账式国债、凭证式国债和储蓄式国债。其中，记账式国债是通过计算机系统完成发行、交易和兑付全过程的电子国债，又称无纸化国债。记账式国债既可以在交易所市场，又可以在银行间市场发行，其发行对象主要是机构投资者，特点是效率高、成本低且交易安全。记账式国债不记名，可流通，到期一次性还本付息。凭证式国债是一种主要针对个人发行的国债，投资者可到商业银行柜台进行国债申购。购买凭证式国债的个人投资者届时会收到一张题头为"中华人民共和国凭证式国债收款凭证"的纸质收款凭证，上面标明了票面利率、债券期限、到期日等一系列信息。凭证式国债的特点是可记名、可挂失，但不可流通。虽然凭证式国债不可在二级市场交易，但是债券持有人可随时到原购买网点兑取变现。储蓄式国债是仅针对个人投资者发行，以吸收个人储蓄资金为目的的国债。储蓄式国债采用实名制，以电子形式记录债权。与凭证式国债相同，其不能在二级市场流通，但是债券品种较为丰富，计息形式也更为灵活，比如既可按年付息，又可到期一次性还本付息。

（二）地方政府债券

地方政府债券是地方政府利用政府信用进行资金筹集、承担还本付息责任的一种债务工具。地方政府债券的发行需要以地方政府的税收能力作为担保；对于地方政府专项债券，则需要有部分基金收入作为保障。

在 2014 年《预算法》修订后，我国地方政府从 2015 年开始发行地方政府债券，类型包括一般债券和专项债券。

发行一般债券的目的主要是为没有收益的公益性项目筹集资金，采用记账式固定利率付息形式。一般政府债券的发行被归纳在一般公共预算收支科目中。

发行专项债券的目的主要是为有收益的公益性项目筹集资金，专项债券同样采取记账式固定利率付息形式。它可以发挥政府投资的引导功能，扩大政府投资和拉动民间投资增长。与一般地方政府债券不同，专项债券的发行费用、收入支出及还本付息均纳入政府性基金预算管理。专项债券的种类包括土地储备专项债券、交通专项债券、棚户区改造专项债券和水利专项债券等。地方政府专项债券具有公益性、长期限、低成本等特点。以交通专项债券为例，交通专项债券以项目建成后的收入为信用保证，以政府性基金收入和项目专项收入现金流作为偿债来源，对比过去"贷款修路、收费还贷"及 PPP 等模式进行基础设施建设，收费公路专项债券具有信用等级高、融资成本低、融资期限长等优势，因此公路专项债在未来也会成为地方政府进行交通基础设施建设的主要融资渠道。

（三）城投债券

城投债券是指地方融资平台债券，一般由地方政府支持的国资企业面向社会公众投资者发行债券以募集资金。通常来讲，城投债券融资的目的是支持区域内基础设施建设，其与地方政府债券显著的区别在于城投债券并非由地方政府直接发行，而是由地方政府下设的地方融资平台代替政府募集资金。因此，对于城投债券来讲，地方政府的财政实力及支持力度是影响债券偿付的关键。

1993 年 4 月，上海城市建设开发投资总公司发行 5 亿元城市建设债券，标志着城投债的诞生。2008 年全球金融危机发生以后，中央为拉动经济、促进投资增长提出了"四万亿"财政刺激计划。虽然地方政府债券发行被再度放开，但是由于地方政府债券面临较为严格的额度监管及发债标准，因此地方融资平台开始成为地方政府融资的主流途径，城投债开始井喷式增长。

（四）政策性银行债券

政策性银行债券指，由政策性银行（国家开发银行、中国农业发展银行和中国进出口银行）发行的债券，属于金融债券的一种，同时也是政信债券的重要品种。由于我国政策性银行债券享有国家主权信用，因此其信用等级与国债相同，可以看作是无风险债券，其利率也是无风险利率的重要参考标准。

政策性银行与商业银行的重要区别是，其不能吸收公众存款，主要靠发行债券等方式融资。这三家政策性银行作为发行主体，只需要按年向中国人民银行报送发行申请，在中国人民银行核准后即可发行债券。政策性银行债券的发行对象一般为商业银行，不面向个人投资者发行。

政策性银行债券是一种重要的专项建设债券。2015 年下半年，我国股市遭遇动荡，实体经济陷入低迷，经济面临"稳增长"压力。在此背景下，2015 年 8 月国家开发银行、中国农业发展银行向商业银行定向发行专项建设债券，采用设立专项建设基金的方式支持重大建设项目（包括棚户区改造等民生改善工程、重大水利工程、"三农"建设、轨道交通等城市基础设施建设、交通能源等重大基础设施、增强制造业核心竞争力等转型升级项目）。与财政部发行的长期建设国债相比，除在发行人方面有所区别外，政策性银行发行的专项建设债券不列入财政赤字。

第二节　政信债券参与主体及运作模式

学习目标	知识点
掌握政信债券的发行方式	直接发行、间接发行；招标发行、簿记建档；公募发行、私募发行；折价发行、平价发行、溢价发行
掌握政信债券的发行制度	审批制、核准制、注册制
掌握政信债券的交易	交易市场与交易方式
掌握政信债券的结算	结算场所与结算方式
熟悉政信债券的评级	我国债券评级等级及评级机构

一、政信债券发行方式

政信债券的发行市场，又称为一级市场。发行人以融资为目的，通过向投资人发行具有一定债权和兑付条件的政信债券来筹措资金。

（一）直接发行和间接发行

政信债券的直接发行是指发行人不通过证券发行中介机构，直接向投资者出售债券，且不需向证券管理机关办理相关发行注册手续。直接发行发生在发行人和投资者之间，由于减少了中介机构承销这一中间环节，因此具有简单方便、发行费用较低的特点。直接发行方式要求政信债券发行者熟悉并精通债券发行手续、流程和相关法律法规，且发行人需自行承担发行期间的一切风险，因此直接发行一般只适用于针对特定对象、发行量小、发行范围不大的情况。

政信债券的间接发行是指发行人不直接对投资者发行债券，而是将债券委托给债券承销商等金融机构发行。在间接发行过程中，金融机构可以为政信债券发行人提供专业的承销服务，减少债券发行方的跨行业壁垒，同时为未达到债券应募资金的剩余额承担部分或全部责任，从而降低政信债券发行人的发行风险。对于金融中介机构提供的各项服务，政信债券的发行人需向其付出较高的发行费用。

政信债券的间接发行是目前政信债券发行的主流方式。按照中介机构承担的具体责任，其又可以分为以下两类：代销和包销。政信债券的代销是指，金融机构承销商为发行人代理发售债券。在代销过程中，承销商可将未满足应募资金需求的剩余债券退还给发行人，剩余债券所有权仍属于发行人，因此承销商仅向发行人收取委托代办债券销售事务的手续费，政信债券发行方需自行承担发行风险。政信债券的包销是指，承销商按照协议以自有资金购入全部债券（全额包销）或在承销期结束后购入全部剩余债券（余额包销）。在包销过程中，承销商需对发行人计划发行的所有债券负责，承销商与发行人之间最终形成政信债券买卖关系，债券所有权和发行风险均发生转移，对应承销商收取更高的承销费用。

（二）招标发行和簿记建档

招标发行，又称拍卖发行，指通过直接竞价的方式来确定政信债券的发行价格水平。取得一定资格的政信债券投标人（即投资人）在竞标中报出所投标债券的价格和数量，招标人（即发行人）接收到招标信息后，按照"价格优先"的原则确立债券分配顺序，具体表现为：政信债券的发行人将投标人的报价从高到低排列（如果报价方式为收益率，则从低到高排列），按照其所投标债券数量，拥有价格优势的投标人中标后被优先分配债券，直到发行债券全部售完。当最后中标价格所对应的政信债券数量总和大于剩余债券招标额时，该标位剩余中标额将按竞标数量比分配给各投标人。招标发行所确定的政信债券发行价格具有较高的市场化程度和信息透明度。

一般来说，政信债券招标发行的具体形式分为三种：荷兰式招标、美国式招标和混合式招标。这三种形式在所有中标者获得的最终债券价格上有所区别：（1）荷兰式招标又称为单一价格招标。所有政信债券中标者最终均按最低中标价格获得债券（当报价方式为收益率时，均按最高收益率获得债券）。（2）美国式招标又称为多重价格招标。政信债券中标人需按照各自中标价格（或收益率）购买标的债券。（3）混合式招标是单一价格和多重价格招标的结合，具体表现为在政信债券不同的投标价格区间分别采用单一价格招标和多重价格招标方式：大于或等于全场加权平均中标价格的政信债券按加权平均中标价格发行（单一价格），小于全场加权平均中标价格的政信债券按各自中标价格发行（多重价格），由于政信债券的收益率与价格呈反比关系，因此当报价方式为收益率时，小于或等于全场加权平均收益率的政信债券采取单一价格招标，同理，大于加权平均收益率的债券采取多重价格招标。

与招标发行通过竞价确定发行价格相反，由簿记建档方式发行的政信债券价格通过协商确定。簿记建档的参与方主要包括发行人、簿记管理人、主承销商、承销团成员和投资者。其中，簿记管理人是受政信债券发行人委托，负责簿记建档整体运作流程的主承销商。承销团在簿记建档发行过程中的作用主要是接受簿记管理人询价，之后以特定价格申购政信债券并向投资者进行分销。政信债券的簿记建档发行主要包括以下几个流程：首先，在簿记建档前，簿记管理人应向所有承销团成员及投资者询价；其次，簿记管理人应根据询价情况，帮助政信债券发行人确定簿记建档发行利率或价格区间；然后，簿记管理人协助发行人进行政信债券募集说明书等相关信息披露；接下来，簿记管理人接受投资者发出的申购订单，并记录投资者意向认购政信债券的价格和数量；最后，簿记管理人根据申购订单确定发行利率并按规定向投资者配售。

（三）公募发行与私募发行

公募发行指公开向广泛、不特定的社会公众投资者发行债券。政信债券的公募发行一般数额较大，需要证券公司等中介机构承销，并且可以在二级市场流通转让。政信债券公募发行人须向证券管理机关办理相关发行注册手续。由于所有符合条件的社会公众投资者均可以参与公募政信债券认购，为保障广大投资者利益，证券监管机构对政信债券公募发行的信息披露、风险防范和所募资金使用方向均有较高要求。

与公募发行对比，私募发行是面向少数特定投资者发行债券的方式。政信债券的私募发行一般不通过证券中介机构承销，采取直接发行的方式，发行数额较小，信息披露要求较低，且无须向证券管理机关办理相关发行注册手续。上述特点决定了政信债券私募发行的投资者需要具有一定的经济实力和风险承担能力。私募政信债券的非公开发行也使得其不能公开上市，只能在特定渠道和范围内流通转让，流动性较差。

（四）折价发行、平价发行和溢价发行

折价发行指发行人以低于政信债券面值的价格发行债券，到期时仍按照面值偿还本金的发行办法。政信债券折价发行的特点是票面利率低于债券收益率。由于零息政信债券票面利率为零，因此均采用折价发行方式。一般而言，当政信债券发行人信用等级较低、债券发行量较大，或者市场利率有明显上升趋势时，为吸引投资者积极认购，继而顺利完成募资计划，债券发行人通常会采用折价发行的方式发行政信债券。

平价发行指发行人以政信债券面值作为发行价格发行债券。政信债券平价发行的特点是票面利率等于债券收益率。除固定付息日支付利息外，平价发行不会给政信债券发行人带来额外的负担。

溢价发行指发行人以高于政信债券面值的价格发行债券，到期时仍按照面值偿还本金的发行办法。政信债券溢价发行的特点是票面利率高于债券收益率。溢价发行使得政信债券发行人在募资时获得额外的溢价收入，因此发行人占据一定优势，这通常要求债券发行人有较高的信用等级。

二、政信债券发行制度

我国政信债券的发行审核制度一般分为三种，分别是审批制、核准制和注册制。

（一）审批制

审批制制度下，地方政府和主管机构对债券的发行具有绝对控制权。地方政府拥有一定量的债券发行额度并向各发行主体进行分配。无论是政信债券发行主体的选择、债券发行规模、债券发行价格还是发行额度的分配，均由地方政府和主管机构决定。审批制最主要的特点是存在较多的行政干预。目前，我国国家或地方政府发行的政信债券多采用审批制发行。

（二）核准制

相较于审批制而言，核准制在行政干预方面有所放松，同时对发行人也提出了较高的信息披露要求。具体而言，政信债券发行核准制实行"实质管理原则"，即发行人在申请发行债券过程中不仅要充分公开企业的财务状况、经营能力、发展前景等真实信息，而且必须符合有关法律和证券管理机关规定的必要条件（包括净资产规模、盈利能力、偿债水平等），证券主管机关有权否决不符合规定条件的证券发行申请，发行人的发行权由审核机构以法律形式授予。在债券发行的核准制下，政信债券发行人可自行选择债券发行规模，债券发行价格可与承销商商定。但实际上证券管理机关仍对政信债券的发行规模和定价产生一定影响。实行核准制的目的在于，证券监管部门能尽法律所能，保证发行的债券符合公众利益和证券市场稳定发展的需要。目前，我国以企业和金融机构为发行主体的政信债券可采用核准制发行。

（三）注册制

与审批制和核准制相比，注册制拥有更宽松的发行条件，同时对发行人也提出了更高的信息披露要求。具体而言，政信债券发行注册制实行"公开管理原则"，这实质上是一种发行公司的财务公布制度。政信债券发行人在准备发行债券时必须将依法公开的各种资料完全、准确地向证券主管机关呈报并申请注册。证券主管机关的职责是依据信息公开原则，对申请文件的全面性、真实性、准确性和及时性进行形式审查（但不保证信息真实），证券主管机关无权对政信债券的发行行为及证券本身作出价值判断，发行人的发行权无须由主管部门授予。审核机关是否对发行人披露内容的投资价值作出判断是注册制与核准制的重要划分标准。注册制下，政信债券发行所披露的信息更加公开、透明，债券发行审核周期的缩短也助推了政信债券市场化，这有利于增强发行主体的融资便利性。

三、政信债券的交易

（一）政信债券的交易市场

政信债券的交易市场指已发行债券的流通交易场所，又称二级市场。交易市场按照不同的市场组织形式可以分为场内市场和场外市场。政信债券的场内市场交易主要有以下几个特征：（1）有固定的交易场所和交易时间；（2）交易对象必须是合乎一定标准的、交易所内上市的政信债券；（3）普通投资者只能委托债券经纪人才能进行交易；（4）交易价格由竞价制度决定。相比之下，政信债券的场外市场交易也有以下几个特征：（1）通过信息网络等渠道进行交易，没有固定的交易场所；（2）交易对象不限定；（3）投资者可以委托经纪人，也可以自行直接进行政信债券交易；（4）交易价格通过做市商制度形成，或可由交易者直接协商确定。政信债券交易场内、场外市场的区别如表8.2所示。

表8.2　　　　　　　　政信债券交易场内、场外市场区别

类别	交易场所	合约标准化	交易渠道	交易价格机制
场内	有固定的交易场所和交易时间	合乎一定标准，且在交易所上市	需要委托债券经纪人才能交易	竞价交易制度
场外	通过信息网络等渠道进行交易，没有固定交易场所	交易对象不限定	既可以委托经纪人，也可以自行交易	做市商制度或协商确定

资料来源：政信投资集团。

政信债券场内市场交易合约具有标准化特征，而且面临较高的监管约束门槛，同时由交易所充当投资者交易对手方以降低交易风险、提高流动性，因而场内交易具有交投活跃、交易速度高和交易率高等特点。场外市场则由于合约标准化程度较低，很难找到匹配的交易对手等原因，流动性较差，但与场内市场相比，政信债券的场外市场交易门槛更低，交易方式也更为灵活。从债券市场的整体规模来看，场外市场交易量远远超过场内市场。

在我国，政信债券的场内交易市场主要指上海证券交易所和深圳证券交易所，其市场参与者包括个人和机构投资者，属于债券批发和零售的混合市场。政信债券的场外市场包括银行间债券市场和商业银行国债柜台市场，前者是面向机构投资者的批发型债券市场，后者是面向个人投资者的零售型债券市场。

1. 银行间市场

银行间市场是我国政信债券最主要的交易场所，是以各类金融机构为交

易主体、面向所有机构投资者开放的场外市场。银行间债券市场交易较为灵活，具体表现为：（1）交易工具较为多样，包括现券买卖、回购交易、衍生品交易等；（2）交易券种极为丰富，以国家、政府、金融机构和企业为发行主体发行的政信债券均可在银行间市场交易；（3）交易价格通过询价确定，交易双方可以进行协商。在银行间市场上，交易者借助计算机技术和通信网络完成政信债券交易活动：首先，通过中国外汇交易中心提供并维护的"本币交易系统"来接收、撮合投资者交易命令；其次，通过中央国债登记结算有限公司提供的"中央债券簿记系统"来办理交易达成后的债券登记、过户、本息兑付等业务流程；最后，通过中国人民银行开发、维护的"中国现代化支付系统"来办理与债券交易有关的资金支付。三大系统互通互联，共同为银行间市场交易的顺利进行提供保障。

2. 交易所市场

我国政信债券交易所市场指的是上海证券交易所和深圳证券交易所。从债券市场整体规模来看，上海证券交易所债券的交易量与托管量远远大于深圳证券交易所。交易所市场具有合约标准化、流动性水平高等前述一系列场内市场特征。在此重点解释交易所市场的竞价交易制度。

竞价交易制度又称委托（指令）驱动制度。投资者一般需要委托经纪商向交易所下达包括四个维度的指令，即价格、数量、方向和有效期，然后交易所交易系统根据"价格优先"和"时间优先"的原则，将不断进入系统的买卖指令配对撮合成交。"价格优先"指债券买入申报较高价格者、债券卖出申报较低价格者优先成交。"时间优先"指在买卖价格、方向相同时，先进行交易申报者优先成交。

债券的竞价交易制度分为连续竞价制度和集合竞价制度。在交易时间内，连续竞价制度对买卖申报逐笔连续撮合。当交易所的电脑交易系统进入一笔债券买入委托时，若委托价大于或等于已有的卖出委托价，则按照卖出委托价成交；当系统进入一笔债券卖出委托时，若委托价小于或等于已有的买入委托价，则按照买入委托价成交。在集合竞价制度之下，交易中心对规定时间内收到的所有委托不一一撮合成交，而是在该时间段结束时，根据最大成交量原则，将最大交易量对应的委托价格确定为最终的成交价格。最终，比成交价高的买入委托和比成交价低的卖出委托将全部成交，对于在成交价位上的买卖委托，交易量大的一方将全部成交。我国交易所内的大多数证券交易分别在交易日上午开盘前（9：15~9：25）和下午收盘前（14：57~15：00）实行集合竞价交易制度，在其余时间内实行连续竞价交易制度。需注意的是，对于不同类别的债券交易方式，交易所对其竞价制度可能存在不同规定，具体可参考两市（上海证券交易所和深圳证券交易所）的交易规则通知。

　　以上海证券交易所为例，其为投资者提供了三个债券交易系统，分别是"集中竞价交易系统""大宗商品交易系统""固定收益平台"。投资者可利用三个交易系统中的任何一个开展政信债券相关交易。其中，固定收益平台较为特殊，它是上海证券交易所推出的场外债券交易市场。固定收益平台能够反映的问题是，在电子信息技术的推动下，场内市场与场外市场的界限已经开始变得模糊。

　　3. 商业银行国债柜台市场

　　商业银行国债柜台市场是面向个人投资者的债券零售交易市场。投资者可以在柜台市场直接购买以国家为发行主体发行的政信债券。银行柜台市场上，可供交易的国债分为"记账式国债"和"储蓄国债"两种类型，其中记账式国债可以在二级市场流通转让，储蓄国债则不能参与二级市场交易，其又可细分为"凭证式国债"和"电子式储蓄国债"。

　　在此重点介绍柜台市场的价格形成制度，即做市商制度。做市商制度又称为报价驱动制度，在债券市场上，具有一定实力和信誉的证券经纪法人，比如商业银行，可以作为特许交易商，不断向公众投资者发出双向的公开要约报价，并在该价位上以自有资金和债券与投资者进行交易，做市商作为中介不承担交易风险，其报出的买卖差价即为收益。做市商可以为市场提供源源不断的流动性来满足投资者的投资需求。

　　（二）政信债券的交易方式

　　政信债券的交易方式具有多样化特征。目前，市场上常见的交易方式有现券买卖、回购交易、债券借贷、衍生品交易等。

　　1. 现券买卖

　　政信债券现券交易是指交易双方以约定价格在交易成交时就进行债券所有权转让的行为。具体而言，政信债券买入方于交易成交当日或次日付出资金并取得债券所有权，对应卖出方于成交当日或次日得到资金并交付债券所有权。目前，我国银行间市场、银行柜台交易、交易所市场都有政信债券现券买卖活动。

　　2. 回购交易

　　政信债券的回购交易是指交易双方在债券买卖成交的同时，约定于未来某一时间以另一约定价格或利率再进行反向交易的行为。回购交易的本质是一种质（抵）押贷款方式，即是一种以债券为权利质（抵）押的融资行为。

　　站在不同交易主体的视角上，回购有"正回购"和"逆回购"之分。政信债券正回购交易方在回购交易的首次买卖中卖出债券并融入资金，即是抵、质押贷款的融资方；当回购交易到期时，再以约定的回购利率赎回债券并偿还资金，回购利率通常要高于初次交易利率，以体现借贷资金的时间价值。与正回购恰恰相反，政信债券逆回购交易方担任抵、质押贷款资金融出方的角色，逆回购方在回购交易的首次买卖中借出资金并融入债券，然后于回购交易到期之后归还出质债券并得到本金和利息的补偿。回购交易同时涉及即期和跨期交易，其期限通常不超过 365 天。

根据交易过程中政信债券所有权是否发生转让，回购交易又可分为质押式回购和买断式回购。质押式回购又称为封闭式回购，在质押式回购交易过程中，政信债券的所有权并未发生转移，而且在回购期间，用于回购的债券，交易双方均不得动用。买断式回购又称开放式回购，与质押式回购的区别在于，在买断式回购交易过程中，原属于回购方的政信债券所有权要转让给逆回购方，逆回购方在回购期内有权出售债券，即释放债券流动性。这一区别使得买断式回购的交易目的既可以是融资（对回购方而言），又可以是融券（对逆回购方而言）。

政信债券的回购交易通常发生在银行间市场，政府或政策性银行发行的政信债券回购交易，还可以被当作中央银行调控市场的货币政策工具。

3. 债券借贷

政信债券的借贷交易是指，拥有债券的交易方将其所有债券有偿对外出借，融券方需要按期偿还所借债券并支付债券出借方一定的利息费用。政信债券的借贷交易属于一种市场做空机制，债券出借方往往是拥有一定资源的商业银行、保险公司或证券公司等金融机构，它们通过出借债券来获得持有债券的额外收益；政信债券融券方可以在看跌市场时借入债券并进行抛售，等市场价格下跌后再买回债券并偿还给出借方，借此通过先卖后买的方式来赚取差价。

4. 衍生品交易

衍生品交易具有高杠杆、高风险、跨期等特点，政信债券的衍生品交易可以分为远期交易、期货交易和期权交易。

政信债券的远期交易是指，交易双方按照事先约定的价格，在未来的某一时刻进行债券的买卖。政信债券远期合约的主要作用是规避债券市场价格波动，帮助交易方锁定收益和成本。

政信债券的期货交易可以理解为发生在交易所内的、标准化的远期交易。政信债券的期货交易实行逐日盯市和每日结算制度。远期交易的主要作用是帮助投资者锁定盈亏，从而规避价格波动风险，期货交易除了帮投资者实现上述套期保值目的外，还有套利、投机等交易功能。

政信债券的期权交易是指，赋予期权买方在未来以某一价格买入或卖出债券的权利，当然这要求期权买方向卖方支付一定的期权费用为代价。期权交易同时拥有场内市场和场外市场。以政信债券为标的的期权可以分为看涨期权和看跌期权，具体而言，政信债券看涨期权多头方可以买入以某一执行价格购买债券的权利，在行权期内，如果市场价格大于执行价格，即多头方有利可图时，多头方行权，债券市场价格与执行价格的差价即为期权多头方的收益，差价减去期权费对应空头方的损失；如果市场价格小于执行价格，看涨期权多头方无利可图，便不会行使权利，此时多头方的损失为期权费，对应空头方收益。与看涨期权类似，政信债券看跌期权是赋予多头方卖出债券的权利。与期货相比，期权限制了多头方无限亏损的可能，同时并没有夺取其实现无限收益的权利，因此是一种更好的套期保值工具。

四、政信债券的结算

政信债券的结算是指确认交易过程中的债权债务关系，并进行债券所有权转让与结算款项支付的行为。

政信债券的结算分为全额结算和净额结算。全额结算又称逐笔结算，即结算系统对每笔交易单独结算。全额结算具有结算风险低、结算成本高的特点，一般只适合于单笔交易量大、交易不太活跃、流动性较低的银行间市场。政信债券的净额结算是指在设定时间内，证券登记结算机构以结算参与人为单位，对其买入和卖出的债券交易进行轧差，然后根据轧差得到的政信债券交易净额进行资金和债券的交付。

我国的政信债券登记结算机构共有三家，分别是中央国债登记结算有限责任公司（简称中央结算公司或中债登）、银行间市场清算所股份有限公司（简称上海清算所或上清所）和中国证券登记结算有限责任公司（简称中证登）。

中央国债登记结算有限责任公司成立于 1996 年 12 月。从债券市场整体来看，通过中央结算公司托管结算的债券占整个债券市场总量的 60%以上。目前，以国家和政府为发行主体发行的政信债券主要通过中央结算公司结算。

银行间市场清算所股份有限公司成立于 2009 年 11 月。从债券市场整体来看，通过上清所托管和结算的债券占整个债券市场总量的 20% 左右。目前，上清所主要为通过银行间市场交易的政信债券提供托管结算服务。

中国证券登记结算有限责任公司成立于 2001 年 3 月。从债券市场整体来看，通过中证登托管和结算的债券占整个债券市场总量的 10% 左右。

五、政信债券的评级

政信债券作为债券种类的一种，其评级须满足我国相关法律条文规定。

我国强制要求对公开发行的债券进行信用评级。根据 2006 年 3 月中国人民银行发布的《中国人民银行信用评级管理指导意见》（简称《意见》），对金融产品的发行主体评级应主要考虑以下要素：宏观经济和政策环境，行业及区域经济环境，企业自身素质，包括公司产权状况、法人治理结构、管理水平、经营状况、财务质量、抗风险能力等。对金融机构债券发行人进行资信评估还应结合行业特点，考虑市场风险、信用风险和操作风险管理、资本充足率、偿付能力等要素。对金融产品评级应包括以下要素：募集资金拟投资项目的概况、可行性、主要风险、盈利及现金流预测评价、偿债保障措施等。

《意见》对我国银行间发行的债券信用等级进行了明确的划分，具体如下：

第一，银行间债券市场长期债券信用等级划分为三等九级，分别为：AAA 级、AA 级、A 级、BBB 级、BB 级、B 级、CCC 级、CC 级、C 级。等级含义如下：

AAA 级：偿还债务的能力极强，基本不受不利经济环境的影响，违约风险极低。

AA 级：偿还债务的能力很强，受不利经济环境的影响不大，违约风险很低。

A 级：偿还债务能力较强，较易受不利经济环境的影响，违约风险较低。

BBB 级：偿还债务能力一般，受不利经济环境影响较大，违约风险一般。

BB 级：偿还债务能力较弱，受不利经济环境影响很大，有较高的违约风险。

B 级：偿还债务的能力较大地依赖于良好的经济环境，违约风险很高。

CCC 级：偿还债务的能力极度依赖于良好的经济环境，违约风险极高。

CC 级：在破产或重组时可获得保护较小，基本不能保证偿还债务。

C 级：不能偿还债务。

除 AAA 级以及 CCC 级以下等级外，每一个信用等级可用"＋""－"符号进行微调，表示略高或略低于本等级。

第二，银行间债券市场短期债券信用等级划分为四等六级，分别为：A－1 级、A－2 级、A3 级、B 级、C 级、D 级。等级含义如下：

A－1 级：最高级短期债券，其还本付息能力最强，安全性最高。

A－2 级：还本付息能力较强，安全性较高。

A－3 级：还本付息能力一般，安全性易受不良环境变化的影响。

B 级：还本付息能力较低，有一定的违约风险。

C 级：还本付息能力很低，违约风险较高。

D 级：不能按期还本付息。

每一个信用等级均不进行微调。

我国国内具备评级资格的评级公司共有八家，分别是中诚信国际信用评级有限责任公司、大公国际资信评估有限公司、联合资信评估有限公司、上海新世纪资信评估投资服务有限公司、中正鹏元资信评估有限公司、东方金诚国际信用评估有限公司、中诚信证券评估有限公司和联合信用评级有限公司。

债券评级是投资者进行债券投资所需要参考的重要指标。但是，由于我国债券评级遵循被评对象付费制度，因此被评级的发行人有动机通过给予评级机构一定利益换取债券的高评级，从而导致债券评级不能正确反映其背后的风险，有失公允。因此，除了参考债券评级等级外，投资者需要有独立的风险判断能力。

第三节　政信债券风险管理

学习目标	知识点
掌握政信债券的风险种类	利率风险、信用风险、流动性风险
熟悉政信债券的风险管理	久期、凸度
了解政信债券风险管理实例	利率债、信用债

一、政信债券的风险类别

（一）利率风险

利率风险指由利率变化引起债券价格变化的风险。对于国债、国开债等无违约风险的债券，利率风险被看作是影响债券价格的主要因素。市场利率反映资金供求紧张程度，由市场交易决定，反映债务融资成本，其变化与经济环境有关，通货膨胀率与经济发展水平是主要原因。债券价格与市场利率变化呈反比关系，当市场利率升高时，债券价格会下跌；反之，当市场利率降低时，债券价格会抬升。债券利率风险的度量主要通过久期理论，将在后面详细介绍。

（二）信用风险

信用风险可以理解为由于债务人违约带来损失的不确定性。

我国国债可以被认为是不含信用风险的债券。因为强大的国家主权信用保障，该类债券几乎不可能发生违约。对于城投债等信用类债券，信用风险可能超越利率风险成为价格变动最主要的原因。信用类债券收益率可以分解为基准利率加上信用利差，其中信用利差反映的就是债券的违约风险或估值风险。一般来讲，信用风险的度量可以分为定性和定量两个方面。其中，定性方面包括区域财政经济情况、发行人还款意愿等，具有较强的主观性，较依赖经验判断能力。定量方面主要从财务报表或经济数据中挖掘,重点关注发行人的偿债能力。

(三) 流动性风险

对于债券等金融资产来说,流动性主要看债券在某一价格快速成交的能力。信用债市场在面临事件冲击时,流动性风险容易被放大,体现为市场利率飙升,债券价格狂跌。一方面,大量债券被大量抛售导致市场供应量急剧上升而引起价格下跌;另一方面,"羊群效应"容易导致资金踩踏,从而引起价格螺旋式下降。特殊时期的债券流动性风险应该被予以关注。

二、政信债券的风险度量

(一) 利率风险度量

久期或马考勒久期是度量债券利率风险的重要指标,是以未来各期现金流现值在债券价格中所占比重为权重,对债券剩余期限加权得到"加权平均期限"。久期具体的计算公式如下:

$$D_{Mac} = \frac{1}{P} \times \left(\sum_{t=1}^{T} \frac{CF_t \times t}{(1+y)^t} \right) \qquad (8-1)$$

其中,D_{Mac} 表示久期,P 是债券价格,y 是到期收益率,T 是债券期限,CF_t 是 t 时期债券发生的现金流(注意期末包含面值)。

久期的意义是计算了债券的实际到期日,可以被理解为投资者收回成本的平均时间。债券的久期越长,利率风险越大。从公式来看,决定债券久期的三要素包括:到期时间、息票利率和到期收益率,其中久期和债券的到期收益率成反比,和债券的剩余年限成正比,和票面利率成正比。

久期具有以下几条重要定理:

定理一:零息债券的久期等于债券期限。

定理二:债券的久期小于或等于债券期限。

定理三:永续债券的久期等于 $(1 + 1/y)$,其中 y 是计算现值采用的贴现率。

定理四:在债券到期期限相同的条件下,息票率越高,久期越短。

定理五:一般来说,在息票率不变的条件下,债券到期期限越长,久期越长。

定理六:在其他条件不变的情况下,债券的到期收益率越低,久期越长。

为了得到债券价格变动对利率变化的敏感度,我们引入修正久期的概念:

$$\frac{\Delta P}{p} = - D_{Mod} \times \Delta y \qquad (8-2)$$

其中,D_{Mod} 表示修正久期,ΔP 和 Δy 分别表示债券价格和收益率的变化幅度。当收益率变化幅度很小时:

$$\frac{\Delta P}{\Delta y} \approx \frac{dP}{dy} = - t \times \sum_{t=1}^{T} \frac{CF_t \times t}{(1+y)^{t+1}} \tag{8-3}$$

将等式两边同时除以债券价格 P 得到：

$$\frac{\Delta P}{\Delta y} \times \frac{1}{P} \approx \frac{dP}{dy} \times \frac{1}{P} = -\frac{1}{(1+y)} \times \frac{1}{P} \times \sum_{t=1}^{T} \frac{CF_t \times t}{(1+y)^t} = -\frac{1}{(1+y)} \times D_{Mac} \tag{8-4}$$

用修正久期 D_{Mod} 替换，得到：

$$D_{Mod} = \frac{D_{Mac}}{1+y} \tag{8-5}$$

引入修正久期的目的是观察债券收益率变动引起的债券价格变化。修正久期和债券的到期收益率成反比，和债券的剩余年限成正比，和票面利率成正比。债券的修正久期越大，债券价格对收益率的变动就越敏感，收益率上升所引起的债券价格下降幅度就越大，收益率负向变化同理。因此，在同等要素条件下，修正久期小的债券比修正久期大的债券抗利率上升、价格下跌风险的能力强，但不利于利率下跌场景。所以在进行债券利率风险管理时，如果预判未来利率存在上升可能，建议集中投资于短久期债券；若判断未来利率水平很可能下降，则较好的投资策略是拉长所持债券久期，增加长期债券的投资。

修正久期一个不现实的假设是，随着利率变动，债券现金流不变，为了克服这一缺点，提出了有效久期，即指在利率水平发生特定变化时债券价格变动的百分比。有效久期的计算公式如下所示：

$$D_{eff} = \frac{P_- - P_+}{P \times (R_+ - R_-)} \tag{8-6}$$

其中，D_{eff} 是有效久期，R_+ 和 R_- 分别表示收益率上升和下降某个基本点，P_- 和 P_+ 分别表示利率下降和上升某个基本点时的债券价格，P 表示债券的原始价格。

久期可以作为收益率发生微小变化时的债券价格敏感性测度，但是随着收益率变化幅度的增加，用久期衡量的债券价格敏感度会发生较大误差（见图8.1）。为了减小这一误差，我们需要增加一个变量来刻画债券久期的变化，这一变量即为凸度。

凸度可以被理解为债券价格—收益率曲线的二阶导数，其主要描述债券收益率变化所引起久期的变化，用来衡量债券价格—收益率曲线的曲度。凸度越大，债券价格收益率曲线的弯曲程度越大，用修正久期度量的利率风险所产生的误差也就越大。在这里本书不涉及复杂计算，但是读者需要记住凸度的一条重要性质，即对久期相同的债券，利率下降时，凸度大的债券价格上涨幅度更大；利率上升时，凸度大的债券价格下降的幅度更小。因此，凸度对投资者有利，在其他特性相同的情况下，投资者应选取凸度较高的债券进行投资。

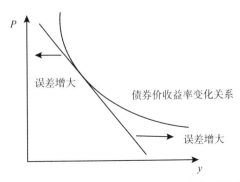

误差增大

债券价收益率变化关系

误差增大

图 8.1　债券价格—收益率曲线及凸度表现形式

（二）信用风险度量

违约率和违约损失率可以作为信用风险度量的标准。信用风险指债务人违约带来的损失的不确定性，如果损失的预期值和波动性越高，则信用风险就越大。其中，预期损失可以由违约概率×违约损失率表示。违约概率（Probability of Default）指债券发行人在未来一段时间内违约的可能性，该变量主要由发行人信用水平决定。违约损失率（Loss Given Default）是指，发行人一旦违约，将给债券持有人造成的损失数额占债权的百分比，即损失的严重程度，除债券发信人信用资质外，合同的具体条款、市场对于违约理赔的法律体系等均会对违约损失的严重程度造成影响。

除用预期损失度量债券的信用风险外，债券的信用风险也可直接反映在信用利差上。信用利差指信用债收益率与市场无风险收益率之间的利差，可理解为对投资者承担信用风险的补偿。信用利差的计算方法为信用债收益率减去相同期限国债收益率，一般可以分解为税收利差、流动性溢价、预期违约损失等几部分。债券的信用评级、投资者对信用债市场的违约预期、信用债市场的供求变化等因素均会影响信用利差变化。一般来讲，信用利差会随债券评级的降低而走阔；当市场出现重大违约事件造成投资者对债市违约预期上升时，信用债利差也会上升；除此之外，如果一段时间内信用债供给过剩，供给压力增加，根据经济学供求原理，信用债利差也会出现走阔。图 8.2 展示了 2020 年 11 月永煤债券违约对市场预期造成较大冲击，从而使得信用债利差短时间内大幅走阔的现象。

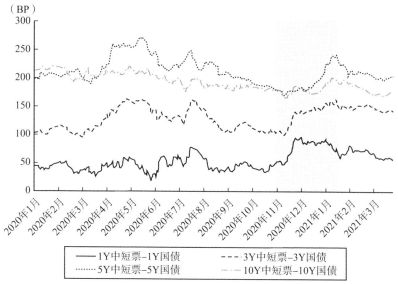

图 8.2 2020 年 11 月永煤债券违约事件拉升信用债市场信用利差

资料来源：Wind。

三、政信债券的风险管理

整体思路上，投资者可通过组合分散投资或使用风险管理工具来进行债券风险管理。债券风险管理工具包括期货、期权、利率互换等，投资者可以利用衍生工具对所持债券进行风险对冲以达到套期保值的目的。

具体来看，针对债券利率风险，投资者可以利用久期或凸度理论进行风险管理。首先，如果投资者对未来的利率趋势存在确切把握，那么可以通过在利率上升时配置短久期债券组合，利率下降时配置长久期债券组合来获得利率波动收益。同时，选择较大凸度的债券或债券组合，能够在利率下降时获得更大的收益，而在利率上升时避免更大的损失。其次，即使投资者对未来的利率趋势没有把握，仍可以通过判断利率的波动幅度和利用凸度获取投资收益。具体而言，如果未来利率波动大，投资者可通过配置高凸性的投资组合来避免债券时间价值的损失；如果未来利率波动不大，投资者可以通过降低债券组合的凸度来获得更高的时间价值。最后，如果投资者承担其他债务，则可以通过构建一个久期等于负债期限的投资组合来规避利率风险。比如，一位投资经理需要在 4 年后支付一笔负债，其可以通过配置久期为 4 年的债券组合获取累积债券投资价值来支付负债。不管未来利率如何变化，由于投资资产的久期等于负债的久期，即资产的收益率变化等价于负债收益率的变化，投资经理始终可以实现兑付承诺。上述资产组合配置方式也称为债券投资的免疫策略。

针对城投债等信用债券风险管理，随着违约常态化，投资者不能仅仅依靠外部评级判断债券违约风险。2020 年多个高等级国资背景债券"暴雷"给市场带来了较大的扰动，但也从侧面为信用债投资者敲响了警钟：当前的信用评级制度对债券实际风险及收益的评价可能有失公允，债券投资者不能把高信用评级当作"刚兑"的保证。投资者未来应多加关注发债主体的财务状况。过去政府支持等定性分析是国企、城投信用分析的关键，即使企业财务状况表现一般，强大的政府支持也可能使发债主体被认定为低风险债券。但是"永煤事件"让市场意识到，政府支持可能存在不稳定性，核心资产的安全边界也存在模糊的可能性，因此未来对弱资质国企、城投债的偿债能力分析可能将更加偏向于财务分析。对于机构投资者来说，建立完善的、公允的内部评级机制也是重要的信用风险管理手段。

思考与练习

一、思考题

（1）政信债券未来的发展方向和趋势如何？

（2）政信债券与股票、基金的区别。

二、练习题

1. 单项选择题

（1）（　　）不属于政府债券。

A. 327 国债　　　　　　　　　B. 电网建设企业债券

C. 2020 年浙江省政府一般债券　D. 2019 年浙江省政府专项债券

（2）（　　）属于政信债券场内交易的特征。

A. 交易对象不限定　　　　　　B. 没有固定的交易场所

C. 交易价格由竞价制度决定　　D. 投资者可以直接进行政信债券交易

（3）当政信债券发行价格高于面值时，我们称这种发行方式为（　　）。

A. 溢价发行　　B. 折价发行　　C. 平价发行　　　D. 不确定

（4）面值为 100 元的 5 年期国债，票面利率为 6%，每年付息一次。当市场利率为 8% 时，国债的价格为（　　）。

A. 92. 01　　　　B. 101. 21　　　C. 90. 32　　　　D. 102. 11

（5）（　　）不能参与国债一级发行市场。

A. 股份制银行　B. 财政部　　　C. 中央银行　　　D. 城市商业银行

（6）发行国债（包括特别国债）的目的不包括（　　）。

A. 平衡财政赤字　　　　　　　B. 帮助国有企业融资

C. 投资基础设施建设项目　　　D. 补充国有独资商业银行资本金

（7）下列选项属于地方政府专项债券特点的是（　　）。

A. 主要是为没有收益的公益性项目筹集资金

B. 采取记账式浮动利率付息形式

C. 发行被记入一般公共预算收支科目

D. 需要有政府基金收入作为保障

（8）国外机构在中国发行以人民币为面值的债券被称为（　　）。

A. 扬基债券　　B. 武士债券　　　C. 猛犬债券　　　D. 熊猫债券

（9）久期定理不包括（　　）。

A. 零息债券的久期等于债券期限

B. 债券的久期小于或等于债券期限

C. 在债券到期期限相同的条件下，息票率越高，久期越长

D. 一般来说，在息票率不变的条件下，债券到期期限越长，久期越长

（10）如果投资者预期未来利率上升，应该（　　）。

A. 持有短久期债券组合，降低组合凸度

B. 持有长久期债券组合，提高组合凸度

C. 持有短久期债券组合，提高组合凸度

D. 持有长久期债券组合，降低组合凸度

2. 多项选择题

（1）（　　）属于政信债券的构成要素。

A. 票面价值　　B. 偿还期限　　　C. 票面利率　　　D. 债券价格

（2）政信债券的特征包括（　　）。

A. 安全性高　　B. 流通性弱　　　C. 收益稳定　　　D. 风险水平高

（3）（　　）具有贴现的特点。

A. 当期收益率　B. 资本利得率　　C. 到期收益率　　D. 持有期收益率

（4）政信债券的发行方式有（　　）。

A. 直接发行与间接发行　　　　　B. 招标发行与簿记建档

C. 公募发行与私募发行　　　　　D. 折价发行与溢价发行

（5）以下属于政信债券衍生品交易方式的有（　　）。

A. 期货交易　　B. 远期交易　　　C. 期权交易　　　D. 现券买卖

（6）以下属于国债特征的有（　　）。

A. 安全性高　　B. 流动性高　　　C. 收益稳定　　　D. 利息收入免税

（7）以下影响信用债券信用利差的因素包括（　　）。

A. 供给压力　　B. 评级变化　　　C. 市场违约预期　D. 通货膨胀

3. 判断题

（1）私募政信债券的利率比公募政信债券高，并且可以在二级市场上交易流通。　　　　　　　　　　　　　　　　　　　　　　（　　）

（2）美国式招标法按最低中标价格确定政信债券的发行价格。（　　）

（3）政信债券的核准制发行采取"实质管理原则"。　　　　（　　）

（4）竞价交易制度又称委托驱动制度，遵循"价格优先"和"时间优先"的原则。 　　　　　　　　　　　　　　　　　　　　　（　）

（5）全国银行间债券回购市场属于场内市场。 　　　　　　　（　）

（6）储蓄国债可以在二级市场流通转让，记账式国债不能参与二级市场交易。 　　　　　　　　　　　　　　　　　　　　　（　）

（7）政信债券回购交易的本质是抵押贷款。 　　　　　　　　（　）

（8）截至2018年，我国中央政府共发行过三次新发特别国债。（　）

（9）2014年，全国人大常委会审议通过了《预算法》修订案，从法律层面赋予地方政府发债权利。 　　　　　　　　　　　　　　（　）

（10）城投债是无风险债券。 　　　　　　　　　　　　　　（　）

4. 简答题

（1）分别介绍记账式国债、凭证式国债和储蓄式国债的特点。

（2）简述政信债券的集合竞价交易制度。

（3）简述什么是政信债券的注册制发行制度。

（4）简述如何利用久期理论进行利率风险管理。

练习题答案

1. 单项选择题

（1）B　（2）C　（3）A　（4）A　（5）C　（6）B　（7）D　（8）D（9）C　（10）C

2. 多项选择题

（1）ABCD　（2）AC　（3）CD　（4）ABCD　（5）ABC　（6）ABCD（7）ABC

3. 判断题

（1）错误　（2）错误　（3）正确　（4）正确　（5）错误　（6）错误（7）正确　（8）错误　（9）正确　（10）错误

4. 简答题（略）

第九章
政信贷款

【本章内容概述】

本章重点介绍政信项目重要的融资渠道——银行贷款，包括政信项目如何向银行贷款、我国各类银行以何种方式提供贷款、贷款资金来源、贷款成本核算、贷款融资结构设计等。

【本章重点与难点】

重点：

1. 政信贷款的概念

2. 政信贷款的风险识别与控制

3. 政信贷款的风险管理

难点：

1. 政策性贷款评估条件

2. 外国贷款

第一节　政信贷款的定义及分类

学习目标	知识点
掌握政信贷款的由来	目的、作用
掌握政信贷款的定义	政策性贷款、商业银行贷款
掌握政信债券的分类	按贷款用途划分、按贷款银行划分、按贴息情况划分

一、政信贷款的定义

政信贷款是以政信项目的投资、建设、运营等为资金用途，向各类银行发起的贷款行为。根据 2019 年 4 月国务院颁布的《政府投资条例》，政府投资是指在中国境内使用预算安排的资金进行固定资产投资建设活动，包括新建、扩建、改建、技术改造等。政府投资的项目类型分为非经营性项目和经营性项目。非经营性项目主要是指不能有效配置资源的社会公益服务、公共基础设施、农业农村、生态环境保护、重大科技进步、社会管理、国家安全等公共领域的项目。对于此类项目，《政府投资条例》规定，国家完善有关政策措施，发挥政府投资资金的引导和带动作用，鼓励社会资金投向此领域。《政府投资条例》还规定，政府投资资金按项目安排，以直接投资方式为主；对确需支持的经营性项目，主要采取资本金注入方式，也可以适当采取投资补助、贷款贴息等方式。

政府投资项目首先有财政预算的支持，同时还以政府信用为项目的顺利完成提供各类融资便利。其中，银行融资是政信项目结构化融资中的一种重要融资方式，我们称这种有政府信用支持的项目贷款为政信贷款。

二、政信贷款的分类

（一）固定资产贷款、流动资产贷款

按照项目的资金需求的性质和用途划分，可分为固定资产贷款和流动资产贷款。

1. 固定资产贷款

政信项目的固定资产贷款投资范围包括基础设施建设和公共服务工程建设。基础设施建设贷款主要是为支持经济发展而新建的项目，或为扩大生产能力而在新的地点、依靠新建厂房，增加设备和人员的投资项目，即外延扩大再生产的基本建设项目。对这类项目发放的贷款叫基本建设贷款。基本建设贷款必须严格按照国家基本建设贷款年度计划发放。

固定资产贷款项目和贷款计划的安排必须以国家批准的项目计划和信贷计划为依据，根据规定的程序和授权，先评估，后决策。固定资产贷款项目的选择必须符合国家产业政策和金融政策，向有利于促进国民经济持续、快速、健康发展和各项社会事业全面进步的基础产业、支柱产业以及具有较大竞争力和发展潜能的新兴产业倾斜。

中国银行业监督管理委员会 2009 年发布的《固定资产贷款管理暂行办法》规定，贷款人应建立完善的固定资产贷款风险评价制度，设置定量或定性的指标和标准，从借款人、项目发起人、项目合规性、项目技术和财务可行性、项目产品市场、项目融资方案、还款来源可靠性、担保、保险等角

度进行贷款风险评价。固定资产贷款流程严谨，贷款人应按照审贷分离、分级审批的原则，规范固定资产贷款审批流程，明确贷款审批权限，确保审批人员按照授权独立审批贷款。另外，贷款人应在合同中与借款人约定对借款人相关账户实施监控，必要时可约定专门的贷款发放账户和还款准备金账户。

根据借款人的生产经营周期、项目建设需要、还款能力和银行的信贷资金平衡能力等，由借贷双方协商确定，一般不超过5年。

按中国人民银行发布的中长期贷款利率执行，根据中国人民银行制定的基准利率，利率按借款合同实行一年一定，可在基准利率基础上上下一定范围内浮动，从合同生效日起，一年内按借款合同约定利率执行，遇利率调整不变；满一年后根据当时的利率进行调整，执行新的利率。

政信类项目固定资产贷款有以下特点：（1）政信项目资金量需求大、项目使用资金周期长、资金回收周期长，因此对贷款还款周期比一般贷款还贷周期长；（2）项目不仅必须是纳入国家固定资产投资计划并具备建设条件的项目，而且必须受信贷计划确定的固定资产贷款规模的约束；（3）对于政信贷款固定资产贷款，不仅在项目建设过程要进行管理，而且项目竣工投产后仍需要管理，直到还清全部本息为止。

2. 政信类项目流动资金贷款

流动资金贷款是为满足生产经营者在生产经营过程中的短期资金需求，保证生产经营活动正常进行而发放的贷款。相较于固定资产贷款，流动资金贷款额度小，银行的管控比较宽松。流动资金贷款作为一种高效实用的融资手段，具有贷款期限短、手续简便、周转性较强、融资成本较低的特点。

银行根据"安全性、流动性、盈利性"的贷款经营方针，对借款主体的信用状况、贷款方式进行调查审批后，做出贷与不贷、贷多贷少和贷款期限、利率等决定。

流动资金贷款按贷款期限可划分为临时贷款、短期贷款、中期贷款等。临时贷款是指期限在3个月（含3个月）以内的流动资金贷款。短期贷款是指期限为3个月至1年（不含3个月，含1年）的流动资金贷款，主要用于企业正常生产经营周转的资金需求。中期贷款是指期限为1年至3年（不含1年，含3年）的流动资金贷款，主要用于企业正常生产经营中经常性的周转占用和铺底流动资金贷款。政信类项目进入运营阶段后，可用这三种期限的贷款补充流动性，有时需要通过流动资金贷款进行循环贷款来维持项目正常运转。

（二）贴息贷款、普通贷款

按照政府贴息情况，可分为贴息贷款和普通贷款。贴息贷款是指用于指定用途并由国家或银行补贴其利息支出的一种银行专项贷款。它是一种优惠贷款，以鼓励某项事业或重大工程的建设。政信项目中的扶贫类项目建设、公共服务类工程建设和扶贫事业等都采用贴息贷款的形式。对贷款的利差，一般实行"谁安排谁补贴"的原则，贴息方可以是银行，也可以是政府单位。国家安排的贴息贷款，由中央财政补贴；中国人民银行同意发放的低息贷款，由中国人民银行补贴；各专业银行的低息贷款，由专业银行自己负责。

☞小贴士☜

扶贫专项贴息贷款

扶贫专项贴息贷款是中国农业银行用于扶助贫困地区发展生产的专项贷款，是由国内有关金融机构承担的一项政策性贷款业务，是我国扶贫开发的重要组成部分，发放的形式主要有两种：一种是到户的小额扶贫贷款，另一种是发放给龙头企业以及基础设施建设的扶贫贷款。这项贷款所需信贷资金由中国人民银行每年专项安排，由中国农业银行经营，专项管理，并由中央财政补贴大部分利息。专项贴息贷款是有偿、有息资金，不能用于赈灾救济和无偿还能力的经营项目，坚持"有借有还，到期归还""谁用、谁借、谁还""群众借款自愿，银行贷款自主"等信贷管理的基本原则和制度，并依法签订借款合同，以保障借贷款双方合法权益，保证贷款的使用效益和安全。

（三）政策性贷款、商业贷款

按照政信项目的贷款是否有政策性支持，可分为政策性贷款和商业贷款。

1. 政策性贷款

政策性贷款是中央银行和政策性银行为贯彻国家在不同历史时期的经济发展政策而发放的有特定投向和用途的各种贷款的统称。在我国商品经济和市场经济条件下，政策性贷款作为国家银行调控宏观经济的信贷倾斜行为，体现出国家发展国民经济的政策性导向。我国主要的政策性金融机构是国家开发银行（简称国开行）、中国农业发展银行（简称农发行）、中国进出口银行三大政策性银行，同时包括提供出口信用保险相关金融服务的中国出口信用保险公司（简称中国信保）。

政策性贷款的主要特点是：（1）贷款着重服从于国家现实和长远的经济发展战略和产业政策；（2）贷款投向的选择和确定以国家的政策为依据带有一定指令性；（3）政策性贷款支持的产品（商品）和项目具有必保和

优先性质；（4）利率一般低于基准利率；（5）在信贷管理上，一般都单列规模，专项管理，定向投放，专款专用。

政策性贷款参与投资的范围主要包括：市场机制失效的投资领域，投资规模大、建设周期长、风险高但利于国家产业结构优化的领域。在这些领域中，政信类项目的贷款一般盈利性不强或者没有盈利，包括基础设施、基础产业和支持产业、公共服务和管理等经济社会发展领域、新型城镇化、城乡一体化及区域协调发展的领域；保障性安居工程、扶贫开发、"一带一路"建设、战略性新兴产业基础设施支持等项目。

☞ **延伸阅读** ☜

老旧小区改造的综合资金支持

2020 年，国务院办公厅出台《关于全面推进城镇老旧小区改造工作的指导意见》，提出工作目标是：2020 年新开工改造城镇老旧小区 3.9 万个，涉及居民约 700 万户；到 2022 年，基本形成城镇老旧小区改造制度框架、政策体系和工作机制；到"十四五"期末，结合各地实际，力争基本完成 2000 年底前建成的需改造城镇老旧小区改造任务。改造对象为城市或县城（城关镇）建成年代较早、失养失修失管、市政配套不完善、社会服务设施不健全、居民改造意愿强烈的城镇住宅小区（含单栋住宅楼），要重点改造 2000 年底前建成的老旧小区。要求健全动员居民参与机制，建立改造资金，政府与居民社会力量合理共担的机制。

国家开发银行与吉林省 5 省，中国建设银行与重庆等 9 个城市分别签署了支持市场力量参与城镇老旧小区改造战略合作协议。在未来五年内，国家开发银行、中国建设银行预计将向 5 省 9 市共提供 4360 亿元贷款，重点支持市场力量参与的城镇老旧小区改造项目。其中，国家开发银行预计将向吉林等 5 省提供 2610 亿元贷款，中国建设银行预计将向重庆等 9 个城市提供 1750 亿元贷款。同时，住房和城乡建设部表示，加快培育规模化的实施运营主体，鼓励金融机构和地方积极探索，以可持续的方式加大支持力度，运用市场化的方式吸引社会力量参与，这才是推动老旧小区改造的可持续的根本办法。

资料来源：根据人民网相关报道整理。

2. 商业贷款

政信类项目综合政策性贷款和商业贷款进行债权融资，商业贷款一般起到缓冲流动性的短期补充贷款作用。根据贷款本身是否需要抵质押物来划分，商业贷款又分为信用贷款、担保贷款和票据贷款。政信类项目的贷款主体一般是政府融资平台。信用贷款对平台资质的要求：一是主体信用评级至少 AA-级（含）以上的，经国有商业银行省级分行审批可以发放信用贷款；二是经营收入核算利润总额近三年持续增长，资产负债率控制在 60% 的良好值范围，现金流量充足、稳定；三是平台承诺不以其有效经营资产向他人设定抵（质）押或对外提供保证，或在办理抵（质）押等，以及对外提供保证之前征得贷款银行同意；四是企业经营管理规范，无逃废债、欠息等不良信用记录。

当融资平台无法获得银行信用贷款，或者银行所提供的信用贷款难以满足需要时，则可以向银行提供抵押物以获得贷款。抵押是指债务人或第三人不转移财产的占有，将该财产作为债权的担保。债务人不履行债务时，债权人有权以该财产折价或者以拍卖、变卖该财产的价款优先受偿。当融资平台向银行提供了抵押物后，银行向其贷款的风险大大降低，因此银行往往愿意向其提供贷款。主体信用评级、资产负债情况以及经营状况条件欠缺的融资平台，往往通过其上级母公司或者关联公司提供担保以获得银行贷款，尤其是商业银行的贷款。

第二节　政策性银行政信贷款

学习目标	知识点
熟悉政策性银行的内涵	概念、功能、定位
熟悉政策性贷款资金来源	政策性金融债券
熟悉政策性银行风险识别及管理	政策性的产业风险、宏观经济周期风险、信息不对称风险、项目的担保风险及应对

一、我国政策性银行体系

我国的政策性银行有国家开发银行、中国进出口银行和中国农业发展银行，均直属国务院领导。国家开发银行主要承担国内开发型政策性金融业务，中国进出口银行主要承担大型机电设备进出口融资业务，中国农业发展银行主要承担农业政策性扶持业务。

（一）国家开发银行

根据国家开发银行（简称国开行）官方网站的介绍，国开行注册资本4212.48亿元，股东是财政部、中央汇金投资有限责任公司、梧桐树投资平台有限公司和全国社会保障基金理事会，持股比例分别为36.54%、34.68%、27.19%和1.59%。

☞**延伸阅读**☜

国家开发银行全程支持三峡水电站建设

三峡水电站是世界上规模最大的水电站，也是我国有史以来建设最大型的基础设施建设工程项目。三峡水电站1992年获得全国人民代表大会批准建设，1994年正式动工兴建，2003年6月1日下午开始蓄水发电，于2009年全部完工。工程静态投资1352.66亿元，动态总投资将可能达到2039亿元，估计实际总投资约1800亿元。建设资金主要来自三峡工程建设基金，即电费附加费。

三峡水电站的投资建设和运营背后最大的资金方正是国家开发银行。1994年三峡工程建设正式开工当年，国开行即承诺300亿元信用贷款，2002年以来，国开行与中国长江三峡集团（简称三峡集团）签订了开发性金融合作协议、银团贷款协议。"十二五"时期，三峡集团的战略重点转移到三峡工程的建设运营和金沙江流域水电开发、新能源及"走出去"业务等。2010～2015年，国开行将向三峡集团提供500亿元人民币和40亿美元的融资额度，将支持三峡集团开发大型水电、风电等新能源项目以及"走出去"业务。

以国家开发银行的长期贷款为基础，国内商业银行、国外金融机构等纷纷提供贷款，并通过发行企业债券的形式向社会募集资金。

投资分为三个阶段：（1）纯投入阶段，第1年至第11年（1993～2003年）。（2）投入—产出阶段。2003年，首批机组发电后开始有资金收入。当年，发电收入加上三峡工程建设基金和葛洲坝电厂利润收入，与当年资金需求达到平衡，该年为资金平衡年。（3）产出—还贷阶段。从第14年起，三峡工程出现资金盈余，开始偿还贷款本息。据初步测算，2010年以后，可还清全部贷款本息。

资料来源：根据国家开发银行官网等公开资料整理。

国开行主要通过开展中长期信贷与投资等金融业务，为国民经济重大中长期发展战略服务。国开行是全球最大的开发性金融机构，中国最大的对外投融资合作银行、中长期信贷银行和债券银行。设立国家开发银行的主要目的是，一方面，为国家重点建设融通资金，保证关系国民经济全局和社会发展的重点建设顺利进行；另一方面，把当时分散管理的国家投资基金集中起来，建立投资贷款审查制度，赋予开发银行一定的投资贷款决策权，并要求其承担相应的责任与风险，以防止盲目投资，重复建设。

国开行支持国家战略，增强国力、改善民生，从支持"两基一支"重大项目到促进城镇化建设，从主动服务社会民生到支持企业"走出去"，从缓解发展"瓶颈"制约到助力宏观调控、应对国际金融危机冲击、服务稳增长调结构。而改善民生的重点是解决百姓生产和发展的基本问题。国开行要大力支持共享发展，推进重大民生工程建设，促进社会公平正义、增进人民福祉，使发展成果更多更公平地惠及全体人民；不断加强产品、服务、模式创新，整合各类资源，引导社会资金共同支持民生领域发展，补齐现代化建设"短板"。

国开行集中支持关系国家安全、国民经济命脉的重点行业、重大项目建设，统筹国内国际业务发展，推进国际合作，成为国家战略实施的金融主力。

（二）中国农业发展银行

中国农业发展银行是直属国务院领导的、我国唯一的一家农业政策性银行，主要任务是以国家信用为基础，以市场为依托，筹集支农资金，支持"三农"事业发展，发挥国家战略支撑作用。中国农业发展银行在业务上接受中国人民银行和中国银行保险监督管理委员会的指导和监督。

中国农业发展银行运营资金的来源包括业务范围内开户企事业单位的存款、发行金融债券、财政支农资金、向中国人民银行申请再贷款、同业存款、协议存款、境外筹资。

中国农业发展银行的运营资金来源长期以来主要依靠中国人民银行的再贷款，从2005年开始加大了市场化筹资的力度。以《住房城乡建设部　中国农业发展银行关于推进政策性金融支持小城镇建设的通知》为例，该通知指出各分行要积极运用政府购买服务、政府和社会资本合作（PPP）等融资模式，为小城镇建设提供综合性金融服务，并联合其他银行、保险公司等金融机构，以银团贷款、委托贷款等方式，努力拓宽小城镇建设的融资渠道。

（三）中国进出口银行

中国进出口银行是由国家出资设立、直属国务院领导、支持中国对外经济贸易投资发展与国际经济合作、具有独立法人地位的国有政策性银行。依托国家信用支持，中国进出口银行积极发挥在稳增长、调结构、支持外贸发展、实施"走出去"战略等方面的重要作用，加大对重点领域和薄弱环节的支持力度，促进经济社会持续健康发展。

中国进出口银行的经营宗旨是紧紧围绕服务国家战略，建立定位明确、业务清晰、功能突出、资本充足、治理规范、内控严密、运营安全、服务良好、具备可持续发展能力的政策性银行。

中国进出口银行支持外经贸发展和跨境投资，"一带一路"建设、国际产能和装备制造合作，科技、文化以及中小企业"走出去"和开放型经济建设等领域。

作为国内主要转贷行，中国进出口银行与40余家国外贷款机构有着十分广泛的联系，一直是国外贷款机构重要的合作伙伴，并依靠自身优势不断为客户争取有利的融资条件。例如，通过牵头组织国内6家转贷行与美方银行进行美国进出口银行主权担保贷款的金融协议谈判，中国进出口银行积累了丰富的经验，熟知贷款各环节的操作程序和有关规定，能够在符合国家有关政策规定的前提下，最大限度地为中方用户争取优惠的贷款条件，为客户降低融资成本。

中国进出口银行积极维护国家信誉，保证按期对外偿还外国政府贷款。转贷项目多为社会公益性项目，拖欠情况时有发生。中国进出口银行作为国家政策性银行和最大的转贷行，始终把国家利益放在第一位。当项目单位发生拖欠时，中国进出口银行总是克服种种困难，筹措资金，先行对外垫付，把国家的信誉视作自己的生命。十多年里，对外从未发生过拖欠，较好地维护了国家的信誉。

二、政策性银行贷款的资金来源

与商业银行不同的是，政策性银行不能吸收活期存款和公众存款，主要资金来源是政府提供的资本金、各种借入资金和发行政策性金融债券筹措的资金，其资金运用多为长期贷款和资本贷款。政策性银行收入的存款也不作转账使用，贷款一般为专款专用，不会直接转化为储蓄存款和定期存款。所以，政策性银行贷款不像商业银行那样具备存款和信用创造职能。政策性银行有自己特定的服务领域，不与商业银行产生竞争。它一般服务于那些对国民经济发展、社会稳定具有重要意义，且投资规模大、周期长、经济效益低、资金回收慢的项目领域，如农业开发、重要基础设施建设、进出口贸易、中小企业、经济技术开发等。

三、政策性银行参与政信项目的方式

（一）政策性贷款的重点方向

政策性贷款发放的总体原则是面向国民经济发展的重点领域和薄弱环

节。银行资金来源决定资金运用，资金来源总量、结构决定资金运用的总量和结构。一般来说，政策性银行贷款利率较低、期限较长，有特定的服务对象，其放贷支持的主要是商业性银行在初始阶段不愿意进入或涉及不到的领域。政策性银行贷款由各政策性银行在中国人民银行确定的年度贷款总规模内，根据申请贷款的项目或企业情况，按照相关规定自主审核，确定贷与不贷。

根据《中华人民共和国国民经济和社会发展第十四个五年规划和2035年远景目标纲要》，国家重点投资布局的领域包括：

（1）国家战略科技领域。利用举国体制的优势，打好关键核心技术攻坚战。一方面，做好前沿领域的攻关；另一方面，持之以恒地加强基础研究。

（2）制造强国，推进制造业高质量发展。加强产业基础能力建设，包括实施产业基础再造工程，加快补足基础零部件及元器件、基础软件、基础材料、基础工业和产业技术等瓶颈短板；提升产业链供应链现代化水平；推动制造业优化升级。

（3）发展壮大战略性新兴产业。聚焦战略性新兴产业，发展新一代信息技术、生物技术、新能源、新材料、高端装备、新能源技术、绿色环保、航空航天和海洋装备。

（4）建设现代化基础设施体系。加快建设新型基础设施，加快建设交通强国。比如，川藏铁路雅安至林芝段，贯通"八纵八横"的高速铁路、沿江高铁和沿海高铁。基本建成京津冀、长三角、粤港澳大湾区轨道交通网，新增城际铁路和市域铁路网。新改建高速公路里程2.5万公里。建设京津冀、长三角、粤港澳大湾区、成渝世界级机场群等。

（5）构建清洁低碳、安全高效的现代能源体系。非化石能源占能源消费总量比重提高到20%左右。加强水利基础设施建设，包括重大引调水工程、供水灌溉工程、防洪减灾工程等。

（6）打造数字技术创新应用。数字经济的重点产业包括云计算、大数据、物联网、工业互联网、区块链、人工智能、虚拟现实和增强现实。

（7）全面推进乡村振兴。开展农村人居环境整治提升行动，稳步解决"垃圾围村"和乡村黑臭水体等突出环境问题。

"十四五"规划和2035年远景目标纲要中提到要拓展投资空间，优化投资结构，提高投资效率，保持投资合理增长；加快补齐基础设施、市政工程、农业农村、公共安全、生态环保、公共卫生、物资储备、防灾减灾、民生保障等领域短板；发挥政府投资撬动作用，激发民间投资活力，形成市场主导的投资内生增长机制。

（二）政策性贷款的风险识别

1. 政策性的产业风险

政策性银行的贷款主要投向能源、交通、原材料等"两基一支"项目和"高科技"项目，这些项目或者具有较好的社会效益而经济效益较差，或者是风险较高。同时，国家将根据宏观经济走势调整产业政策、区域发展政策，发展的重点行业会有所转移，对项目的支持力度可能变化，这直接影响着贷款企业的经济效益和贷款的偿还能力。

2. 宏观经济周期风险

当经济处于低潮时，政府需要运用扩张性的货币政策和财政政策来刺激经济的发展。政策性银行必然会受到政府的影响，增加贷款项目，提高贷款数额。为了完成政府的投资计划，达到刺激经济的需要，银行会适当放宽对项目的评审条件，有时对风险大的项目也予以承贷，而未认真考虑项目的未来进展及项目的偿还能力，从而带来风险。

3. 政策性银行和接受贷款项目的企业之间的信息不对称风险。

由于信息不对称，政策性银行和银行内部的管理决策人员得不到充足有效的信息来支持决策。这种信息不对称的决策导致贷款银行的"逆向选择"——选择错误的客户或资金运作方式。政策性贷款的对象主要是国有企业。而一些信用观念淡的国有企业，其自我约束意识差，自有资本不足，长期亏损，往往将政策性贷款当作非财政性资金或救济优惠加以挤占挪用。我国的各类投资主体在现有投资利益格局下都存在投资扩张的冲动，对政策性资金的需求大。这些动机会导致贷款企业做出夸大项目效益的可行性报告，而贷款银行缺乏项目相应的内部信息，难免出现风险。

4. 项目的担保风险

政策性银行在与贷款方签订的贷款协议中虽有担保条款，但项目贷款数额通常较大，一般企业无力担保。一部分大额贷款采取以政府信用和企业信用的保证方式，抵押、质押相对偏少。这在法律上缺乏担保效力，对贷款方没有实际约束力。

5. 项目建设中的完工或超概算的风险

由于各种原因，项目超工期、超概算，甚至无法完工，这会对银行的贷款形成"倒逼"，使得银行形成贷款项目的"路径依赖"（贷新款才有可能收回旧款），从而给信贷项目带来风险。

6. 项目完工后产品面临的市场风险

项目完工并不意味着贷款的收回。项目完工后面临着相应的产品和服务销售的市场风险，这直接决定着投资方的投资效益，从而也影响着贷款本息的回流。

第三节 商业银行政信贷款

学习目标	知识点
了解商业银行体系	商业银行体系
熟悉商业银行参与政信贷款的方式	信贷融资、银团融资

一、我国商业银行体系

商业银行既是金融机构，也具有独立经营的企业性质。商业银行是国民储蓄的信用机构。在 2020 年财经年会上，中国金融学会会长、中国人民银行前行长周小川称，中国十年前储蓄率达 50%，现在是 45%，仍是全球最高的。一方面，高储蓄率意味着国民消费意愿和消费需求相对较低，对国民经济增长的贡献率偏低；另一方面，高储蓄率意味着投资在国民生产总值中的占比较大，国家和居民可用于固定资产投资的资金空间大，这使得近年来我国能够将大量资金用于基础设施（如桥梁、道路、铁路、机场等）工程建设中。这就是我国商业银行在支持国家基础设施建设和公共服务工程方面的优势所在。

从规模、股东关系和业务范围来看，我国商业银行包括国有商业银行、股份制银行、城市商业银行、农村商业行和村镇银行。

根据中国银行业协会数据，2019 年末我国上市银行总资产规模达 196.47 万亿元，其中四家最大的国有商业银行（中国工商银行、中国建设银行、中国农业银行和中国银行）的总资产规模在 20 万亿元以上。中国交通银行和中国邮政储蓄银行也是国有商业银行，资产规模为 8 万亿 ~ 9 万亿元。

股份制商业银行按照规模可分成三个层次。第一层次是规模为 6 万亿元左右的银行包括兴业银行、招商银行、中信银行、浦发银行、光大银行；第二层次是规模为 2 万亿 ~ 5 万亿元的银行包括平安银行、广发银行、华夏银行；第三层次是在 2000 年以后成立的规模为 1 万亿元左右的银行包括恒丰银行、浙商银行、渤海银行。

城市商业银行是我国银行业的重要组成和特殊群体，其前身是 20 世纪 80 年代设立的城市信用社，当时的业务定位是：为中小企业提供金融支持，为地方经济搭桥铺路。从 20 世纪 80 年代初到 90 年代，全国各地的城市信用社发展到了 5000 多家。然而，随着我国金融事业的发展，城市信用社在发展过程中逐渐暴露出许多风险管理方面的问题。很多城市信用社也逐步转变为城市商业银行，为地方经济及地方居民提供金融服务。

城市商业银行是在我国特殊历史条件下形成的，是中央金融主管部门整肃城市信用社、化解地方金融风险的产物。1995 年，全国第一家城商行——深圳市城市合作银行（现为平安银行）成立。20 多年来，其队伍已壮大到 134 家，整体利润增长 40 倍。

根据中国银行业协会的报告，截至 2019 年末，全国 134 家城市商业银行的资产总额达 37. 3 万亿元，占国内银行业资产总额的 12. 86%；营业网点近万个，遍及全国各个省（自治区、直辖市）。

经过二十几年的发展，城市商业银行已经逐渐发展成熟，尽管其发展程度不一，但有相当多的城市商业银行已经完成了股份制改革，并通过各种途径逐步消化历史上的不良资产，降低不良贷款率，转变经营模式，在当地占有相当大的市场份额。我国的城市商业银行中的绝大部分的资产规模都在 200 亿元以下，其中，有近七成的资产规模在 100 亿元以下。所以说，城市商业银行基本上属于中小银行的范畴。

二、商业银行参与政信项目的方式

（一）信贷融资

基础设施建设投资资金来源主要可以分为预算内资金、国内贷款、自筹资金、外资和其他资金五项，通过项目融资的方式是银行支持基础设施建设的传统自筹资金方式。按照不同的分类方式，信贷融资有不同的业务种类。

按照会计核算划分，可以分为表内和表外信贷融资。表内信贷融资主要包括贷款、银行承兑汇票贴现等，表外信贷融资主要包括银行理财、银行承兑汇票承兑、保证函、信用证等。

按照期限划分，可分为短期信贷融资、中期信贷融资和长期信贷融资。短期信贷融资的期限为 1 年内，中期为 1~5 年（含 5 年），长期为 5 年以上。

按照担保方式划分，可分为信用信贷融资、担保信贷融资。担保信贷融资又分为保证担保、抵押担保和质押担保。

按性质和用途划分，可分为固定资产贷款、流动资金贷款、保证、承兑等信贷品种。

按照贷款的组织形式划分，可分为普通贷款、联合贷款和银团贷款。

中长期固定资产贷款是商业银行支持基础设施建设项目的最主要融资工具。

（二）银团贷款

根据我国法律规定，银团贷款是指由两家或两家以上银行基于相同贷款条件，依据同一贷款协议，按约定的时间和比例，通过代理行向借款人提供的本外币贷款或授信业务。

银团贷款是国际银行业务中一种重要的信贷模式。银团贷款主要由安排行、牵头行、经理行、参加行、代理行、协调行等成员共同组成，各个成员按照合同约定或各自的放款比例履行职责、享受权益和承担风险。银团成员行主要分三个层次：一是安排行（牵头行）；二是经理行；三是参加行。

安排行是指一家或一组接受客户委托筹组银团并安排贷款分销的银行，是银团贷款的组织者和安排者。通常安排行也会包销整笔银团贷款。

牵头行是指包销银团贷款份额较大的银行，在经理团成员中居于最高位置。通常牵头行即是安排行。

经理行是指在金额较大、参加行众多的银团贷款中，由牵头行根据各家银行所承诺的贷款金额和级别给予的地位，是银团组团阶段承担组团任务的银行。各经理行组成银团贷款的经理团，主要负责组织评审贷款项目和组团的可行性，与牵头行讨论贷款文件，直至贷款合同签署等工作。

参加行是指接受安排行邀请参加贷款银团，并按照协商确定的份额提供贷款的银行。与经理团成员的区别是，认购相对较少的贷款份额，不承担任何包销责任与其他实质性筹组工作。

代理行是指在贷款期内，由银团成员推选及借款人同意，选定其中一家银行作为代理行。在贷款协议签订后，代理行按照贷款协议内所列条款，代表银团成员办事，负责提款、还本付息、贷后管理等贷款管理事宜，负责借款人和银团成员之间的信息沟通，并处理违约事件等。

协调行是指在牵头行中挑选出的照看整个银团贷款并承担某些银团筹组任务的银行。

顾问行是指在银团贷款中，面对许多银行的报价和贷款条件，为正确做出借款决策，借款人可以指定一家银行担任顾问行，向借款人提供有偿的财务咨询服务，以保证全部借款工作的顺利进行。

1. 银团贷款的分类

银团贷款分为直接银团贷款和间接银团贷款。直接银团贷款是由银行各成员委托代理人向借款人发放、收回和统一管理贷款。国际银团贷款以直接银团贷款为主。间接银团贷款是由牵头行直接向借款人发放贷款，然后再由牵头行将参加贷款权分别转售给其他银行，全部的贷款管理、放款及收款由牵头行负责。

2. 银团贷款的功能

充分发挥金融整体功能，更好地为企业特别是大型企业和重大项目提供融资服务，促进大型项目投资建设顺利推进，分散和防范贷款风险。

银团贷款产业业务有以下特点：一是贷款金额大、期限长。可以满足项目长期、大额的资金需求。一般用于交通、石化、电力等行业新建项目贷款、大型设备租赁、企业并购融资等。二是融资所花费的时间和精力较少。借款人与牵头行商定贷款条件后，由牵头行负责银团的组建。在贷款的执行阶段，借款人无须面对所有银团成员，相关的提款、还本付息等贷款管理工作由代理行完成。三是银团贷款操作形式多样。在统一银团贷款内，可根据借款主体需要提供多种形式贷款，如定期贷款、周转贷款、备用信用证额度等。四是有利于借款人树立良好的市场形象。银团成功的组建是基于各参与银行对借款人财务和经营情况的充分认可，项目融资方可以借此机会扩大声誉。银团贷款的期限较普通贷款期限长，短期为 3~5 年，中期为 7~10 年，长期为 10~20 年。

银团贷款的价格由贷款利息和费用两个部分组成，根据项目融资方的情况，按中国人民银行有关贷款利率政策、贷款利率管理规定和银团贷款合同的约定执行。

3. 银团贷款申请条件

（1）银团贷款借款人应是中华人民共和国境内依法核准登记的企业、事业法人及其他经济组织；

（2）银团贷款借款人必须符合《贷款通则》及相关银行授信管理政策关于借款人的各项基本条件和要求；

（3）借款人须经相关银行或其他认可的评级机构进行信用评级，并达到一定级别要求；

（4）借款人是经营状况和财务状况良好的大中型企业或项目公司，借款人所属行业发展前景良好，在行业中有竞争优势；

（5）借款人与安排行建立了稳定良好的合作关系；

（6）参加他行组建的银团，安排行应为具备足够资信和业务实力的政策性银行、国有控股银行或国外银行。

第四节 政信贷款的风险管理

学习目标	知识点
掌握政信贷款的风险管理	银行风险识别；专家制度；CreditMetrics 模型、麦肯锡模型、CSFP 信用风险附加计量模型、KMV 模型
掌握政信贷款的收益及还款	政府购买服务、政府补贴、市场化运营

近年来，我国基础设施类贷款规模迅速扩大，究其原因，一方面是因为城市化进程加快和地方政府经营城市意识的增强；另一方面是由于基础设施类贷款项目具有垄断性强、收益较为稳定、以政府信用担保从而风险相对较小、贷款数额较大、管理相对集中、成本较低等特点，因而成为各家银行机构争夺的焦点和信贷投放的重要领域。但此类贷款无论是贷款主体，还是还款资金来源及抵质押手段等，相比一般工商企业贷款存在很大不同，存在法律、政策、市场等诸多风险隐患，值得高度关注。银行对基础设施类贷款的风险管理既遵循银行风险管理的基本要求，又针对基础设施类项目的特点进行全面的风险管理，结合银行对风险管理的主要内容，包括风险识别、风险分析与评价、风险控制和风险决策。

一、政信贷款的风险管理

（一）风险识别

风险识别是指，在纷繁复杂的宏观、微观风险环境和内部经营环境中识别出可能给银行带来意外损失或额外收益的风险因素。风险分析与评价是指，预计风险因素发生的概率，可能给银行造成的损失或收益的大小，进而确定银行的受险程度。风险控制是指，在风险发生之前或已经发生时采取一定的方法和手段，以减少风险损失、增加风险收益所进行的经济活动，包括风险回避、风险抑制、风险分散、风险转移、风险的保险与补偿。风险决策是指，在综合考虑风险和盈利的前提下，银行经营者根据其风险偏好，选择风险承担的决策过程。风险管理是现代银行资产负债管理不可缺少的部分。

从风险识别的角度看，政府基础设施建设和公益类项目的风险与银行风险息息相关。凡是影响项目贷款不能按时足额偿还的因素都是银行应该识别并且重点关注的风险。

对于基础设施建设项目来说，主要有建设风险、运营风险、设计风险和合作关系风险四类风险。其中，建设风险包含完工风险、费用支付风险、收费变更风险。这类风险直接关系到项目投资能否顺利回收，贷款能否分期偿还。运营风险包含运营成本超支风险、残值风险。该类风险与银行风险管理有直接的关系。设计风险主要包括项目设计缺陷风险和技术风险。这类风险会间接对偿还银行贷款带来影响。合作关系风险包含责任分配不均风险、经验不足风险、合作双方信用风险、组织协调风险。这类风险也对贷款偿还有间接的影响。

银行通过风险识别后，对贷款项目风险进行风险和评估，构建针对该借款主体的信用风险评估模型。

（二）银行信用风险度量、管理方法和模型

1. 古典信用风险度量和管理方法

古典信用风险度量方法是专家制度。专家制度是一种最古老的信用风险

分析方法，是银行在长期的信贷活动中形成的一种行之有效的信用风险分析和管理制度。在该制度下，各银行对借款人的信用分析主要集中在品德与声望（character）、资格与能力（capacity）、资金实力（capital or cash）、担保（collateral）、经营条件或商业周期（condition），即 5C。专家制度下企业的经营状况和财务指标如表 9.1 所示。

表 9.1　　　　　　　　专家制度下企业的经营状况和财务指标

类型	比率
经营业绩	息税前利润/销售收入
	净收入/销售收入
	实际有效税率
	净收入/净值
	销售收入/固定资产
偿债保障程度	息税前利润/利息支付
	活动现金流量 – 资本支出/利息支付
	活动现金流量 – 资本支出 – 股息/利息支付
财务杠杆情况	长期债务量/资本总额
	长期债务量/有形净值
	总负债额/有形净值
	（总负债 – 长期资本）/长期资本
	长期资本 = 总净值 + 优先股 + 次级债务
	流动负债/有形净值
流动性	流动比率
	速动比率
	存货占净销售收入的比率
	存货占净流动资本的比率
	原材料、半成品、半成品占库存总量的比率
应收款状况	应收款的期限：30 天，60 天，90 天，90 天以上
	应收款的平均回收期限

专家制度存在的缺陷和不足：需要相当数量的专门信用分析人员，实施效果不稳定，与银行在经营管理中的官僚主义方式紧密关联，降低了银行应对市场变化的能力；加剧了银行在贷款组合方面过度集中的问题，使银行面临更大的风险。在对借款人进行信用分析时，难以确定共同要遵循的标准，

造成信用评估的主观性、随意性和不一致性。

2. 现代信用风险度量和管理模型

现代信用风险度量模型主要有 Credit Metrics 模型、麦肯锡模型、CSFP 信用风险附加计量模型、KMV 模型四类。

（1）Credit Metrics 模型。Credit Metrics 是由摩根大通等于 1997 年开发的模型，运用 VaR 框架，对贷款和非交易资产进行评估和风险计算。Credit Metrics 方法是基于借款人的信用评级、次年评级发生变化的概率（评级转移矩阵）、违约贷款的回收率、债券市场上的信用风险价差，计算出贷款的市场价值及其波动性，进而得出个别贷款和贷款组合的 VaR 值。

（2）麦肯锡模型。麦肯锡模型则是在 Credit Metrics 模型的基础上，对周期性因素进行了处理，将信用评级转移矩阵与经济增长率、失业率、利率、汇率、政府支出等宏观经济变量之间的关系模型化，并通过蒙特卡洛模拟技术（a structured Monte Carlo simulation approach）模拟周期性因素的"冲击"来测定评级转移概率的变化。麦肯锡模型可以看成是对 Credit Metrics 模型的补充，它克服了 Credit Metrics 模型中不同时期的信用评级转移矩阵固定不变的缺点。

（3）CSFP 信用风险附加计量模型。CSFP 信用风险附加计量模型与作为盯市模型（market to market）的 Credit Metrics 模型不同，是一个违约模型（DM）。它不把信用评级的升降和与此相关的信用价差变化视为一笔贷款的 VaR（信用风险）的一部分，而看作是市场风险。它在任何时期只考虑违约和不违约这两种事件状态，计量预期到的和未预期到的损失，而不像在 Credit Metrics 模型中度量预期到的价值和未预期到的价值变化。在 CSFP 信用风险附加计量模型中，违约概率不再是离散的，而被模型化为具有一定概率分布的连续变量。每一笔贷款被视作小概率违约事件，并且每笔贷款的违约概率都独立于其他贷款，因此贷款组合违约概率的分布接近泊松分布。CSFP 信用风险附加计量模型考虑违约概率的不确定性和损失大小的不确定性，并将损失的严重性和贷款的风险暴露数量划分频段。计量违约概率和损失大小，可以得出不同频段损失的分布，所有频段的损失加总即为贷款组合的损失分布。

（4）KMV 模型。KMV 模型是美国旧金山市 KMV 公司于 20 世纪 90 年代建立的用来估计借款企业违约概率的方法。KMV 模型认为，贷款的信用风险是在给定负债的情况下由债务人的资产市场价值决定的。但资产并没有真实地在市场交易，资产的市场价值不能直接观测到。为此，模型转换一个角度来对待银行的贷款问题，从借款企业所有者的角度考虑贷款归还问题。在债务到期日，如果公司资产的市场价值高于公司债务值（违约点），则公司股权价值为公司资产市场价值与债务值之间的差额；如果此时公司资产价值低于公司债务值，则公司变卖所有资产用于偿还债务，股权价值变为零。

二、政信贷款的收益及还款

按照基础设施建设项目是否盈利为标准划分，可分为经营性基础设施项目和非经营性基础设施项目。经营性基础设施项目（如高速公路、燃气等）现金流充足，自身能够实现盈利，项目融资和市场化都相对简单和容易。准经营性基础设施项目和非经营性基础设施项目，由于项目公益性比较强，一般来说，即使项目有收费机制，其价格也较低，往往导致项目盈利性差或无法盈利，而非经营性基础设施项目甚至没有收费机制和现金流入。

由于市场和资本的逐利特性，非经营性基础设施项目对于市场和投资方来说是没有吸引力的。因此，如何构建非经营性基础设施项目的可行商业模式或融资模式，使其有经营现金流、实现保本微利，是这类项目市场化运作成功的前提。这也是目前国内污水处理、垃圾处置和轨道交通等项目市场化能获得成功的经验。

通过分析准经营性基础设施项目和非经营性基础设施项目的投资经营情况可以看出，其盈利能力不强的主要原因，一是没有经营收入，或是出于公共利益考虑，终端价格受政府控制，导致收入较低，无法实现收支平衡；二是项目投资巨大。从国内非营利基础设施项目市场化的实践来看，构建商业模式一般采取提供补贴增加收入、降低经营部分的初期投资或配置盈利资源等方式。具体到每个项目，则需要综合考虑项目所属行业特性、法规政策、预期目标及具体情况，分别研究和设计项目商业模式或融资模式。

通常，对于准经营性和非经营性基础设施项目而言，构建商业模式包括以下几种：

第一种模式，政府购买服务后补贴，通过"影子价格"实现合理收益。例如，对污水处理项目，省会等大中城市污水处理费多为 0.8~1.0 元/吨，中小城市为 0.6~0.8 元/吨，而污水处理标准达到一级 B 时，投资和运行费用为 0.7~0.8 元/吨，达到一级 A 标准时增加到约 1 元/吨。如果仅由终端用户付费，则项目必然是长期亏损，无法实行市场化。在此领域通用的模式是，通过市场化方式引入社会资本负责投资、建设和运营，由政府作为购买方统一采购污水处理服务，并与投资人结算。政府根据运营成本和合理利润确定购买服务的结算价（即"影子价格"），实现社会资本的合理收益，对于"影子价格"和实际征收的污水处理费之间的差额，由财政予以补贴。目前，垃圾处理和污泥处理处置等项目基本都是采用这一模式。

第二种模式，政府购买服务前补贴，降低可经营部分初期投资。对于轨道交通项目来说，其投资额巨大且收益外溢，是项目收支不平衡的主要原因。

第三种模式，捆绑优质项目或配备资源。将非经营性项目的建设或运营和经营性项目的建设或运营捆绑起来"搭售"，比如污水处理厂BOT项目捆绑配套管网的投资和运行；或者是配备资源的方式，如采用市政道路和公园等无收入基础设施项目与周边关联地块捆绑开发的手段，用周边土地产生的收益来投资或补贴基础设施项目。

第四种模式，部分环节市场化。出于提高投资控制水平或降低运行成本的考虑，基础设施项目可以将投资建设或运行环节单独实施市场化。

基础设施项目种类和数量繁多，构建商业模式和融资模式的途径也很多，创新也层出不穷。设计融资模式既要借鉴类似项目的成功经验和教训，同时还要研究金融市场关注点以及行业投资人的需求。评价项目是否成功的主要原则，首先是能否被市场所接受，是否有足够的投资人充分竞争；其次是融资成本的高低；最后是能否长期可持续经营，实现参与方的多赢。

思考与练习

一、思考题

政信贷款与政信债券相比有哪些优点和缺点？

二、练习题

1. 单项选择题

（1）（   ）不属于政信贷款类项目。

A. 三峡水利枢纽工程　　　　　　B. 港珠澳大桥工程

C. 奥运会主会场"鸟巢"工程　　D. 私立医院项目

（2）下列不属于政策性贷款与商业贷款的区别是（   ）。

A. 利息低　　B. 期限长　　C. 还本付息　　　D. 定向投放

（3）（   ）不是政策性银行。

A. 中国农业银行　　　　　　　　B. 国家进出口银行

C. 国家开发银行　　　　　　　　D. 中国农业发展银行

2. 多项选择题

（1）政策性银行贷款的作用包括（   ）。

A. 引导社会资金投向

B. 吸引商业贷款参与

C. 支持基础行业和新兴产业发展

D. 补充完善市场融资机制

（2）政策性贷款的风险包括（   ）。

A. 政策性的产业风险　　　　　　B. 宏观经济周期风险

C. 信息不对称风险　　　　　　　D. 项目担保风险

E. 项目延期风险和项目超预算风险

（3）商业银行的资金来源包括（　　）。

A. 活期存款　　　　　　　　　　B. 定期存款

C. 同业拆借　　　　　　　　　　D. 回购和再贴现

E. 再贷款和发行金融债券

（4）商业银行支持政信项目的贷款形式有（　　）。

A. 信贷贷款　　B. 理财融资　　　C. 发行债券　　　D. 承兑汇票

（5）经营性政信项目实现运营收入的方式有（　　）。

A. 政府购买服务后补贴，通过"影子价格"实现合理收益

B. 捆绑营利性项目或配备可升值资源

C. 项目的部分环节市场化

D. 通过资产证券化将可预期的现金流变现

（6）（　　）不属于政府贷款的特征。

A. 贷款方为政府财政主管部门

B. 贷款条件优惠

C. 贷款为特定用途，一般带有政府援助性质

D. 贷款附加苛刻的非经济条件

（7）国际银团贷款的特点包括（　　）。

A. 两家以上国际商业银行联合提供贷款

B. 可分散贷款风险

C. 贷款方需要与每一家国际商业银行逐一签订贷款协议

D. 贷款方可避开某些国家的借贷限制

3. 判断题

（1）我国金融体系是以银行为主导的体系。　　　　　　　　　（　　）

（2）我国银行体系由中央银行、监管机构、自律组织和银行业金融机构组成。　　　　　　　　　　　　　　　　　　　　　　　　　　（　　）

（3）政策性银行是非营利性金融机构。　　　　　　　　　　　（　　）

4. 简答题

政策性银行贷款与商业银行贷款的区别。

5. 论述题

国际金融机构贷款的作用。

练习题答案

1. 单项选择题

（1）D　（2）C　（3）A

2. 多项选择题

（1）ABCD　（2）ABCDE　（3）ABCDE　（4）AB　（5）ABC　（6）ABC （7）ABD

3. 判断题

（1）正确　（2）正确　（3）错误

4. 简答题（略）

5. 论述题（略）

第十章
政信供应链金融

【本章内容概述】

本章重点介绍我国政信供应链金融，包括政信供应链金融的定义和分类、政信供应链金融的参与主体、政信应收账款质押融资和政信保理的运作模式、政信供应链金融风险管理等。

【本章重点与难点】

重点：

1. 政信供应链金融的特征
2. 政信保理的定义及分类
3. 政信应收账款质押融资与政信保理的区别
4. 政信供应链金融的参与主体
5. 政信供应链金融风险管理

难点：

1. 政信保理的业务流程
2. 政信应收账款质押融资业务流程

第一节　政信供应链金融的定义及分类

学习目标	知识点
掌握政信供应链金融	政信供应链金融的定义、特征及三类融资模式
掌握政信保理	政信保理的定义、特征及分类
熟悉政信应收账款质押融资	政信应收账款质押融资的定义、与政信保理的区别

一、政信供应链金融

供应链金融从产业链的角度出发，管理上下游企业间的物流、信息流、商流和资金流，能够有效缓解中小企业融资难问题。作为供应链金融的细分领域，政信供应链金融有着独特的内涵和业务模式。本节将从政信供应链金融的概念出发，介绍政信供应链金融的特征和业务模式。

（一）政信供应链金融的定义

1. 供应链的定义

国家标准《物流术语》（GB/T18354—2001）将供应链定义为：生产及流通过程中，涉及将产品及服务提供给最终用户活动的上游和下游组织所形成的网链结构。供应链涉及物流、信息流、商流和资金流四个流程。它围绕核心企业，通过对物流、信息流、商流和资金流的有效管理，使上下游企业密切协作，更高效地完成商品的生产流通过程。

2. 政信供应链金融的定义

政信供应链金融是指国企、央企等政信主体的供应链金融模式。它以政信主体及其上下游企业间的真实贸易为基础，以企业销售产品、提供劳务所产生的未来现金流为还款来源，围绕政信主体对供应链中物流、信息流、商流和资金流进行有效管理，根据供应链整体状况为供应链上的企业提供融资、结算、账款管理、风险控制等金融服务。

（二）政信供应链金融的三类融资模式

在政信供应链金融中，核心企业是国企、央企等政信主体。它们的资金实力和信用状况高于上下游中小企业，在供应链中占据主导地位。供应链中核心企业的上下游企业可能面临资金短缺问题，上游企业通常采用赊销的方式向核心企业提供原材料，而下游企业在向核心企业采购产品时要预付资金。政信供应链金融针对上下游企业在不同时期面临的资金短缺情况，提供了三种融资模式：政信预付账款融资、政信应收账款融资和政信存货质押融资。在实践中，政信应收账款融资更为常见。本章将重点介绍政信应收账款融资模式中的政信保理和政信应收账款质押融资。

1. 政信预付账款融资

政信预付账款融资是指下游企业因需要向上游核心企业采购原材料、支付预收账款而向银行、商业保理企业等机构寻求融资服务，作为核心企业的政信主体承担担保、回购等责任的融资模式。

在与上游政信主体签订采购合同后，下游企业缴纳保证金，以政信主体在第三方物流处的仓单为质押，向银行、商业保理企业等机构提出预付账款融资申请。银行、商业保理企业等机构根据下游企业后续保证金缴纳情况签发提货单。政信主体承诺，在下游企业未能足额提取货物的情况下，由政信主体承担担保、回购等责任。

2. 政信应收账款融资

政信应收账款融资是指上游企业将以政信主体为债务人的应收账款转让或质押给银行、商业保理企业等机构以获取资金支持，政信主体承担反向担保等责任的融资模式。政信应收账款融资主要可以分为政信保理、政信应收账款质押融资和政信应收账款资产证券化三种模式。其中，政信应收账款质押融资是指企业将政信应收账款作为质押物，银行、商业保理企业等机构为其提供贷款、开立银行承兑汇票、信用证等融资服务。政信应收账款资产证券化是指供应链上的企业将政信应收账款出售给特殊目的载体（SPV）；特殊目的载体组建政信应收账款资产池，发行以政信应收账款资产池未来现金流为支撑的有价证券为企业募集资金，并管理政信应收账款资产池、定期清偿有价证券的过程。有关政信保理的内容将在后面详细介绍。

3. 政信存货质押融资

政信存货质押融资是指企业将原材料、半成品、产成品质押给银行、商业保理企业等机构以获取资金，由作为核心企业的政信主体承担担保、回购等责任的融资活动。存货质押融资可以使企业以较低的融资成本从银行等机构获取资金，提高存货周转率，从而提升企业竞争力。

（三）政信供应链金融的特点

1. 基于真实贸易开展

政信供应链金融的三种融资模式都是基于供应链上下游企业间的真实贸易开展的，如政信保理业务中所转让的应收账款应来自真实交易，是卖方以赊销方式向政信主体提供商品或劳务时产生的。

2. 核心企业是国企、央企等政信主体

相比其他供应链金融，国企、央企等政信主体作为核心企业是政信供应链金融的基本特征。政信供应链金融围绕国企、央企等政信主体开展，通过对物流、信息流、商流和资金流的控制管理，为核心企业的上下游企业提供融资服务，降低供应链运作成本，提高供应链管理质量和效率。

3. 以流动资产进行质押（转让）的融资

在传统的融资活动中，企业通常需要将房屋、机器设备、土地使用权等固定资产用作抵押；而在政信供应链金融业务中，上下游企业所质押（转让）的是流动资产，如原材料、半成品、产成品等存货或以政信主体为债务人的应收账款等。

4. 具有自偿性、封闭性和连续性的特点

政信供应链金融还具有自偿性、封闭性和连续性的特点。自偿性是指还款来源为国有企业等政信主体与上下游企业间贸易产生的现金流。封闭性是指银行等机构通过一系列手段保证专款专用，借款人不能将资金挪为他用。连续性是指政信主体与上下游企业间的同类贸易行为会持续发生。

5. 基于供应链整体视角开展授信活动

在传统的融资模式下，银行等机构更多地关注融资企业自身的财务状况、经营成果、信用状况和偿债能力。在政信供应链金融的框架下，银行等机构基于政信供应链的整体视角，综合考虑政信供应链的整体架构、上下游企业间贸易背景、核心企业的资金实力、信用状况和融资企业本身的偿债能力、质押物的情况等因素开展授信活动。一般来说，在政信供应链金融业务中，企业融资成本相对较低。

二、政信保理

(一) 政信保理的定义

1. 保理的定义

根据《商业银行保理业务管理暂行办法》，保理业务是以债权人转让其应收账款为前提，集应收账款催收、管理、坏账担保及融资于一体的综合性金融服务。供应商（债权人）将与客户（债务人）订立的销售合同所产生的应收账款转让给保理商，由保理商提供下列服务中的至少一项：保理融资、应收账款管理、应收账款催收、坏账担保。在保理业务中，买方是应收账款的债务人，卖方则是应收账款的债权人。

2. 政信保理的定义

政信保理是保理的一个细分领域，指供应商将所持有的以国企、央企等政信主体为债务人的应收账款转让给保理商，保理商提供下列服务中的至少一项：保理融资、应收账款管理、应收账款催收、坏账担保。

(二) 政信保理的特征

1. 基于真实交易开展

在政信保理业务中，所转让的应收账款应来自真实交易，是卖方以赊销方式向政信主体提供商品或劳务时产生的。

2. 以应收账款转让为前提

当供应商将所持有的以国企、央企等政信主体为债务人的应收账款转让给保理商后，保理商再提供应收账款管理、应收账款催收、坏账担保等服务。未进行应收账款转让的业务不是政信保理业务。

3. 买卖主体的特殊性

与其他保理相比，政信保理的买方和卖方具有特殊性。政信保理的买方通常是国企、央企、PPP项目公司等隐含政府信用的主体。政信保理的卖方一般是国企、央企等政信主体的上游供应商。

4. 综合服务性质

保理商所提供的服务是多样的、综合性的，而非单一的应收账款转让。供应商在转让应收账款后，保理商还需要提供下列服务中的一种：保理融资、应收账款管理、应收账款催收、坏账担保等服务。未进行应收账款转让的业务不是保理业务，只转让应收账款而未提供其他服务的也不属于政信保理的范畴。

5. 风险相对较小

与其他保理业务相比，政信保理的信用风险相对较小。应收账款的债务人是国企、央企等政信主体，它们资金实力强、信用状况良好。

（三）政信保理的分类

1. 银行政信保理和商业政信保理

按照保理商的类型，政信保理可以分为银行政信保理和商业政信保理。银行政信保理是商业银行作为保理商，为客户提供保理服务的政信保理。商业政信保理是非银行的商业机构作为保理商，为客户提供保理服务的政信保理。

2. 政信明保理和政信暗保理

按照应收账款转让是否通知债务人，政信可以分为政信明保理和政信暗保理。政信明保理是指应收账款转让时应通知债务人（政信主体）的政信保理业务。政信暗保理是指应收账款转让时不通知债务人（政信主体）的政信保理业务。由于《民法典》第五百四十五条规定"债权人转让权利的应当通知债务人，未通知债务人的债权转让不发生效力"，我国的政信保理业务多为政信明保理。

3. 有追索权的政信保理和无追索权的政信保理

按保理商是否承担债务人坏账风险，政信保理可以分为有追索权的政信保理和无追索权的政信保理。有追索权的政信保理是指在债务人到期无法清偿应付账款时，保理商不承担坏账风险，有权要求债权人回购应收账款的政信保理业务。无追索权的政信保理是指债务人无法清偿到期应付账款时，保理商承担坏账风险的政信保理业务。

三、政信应收账款质押融资

作为政信应收账款融资重要模式之一，政信应收账款质押融资与政信保理有共性，也有其独特的内涵。

（一）政信应收账款质押融资的定义

根据企业会计准则委员会编写的《会计基础工作规范与核算实务》，应收账款指企业因销售商品、提供劳务等经营活动，应向购货单位或接受劳务单位收取的款项，主要包括企业销售商品或提供劳务等应向有关债务人收取的价款及代购货单位垫付的包装费、运杂费等。

政信应收账款是指企业在正常的经营过程中，因销售商品、产品、提供劳务等业务，应向购买单位收取的与政府信用有关的款项，包括应由购买单位或接受劳务单位负担的税金、代购买方垫付的包装费、运杂费等。例如，上游企业向国有企业赊销商品而产生的应收账款。

政信应收账款质押融资是指上游企业将政信应收账款作为质押物，银行、商业保理企业等机构为其提供贷款、开立银行承兑汇票、信用证等融资服务。

（二）政信应收账款质押融资与政信保理的区别

1. 应收账款所有权不同

在政信应收账款质押融资业务中，融资企业将应收账款质押给银行从而获得贷款，并不涉及应收账款所有权的转移。在政信保理业务中，企业需要将应收账款转让给银行、商业保理企业等机构。

2. 提供的服务不同

在政信应收账款质押融资业务中，银行等机构以应收账款质押为担保方式，向政信供应链上的企业提供贷款、开立银行承兑汇票等融资服务。在政信保理业务中，银行等机构在企业转让应收账款后，为其提供保理融资、应收账款催收、应收账款管理、坏账担保多种服务。

3. 是否通知债务人不同

在实践中，银行等机构在开展政信应收账款质押融资业务时需要通知债务人。而在政信暗保理业务中，在转让应收账款时不需要通知债务人。

4. 风险收益不同

在政信应收账款质押融资业务中，银行等机构承担的风险小，收益也相对较低，只收取融资利息。当核心企业违约时，银行等机构可以要求融资企业偿还本息。在无追索权政信保理中，银行等机构承担的风险大，收益也相对较高，除融资利息外，还要收取管理服务费。

5. 对企业资产负债状况的影响不同

在政信应收账款质押融资业务中，该应收账款并未出表。企业从银行等机构获取资金后，资产端记入货币资金，负债端记入借款科目，企业资产负债率增大。在有追索权的政信保理中，相关会计处理与政信应收账款质押融资业务一致；而在无追索权的政信保理中，该应收账款移出资产负债表。企业转让政信应收账款获得的款项可以视为提前收回应收账款，资产端中货币资金增加、应收账款减少，实际上降低了企业的资产负债率。

第二节 政信供应链金融参与主体及运作模式

学习目标	知识点
掌握政信供应链金融的参与主体	资产方、资金方、中介方、监管方
熟悉政信保理运作模式	政信保理业务模式、业务流程
熟悉政信应收账款质押融资运作模式	政信应收账款质押融资业务模式、业务流程

一、政信供应链金融参与主体

（一）资产方

1. 核心企业：国企、央企等政信主体

政信供应链金融中的核心企业是国企、央企等政信主体。政信供应链金融的资金流、信息流、商流和物流围绕核心企业展开。核心企业参与政信供应链金融的目的在于更好地控制信息流、资金流、商流和物流，提升供应链效率，巩固其在产业链中的地位。

核心企业在政信供应链金融中具有以下作用：（1）为上下游企业增信。政信主体作为核心企业，可以合理承担担保、回购、差额补足等责任，为上下游企业增信，以其资金实力和信用资质帮助上下游企业从银行等机构获取资金。（2）风险管理。政信主体处于政信供应链的核心，对上下游企业的信用状况和经营状况较为了解。在承担担保、回购等责任后，核心企业承担起上下游企业的违约风险，更加关注上下游企业的资金使用状况与贷款偿还情况。（3）提升供应链效率，实现全产业链协同健康发展。

2. 上下游企业

上游企业是国企、央企等政信主体的供应商，下游企业则是国企、央企等政信主体的客户。上下游企业参与政信供应链金融的目的包括：借助政信主体的优质信誉，以较低的成本从银行等机构获取资金。

（二）资金方

1. 商业银行

商业银行是以存款为主要负债、以贷款为主要资产、以支付结算为主要中间业务，并直接参与存款货币创造的机构。商业银行参与政信供应链金融的目的包括：（1）拓宽新业务，获取新的收入来源；（2）落实金融服务实体经济的指导意见，帮助解决小微企业融资难的问题。

商业银行在政信供应链金融中的作用包括：（1）提供资金。在政信供应链金融中，商业银行是重要的资金提供者，基于整体政信供应链的情况并结合核心企业和上下游企业的信用状况，为上下游中小企业提供融资服务。（2）风险管理。商业银行需要对政信供应链金融进行全面的风险管理，分析核心企业经营状况、核心企业与上下游企业交易情况和供应链历史交易记录，加强对物流、信息流、资金流和商流等的信息管理。（3）提升供应链效率，实现全产业链协同健康发展。通过整合物流、信息流和资金流等各类信息，为政信供应链上各方企业提供融资、结算等服务，解决小微企业融资难的问题，提升政信供应链的效率，提升金融服务实体经济质效，实现全产业链协同健康发展。

2. 商业保理企业

商业保理企业是专门从事商业保理业务，为企业提供贸易融资、销售分户账管理、客户资信调查与评估、应收账款管理与催收、信用风险担保等服务的企业。商业保理企业可以开展保理融资业务，是重要的资金提供方。与商业银行不同，商业保理企业不可以吸收或变相吸收公众存款、发放贷款或受托发放贷款。

（三）中介方

1. 律师事务所

律师事务所是指中华人民共和国律师执行职务进行业务活动的工作机构。律师事务所是政信供应链金融的法律护航人。它作为政信供应链金融的重要中介，对应收账款等相关资产的法律状况进行评估和调查，明确参与者的权利义务，拟定政信供应链金融的相关协议和法律文件，并提示法律风险，提供相关法律建议。

2. 会计师事务所

会计师事务所是由专业的会计师组成的、受当事人委托承办有关审计、会计、咨询、税务等方面业务的组织。会计师事务所也是政信供应链金融的重要中介。会计师需要对核心企业及上下游企业的财务状况进行尽职调查和现金流分析，提供会计和税务咨询等服务。

3. 证券公司

证券公司是指由政府主管机关依法批准设立的在证券市场上经营证券业务的机构。在政信供应链金融中，证券公司可以和保理商合作开展政信保理的资产证券化业务，参与设计、承销资产支持证券。

（四）监管方

1. 金融资产交易所

金融资产交易所（简称金交所）在政信供应链金融中的作用包括：（1）为政信供应链金融产品提供交易的平台；（2）监管在金交所挂牌交易

的政信供应链金融产品。

2. 沪深交易所

上海证券交易所和深圳证券交易所是提供证券集中交易的场所、设施和服务的法人。这两家交易所在政信供应链金融中的作用包括：（1）为政信保理资产支持证券等政信供应链金融产品提供交易的平台；（2）制定相关业务规则，对在沪深交易所挂牌交易的政信供应链金融产品及相关责任人实施监管。

3. 中征动产融资统一登记平台

中征动产融资统一登记平台是中国人民银行征信中心建立的动产融资统一登记公示系统，主要提供应收账款质押、应收账款转让、融资租赁等动产担保的登记和查询服务。中征动产融资统一登记平台在政信供应链金融的作用包括：（1）提供应收账款质押、应收账款转让、存货、存款单、仓单、提单质押的登记和查询服务；（2）制定动产质押、转让登记的操作规则并监管相关责任人。

4. 上海票据交易所

上海票据交易所（简称票交所）是按照国务院决策部署，由中国人民银行批准设立的全国统一的票据交易平台。上海票据交易所在政信供应链金融的作用包括：（1）为政信票据提供报价、登记、交易、清算的平台；（2）制定政信票据类业务的操作规则，并监管相关参与主体。

5. 中国银行保险监督管理委员会

中国银行保险监督管理委员会（简称银保监会）是国务院直属事业单位，主要职责包括依法依规统一监督管理银行业和保险业，维护银行业和保险业合法、稳健运行等，目的是防范和化解金融风险，保护金融消费者合法权益，维护金融稳定。银保监会在政信供应链金融的作用包括：（1）制定商业银行参与政信供应链金融的业务规范，并实施监督管理；（2）制定商业保理企业业务经营和监管规则。

6. 地方金融监督管理局

地方金融监督管理局是地方金融监督管理和金融发展的主管机构。银保监会负责制定商业保理企业业务经营和监管规则，地方金融局负责对辖内商业保理企业实施监督管理。

二、政信保理运作模式

（一）政信保理业务模式

1. 正向政信保理的业务模式

（1）定义。正向政信保理是指应收账款的债权人向保理商提出业务申请的政信保理业务。

（2）业务模式。正向政信保理业务模式如图10.1所示。在正向政信保理业务中，卖方与买方（国有企业等政信主体）签订商品买卖或提供劳务的合同，卖方以赊销的方式向政信主体提供商品或劳务，形成以政信主体为债务人的应收账款。卖方向保理商提出开展保理业务的申请，将以政信主体为债务人的应收账款转让给保理商，保理商为其提供应收账款管理和催收、融资等服务。

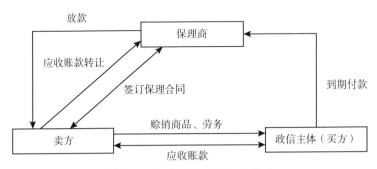

图 10.1   正向政信保理业务模式

2. 反向政信保理的业务模式

（1）定义。反向保理是指作为应收账款债务人的政信主体（如国有企业），向保理商提出业务申请，保理商为政信主体的供应商提供融资等服务的政信保理业务。

（2）业务模式。反向政信保理业务模式详见图10.2。与买方（国有企业等政信主体）相比，卖方一般是中小企业，其若以赊销方式向买方提供

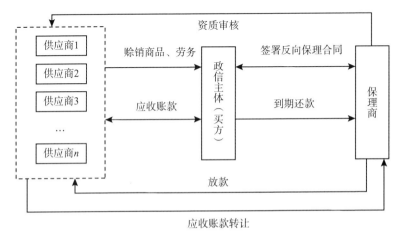

图 10.2   反向政信保理业务模式

商品或劳务则会面临资金周转困难的情况。但作为卖方的中小企业却难以从保理商处获取保理服务，于是买方主动向保理商提出反向保理业务申请，帮助卖方从保理商处获取融资、坏账担保等服务。在与政信主体签署反向保理协议后，保理商对卖方的信用状况、财务状况等进行审核。通过审核后，卖方和保理商签署保理合同并转让卖方持有的以政信主体为债务人的应收账款，保理商为卖方提供应收账款管理和催收、融资等服务。

（二）政信保理业务流程

政信保理的业务流程主要有客户申请与业务调查、合同签署、应收账款转让、保理融资发放、回款与清账、应收账款催收和担保赔付七个环节（见图10.3）。

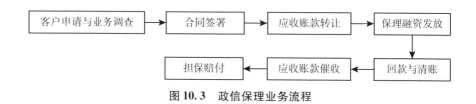

图 10.3　政信保理业务流程

1. 客户申请与业务调查

（1）客户申请。在政信保理业务开始前，客户根据实际需要向银行或其他商业保理机构提出开展保理业务的申请，并提交融资申请、应收账款明细单、销售合同、发票等相关材料。

（2）业务调查。①基本情况调查。保理商要收集买方和卖方公司名称、地址、联系方式等基本信息，核查客户提交的发票、销售合同等材料的真实性，以判断保理是否基于真实的交易开展。此外，还需要对买方和卖方的财务状况、资信状况等进行调查，判断业务风险。②确定融资额度。在经过基本的业务调查后，保理商需要确定保理融资的额度。融资额度具体可以分为非循环额度和循环额度。对于非循环额度，保理商主要根据买方和卖方的财务状况、信用状况及应收账款的情况来确定一次性的融资额度。对于循环额度，保理商在此基础上，综合考虑买卖双方历史合作情况和已有及预期发生的应收账款情况，确定循环额度。③撰写调查报告。在业务调查过程中，相关调查部门撰写业务调查报告并提交给风控、合规等部门进行审核，经同意便可开展政信保理业务。

2. 合同签署

（1）前期沟通。在合同正式签署之前，客户可以和保理商对保理的类型、融资额度、具体业务方案、相关材料等进行沟通与协商。

（2）合同签署。经过前期沟通、协商后，客户须落实授信条款，在办理相关手续后正式签署合同，保理商后续将为客户提供相关的保理服务。

3. 应收账款转让

（1）应收账款转让通知。对于政信明保理业务，买方在转让应收账款前，需要向作为应收账款债务人的政信主体出具《应收账款债权转让通知》。

（2）应收账款转让。在保理融资发放前，客户需要将所持有的以政信主体为债务人的应收账款转让给保理商，保理商在中国人民银行应收账款质押登记公示系统中进行登记，"交易类型"为"应收账款转让"。

4. 保理融资发放

对于预付保理而言，在应收账款到期前或买方还款前，保理商按照合同约定的额度对卖方发放部分融资款项。其余款项同到期保理一样，在应收账款到期或买方还款后进行发放。

5. 回款与清账

（1）收取保理费和利息。作为应收账款债务人的政信主体付款后，保理商会根据合同的约定收取一定的利息和服务费。在扣除利息和保理服务费后，保理商将剩余款项退还给卖方。

（2）回款。保理商在收到应收账款债务人（政信主体）的付款清单和付款凭证后，核对资金额及其他相关信息，无误后进行回款销账。

（3）间接付款。间接付款是指作为应收账款债务人的政信主体未将相关款项支付到保理商指定的专项账户，而是支付到买方或第三方账户的付款行为。若出现间接付款的情况，保理商可请卖方出具间接付款通知书并核销应收账款明细账，对于已经发放融资的，可以要求卖方返还已支付的融资款。

6. 应收账款催收

保理商根据合同的约定，定期对作为应收账款债务人的政信主体进行应收账款催收，并将相关情况告知买方。

7. 担保赔付

若合同中签署了坏账担保服务，在买方无法按时足额偿还资金时，保理商需要承担担保赔付责任，将赔付资金划至卖方账户中。

三、政信应收账款质押融资运作模式

（一）政信应收账款质押融资的业务模式

在政信应收账款质押融资业务中，上游企业与核心企业（国有企业等政信主体）签订商品买卖或提供劳务的合同，上游企业以赊销的方式向政信主体提供商品或劳务，形成以政信主体为债务人的应收账款。上游企业将未到期的应收账款质押给银行等机构，以应收账款的未来现金流作为首要还款来源。银行等机构基于政信供应链整体风险状况，调查核心企业和融资企业的资信状况，开展授信活动。在应收账款到期且政信主体支付款项后，上游企业向银行等机构偿还本息。政信应收账款质押融资业务模式如图 10.4 所示。

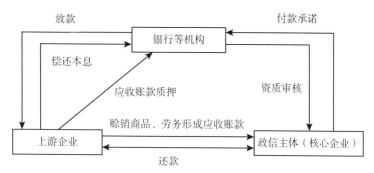

图 10.4　政信应收账款质押融资业务模式

（二）政信应收账款质押融资的业务流程

1. 客户申请

上游企业以赊销的方式向政信主体提供商品或劳务，形成以政信主体为债务人的应收账款。客户向银行等机构申请应收账款质押融资服务，并提交《应收账款质押融资额度申请书》、销售合同、发票等相关材料。

2. 贷前调查

商业银行等机构在接受申请后，对与政信应收账款质押融资业务相关信息进行审核，具体内容有：（1）交易的真实性。调查销售合同、发票、对账单等材料，以确认上游企业和核心企业之间交易的真实性。（2）政信供应链的整体状况。调查政信供应链所属行业情况、供应链长度、资金流状况、上下游企业间配合程度等，以判断政信供应链整体状况。（3）核心企业的状况。调查核心企业的行业地位、资金实力、经营状况、财务状况和信用资质，以判断核心企业的违约风险。（4）上游企业状况。调查上游企业的经营状况、财务状况、信用资质和应收账款数量、集中度、账龄和坏账率等，以判断上游企业的违约风险。（5）应收账款的状况。调查所质押应收账款的主体合法性、可转让性、时效性、是否质押给其他机构等信息。

3. 融资方案的确定

在前期调查的基础上，确定具体的融资方案。方案要包括融资主体、应收账款质押融资的额度、期限、质押率、融资利率、资金用途和还款方式等。

4. 放款

在发放贷款前，将应收账款在中国人民银行应收账款质押登记公示系统中进行登记，"交易类型"为"应收账款质押"。上游企业按银行等机构的要求开设应收账款质押融资专户，政信主体在还款时将款项存入该账户。在办理质押登记和开设应收账款质押专户后，银行等机构提供贷款、开立银行承兑汇票等融资服务。

5. 贷后管理

在贷后管理方面，商业银行等机构需要对融资企业的资金用途、应收账款到账情况、应收账款的质押登记信息等方面进行监督，提醒偿还本息。在企业偿还本息后，解除质押。

第三节　政信供应链金融风险及管理

学习目标	知识点
掌握政信供应链金融风险	政信供应链金融信用风险、政信供应链金融政策风险、政信供应链金融操作风险、政信供应链金融运作风险

一、政信供应链金融信用风险及管理

（一）政信供应链金融信用风险的定义

信用风险又称违约风险，指债务人不依照契约履行相应的义务而导致债权人利益受损的可能性。在政信供应链金融中，信用风险可分为核心企业信用风险和上下游企业信用风险。

核心企业信用风险是指处于政信供应链金融核心的政信主体违约给银行、商业保理企业等债权人带来损失的可能性，如核心企业未及时偿还应收账款，未履行回购、担保责任等。

上下游企业信用风险是指核心企业的上下游企业出现违约情况给银行、商业保理企业等债权人带来损失的可能性，如上下游企业无法偿还本息。

（二）政信供应链金融信用风险的防控

1. 建立政信供应链金融信用风险评估体系

银行等机构应构建政信供应链金融信用风险评估体系。在评估信用风险时，银行等机构可以从融资企业资质、核心企业资质、所质押（转让）资产的状况和政信供应链金融整体状况等方面进行分析。

（1）融资企业资质，具体包括融资企业的偿债能力、盈利能力、营运能力、成长能力。

在偿债能力方面，重点关注流动比率、速动比率、资产负债率、利息保障倍数等指标；在盈利能力方面，重点关注毛利率、净利率、净资产报酬率等指标；在营运能力方面，重点关注应收账款周转率、存货周转率等指标；

在成长能力方面，重点关注营业收入增长率、净利润增长率等指标。

（2）核心企业资质，具体包括核心企业的信用状况、行业地位、偿债能力、盈利能力、营运能力、成长能力等。

（3）所质押（转让）资产的状况。当质物是存货、半成品、产成品等动产时，银行等机构要综合考虑存货、半成品、产成品等动产市场价值、价格波动、是否容易损坏等情况，以确定合适的质押率。当质押或转让的是应收账款时，银行等机构除了要考察核心企业的信用状况外，还需要关注应收账款占总资产的比重、账龄及结构、历史坏账率、集中度等方面的因素。若融资企业应收账款占总资产比重过高、历史坏账率高且集中于核心企业，该融资企业的信用风险越高。

（4）政信供应链整体状况。在评估信用风险时，银行等机构还需要关注政信供应链的整体运行状况，具体要关注政信供应链所属行业、核心企业和上下游企业合作密切程度及历史交易状况。一般来说，核心企业和融资企业交易年限越长、历史交易频率越高、违约状况越小，政信供应链的整体信用状况越好。

2. 加强贷后管理

在贷款发放后，银行等机构仍需持续跟进融资企业、核心企业的信用状况，关注抵（质）押物的状况、融资企业的资金用途，加强贷后管理。

二、政信供应链金融政策风险及管理

（一）政信供应链金融政策风险的定义

政信供应链金融政策风险是指与政信供应链金融相关的法律法规、政策方针的变化给政信供应链金融业务开展带来不便，给相关参与主体带来损失的可能性。

政信供应链金融产品种类丰富，涉及多个监管主体，与政信供应链金融相关的法律法规和部门规章纷繁复杂。政信供应链金融产品包括政信应收账款质押融资、政信保理、政信应收账款资产证券化等；监管主体包括银保监会、金融资产交易所、上海票据交易所、沪深交易所等；涉及《民法典》《商业银行保理业务管理暂行办法》《关于加强商业保理企业监督管理的通知》《应收账款质押登记办法》等多项法律法规和部门规章。

监管主体、法律法规及部门规章制度的变更给政信供应链金融业务开展带来不便。例如，自 2018 年起，银保监会接替商务部监管商业保理企业开展的政信供应链金融业务，并出台了《关于加强商业保理企业监督管理的通知》。银监会政策文件的部分表述与商务部《关于做好商业保理行业管理工作的通知》略有不同。2021 年 1 月开始正式实施的《民法典》中有关债权转让的规定与《合同法》和《物权法》中的规定略有不同。

（二）政信供应链金融政策风险的防控

1. 系统梳理有关政信供应链金融的政策框架

银行、商业保理企业等机构要系统地梳理已经出台的法律法规、政策文件。在新的法律法规和政策文件出台时，银行、商业保理企业等机构能够迅速地对原有的业务流程和操作规范进行修改、补充。

2. 关注政策动向，做好预备方案

监管机构在出台政策文件前，一般会公布草拟性文件，向社会各界征求意见。银行、商业保理企业等机构需要密切关注政策的动向，评估相应的政策风险，做好政策变化给政信供应链金融业务带来影响的各项预案工作。

三、政信供应链金融操作风险及管理

（一）政信供应链金融操作风险的定义

政信供应链金融操作风险指由于信息系统不健全、内部控制不当、人为失误或外部事件给政信供应链金融的参与主体造成损失的风险。在政信供应链金融业务中，人员尽职调查工作不到位、内控不完善导致风险审批意见不能有效落实、业务管理办法和操作规程不完善、外部人员欺诈等均属于操作风险的范畴，如上下游企业提供虚假合同和发票、业务人员未核实应收账款是否基于真实交易产生。

（二）政信供应链金融操作风险的管理

1. 加强内部控制

制定详细规范的政信供应链金融业务管理办法和操作规程，构建操作风险的识别、评估、检测和控制的风险防控体系。银行、商业保理企业等机构还需完善奖惩机制，当出现因操作失误导致损失的情况时，应对相关业务承办人员进行必要的处罚。

2. 提高政信供应链金融从业人员专业素质

银行、商业保理企业等机构可要求员工学习政信金融相关知识并通过政信类相关的从业资格考试。定期组织员工学习政信供应链金融业务管理办法和操作规程，并进行考核。

四、政信供应链金融运作风险及管理

（一）政信供应链金融运作风险的定义

政信供应链金融运作风险是指政信供应链中企业间合作关系和经营状况的变动致使政信供应链协作稳定性出现问题、竞争力恶化，给各方参与者带来损失的可能性。上下游企业与核心企业合作关系的破裂、协调度下降等均属于运作风险的范畴。

（二）政信供应链金融运作风险的防控

1. 建立政信供应链金融运作风险评估体系

银行等机构需构建立政信供应链金融运作风险评估体系。在评估运作风险时，银行等机构可以从政信供应链稳健性、企业间合作情况、企业经营状况等方面进行分析。

（1）政信供应链稳健性。银行等机构可以通过对政信供应链的协调程度、竞争优势及政信供应链的未来发展前景等的考察，判断政信供应链的稳健性。

（2）企业合作情况。银行等机构可以从核心企业与上下游企业的交易年限、合作频率、合作意愿、历史履约情况和未来合作空间等方面对企业间合作情况进行评价。

（3）企业经营状况。银行等机构可以从核心企业在行业中地位、政信供应链上企业的产品竞争优势等方面对企业经营状况进行评价。

2. 密切关注政信供应链金融的运行状况

银行等机构需要持续跟进政信供应链运作情况，定期对政信供应链金融运作风险展开评估，做好预案工作。当政信供应链竞争优势恶化时，银行等机构可向融资企业提出额外提供抵（质）押物或提前偿还本息的要求。

思考与练习

一、思考题

（1）与其他政信金融产品相比，政信供应链金融产品的优势体现在何处？

（2）政信供应链金融的未来发展有哪些趋势？

二、练习题

1. 单项选择题

（1）下列关于政信供应链金融说法不正确的是（　　）。

A. 政信供应链金融的核心企业可以是国有企业

B. 政信供应链金融是基于真实贸易活动开展的

C. 政信供应链金融主要分为政信保理、政信应收账款质押融资和政信应收账款资产证券化三种模式

D. 政信供应链金融具有自偿性、封闭性和连续性的特点

（2）下列关于政信保理说法不正确的是（　　）。

A. 政信保理的卖方可以是国有企业

B. 政信保理业务只能由银行来开展

C. 政信保理的开展是以应收账款转账为前提的

D. 保理商可以为客户提供应收账款催收、坏账担保等服务

（3）下列说法中不正确的是（　　）。

A. 银行在开展政信应收账款质押融资业务时一般需要通知债务人

B. 在政信应收账款质押融资业务中，应收账款已经出表

C. 在政信应收账款质押融资业务中，银行等机构承担的风险小

D. 在有追索权的政信保理中，企业获取的资金应记入负债科目

（4）下面四个选项中，属于我国政信供应链金融的监管机构的是（　　）。

A. 银保监会　　B. 证监会　　　　C. 商务部　　　　D. 保监会

（5）下列关于政信保理业务流程说法不正确的是（　　）。

A. 在业务调查阶段，保理商要审核交易是否基于真实交易开展

B. 在确定政信保理业务的融资额度时，对于循环额度，保理商不考虑买卖双方的历史合作情况

C. 对于政信明保理，在转让应收账款时，卖方要通知政信主体

D. 间接付款是指作为应收账款债务人的政信主体未将相关款项支付到保理商专项账户，而是支付到买方或第三方账户的付款行为

（6）（　　）不属于政信供应链金融操作风险。

A. 业务承办人员未对交易的真实性进行核查

B. 企业提供虚假发票或合同给保理商

C. 核心企业未承担担保责任

D. 政信供应链金融业务管理办法和操作规程不完善

2. 多项选择题

（1）政信供应链金融主要分为（　　）。

A. 政信预付账款模式　　　　　　B. 政信存货质押模式

C. 政信资产证券化模式　　　　　D. 政信应收账款模式

（2）下面关于政信保理说法不正确的有（　　）。

A. 商务部不是政信保理的监管机构

B. 明保理是指应收账款转让时不通知应收账款债务人的政信保理业务

C. 有追索权的政信保理是指债务人无法清偿到期应付账款时，保理商承担坏账风险的政信保理业务

D. 政信保理中所转让的应收账款的债务人是国有企业等政信主体

（3）政信供应链金融参与主体的中介方包括（　　）。

A. 律师事务所　B. 票交所　　　　C. 证券公司　　　D. 商业银行

（4）下列说法错误的有（　　）。

A. 在政信应收账款质押融资业务中，企业从银行融资的行为会降低企业的资产负债率

B. 作为核心企业的政信主体，可以为政信供应链的上下游企业增信

C. 商业保理企业可以吸收公众存款

D. 在政信供应链金融中，证券公司是重要的资金提供方

（5）（　　）不属于政信供应链金融信用风险。

A. 上下游企业提供虚假合同

B. 核心企业拒绝承担回购责任

C. 政信供应链金融业务操作规则存在漏洞

D. 融资企业未能计算足额偿还本息

3. 判断题

（1）在无追索权的政信保理中，企业获取的资金应记入负债科目。

（　　）

（2）政信保理的卖方可以是国有企业。　　　　　　　　　　（　　）

（3）反向政信保理是由卖方向保理商申请开展保理业务。　　（　　）

（4）目前我国商业政信保理是由商务部监管。　　　　　　　（　　）

（5）政信供应链金融的中介方包括商业银行、商业保理企业和证券公司。

（　　）

4. 简答题

（1）简述政信供应链金融的特征。

（2）简述政信保理和政信应收账款质押融资的区别。

（3）简述政信保理的业务流程。

（4）政信供应链金融业务面临哪些风险？该如何管控风险？

练习题答案

1. 单项选择题

（1）C　（2）B　（3）B　（4）A　（5）B　（6）C

2. 多项选择题

（1）ABD　（2）BC　（3）AC　（4）ACD　（5）BD

3. 判断题

（1）错误　（2）正确　（3）错误　（4）错误　（5）错误

4. 简答题（略）

第十一章 其他政信金融产品

【本章内容概述】

本章针对前述章节未完全涵盖的政信金融产品类别，从概念、业务模式和市场状况三个角度，对政信融资租赁产品、政信类 REITs 及政信类资产证券化三类产品进行详细介绍。本章首先明确各类金融产品定义，并进一步探讨各类产品的特征及优势，然后从各类产品业务运作流程角度分析展示其操作基本流程以及相应的业务管理措施。

【本章重点与难点】

重点：

1. 政信类 REITs 产品的定义及优势
2. 政信融资租赁产品的定义及优势
3. 政信类资产证券化产品的定义及优势

难点：

1. 政信类 REITs 产品业务运作模式
2. 政信融资租赁产品业务运作模式
3. 政信类资产证券化产品业务运作模式

第一节 政信融资租赁产品

学习目标	知识点
掌握政信融资租赁产品	与传统融资租赁产品的对比、参与主体、优势
熟悉政信融资租赁业务	业务操作基本流程、业务风险管理
熟悉政信融资租赁市场	市场状况、监管环境

一、融资租赁

（一）融资租赁的定义

融资租赁的定义是，出租人受承租人委托，向指定的或者非指定的生产方购入租赁物，并将租赁物出租给承租人，收取一定租金以涵盖设备购置以及资本占用成本。融资租赁实际上是承租人无力购买一些大型设备时，向出租人进行融资的一种方式。

租赁行业包括以重复的、阶段性的让渡租赁物品使用权，并收取一定租金报酬的传统经营租赁；以融资为主要目的，以产业为主的融资租赁；以及以金融机构为主要出租方的金融租赁。

（二）融资租赁与经营租赁、金融租赁辨析

1. 融资租赁与经营租赁

与经营租赁相比，融资租赁具有以下特点：

（1）租期长。在经营租赁中，出租方通过多次重复出租，回收设备购置、运维及出租服务成本，但融资租赁基本只进行一次出租，租期涵盖设备寿命期或者在租期结束后由承租人以一定价格购入设备。

（2）租金涵盖设备购置成本及资金占用成本。经营租赁通过多次重复出租，逐渐积累覆盖出租物的购置成本，并在综合考虑期间的设备维护成本、出租服务成本等之后，进行租金定价。融资租赁本质上是企业进行的一种融资行为，出租方需要在租金设计上保障可以回收该项设备的购置成本以及期间的资金占用成本，即融资产生的"利息"。

（3）承租人承担租期内的设备维护成本。在经营租赁中，只是让渡租赁物的阶段性使用权，设备维修由出租方承担，但在融资租赁过程中，设备的实质所有人是承租方，由承租方承担设备的维护维修成本。

（4）风险分配不同。经营租赁的主要经营方是出租方，出租物的所有权从形式到实质上都属于出租人，设备的折旧、维修及由此产生的经济风险均由出租方承担。在融资租赁中，出租物的实质所有人是承租方，由承租方承担设备的维护维修成本，主要的风险承担方是承租人。

（5）租期结束后，出租物的处理方式不同。在经营租赁中，当租期结束，出租人回收出租物，并进行下一轮出租或者对已满使用寿命的出租物进行残值处理。在融资租赁中，承租人有权以一定的价格购入出租物。

2. 融资租赁与金融租赁

金融租赁公司资产端偏好重资产行业，有批发性融资的绝对优势，面对地方政府、国企等大型客户，与融资租赁的融资渠道相比，金融租赁的融资渠道更广泛。具体来看，二者间的主要区别如下：

（1）行业划分不同。金融租赁公司属于金融业其他金融活动中的金融

租赁,是非银行金融机构。融资租赁公司(现在各地方金融办主要审核审批的五类金融公司之一)尚未有明确的产业归属,是非金融机构企业,只在租赁和商务服务业中有租赁业中的设备租赁。

(2)监管部门不同。金融租赁公司由银保监会前置审批和监管,融资租赁公司由地方金融办/局进行前置审批和监管。

(3)存款业务不同。金融租赁公司可以吸收非银行股东3个月(含)以上定期存款,经营正常后可进入同业拆借市场。融资租赁公司中外资企业,只能从股东处借款,不能吸收股东存款,也不能进入银行间同业拆借市场。

(4)租赁标的物范围不同。金融租赁公司的租赁标的物限定在"固定资产"。融资租赁公司开展融资租赁业务应当以权属清晰、真实存在且能够产生收益权的租赁物为载体。

(5)风险管理指标不同。金融租赁公司按照金融机构的资本充足率进行风险控制,依照《巴塞尔协议》,资本充足率不能低于8%。融资租赁公司按照风险资产不得超过净资产总额的10倍的要求进行风险管理。

(6)计提呆坏账准备金不同。金融租赁公司形成的"金融资产"可以在税前提取呆坏账准备金,属于非金融机构的融资租赁公司的租赁资产不属于"金融资产",不能税前提取呆坏账准备金。

(7)租赁资产登记不同。监管部门要求金融租赁公司将租赁资产在中国人民银行的"融资租赁登记公示系统"进行登记。监管部门要求融资租赁公司每个季度将租赁资产在"全国融资租赁企业管理信息系统"进行公示登记。

二、政信融资租赁

(一)政信融资租赁的定义

政信融资租赁属于融资租赁的一个细分概念,即有政府信用参与的融资租赁业务或者项目。政信项目的融资方一般是政府的各类融资平台(地方国资委控股),政府融资平台负责城市基础设施建设、城市开发等。一般而言,当融资租赁活动的项目主体是政府或相关方,项目资金去向是社会公用事业等政府项目时,该融资租赁活动即可定义为政信融资租赁活动。

(二)政信融资租赁的参与主体

1. 承租人

政信融资租赁的承租人即融资方,也是租赁物的实际使用人。

2. 出租人

政信融资租赁的出租人是具备一定资质的融资租赁公司或者金融租赁平台等。

3. 担保人

政信融资租赁的担保人一般是征信较好的地方国企或平台公司。

4. 出租物生产方

一般而言，融资租赁的出租物可由承租人指定，因此融资租赁过程实际上包括了出租人向指定或者非指定的生产方购入出租物的过程。

（三）政信融资租赁的优势

1. 安全性

政府融资平台的实力较为雄厚，信用风险小，具备政府信用支撑。

2. 能有效促进投资

融资租赁的主要优势是促进设备投资，并帮助客户拓展新的投资空间。

3. 准确的成本核算及灵活的付款安排

政信融资租赁交易在期初即可准确核算全部投资的规模及付款的时间安排，可以根据租赁物所产生的收益灵活安排付款计划，尽可能少地占用融资方的现金流量或者信贷额度。

租金的安排受利率变化和宏观经济异常波动的影响较小，承租人可以根据预期的收入情况与出租人达成付款协议，在交易之初便可以准确核算租赁期限内的付款金额。同时，承租人可以根据自身的盈利预期来制订租金偿还计划，使公司的资金预算安排变得更加灵活合理。比如，融资租赁公司和承租人可以达成"非线性"的付款安排，根据承租人或租赁物的现金流量安排适宜的付款方式，优化客户的现金流量，匹配客户的损益状况。

4. 协议设计灵活

结合承租人的需求以及租赁资产的价值变化曲线，融资租赁公司可以提供个性化的租赁协议。在合同条款制定过程中，双方可以就租赁期限、租金支付频率等内容进行充分协商，承租人在租赁期满后也可以选择留购、续租或返还租赁物。在合同到期后，承租人一般更乐于将租赁物返还给融资租赁公司，以减少资产处置的麻烦，而融资租赁公司则可以凭借自身的资产处置能力，更好地管理租赁物的残值。

三、政信融资租赁业务流程

政信融资租赁具体实现模式有多种选择，不同租赁业务模式下的具体业务流程也不同。

1. 直接融资租赁

直接融资租赁是指租赁公司用自有资金、银行贷款或招股等方式，在国际或国内金融市场上筹集资金，向设备制造厂家购进用户所需设备，然后再租给承租企业使用的一种主要融资租赁方式。其一般性操作流程如下：

（1）承租人选择供货商和租赁物件；

（2）承租人向融资租赁公司提出融资租赁业务申请；

（3）融资租赁公司和承租人与供货厂商进行技术、商务谈判；

（4）融资租赁公司和承租人签订《融资租赁合同》；

（5）融资租赁公司与供货商签订《买卖合同》，购买租赁物；

（6）融资租赁公司用资本市场上筹集的资金作为贷款支付给供货厂商；

（7）供货商向承租人交付租赁物；

（8）承租人按期支付租金；

（9）租赁期满，承租人正常履行合同的情况下，融资租赁公司将租赁物的所有权转移给承租人。

2. 售后回租/返还式租赁

售后回租（sale-leaseback）是指将自制或外购的资产出售，然后向买方租回使用。其一般性操作流程如下：

（1）原始设备所有人将设备出售给融资租赁公司；

（2）融资租赁公司支付货款给原始设备所有人；

（3）原始设备所有人作为承租人，向融资租赁公司租回的设备；

（4）承租人，即原始设备所有人，定期支付租金给出租人（融资租赁公司）。

3. 转租赁

转租赁指以同一物件为标的物，上一租赁合同的承租人同时也是下一租赁合同的出租人，即转租人的融资租赁业务。此业务过程与直接融资租赁基本相同，相当于在直接融资租赁之前又发生了一次租赁过程，具体涉及四方当事人：设备供应商、第一出租人、第二出租人（第一承租人）、第二承租人；涉及三份合同：购货合同、租赁合同、转让租赁合同。转租赁一般在国际间进行。

第二节　政信类 REITs

学习目标	知识点
掌握政信类 REITs 的定义	政信类 REITs 的定义、优势
熟悉政信类 REITs 项目实操	参与主体、分类及业务流程

一、政信类 REITs 概述

(一) 政信类 REITs 的定义

REITs 是不动产投资信托基金的英文缩写，是不动产证券化的重要手段。从本质上看，REITs 属于资产证券化的一种方式，即把流动性较低的、非证券形态的不动产投资直接转化为资本市场上的证券资产的金融交易过程。

政信类 REITs 项目是在政信金融领域开展的 REITs 项目，最常见的形式是公开募集基础设施证券投资基金，简称基础设施 REITs。我国基础设施 REITs 是指依法依规向社会投资者公开募集资金形成基金财产，通过基础设施资产支持证券等特殊目的载体（SPV）持有基础设施项目，由基金管理人等主动管理运营上述基础设施项目，并将产生的绝大部分收益分配给投资者的标准化金融产品。按照规定，我国基础设施 REITs 在证券交易所上市交易。基础设施项目主要包括仓储物流，收费公路、机场港口等交通设施，水电气热等市政设施，污染治理、信息网络、产业园区等其他基础设施。

(二) 政信类 REITs 的优势

对于投资者来说，政信类 REITs 具有门槛低、分红比例高、流动性强等优势，因而已成为中小投资者间接投资不动产以及公共基础设施领域的良好途径。REITs 通常通过信托公司发行信托产品的方式进行融资，普通投资者无论资金多少，都可以认购 REITs。此外，REITs 与股票、债券市场的相关性较低，在投资组合中配置一部分不动产基金，可优化投资组合，有效分散单一投资证券市场的风险。REITs 的收益率通常也远高于同期银行存款利率，特别是中国正处在经济高速发展阶段，收益也比较稳定。

对于融资方来说，政信类 REITs 可盘活存量资产，提升基础设施资产估值，获得流动性溢价，同时提供增量投资资金，改善负债水平，降低项目杠杆率，更好地推动资本市场服务实体经济和基础设施建设。除此之外，REITs 产品规则透明健全，对照公开发行证券要求建立上市审查制度，制定了完备的发售、上市、交易、收购、信息披露、退市等具体业务规则。基础设施项目可借助资本市场公开、透明机制，通过资本市场融资，引导金融资金参与实体项目建设，实现高质量发展。

二、政信类 REITs 项目主体、分类及运作模式

(一) 政信类 REITs 项目参与主体

政信类 REITs 项目参与主体主要包括投资者、原始权益人、基金管理人和基金托管人。具体来看，各主体的职责以及相互之间的联系如图 11.1 所示。

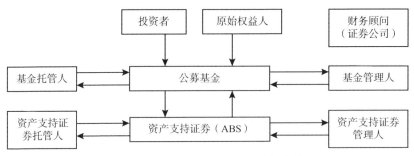

图 11.1　政信类 REITs 项目参与主体

（二）政信类 REITs 项目分类及运作模式

REITs 根据资金投向可以分为权益型、抵押型和混合型三种不同类型。其中，权益型 REITs 拥有并经营不动产，通过获得不动产所有权以取得经营收入；抵押型 REITs 直接向不动产所有者或开发商发放抵押贷款，主要收入来源是贷款利息；混合型 REITs 则是资产组合中同时包括了实物不动产项目和提供的抵押贷款。目前，我国还未出现真正的标准 REITs，发行的都是私募类 REITs 产品。

根据组织形式不同，REITs 又可以分为公司型和契约型两种。公司型 REITs 在美国占主导地位。它具有独立的法人资格，直接参与底层资产的运营管理并通过公开市场上发行 REITs 股份筹集资金。而亚洲地区普遍采用的是契约型 REITs，即成立契约型私募基金来持有项目公司股权，同时与基金管理人、托管人签订契约合同，以信托契约为依据发行收益凭证筹集资金。契约型 REITs 具有设立便利、投资灵活、税收中性等特征。

第三节　政信类资产证券化

学习目标	知识点
掌握政信资产证券化的定义	资产证券化的定义、政信资产证券化的定义
掌握政信资产证券化的特征	政信资产证券化的特征、优势
掌握政信资产证券化的分类	按受托人来划分、按现金流结构划分
掌握政信资产证券化参与主体	融资主体、中介机构、监管主体、投资主体
掌握政信资产证券化业务流程	政信资产证券化的七个业务操作流程

一、资产证券化

（一）资产证券化的定义

资产证券化是指对缺乏流动性但具有可预见稳定现金流的基础资产进行结构化设计和进行信用增级，将流动性较差的资产转变为可以在资本市场上流通转让的有价证券的过程。广义的资产证券化是指某一资产或资产组合采取证券资产这一价值形态的资产运营方式；狭义的资产证券化指的是信贷资产证券化。

资产证券化的基本流程为，发起人将需要证券化的资产出售给特殊目的载体（SPV），特殊目的载体用所购买的资产构建资产池，通过结构化设计对其进行信用增级，再发行以资产池现金流为支付保证的有价证券并出售给投资者。特殊目的载体在证券发行后负责资产池的管理，定期将资产池所产生的现金流用于清偿所发行的有价证券。

（二）政信资产证券化的定义

政信资产证券化是指基础设施建设、民生工程或 PPP 等政信项目领域的原始权益人将流动性较差的但具有可预测的稳定现金流的政信项目资产出售给特殊目的载体，特殊目的载体再发行以该政信项目未来稳定现金流为支撑的有价证券，并管理政信资产池、定期清偿该有价证券的过程。政信项目的建设期长但未来能产生稳定现金流，资产证券化则正是将流动性差但具有稳定现金流的基础资产转变为可流通转让的有价证券。政信项目和资产证券化的结合盘活了存量资产，有助于解决政信项目的融资问题，同时也给投资者提供了优质的投资产品。

二、政信资产证券化的特征及优势

（一）政信资产证券化的特征

1. 基础资产的特殊性

一般资产证券化的基础资产可以是住房抵押贷款、高信用级别应收账款等能产生可预见稳定现金流的资产，而政信资产证券化产品的基础资产是基础设施建设、民生工程、PPP 等政信项目的收益权或政府及国有企业应收账款等与政信项目相关的、可以产生稳定现金流的资产。这是政信资产证券化产品区分于其他资产证券化产品的基本特征。

2. 期限长

目前资产证券化产品的期限大部分在 7 年以内，而基础设施建设、民生工程等政信项目的建设周期和运营时间长，一般建设营运期为 10 ~ 30 年。由于基础资产期的属性，相较于其他资产证券化产品，政信资产证券化产品的期限更长。

3. 规模大

许多基础设施建设、PPP项目的投资规模达到数十亿、数百亿，与其他资产证券化产品相比，政信资产证券化产品的融资规模更大。由于资金使用用途的限制，无论是基础设施建设还是民生工程所需要的资金量都非常巨大，单个投资者的资金投入无法满足项目的资金需求，所以政信项目需要通过资产证券化的方式吸引更多投资者的参与。

4. 现金流稳定

"可预见的稳定现金流"是成为"可证券化"基础资产的重要条件，政信资产证券化产品基础资产的未来现金流更具稳定性和可预见性。以基础资产为收益权为例，一般企业的项目收益会受到经济周期性波动、项目经营管理等因素的影响而不稳定，以该项目收益权为基础资产的资产证券化产品的收益也会受到影响。而公共交通设施、城市供水系统等政信项目属于公共产品，具有不可替代性，此类政信项目未来收益更具稳定性和可预见性。

5. 流动性强

相较于其他政信产品，政信资产证券化产品的流动性更好。政府产业基金、政信信托等政信产品的流动性较差，给后续流通转让带来不便。资产证券化的本质是将流动性差但具有可预见稳定现金流的资产转变为可以在市场上流通转让的证券。政信资产证券化产品可以在二级市场上流通转让，流动性更好。

（二）政信资产证券化的优势

1. 政策鼓励创新融资方式

监管部门出台政策文件鼓励支持政信项目创新融资渠道，通过资产证券化的方式为基础设施建设等政信工程项目提供融资渠道，在客观上促进了政信资产证券化的发展（见表11.1）。

表11.1　　　　　支持政信资产证券化的有关政策文件

发文机关	文件名	相关内容
国务院	《关于创新重点领域投融资机制鼓励社会投资的指导意见》	大力发展资产支持计划等融资工具，延长投资期限，引导社保资金、保险资金等用于收益稳定、回收期长的基础设施和基础产业项目
国家发展改革委、证监会	《关于推进传统基础设施领域政府和社会资本合作（PPP）项目资产证券化相关工作的通知》	各省级发展改革委与中国证监会当地派出机构及上海、深圳证券交易所等单位应加强合作，充分依托资本市场，积极推进符合条件的PPP项目通过资产证券化方式实现市场化融资，提高资金使用效率，更好地支持传统基础设施项目建设

发文机关	文件名	相关内容
国家发展改革委、财政部、住房和城乡建设部、交通运输部、水利部、中国人民银行	《基础设施和公用事业特许经营管理办法》	鼓励特许经营项目公司进行结构化融资，发行项目收益票据和资产支持票据等

2. 政策约束规范性

自党的十八届三中全会提出以来，PPP 模式便备受关注。从国务院到各部委纷纷发文，指导规范 PPP 模式的运作实施，关于政信资产证券化规范性文件的陆续出台，以 PPP 为代表的政信项目资产证券化的顶层设计愈发完善，法律保障力度加大，政策约束性更强（见表 11.2）。

表 11.2　　　　　　　　规范政信资产证券化政策文件

发文机关	文件名	相关内容
国家发展改革委、证监会	《关于推进传统基础设施领域政府和社会资本合作（PPP）项目资产证券化相关工作的通知》	明确重点推动资产证券化的 PPP 项目范围。重点推动符合下列条件的 PPP 项目在上海证券交易所、深圳证券交易所开展资产证券化融资：（1）项目已严格履行审批、核准、备案手续和实施方案审查审批程序，并签订规范有效的 PPP 项目合同，政府、社会资本及项目各参与方合作顺畅；（2）项目工程建设质量符合相关标准，能持续安全稳定运营，项目履约能力较强；（3）项目已建成并正常运营 2 年以上，已建立合理的投资回报机制，并已产生持续、稳定的现金流；（4）原始权益人信用稳健，内部控制制度健全，具有持续经营能力，最近三年未发生重大违约或虚假信息披露，无不良信用记录
财政部、中国人民银行、证监会	《关于规范开展政府和社会资本合作项目资产证券化有关事宜的通知》	PPP 项目资产证券化的发起人（原始权益人），要严格按照资产证券化规则与相关方案、合同约定，合理设计资产证券化产品的发行交易结构，通过特殊目的载体（SPV）和必要的增信措施，坚持真实出售、破产隔离原则，在基础资产与发起人（原始权益人）资产之间做好风险隔离

三、政信资产证券化分类

（一）按受托人的类型划分

按照受托人的类型，政信资产证券化可以分为政信信贷资产证券化、政信资产专项支持计划、政信资产支持票据和政信资产支持计划四大类。各类资产证券化特征如表 11.3 所示。

表11.3   四类资产证券化特征的比较

	政信信贷资产证券化	政信资产专项支持计划	政信资产支持票据	政信资产支持计划
发起人	银行业金融机构	金融机构、非金融企业	非金融企业	金融机构、非金融企业
基础资产	基础设施项目贷款、节能减排贷款、保障性安居工程贷款等信贷资产	实行负面清单；企业应收款、租赁债权、信贷资产、信托受益权等财产权利，基础设施、商业物业等不动产财产或不动产收益权	能够产生可预测现金流的财产、财产权利或财产和财产权利的组合。基础资产不得附带抵押、质押等担保负担或其他权利限制	基础资产预期产生的现金流，应当覆盖支持计划预期投资收益和投资本金。国家政策支持的基础设施项目、保障房和城镇化建设等领域的基础资产除外。此处所指基础资产现金流不包括回购等增信方式产生的现金流
受托机构	特殊目的信托	证券公司、基金管理公司子公司	目前无受托机构（下一步可能引入信托）	保险资产管理公司
交易场所	全国银行间债券市场	证券交易所、全国中小企业股份转让系统、机构间私募产品报价与服务系统、证券公司柜台市场	全国银行间债券市场	保险资产登记交易平台
管理部门	银保监会	证监会	银保监会	中国银行间市场交易商协会

（二）按证券偿付结构方式划分

按现金流的结构，政信资产证券化产品可分为政信过手证券和政信转付证券。

1. 政信过手证券

政信过手证券是指特殊目的载体发行的以与基础设施建设、PPP等政信项目相关资产作为其基础资产，具有权益属性的有价证券。它是政信证券化资产池的参与凭证，具有权益属性，代表投资者对于基础政信资产的所有权。政信证券化资产池的管理者在扣除一定比例的管理服务费后，用资产池产生的现金流清偿投资者购买的证券。政信过手证券的现金流与基础资产的收益情况关系密切，具有不确定性。在此种模式下，特殊目的载体和受托机构等仅作为资产池的管理者，收取一定的管理费，与资产池相关的风险由投资者承担。

2. 政信转付证券

政信转付证券是指特殊目的载体对与基础设施建设、PPP等政信项目相关的基础资产现金流进行剥离、重组，并以此为基础发行的具有债务属性的有价证券。一般来说，投资者和证券发行机构提前商定未来现金流分配情况。

四、政信资产证券化的参与主体

（一）发起人

1. 发起人的定义

发起人是基础资产的原始权益人和证券化交易融资人。发起人根据其自身的业务需要和资本市场状况，确定其证券化融资目标和规模，据此对自身资产进行清理、考核和评估，整理相关资产文件，确定拟证券化资产并将其转移给特殊目的载体。

2. 对发起人的要求

按照受托人的类型，政信资产证券化可以分为政信信贷资产证券化、政信资产专项支持计划、政信资产支持票据和政信资产支持计划四大类。监管主体对这四类政信资产证券化的发起人有不同的规定，具体如表 11.4 所示。

表 11.4　　　　　　　　政信资产证券化发起人的要求

	政信信贷资产证券化	政信资产专项支持计划	政信资产支持票据	政信资产支持计划
发起人	银行业金融机构	未明确规定	非金融企业	非明确规定
要求	未明确规定	具备持续经营能力，无重大经营风险、财务风险和法律风险；生产经营符合法律法规和公司章程的规定，符合国家产业政策；最近三年未发生重大违约或者重大违法违规行为；符合法律法规和中国银保监会规定的其他条件	未明确规定	生产经营符合法律、行政法规、特定原始权益人公司章程或者企业、事业单位内部规章文件的规定；内部控制制度健全；具有持续经营能力，无重大经营风险、财务风险和法律风险；最近三年未发生重大违约、虚假信息披露或者其他重大违法违规行为；符合法律、行政法规和证监会规定的其他条件

（二）特殊目的载体

特殊目的载体（SPV）是从发起人处购买政信基础资产并以基础资产的现金流为支撑发行资产支持证券的特殊实体。其在交易中的主要作用包括：（1）确定基础资产标准，汇集组合基础资产，确定证券化交易方案；（2）对资产支持证券进行信用增级；（3）聘请信用评级机构对证券进行信用评级；（4）确定受托机构、服务商、交易财务顾问、律师事务所、会计师事务所和证券承销商等为交易提供服务的中介机构。

（三）中介机构

1. 受托机构

受托机构是资产证券化项目的主要中介，负责托管基础资产及与之相关的各类权益，对资产实施监督、管理，并作为 SPV 的代表连接发起人与投资者。政信信贷资产证券化、政信资产专项支持计划和政信资产支持计划的受托机构依次为信托公司、证券公司或基金管理公司及其子公司、保险资产管理公司，政信资产支持票据目前无受托机构，下一步可能引入信托公司。受托机构的主要的工作和职责包括：（1）持有基础资产或证券的抵押权益，按照证券化交易相关合同的规定处置基础资产；（2）监督各交易参与方对相关合约的执行，对相关当事人的违约行为采取补救措施（包括通知投资者、依交易文件的规定对基础资产进行清算等）；（3）从服务商处收取基础资产收入，支付给证券持有人并记录基础资产收入的保存和支付情况，当资产收入现金流与证券偿付现金流不匹配时，还有责任依约将未支付给证券持有人的资产收入进行再投资以保值增值；（4）接收和审查服务商提交的反映基础资产处置、收入收集和相关债务人违约的定期报告及相关突发事件的临时报告并转报告投资者；（5）实时审查证券化交易进展情况，及时发现潜在问题或风险并进行相应处理。

2. 服务商

服务商负责基础资产的日常管理和经营，是证券化交易中非常重要的一个角色。它们的工作将直接影响到资产池现金流的真实情况，并进而影响整个证券化交易。其主要的职责包括：（1）监督资产债务人的债务履行情况；（2）收取、汇总统计基础资产产生的现金流，将其存入受托管理人设立的特定账户并进行相应的会计处理；（3）对资产债务人的违约实施相关补救措施，并在必要情况下依约垫付证券的到期本息；（4）代理基础资产相关的税务和保险事宜；（5）遵循受托管理人的指示处置基础资产；（6）向投资者和受托管理人邮寄交易清单、定期报告支持资产的收入实现及分配情况及其他必要信息（包括收支结构、保险费、税收、剩余资产额等）；（7）对在管理基础资产工作中所出现的问题承担相应的法律责任等。

3. 承销商

在政信资产证券化过程中，证券公司一般作为包销商或者代理人来促销证券，保证证券发行成功。它通常担任财务顾问的角色，与信用增级机构、信用评级机构以及受托管理人进行合作，设计发行方案，确保发行机构符合相关法律、规章、财会、税务方面的要求。

证券化过程中，承销商的关键职责包括：（1）确定入池标准，协助选择入池资产；（2）现金流测算，设计发行方案；（3）完成风险报酬转移测试模型；（4）协调各方按计划推进工作；（5）申报文件撰写与制作；（6）协调安排监管沟通；（7）组建承销团；（8）组织推介和销售，安排路演；（9）安排信息披露和发行；（10）完成存续期内各项后续工作。

4. 其他中介机构

（1）信用评级机构。信用评级是资产证券化过程中的重要环节。专业的评级机构通过收集资料、尽职调查、信用分析、信息披露及后续跟踪，对发起人基础资产的信用质量、产品的交易结构、现金流分析与压力测试进行把关，从而为投资者提供重要的参考依据，保护投资者权益，起到信用揭示功能。

（2）信用支持机构。信用支持机构的作用是通过从外部为基础资产附加衍生信用以提高资产支持证券的信用质量和等级，从而提高证券的售价，增加对投资者的吸引力并降低证券化融资成本。信用支持机构一般由信用良好的商业银行、保险公司、专业担保机构等金融机构担任，提供的信用增级手段主要有信用证、保险、担保函等。

（3）会计师事务所。会计处理工作是资产证券化过程中的重要环节。会计师需要对基础资产财务状况进行尽职调查和现金流分析，提供会计和税务咨询，为特殊目的载体提供审计服务。在产品发行阶段，会计师需要确保入池资产的现金流的完整性和信息的准确性，并对现金流模型进行严格的验证，确保产品得以按照设计方案顺利偿付。

（4）律师事务所。律师事务所是资产证券化过程中的法律护航人。它作为资产证券化发行过程中的重要中介，对发起人及基础资产的法律状况进行评估和调查，明确其他项目参与者的权利和义务，拟定交易过程中的相关协议和法律文件，并提示法律风险，提供法律相关建议。

（四）监管主体

监管主体是制定资产证券化相关法律法规的机构。我国资产证券化的监管主体是银保监会、证监会和中国银行间市场交易商协会。其中，银保监会负责监管信贷资产证券化（原银监会负责监管）和资产支持计划（原保监会负责监管），证监会负责监管资产支持专项计划，中国银行间市场交易商协会负责监管资产支持票据。

（五）投资主体

政信资产证券化的投资主体是将资金投入政信资产证券化产品并期望从中赚取收益的投资者。不同类型政信资产证券化产品对投资者的要求有所不同：政信信贷资产证券化和政信资产支持票据的投资者为银行间债券市场机构投资者；政信资产支持专项计划的投资者需满足《私募投资基金监督管理暂行办法》规定的条件，而且投资者总人数不超过200人，投资者单笔认购金额不少于 100 万；政信资产支持计划的投资者主要为保险机构。

五、政信资产证券化的业务流程

政信资产证券化的业务流程如图 11.2 所示。

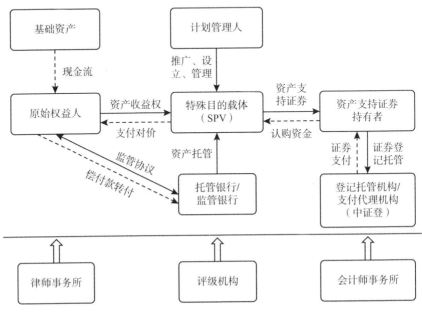

图 11.2 政信资产证券化业务流程

（一）确定基础资产

确定基础资产是政信资产证券化过程的第一步。理论上，能产生稳定的可预期未来现金流的政信项目资产均可作为政信资产证券化的基础资产进行证券化。不同的监管部门对基础资产的定义略有不同，但总体来说需要满足以下几个方面的要求：

一是政信属性。基础资产具有政信项目属性是政信资产证券化区别于其他类型资产证券化产品的基本特征。它要求基础资产和基础设施建设、民生工程、PPP 项目等项目工程相关，如保障性安居工程贷款、道路交通的收费权、国有企业的应收账款、PPP 项目公司的应收账款等。

二是产权明晰。资产证券化面临一个资产出售的过程，因此需要基础资产产权明晰，这样才能实现顺利出售，从而保证后期的产品运行过程没有法律风险。

三是可预见现金流稳定。现金流是资产证券化的核心要素。政信资产证券化的基础资产也需要能够产生可预见的、稳定的现金流。未来现金流不稳定的资产不可以作为政信资产证券化的基础资产，如矿产资源开采的收益权、待开发的基础设施收益权等。

四是不在负面清单内。针对政信资产支持专项计划，中国证券投资基金协会颁布了关于基础资产的负面清单。具体的评估期限为至少每半年一次，根据业务发展与监管需要可不定期进行评估。负面清单中的基础资产类型包括：（1）以地方政府为直接或间接债务人的基础资产，但地方政府按照事先公开的收益约定规则，在政府与社会资本合作模式（PPP）下应当支付或承担的财政补贴除外；（2）以地方融资平台公司为债务人的基础资产；（3）矿产资源开采收益权、土地出让收益权等产生现金流的能力具有较大不确定性的资产；（4）待开发或在建占比超过10%的基础设施等不动产或相关不动产收益权，当地政府证明已列入国家保障房计划并已开工建设的项目除外；（5）属于不同类型且缺乏相关性的资产组合，如基础资产中包含企业应收账款、高速公路收费权等两种或两种以上不同类型资产。

（二）设立特殊目的载体

1. 设立的目的

设立特殊目的载体（SPV）最重要的目的在于实现破产隔离。特殊目的载体从发起人处购买基础资产后，该资产独立于原始权益人、管理人、托管人及其他业务参与人的固有财产。原始权益人、管理人、托管人及其他业务参与人因依法解散、被依法撤销或者宣告破产等原因进行清算的，该资产不属于清算财产。

2. 特殊目的载体的形式

特殊目的载体（SPV）主要有特殊目的信托、特殊目的的公司和合伙制三种形式。在我国的实践中，政信信贷资产证券化的SPV采用特殊目的信托方式；政信资产支持专项计划的SPV是证券公司或基金子公司设立的资产专项管理计划；政信资产支持计划的SPV是保险资管公司设立的资产专项计划；政信资产支持票据不强求设立SPV，可以引入SPV，也可使用特殊目的账户隔离的资产支持形式。

（三）基础资产转让

为实现破产隔离，发起人在向特殊目的载体转让基础资产时必须采取真实出售的方式。真实出售是指发起人按照公允价值将基础资产及其相关的风险、权益出售给特殊目的载体的行为。

对于真实出售的理解可以从以下两个方面来把握：（1）按公允价值转让。公允价值是熟悉市场情况的买卖双方在公平交易的条件下自愿达成的价格。由于可证券化的基础资产未来现金流稳定，基础资产的公允价值可以基础资产未来现金流为基础，选取合适的折现率进行确定。（2）基础资产及其相关的风险、权益转移到特殊目的载体。发起人将基础资产真实出售给特殊目的载体后，基础资产从发起人的资产负债表转出，基础资产及其相关的风险、权益转移到特殊目的载体。若发起人、管理人破产，基础资产也不会成为清算财产。

（四）信用评级

信用评级是指在资产证券化过程中，信用评级机构通过信用分析模型对基础资产现金流状况、相关参与主体的资质及信用状况、交易结构及合规性等方面进行评价，以确定信用增级措施，出具信用评估报告向投资者披露资产证券化产品信用风险的过程。信用评级具体可以分为内部评级和外部评级。

内部评级指在发起人真实出售基础资产后，信用评级机构对基础资产的信用状况和未来现金流的状况进行评估，以确定后续采取何种信用增级措施的信用评级过程。内部评级的结果无须对外公布，其目的在于确定后续信用增级措施。

外部评级是指根据内部评级结果完成信用增级后，信用评级机构再次对基础资产现金流状况、相关参与主体的资质及信用状况、交易结构及合规性、信用增级等方面进行评价，向投资者披露资产证券化产品的评级结果的过程。外部评级的结果需要向投资者公布，其目的在于向投资者披露与该资产证券化产品相关的信用风险，满足监管的要求。

（五）信用增级

信用增级是指通过内部增级或外部增信措施保障资产支持证券能顺利偿付，提高资产支持证券信用等级的过程。信用增级方式具体可以分为内部增级和外部增级两种。内部信用增级是指依靠产品自身的相关条款、设计结构来实现信用增级。外部信用增级是第三方为产品提供信用担保的一系列措施。内部信用增级措施主要包括分层结构、超额抵押、利差账户、现金储备账户和信用触发机制等；外部信用增级措施主要包括差额支付承诺、担保、保险、备用信用证等。

1. 内部增信措施

（1）分层结构。资产支持证券分层结构是指在政信资产证券化交易中，将资产支持证券按照受偿顺序分为不同档次证券的一种内部信用增级方式。在这一分层结构中，较高档次的证券比较低档次的证券在本息支付上享有优先权，因此具有较高的信用评级；较低档次的证券先于较高档次的证券承担损失，以此为较高档次的证券提供信用保护。

（2）超额抵押。超额抵押是指在政信资产证券化交易中，将资产池价值超过资产支持证券票面价值的差额作为信用保护的一种内部信用增级方式。该差额用于弥补政信资产证券化业务活动中可能会产生的损失。

（3）利差账户。利差账户资金来源于基础资产利息收入和其他证券化交易收入减去资产支持证券利息支出和其他证券化交易费用之后所形成的超额利差，用于弥补政信资产证券化业务活动中可能产生的损失。

（4）现金储备账户。现金储备账户是指政信资产证券化交易中的一种内部信用增级方式，发起人或特殊目的载体向现金储备账户内注入资金，当资产支持证券的后续偿付出现问题时，将现金抵押账户中的资金用于偿付。

（5）信用触发机制。信用触发机制是指在资产证券化设计过程中加入相关条款，约定当出现发起人经营不善、信用状况恶化等不利情形时，采取改变清偿顺序、加速清偿、提高转服效率等措施，以保护资产支持证券持有人利益的机制安排。

2. 外部增信措施

（1）差额支付承诺。差额支付承诺是指发起人承诺在资产证券化业务开展过程中，当基础资产产生的现金流不足以偿付投资者所持证券的本息时，发起人承担补足义务的信用增级措施。

（2）担保。担保是指保证人为特殊目的载体发行的资产支持证券进行担保，当基础资产的现金流出现问题、证券不能如期偿付时，由保证方承担担保责任、补足差额义务的信用增级措施。

（3）保险。保险是指特殊目的载体向保险公司支付保费，当基础资产的现金流出现问题、证券不能如期偿付时，保险公司按照保单的约定承担相应的保险责任的信用增级措施。

（4）备用信用证。备用信用证又称担保信用证，指当基础资产的现金流出现问题、证券不能如期偿付时，出具备用信用证的银行履行相应付款义务的信用增级措施。

（六）政信资产支持证券发行与交易

发行资产支持证券是实现融资的关键一步。资产支持证券依托基础资产而发行，其信用、评级、偿付主要依赖于基础资产产生现金流收入的稳定性及可预测性，是实现由基础资产向现金过渡的桥梁。发行资产支持证券时要根据政信资产支持证券的类型选择发行方式和交易场所（见表 11.5）。

表 11.5　　　　　　　　　　政信资产支持证券的发行

	政信信贷资产证券化	政信资产专项支持计划	政信资产支持票据	政信资产支持计划
发行方式	公开发行/非公开发行	非公开发行	非公开发行	非公开发行
交易场所	银行间债券市场	证券交易所、机构间私募产品报价与服务系统、新三板市场、证券公司柜台市场	银行间债券市场	保险资产等级交易平台

（七）后续运作管理

1. 信息披露

发起人、受托人、托管人及其他中介机构应以适当的方式，及时、准确、完整地披露信息，不得有虚假记载、误导性陈述或者重大遗漏。受托人需要对发起人经营状况、基础资产现金流以及信用增级效果等进行跟踪管理和持续监测评估，保障支持计划的正常运作。每次收益分配前，管理人应当及时向资产支持证券合格投资者披露专项计划收益分配报告。管理人、托管人应当在监管机构规定的期限前向资产支持证券合格投资者披露上年度资产管理报告、年度托管报告。

发生可能对资产支持证券投资价值或价格有实质性影响的重大事件时，管理人应当及时将有关该重大事件的情况向资产支持证券合格投资者披露，说明事件的起因、目前的状态和可能产生的法律后果，并向监管机构进行报告。

2. 偿付

在政信资产支持证券发行后，管理人可以聘请发起人作为资产服务机构，负责基础资产现金流的归集。管理人根据约定的收入分配方案，将资金分配给资产支持证券的持有人，完成资产支持证券的偿付工作。

思考与练习

一、思考题

（1）如何理解政信类 REITs 业务的特征及意义？

（2）政信融资租赁业务的特征及意义。

（3）政信类资产证券化业务的特征、操作流程及意义。

二、练习题

1. 单项选择题

（1）（　　）以融资为主要目的的，以产业为主。

A. 经营租赁　　B. 售后回租　　　C. 金融租赁　　　D. 融资租赁

（2）融资租赁基本只进行（　　）次出租，租期涵盖设备寿命期或者在租期结束后由承租人以一定价格购入设备。

A. 一　　　　　B. 两　　　　　C. 三　　　　　　D. 四

（3）直接融资租赁是指由（　　）选择需要购买的租赁物件，出租人通过对租赁项目风险评估后出租租赁物件给承租人使用。

A. 承租人　　B. 出租人　　　C. 担保方　　　D. 托管人

（4）融资租赁过程中由（　　）承担设备的维护维修成本。

A. 出租人　　B. 承租人　　　C. 担保方　　　D. 托管人

（5）下列关于政信资产证券化的说法不正确的是（　　）。

A. 政信资产证券化的基础资产可以是保障性安居工程贷款

B. 基础资产需要具有可预见稳定的现金流

C. 信用评级机构是政信资产证券化过程中的中介机构

D. 非金融企业可以是政信信贷资产证券化的发起人

（6）（　　）可以作为政信资产证券化的基础资产。

A. 保障性安居工程贷款

B. 在建占比超过10%的基础设施等不动产或相关不动产收益权

C. 国企的应收账款和高速公路收费权的组合

D. 矿产资源开采的收益权

（7）（　　）属于政信资产证券化业务中外部增信措施。

A. 优先/次级分层　　　　　　B. 超额机制

C. 储备金账户　　　　　　　D. 担保

2. 多项选择题

（1）租赁行业包含的三种基本租赁形式为（　　）。

A. 经营租赁　　B. 融物租赁　　C. 金融租赁　　　D. 融资租赁

（2）融资租赁的特点包括（　　）。

A. 租期长

B. 出租人承担租期内设备维护成本

C. 多次重复出租

D. 租金涵盖设备购置成本及资金占用成本

（3）政信融资租赁常见业务模式包括（　　）。

A. 直接融资租赁　　　　　　B. 售后回租

C. 转租赁　　　　　　　　　D. 风险租赁

3. 判断题

（1）融资租赁和金融租赁属于完全不同的两个概念。　　　　　　（　　）

（2）直接融资租赁是指由出租人选择需要购买的租赁物件，出租人通过对租赁项目风险评估后出租租赁物件给承租人使用。在整个租赁期间，承租人没有所有权但享有使用权，并负责维修和保养租赁物件。　　（　　）

（3）不得以任何方式虚构或超越权限签订应付（收）账款合同帮助融资平台公司等企业融资。　　　　　　　　　　　　　　　　　　（　　）

（4）以地方融资平台公司为债务人的基础资产可以进行资产证券化。
　　　　　　　　　　　　　　　　　　　　　　　　　　　　（　　）

（5）证监会负责监管政信资产支持票据。　　　　　　　　　　（　　）

（6）担保是政信资产证券化的外部层级措施。　　　　　　　　（　　）

4. 简答题

（1）简述政信融资租赁业务常见风险来源。

（2）简述政信资产证券化基础资产的特点。

（3）简述政信资产证券化的操作流程。

练习题答案

1. 单项选择题

（1）D （2）A （3）A （4）B （5）D （6）A （7）B

2. 多项选择题

（1）ACD （2）AD （3）ABCD

3. 判断题

（1）正确 （2）错误 （3）正确 （4）错误 （5）错误 （6）正确

4. 简答题（略）

第三篇　政信金融投资和策略

　　要进行政信金融投资，必须充分了解政信金融产品的运作方式、项目投资操作流程和项目背后的操作逻辑。同时，政信金融投资人需要根据个人家庭资产状况、企业资金实力，采用科学合适的投资策略，在不同的政信金融产品中进行合理选择和有效组合。

第十二章
政信金融投资管理

【本章内容概述】

本章重点介绍政信金融的投资与管理，对政信金融市场、产品类型、投资流程、配置方法、风险提示等进行阐述，帮助投资人了解政信金融相关知识，完成对政信金融产品的配置。

【本章重点与难点】

重点：

1. 政信金融的主体、产品运作方式
2. 政信项目投资流程
3. 政信金融全流程管理

难点：

1. 政信金融产品的投资方式
2. 政信金融的投资管理

第一节　政信金融投资市场

学习目标	知识点
了解政信金融投资市场	政信金融的社会投融资比例
掌握政信金融参与主体及产品运作方式	政信金融的主体包括借款方、服务方、投资者，产品包括股权产品和债权产品

一、政信金融投资市场概览

投资是拉动我国经济增长的绝对主力，尤其是 2008 ~ 2010 年我国形成了投资高峰，拉动经济增长。根据国家统计局的数据，2008 年投资对经济增长的贡献率为 53.2%，2009 年达到 86.5%，2010 年为 66.3%，2016 年为 42.2%，2017 年为 32.1%。政府投资依靠政信合作进行融资，资产明确，多渠道可查，背后依靠的是主权信用。

政信金融适用于政府负有提供责任且适宜市场化运作的公共服务、基础设施类项目，包括燃气、供电、供水、供热、污水及垃圾处理等市政设施，公路、铁路、机场、城市轨道交通等交通设施，医疗、旅游、教育培训、健康养老等公共服务项目，以及水利、资源环境和生态保护等项目。

2007~2009 年全球金融危机后"钱"更多地流向地方政府和居民部门。上述两个部门对应的行业事实上主要是基础设施建设、房地产。在银行传统信贷中，2015 年与房地产直接和间接相关的贷款占比高达 56%，这些"钱"主要来自银行。[①] 至于其他非银行金融机构的资金运用，如保险债权投资计划，几乎尽归于此。大型银行为银行相关贷款的主要提供方。由于大型银行资金实力雄厚，能满足投资巨大的资金需求，一直是贷款的主力军。以 2019 年为例，36 家上市银行在基础设施建设及租赁和商务服务业的贷款共计 24.97 万亿元。其中，国有大型银行（中国工商银行、中国农业银行、中国银行、中国建设银行、中国交通银行，以及中国邮政储蓄银行）的相关贷款余额合计高达 18.10 万亿元，占比 72.47%；股份制商业银行、城市商业银行和农村商业银行的相关贷款余额分别为 5.01 万亿元、1.64 万亿元和 0.23 万亿元，分别占比 20.05%、6.55% 和 0.93%。[②]

在资金信托方面，2016 年底资金信托达到 17 万亿元，其中 2.7 万亿元投向地方基础产业，占比 16%；1.4 万亿元投向房地产，占比 8%；不考虑投给工商企业、购买债券等资金运用项目中与地方政府、房地产相关的融资，资金信托中至少有 24% 投向了地方政府和房地产项目。[③]2019 年和 2020 年，基础产业信托规模超越金融机构和证券市场，成为资金信托投向的第二大领域，2020 年第四季度末投向基础产业的资金信托达 2.47 万亿元。中国信托业协会的统计显示，截至 2020 年第四季度末，资金信托达 16.31 万亿元，资金大部分投向了实体经济。2020 年第四季度末，资金信托的五大领域分别是工商企业、基础产业、房地产业、证券市场、金融机构。其中，2020 年四个季度投向房地产业的资金占比持续下降，这是国家在进行房地产调控过程中对资管市场产生影响的一个表现。

---

①③ 殷剑峰、吴建伟、王增武，《钱去哪了：大资管框架下的资金流向和机制》，社会文献出版社 2017 年版。
② 民生证券，《银行业专题报告及投资策略：银行如何投基建及本轮基建影响解析》，2020 年。

二、政信金融参与主体及产品运作方式

政信金融包括以政府为主导的 PPP 项目、地方国有平台公司为主导的民生项目、基础设施建设项目、产业园建设、产城融合等相关金融产品，常见的形式有政府债券、政府借款、PPP、资产证券化、融资平台产品、政府性基金等。

（一）政信金融参与主体

政信金融的主体不仅包括借款方（地方政府或其平台公司），也包括服务方（有相关金融牌照的银行、证券、保险、信托和基金公司），还包括投资者（广大高净值的个人投资者和机构投资者）。其中，地方融资平台公司（或者其背后相应的地方政府）是融资人，政信金融服务公司是相应项目的资产（资金）管理人，投资者是相应项目的投资人和受益人。三者在法律上构成了一种契约关系。

地方政府以其信用介入，将其拥有的公共产品和公共服务特许经营权转移给政信金融服务公司，由其按照规定条件和范围进行管理和运作，一方面将公共产品和公共服务提供给社会大众，另一方面实现投资者的预期收益要求。其中，投资者分为个人投资者和机构投资者两类：个人投资者指居民个人作为一级投资主体进行投资的投资者；机构投资者指使用自有资金或者从分散的社会公众、其他机构手中筹集的资金进行投资活动的法人机构。

政信金融产品根据产品类型不同，监管要求不同，有不同的发行备案机构和场所：（1）中国银行间市场交易商协会是银行间债券市场、拆借市场、票据市场、外汇市场和黄金市场参与者共同的自律组织，其业务主管单位为中国人民银行；（2）金融资产交易所简称金交所，是地方融资平台发行定向融资工具的平台，一般由省政府批准设立，其业务操作具有合规合法性，受多方监管。

（二）政信金融产品及运作方式

政信金融的客体是政信金融采用的金融工具，即政信金融产品。除了传统的银行信贷外，主要包括地方政府债券、产业投资基金、资产证券化、保理和租赁、定向融资计划等。

从融资模式来看，政信金融分为债权类融资和股权类融资两种，分别对应不同的运作模式。

在股权融资方面，政信金融的融资类型比较多，运作方式也比较复杂。比如，PPP 项目直接投资，政府通过产业引导基金对项目进行投资，设立国有企业改制基金等。这些股权融资的模式主要是通过各种方式筹集资金，最终将资金注入一个公司实体，再以该公司实体进行政信项目的投资运作。

股权融资是在股票市场发行股票，为项目建设募集资金的一种有效途

径，能够在较短的时间内筹集项目建设所需的资金，且融资成本较低，受到社会投资者的欢迎。但是，这种模式对资本市场的发育程度依赖较大，若是市场不成熟，这种模式很难达到融资目的，因此这种模式在发达国家更受青睐。

1. 地方债与地方私募债等债券融资

政信金融的债权类融资方式常见于地方债。地方债可以分为一般债券和专项债券（见图12.1）。一般债券没有直接收益，以一般公共预算作为主要偿还来源，不针对具体项目。专项债券投资于特定项目，由项目未来收益作为偿还来源，不纳入财政预算，不计入赤字。目前地方专项债的品种主要有棚改债、土地债、轨道交通债、高速公路债等，此外还有地方私募债。地方私募债主要依托各个地方股交市场，与地方债一样，是政府主要债务融资工具之一，投资于地方基础设施建设。

一般情况下，在进行基础设施建设时，若政府财政不足，可通过发行城投债、企业债、市政债券向社会募集建设资金。发行城投债、企业债、市政债券一般有两种途径：一种是通过基础设施未来的收益为保障来发行；另一种是以政府信用和政府税收为保障来发行。

2. 保理融资

应收账款保理融资也是重要的债权融资之一。其运作方式是，以地方融资平台对政府的应收账款为基础资产形成的应收账款收益权转让商业保理，由保理商向其提供资金融通、买方资信评估、资产账户管理、信用风险担保、账款催收等一系列服务。

3. 定向融资计划

目前，市场上很多融资方及金融机构纷纷涌向各大金融资产交易中心挂牌发行的各类固定收益类直接融资产品，如定向融资计划等。此类融资产品，一是可以形成合法有效的债权债务关系，合法合规进行产品创新；二是解决了资质较好企业的融资需求。

定向融资计划是指依法成立的企事业单位法人、合伙企业或其他经济组织向特定投资者发行，约定在一定期限内还本付息的投融资产品。其本质是经各地方金融办公室审核批准，以支持实体经济发展为目的，遵守相关法律法规、政策规定开展的业务。每个金交所发行的产品都需要在地方金融办进行备案。

各地方金融资产交易中心备案发行的定向融资计划除需要严格审核融资方的各项资质、还款来源、还款能力等，往往还会要求有被各大评级机构评为AA级的关联主体为产品如期兑付提供无条件、不可撤销连带责任担保，且要求发行方办理抵质押相关风控措施，以确保投资人的本息兑付。

4. 政信类信托

政府通过其下属的地方融资平台公司，以某个特定的基础设施建设项目为依托，向信托公司融得资金，这就是政信类信托。相当于政府向信托公司借钱，用于进行基础设施建设，如修路、架桥、修水库、建公园，等等。

2008 年金融危机期间政府为刺激经济推出了 4 万亿元投资计划。当时，地方政府纷纷成立融资平台公司，而银行贷款和城投债等传统融资方式已无法满足日益增长的地方基础设施建设的资金需求。在此背景下，政信类信托成为地方政府的重要融资工具。

政信类产品受欢迎的一个重要原因在于地方政府融资渠道狭窄，而造成这一问题的原因之一则是地方政府没有自主发债权。不过，这一困境随着"自发自还"式地方债的开闸而得到有效的缓解。

5. 融资租赁

融资租赁也是重要的债权融资之一，在许多领域都可以使用，目前在我国具有很好的发展前景。其运作方式是，公司对承租人自主选定的租赁物件进行以融资为目的的购买，然后将该租赁物件中长期出租给该承租人使用，承租人按期支付租金。租赁到期时，承租人可以获得设备所有权。这实质上是以融物的方式满足承租客户融资的需求。对于政府来说，承租人为政府平台公司或国企，在租赁期内承租人所产生的现金流应足以覆盖租赁期内应付出租人的租赁租金。

政府投资项目建设时，项目建设者并不直接动用资金购买项目建设所需的设备，而是通过租赁建筑机械设备建筑项目。其优点是以较少的资金获得项目建设所需的设备，属于表外融资；而缺点是综合融资成本较高。对地方政府而言，这是最后不得已的选项。

6. 境外发行债券

政信金融还可以通过境外发行债券进行融资。当前，发达国家普遍进入负利率时代，在这种情况下，我国通过政信的方式，能够从海外低息融资，为企业带来机遇。与境内发行债券、境内发行股票、境内贷款等融资方式相比，境外债具有吸引外国投资、利率低、时间周期较长且可以建立国际信誉等重要作用。

7. 低息 PPP 项目债券融资

这种模式多是针对平台公司，可借助第三方与跨国投资银行合作，指导平台公司直接在境外发债（以境内企业作为发债主体，直接在境外发行债券）或间接发债（以境外的子公司或 SPV 作为发债主体进行发债）。

8. 资产支持证券（ABS）

资产支持证券（ABS）也是政信金融的一种融资方式，是以项目所属的资产为支撑的证券化融资方式，即以项目所拥有的资产为基础，以项目资产可以带来的预期收益为保证，通过在资本市场发行债券来募集资金的一种项目融资方式。ABS 主要是看底层资产的现金流情况，底层资产相比 REITs 更加丰富，但凡可以产生稳定现金流的资产理论上都可以进行证券化处理，比如银行贷款（最为常见）、高速公路收费权、仓储物流、公园景点门票、暖气燃气收费、企业应收账款等，当然也包括商业物业资产。

9. 产业投资基金

我国的产业投资基金起源于以美国为主导的西方私募股权投资基金，专注于未上市企业的股权投资，并参与到被投资企业的运行管理，以其所投资企业发育成熟后通过各种退出方式实现资本增值，进行新一轮的股权投资。在我国的产业投资基金的设立过程中，政府有不同程度的参与，其设立的目的是促进某个区域的产业发展，募集的渠道往往是当地的大型国有企业或社保基金，因此带有较强的行政色彩。作为基金管理人的产品发行方，需要对基金进行管理，投向国家和地方政府主导的民生项目、重点发展项目。同时，政府也对项目投入引导资金。项目建成后，以项目产生的巨大收益回馈投资者。

10. PPP 项目投资

投资人也可以选择 PPP 项目进行投资。通过 PPP 模式，可以发挥政府在项目建设与营运过程中的规划、引导、管理、监督的作用，也可以发挥民营企业效率高、成本低和经营机制灵活的优势，从而实现公共目标与市场机制的结合以及社会公众利益与企业利益的"双赢"。

第二节　政信理财产品投资策略与优势

学习目标	知识点
掌握政信理财产品投资策略	产品对应项目考察方式、资产配置方法
掌握政信理财产品的优势	理念优势、主体优势、产品优势、还款优势、政策优势、守约优势、成本优势

一、政信理财产品投资策略

对投资者而言，选择政信类产品重点是看融资方的实力。初步选择政信类产品应该从区域和政府财政情况、融资主体实力、产品风控及增信措施、第三方担保措施等几个方面进行考察，优选有发债记录的主体、再融资能力强的主体和有大型国企融资或担保的项目,以及地方政府财政实力强的地区的项目,这可以在很大程度上规避风险。具体而言,投资者可以从以下角度着手:(1)调查所在区域的经济情况和地方政府财政实力。投资者可以通过统计部门网站或者经济年鉴查到有关政府的财政收支等数据。(2)选择融资主体实力较强的产品。优选有发债记录的主体、再融资能力强的主体,如有国资背景的融资方。(3)足值的土地抵押或者应收账款质押。有足值的增信措施,比如应收账款质押。如果牵涉到土地使用权,还要重点关注土地评估风险以及变现风险。(4)第三方的担保措施。必须要求实质性担保,即担保公司的综合实力要足以覆盖项目风险。

在选择投资政信类产品时,一方面要加强对实际项目的考察,如项目所在地、项目实施机构、发行机构实力等;另一方面要加强对该类型项目产品的风控措施和增信措施的评估。

(一)政信投资与银行理财的比较

与普通百姓熟悉的银行理财相比,政信理财在流动性、安全性和收益率方面都与银行理财不太一样。

在流动性方面,通常流动性越高,收益越低。银行储蓄的流动性高,活期存款可随时支取,定期存款也可提前取出,但按活期计算利息;银行理财锁定了日期,变现比较困难,且银行会赚取大额差价,增大了企业和投资者的风险;政信理财的期限类似两年期或者三年期的定期存款,按季度付息,可灵活安排资金,也可以协议转让。

在安全性方面,银行存款非常安全,如果银行破产,储户本息50万元以内全额赔付;银行理财的安全性较低,尤其现在已经不允许银行刚性兑付,投资者需要自己承担风险,但因为底层资产不透明,本金存在损失的可能;对于政信理财,《地方政府性债务风险应急处置预案》(即通常所说的88号文)等明确规定了地方债务追责机制,地方政府不可赖账,手续完善,风控措施透明可查,若出现延期兑付会有高额罚息,所以安全性相对较高,但目前包括城投债在内的政信产品还未发生过实质性违约。

在收益率方面,银行存款利率上浮和下调基于央行调控,比较被动,收益率一般为0.35%~2.8%;银行理财收益率多数为3%~5%;政信理财的收益率多处于7%~10%。

总体来看,银行的存款不需要每日关注,不需要专业的理财知识,但财富增值慢,且在考虑通货膨胀等因素后,还可能出现缩水的情况。银行理财的底层资产不透明,收益的影响因素较多,个人难以把握。政信理财产品的底层资产透明,多为国家基础设施建设项目和重点民生工程项目,能够在相对安全的基础上兼顾合理的收益。

（二）政信理财可作为投资组合中的防御型资产

资产组合就像足球队，有"前锋""中场""后卫"。"前锋"通常是进攻型资产，一般配置股票类和其他高风险、高收益类型的资产。"中场"以平衡型的资产为主，一般是债券类、黄金、外汇等资产。而"后卫"则担负着抵御风险的重任，一般配置国债、银行理财产品等。

银行理财产品一直被当作低风险、低收益的资产出现在资产组合中。这个低风险实质上是通过刚性兑付来保障的。一旦刚性兑付打破，风险上升，那么银行理财产品将出现大幅度分化。那些风险高、收益低的理财产品将会被市场所扬弃，而银行理财产品整体可能将失去之前扮演的防御型资产的地位。

当银行理财产品不再有刚性兑付，国债便成为一些风险承受能力较差的投资者抵御风险的重要配置。国债有国家信誉担保，相当于变相的刚性兑付。按照现在的形势，基本上每期国债在发行后便很快售罄，即使客户想增加持有国债的比例，也难以做到。

而相对于传统理财产品，政信类理财产品比较特殊，它与政府信用挂钩，被视为优选的安全产品。这类产品的融资主体大都是实力较强的地方政府融资平台，融资标的一般为政府债权收益权，安全性相对较高。

二、政信理财产品的优势

（一）理念优势

政信是政府在政治、经济、社会、文化、生态治理过程中体现出来的、与各利益相关方之间形成的信任关系和社会经济关系。政信金融指基于政府信用而进行的投融资活动。政信金融是政信的核心和主体，包括政府为了履职践约、兑现承诺而开展的所有投融资活动。政信理财产品是政府通过募集的方式，将社会资金投入公共服务领域。

政府同社会资本合作是地方政府项目中分量最小，但是权重最高的环节，只有通过社会融资，才能有效推动后续项目的建设和贷款，才能创造价值。所以，它是价值链中价值最高的，收益最多的。社会资金撬动了整个项目，可以享受项目创造的收益，助力地方建设，分享发展红利。

（二）主体优势

政信合作项目多为国家和政府支持，有稳定现金流的基础设施建设项目，这类项目主要投向基础设施、民生工程等领域。具体来说，对项目的融资方等进行考察，可以最大限度保证资金的安全性。

（1）关注当地政府的经济情况/财政收入。归根到底，政信项目的还款来源是当地的财政收入、上级政府拨款收入以及再融资收入。在考察政信项目时，要了解项目所在地当地财政收入构成、当地企业数量和税收情况、当地在所在地区的区位定位、未来的发展规划。优先考虑地级市或政府所在区的融资项目。

（2）关注融资方、担保方背景。政信项目中，融资方与担保方一般为当地政府控股的城投公司。优选当地政府平台进行合作，能够确保融资方的再融资实力。

（3）关注当地历史投融资情况。将地方政府历史投融资纳入考量范围，对地方政府信用进行评估。

（三）产品优势

政信产品公开透明。投资者了解政信项目、发行产品的真实性有很多的途径，比如：可以到地方交易所查询项目登记情况；可以到政府政务公示网站查询项目；可以到中登网查询应收账款登记记录；私募基金产品可以到中国证券投资基金协会官网查询备案登记情况。

（四）还款优势

政信产品由于有地方政府参与，还款来源明确、有保障。

（1）政府债权类项目。政信金融是根据政府需求，有针对性提供的金融服务。一个地方政府的资金运转主要依靠政府的综合财政能力，这也是对外融资还款的来源之一。

（2）股权类项目。政信项目的主要还款来源包括项目本身的收益、财政可行性缺口补助（包括中央及地方的财政拨款），也可以和地方其他收益性强的项目进行合作来增强还款能力。

（五）政策优势

2018年4月27日，《关于规范金融机构资产管理业务的指导意见》，即通常所说的"资管新规"发布。"资管新规"明确要求金融机构应向投资者传递"卖者尽责、买者自负"的理念，资产管理业务不得承诺保本、保收益，打破刚性兑付。随着"资管新规"的逐步落地，资管业务转型的主要方向是推动理财产品向净值化转变。相比传统保本理财，净值型理财预期收益率波动性更大，投资者需要具备一定的风险承受能力。刚性兑付打破之后，银行理财就失去了原有的安全性优势，也不再是稳赚不赔的投资。

对于绝大多数投资人而言，收益性虽然重要，但安全性依然是选择理财产品的首要考虑因素。相较传统理财产品，政信金融产品依托政府信用，投资民生工程，风险等级相对较低，收益也更加稳健，被视为优选的安全业务类型之一。政府信用通常更加可靠，因此政信类金融产品受到许多投资者的青睐。

政信理财分为债权投资和股权投资两类，债权投资依托政府信用，以应收账款等做抵押，还款方式明确且有保证，通常有稳定的利息收入，风险低。股权投资属于政府项目直投，并非存款，拥有较高的投资收益，需要承担相应的投资风险，利率通常不固定。但整体而言，政信产品风险等级低，投资价值高，被金融投资机构视为优质资源。

（六）守约优势

政信项目拥有严格的风控体系，相关主体有比较好的偿债能力。

关于项目资金安全性，政信产品严格遵循监管要求。（1）资金用途全程监管。在资金使用过程中，政府平台公司需要提供工程进度报告，保证资金专款专用。（2）资金由银行、融资人、公司三方全程监管，募集来的资金存放到三方共管账户中，平台公司在使用资金时需要提出申请，通过审核后放款。（3）与融资方就项目融资开设监管账户，由融资的管理人进行监管，和银行签订《银行监管协议》。

截至目前，还没有出现过政信项目平台公司实质性违约，平台公司最大的风险就是延期兑付风险，但全国仅发生过几例，且都在一个月内兑付完毕，并另付了罚息。

地方政府违约成本极高，一旦有融资债务违约，再融资绝对中止，当地政府还债、投资建设停顿，后果极其严重，因此地方政府通常都谨慎履约。

（七）成本优势

政信理财直接对资金需求方，环节更少，收益更好，与银行类理财相比有三个不同之处。（1）类似的项目银行也在募资，只是银行没有明确说明资金流向。（2）银行将其转化成银行理财产品销售，因为银行还要留取中间费用，使理财产品收益降低。（3）银行的融资只是阶段性的，不能从项目的立项开始就给企业融资，无法从项目本身获得最大利益。

第三节　政信金融投资管理

学习目标	知识点
掌握政信金融产品发售	政信产品认购流程
掌握政信金融产品投后管理	政信金融产品"投、融、建、管、退"全周期管理，针对投资人的投后管理

一、政信金融产品发售

对于非公开募集的政信理财产品，认购流程如图12.1所示。

第一，填写《风险测评问卷》，确认投资人为合格投资者，具备相关风险承受能力。

第二，认真阅读《风险揭示书》《产品说明》《认购协议》，切实了解产品及项目情况后，准备本人身份证及银行卡原件，确认拟打款时间及打款银行网点后，签署《风险揭示书》及《认购协议》，办理投资人信息登记及认购金额预约。

第三，投资人按照预约好的时间，可以选择手机银行电子转账或前往相应的银行窗口办理转账；转账后，投资人向工作人员提交转账凭证、身份证及银行卡正反面复印件。

第四，工作人员收到投资人资金后，当日短信通知投资人资金到账情况。

第五，产品成立后，工作人员在7个工作日内送达认购权证书。

第六，存续：定期跟踪项目进展、与交易对手项目公司沟通，为对方提供各类增值服务，对项目进行品牌导入和产业升级，升级项目品质，提升项目的获利能力。

第七，投后管理：触发红灯预警时，进行不良资产尽职调查，牵头制订资产处置方案并落实。

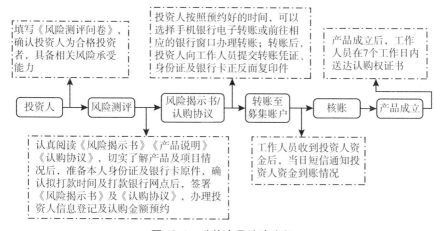

图 12.1　政信产品认购流程

二、政信金融产品投后管理

投后管理是政信金融产品项目投资周期中的重要组成部分，也是"投、融、建、管、退"项目全流程操作中的重要节点。在完成项目进度并实施投资后，直到项目退出之前，都属于投后管理的期间。

（一）政信金融产品全周期管理

政信项目很多都是全周期管理，包括"投、融、建、管、退"项目全生命周期管理。通过采取入股、并购、重组、联谊等多种方式整合各行各业优质公司，对优质的单体项目、产城融合、园区建设运营进行多元化的资源整合，强调与政府的深度合作、风险控制、利润锁定、后续退出，等等。

（1）投：项目投资与运营机制。对项目背景资料进行搜集并分析，然后进行项目设计，最后进行项目运作。

（2）融：项目融资流程。对项目基本情况、融资方情况、担保方情况、增信基础资产情况、用款项目情况以及政府综合财力等进行详细的尽职调查，对融资方式和产品进行分析，对接地方交易所，等等。

（3）建：参与工程建设。通过参与工程建设，把握利润。

（4）管：财富业务价值链管理模式、风控体系。从项目事前、事中、事后进行管理。

（5）退：退出机制与退出方式。相关事宜包括上市、股权转让、减资、清算、股转债、债转股、ABS、政府财政支出、政府统筹等。

（二）政信项目运营

政信产品是企业与地方政府深度合作的产物，在融资方面能拓宽企业的融资渠道，能盘活资产，激活地区产业的发展建设。企业可以深度参与项目运营，拟定及签署协议，对项目进行招投标，组建项目公司，对项目公司进行运营。在项目设计方面，从前期开始参与策划；在产业方面，帮助导入产业，规避产业风险，推动项目发展；引入专业的行业机构及品牌，对项目进行品牌导入和产业升级，升级项目品质，提升项目的获利能力。

相较一般的信托、银行理财等产品，政信产品参与项目的程度更深，更能对项目进行把控，对项目的经营管理更符合投资者的利益诉求；能够深入项目，深度孵化项目，提升项目价值，将投资人的风险最小化，利益最大化。

（三）针对投资人的投后管理

关键节点：季度付息，到期还本，定期跟进融资方经营及流动性状况。

控制点1：确保及时了解项目方经营及还本付息能力，了解项目方的负面新闻，及时按期收集项目方最新资料。

控制点2：项目方还本付息的跟进及报告情况，是否按期归还，不能按期还本付息的，需要提前半个月到3个工作日汇报。

控制点3：按月、按季度、按年度的投资报告，投后管理报告。

控制点4：跟进用款项目建设情况，实地考察并整理项目建设资料，形成报告。

第四节　政信金融产品风险揭示

学习目标	知识点
掌握政信金融产品风险揭示	特殊风险揭示、一般风险揭示、政信金融产品特定投资方法以及特定投资对象的风险揭示

一、特殊风险揭示

（一）政信金融产品专有风险

政信金融产品是依托金融机构与各级政府在基础设施、民生工程等领域开展业务合作而产生的一类理财品种，还款来源稳定，风险等级低，投资价值高。当然，政信金融产品也因各地区的经济情况差异较大及政府的信用度不同等而存在一定的投资风险。此外，根据不同的政信金融产品类型，其所涉及的政策法规及金融监管存在一定的差异，也会由此产生特殊的政信金融产品风险。

（二）单一标的所涉风险

政信金融产品最终所投向的标的往往是一个地区的集中连片项目，因涉及的投资标的单一，一般面临单一项目的集中投资风险。若出现经营管理不善导致亏损和遭遇不可抗力等情形，使产品到期而无法正常退出，则将面临无法获得本金及收益，甚至出现亏损的风险。

二、一般风险揭示

（一）资金损失风险

管理人依照恪尽职守、诚实守信、谨慎勤勉的原则管理和运用基金财产，但不保证投资财产中的认购资金本金不受损失，也不保证一定会盈利及最低收益。

（二）政信金融产品运营风险

政信金融产品运营风险指管理人依据政信金融产品的合同约定，管理和运用基金财产所产生的风险，由产品相关财产及投资者承担。投资者应充分知晓投资运营的相关风险，并且其风险应由投资者自行承担。

（三）市场风险

资本市场价格因受各种因素的影响而波动，使政信金融产品资产面临潜在的风险，主要包括：

（1）政策风险。货币政策、财政政策、产业政策等国家政策变化对资本市场产生一定的影响，导致市场价格波动，影响政信金融产品收益，从而产生风险。

（2）经济周期风险。经济运行具有周期性的特点，宏观经济运行状况将对资本市场的收益水平产生影响，而政信金融产品也会受其影响，从而产生风险。

（3）利率风险。金融市场利率波动会导致股票市场及债券市场的价格和收益率变动，同时直接影响企业的融资成本和利润水平。若政信金融产品投资此类相关资产，收益水平会受到利率变化的影响。

（4）购买力风险。政信金融产品投资的目的是使政信金融产品资产保值增值。如果发生通货膨胀，政信金融产品投资于证券所获得的收益可能会被通货膨胀抵销，从而影响政信金融产品资产的保值增值。

（5）再投资风险。再投资风险反映了利率下降对固定收益证券（包括存款）利息收入再投资收益的影响，这与利率上升所带来的价格风险（即前面所提到的利率风险）互为消长。具体表现为：当利率下降时，用政信金融产品投资的固定收益证券所得的利息收入进行再投资，获得的收益率较之前而言更低。

（6）赎回风险。因政信金融产品持有的证券停牌或其他投资标的无法取得公允价值，如部分投资者赎回基金份额，未赎回的投资者在后续开放日赎回时可能比之前先赎回的投资者承担更大的产品净值波动风险。这部分持续持有基金份额的投资者在后期赎回时可能面临出现损失的风险。

（四）管理风险

在政信金融产品财产管理运作过程中，管理人的业务资质、管理能力、管理水平、相关知识和经验，以及操作能力、人员流动性等对基金财产收益水平有较大的影响。管理人的管理和操作失误可能导致基金财产受到损失。

管理人可能还同时进行自营投资。虽然管理人承诺将在自营业务与资产管理业务之间采取有效的隔离措施，但仍然可能存在自营业务与资产管理业务之间发生利益冲突的道德风险。

（五）流动性风险

在政信金融产品存续期内，投资者可能面临资金不能退出而带来的流动性风险。根据实际投资运作情况，由于市场整体流动性风险及被投企业自身流动性风险等原因，政信金融产品可能提前结束或延期结束，投资者因此可能面临投资资金不能按期退出的风险。

（六）信用风险

信用风险指政信金融产品在交易过程中发生交收违约，或者政信金融产品所投资债券之发行人出现违约、未能如期足额兑付应付本息，导致政信金融产品财产损失。信用风险主要来自交易对手、发行人和担保人。在政信金融产品财产投资运作中，如果管理人的信用研究水平不足，对信用产品或交易对手的信用水平判断不准确，可能使基金财产承受信用风险所带来的损失。

（七）税收风险

不同类型的政信金融产品所适用的税收征管法律法规可能会由于国家相关税收政策调整而发生变化，投资者收益也可能因此而受到影响。

（八）相关机构的经营风险

管理人、托管人、证券期货经纪机构、运营服务机构、交易所等如在政信金融产品存续期间无法继续从事相关业务，则可能会对政信金融产品产生不利影响。

（九）其他风险

其他风险包括由于战争、地震、火灾、海啸等不可抗力和其他不可预见的原因，导致政信金融产品投资目的不能实现或不能全部实现的风险。

三、政信金融产品特定投资方法以及特定投资对象的风险揭示

政信金融产品类型众多，各类金融产品具有特定的投资风险，其特定投资标的虽以政信项目为主，但其投资标的的价值仍取决于投资对象的经营状况，以及原股东对所投资企业的管理和运营，而相关市场宏观调控政策、财政税收政策、产业政策、法律法规、经济周期的变化及区域市场竞争格局的变化等都可能影响所投资企业的经营状况，进而影响基金投资标的的价值，导致存在一定的投资风险。同时，政信金融产品的投资范围可能为投资产品管理人及其关联方发行的相关产品，此种关联交易可能存在因关联交易被监管层否定的政策风险和相应的关联交易风险。若投资运作中有此关联交易，资产管理人将在定期报告中对此进行披露。此外，政信金融产品未设预警止损线的，在极端情况下，投资者投入的本金有可能出现全部损失的风险。

以上仅为所列举的部分风险揭示事项，未能详尽列明投资者参与政信金融产品投资所面临的全部风险和可能导致投资者资产损失的所有因素。

思考与练习

一、思考题

（1）银行理财打破刚性兑付后，如何改善资产配置？

（2）你接触过哪些政信项目？

二、练习题

1. 单项选择题

(1) 政信金融服务公司在政信理财业务中扮演（　　）的角色。

A. 融资人 　　　　　　　　B. 资产（资金）管理人

C. 投资人 　　　　　　　　D. 受益人

(2) 政信金融股权融资不包含（　　）。

A. PPP 项目直接投资

B. 发行市政债

C. 政府通过产业引导基金对项目进行投资

D. 设立国有企业改制基金

(3) 政信金融的债权类融资方式不包括（　　）。

A. 发行一般债券 　　　　　B. 发行专项债券

C. PPP 项目直接投资 　　　D. 发行地方私募债

(4) 进行基础设施建设时，若地方政府财政不足，不可通过发行（　　）来融资。

A. 城投债 　　B. 国债 　　　C. 企业债 　　　　D. 市政债券

(5) 政信金融的客体是政信金融采用的金融工具，即政信金融产品，其不包括（　　）。

A. 地方政府债券 　　　　　B. 产业投资基金

C. 保险产品 　　　　　　　D. 定向融资计划

2. 多项选择题

(1) 政信金融的主体包括（　　）。

A. 借款方 　　　　　　　　B. 服务方

C. 投资者 　　　　　　　　D. 小贷公司

(2) 政信金融的投资者包括（　　）。

A. 个人投资者 　　　　　　B. 小贷公司

C. 机构投资者 　　　　　　D. 慈善机构

(3) 政信金融产品根据产品类型不同、监管要求不同，在不同的机构和场所发行备案，（　　）可以发行政信产品。

A. 创业板 　　　　　　　　B. 中国银行间市场交易商协会

C. 金融资产交易所 　　　　D. 新三板

(4) 从融资模式来看，政信金融分为（　　）。

A. 债权类融资 　　　　　　B. 期权类融资

C. 股份融资 　　　　　　　D. 股权类融资

3. 判断题

(1) 应收账款保理融资运作方式是以地方融资平台对政府的应收账款

为基础资产形成的应收账款收益权转让商业保理，由保理商向其提供资金融通、买方资信评估、资产账户管理、信用风险担保、账款催收等一系列服务。（　）

（2）定向融资计划，一是可以形成合法有效的债权债务关系，合法合规地进行产品创新；二是解决了资质较好企业的融资需求。（　）

（3）政信类信托的操作方式可以是政府通过其下属的地方融资平台公司，以某个特定的基础设施建设项目为依托，向信托公司融得资金。
（　）

（4）但凡可以产生稳定现金流的资产，理论上都可以做证券化处理，比如银行贷款（最为常见）、高速公路收费权、仓储物流、公园景点门票、暖气燃气收费、企业应收账款等，也包括商业物业资产。（　）

（5）政信项目全周期管理流程包括投、融、建、管、运营。（　）

4. 简答题

（1）"资管新规"对于中国金融行业的影响和意义。

（2）对于非公开募集的政信理财产品，与个人投资者相关的认购和后续流程是什么？

练习题答案

1. 单项选择题

（1）B　（2）B　（3）C　（4）B　（5）C

2. 多项选择题

（1）ABC　（2）AC　（3）BD　（4）AD

3. 判断题

（1）正确　（2）正确　（3）正确　（4）正确　（5）错误

4. 简答题（略）

第十三章
政信金融投资策略

【本章内容概述】

　　本章从家庭资产配置及投资策略的一般理论出发，论述家庭不同生命周期的资产配置需求和不同的投资策略，并结合标准普尔家庭资产象限理论来为个人制订家庭资产配置方案做理论分析。政信金融是新时期国家发展过程中产生的金融形态，是财政金融的特殊产物，为投资者开辟了新的投资选择。本章详细阐述了金牌政信金融产品的特征及投资策略，以帮助投资者高效准确识别投资产品。

【本章重点与难点】

　　重点：

1. 中国家庭资产配置现状
2. 投资策略与家庭生命周期的关系
3. 标准普尔家庭资产象限图
4. 政信金融产品的投资策略

　　难点：

政信金融产品的投资策略及与家庭资产配置的关系

第一节　家庭资产配置及投资策略

学习目标	知识点
熟悉家庭投资策略	家庭生命周期与投资策略、标准普尔家庭资产象限图的含义

一、我国家庭资产配置现状

伴随着我国 GDP 的快速增长，社会财富快速积累，与此对应的财富管理市场也经历了十几年的迅猛增长，目前我国财富管理市场已超百万亿元。根据《中国证券报》报道，截至 2020 年 11 月底，我国存款总量为 212.8 万亿元，贷款余额为 171.5 万亿元，股票 73.6 万亿元，债券 115.7 万亿元。目前，存款和房产投资仍然是我国居民的主要投资理财方式，其中存款占比为 40%，不动产投资占比为 35%，其他（如股票、债券）投资总额相加不足 20%。这样的资产配置一方面体现了我国自 2000 年以来以房地产主导的经济发展形态，另一方面也体现了国民务实保守的投资理念。

根据"十四五"规划和 2035 年远景目标纲要，要多渠道增加居民财产性收入，实现人均居民可支配收入与经济增长基本同步。这将带来巨大的财富管理市场需求。我国居民的资产配置应往多元化、合理化方向发展，可以开始从固定收益类投资项目逐步向高风险、高收益、权益类产品进行尝试。而与此同时，我们还需要建设一个安全有保障的财富管理市场。

如何选择适合自己的理财产品，如何构建自己家庭的资产配置等问题仍然是普通百姓难以抉择的问题，甚至对于一些理财顾问或理财经理而言也并非易事。因此，不论是理财顾问还是普通百姓，学习并掌握常见理财产品的特征、收益与风险、投资策略等均有必要。

二、家庭生命周期投资策略

理财伴随人的一生，在人生的不同阶段，需要采取合适的理财策略和规划，为个人和家庭发展提供强有力的物质基础和经济基础。在不同的人生阶段，由于财务状况和需求、生活重心以及获取收入的能力等方面各不相同，因此个人、家庭的理财观念和策略也不同。

在一生中的不同阶段，个人收入水平不同，消费水平也不同。通常，刚参加工作不久的年轻人收入不高；在进入中年后，随着年龄和资历的增加，收入也随之提升；而步入老年，尤其是退休之后，收入又会减少。消费不是取决于个人的现期收入，而是取决于一生的收入。也就是说，一个人需要综合考虑其过去积攒的财富、目前的收入和未来的收入，以及可预期支出、工作时间和退休时间等多种因素，以决定一生中的消费与储蓄，使其消费水平在一生中保持相对平稳的水平，而不出现大幅波动。但是，无论处于什么阶段，大部分人都不愿意把收入全都消费掉，总要有所保留，以备不时之需。因此，掌握好个人和家庭不同时期的特点，合理地分配家庭收入，从而实现消费和收入的相对平衡，这样才能做到既保证生活需要，又能够让节余的资金保值与增值。下面将具体分析不同生命周期阶段个人生活、家庭模式、收入以及支出方式特征，以及相应的理财策略。

（1）单身期。我们将参加工作到结婚之前的时期定义为单身期。这段时期收入通常比较低，消费支出大，但是没有太大的家庭负担，是将来家庭的资金积累期。此时的理财目标不在于短期获得多少，而在于积累收入及投资经验，为未来的生活打下基础。由于接下来的人生阶段将面临非常大的财务压力，所以应该是好好学习理财知识，掌握理财方法，开始进行储蓄，积攒资本。

（2）家庭建立期。我们将从结婚到子女出生前的时期定义为家庭建立期。这段时期是家庭的主要消费期，经济收入增加且生活稳定，家庭已经积累了一定的资本，但是为了提高生活品质，需要投入较大的家庭支出，如买房等开支，消费压力与负担逐渐加重。此时的理财目标是安排好家庭各项支出，并且配备必要的保险，以规避不确定的风险给家庭带来的影响。在投资方面可以偏向积极的风格，但需要兼顾安全稳健的原则。

（3）家庭成长期。我们将从子女出生到接受完高等教育的时期定义为家庭成长期。这段时期夫妻双方事业已趋于成熟，收入逐渐提高。同时，由于子女诞生所带来的生活费和教育费的增加，使家庭的必要支出大幅度增加。此时的理财目标是如何合理调配和安排家庭支出。在这一时期，应该用已积累的财富继续投资，同时加强风险防范意识并配置适当的重大疾病保险。

（4）家庭成熟期。我们将子女参加工作后到本人退休定义为家庭成熟期。这段时期是家庭财富积累的高峰时期，子女已经完全自立，父母的工作能力和经济状况都达到了高峰状态，是一生中财务上相对自由的时期。此时的理财目标是巩固家庭资产，扩大投资，为自己的退休生活做好充分准备。投资应选择风险较小的理财产品等。

（5）养老期。我们将退休之后的时期定义为养老期。这段时期收入明显下降，而且由于年龄增大所带来的疾病增多，家庭赤字现象较多。此时的理财目标是如何利用好财富安享晚年，保障财产的安全性和遗产传承。投资应倾向于低风险保守型的理财产品。

根据以上生命周期所涉及的理财目标，我们需要详细做好各阶段的理财规划。通常，一个人一生的理财规划应涵盖八个方面：家庭财务分析和现金应急规划、教育规划、投资规划、消费支出规划、税务规划、风险管理与保险规划、退休养老规划、财产分配与遗产传承规划。理财规划不是静态的，而是动态的。只有未雨绸缪，提前依据个人的特点和目标，结合财务状况和收入能力，不断更新与完善投资理财策略，才能最终实现个人和家庭的财富安全和财富自由。

三、标准普尔家庭资产象限投资策略

（一）标准普尔家庭资产象限图

标准普尔作为全球最具影响力的信用评级机构，提供有关信用评级、风险评估管理、指数编制、投资分析研究、资料处理和价值评估等重要资讯，为广大投资者进行重要投资和财务决策时提供专业依据。标准普尔基于全球10万个资产稳健增长家庭的情况，分析总结出其家庭理财方式，从而得到标准普尔家庭资产象限图，如图13.1所示。

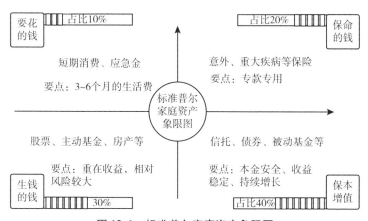

图 13.1　标准普尔家庭资产象限图

（二）标准普尔家庭资产象限图的含义

第一个账户是日常开销账户，也就是要花的钱，一般占家庭资产的10%，为家庭3~6个月的生活费，通常为活期储蓄。这个账户保障家庭的短期开销，日常生活费等都从这个账户中支出。每个人都会有这个账户，但是最容易出现的问题是占比过高，很多时候也正是因为这个账户花销过多，而没有钱准备其他账户。

第二个账户是杠杆账户，也就是保命的钱，一般占家庭资产的20%，专门应对突发的大额开支。这个账户保障突发的大额开销，一定要专款专用，保障在家庭成员出现意外事故、重大疾病时有足够的钱来保命。这个账户主要是意外伤害和重疾保险。虽然平时看不到什么作用，但是到了关键的时刻，只有有了它才能不需要去卖车、卖房或者低价抛售股票套现来筹钱。因为如果没有这个账户，家庭资产可能随时面临重大风险事件而悉数散尽，所以叫保命的钱。

第三个账户是投资收益账户，也就是生钱的钱。一般占家庭资产的30%，用有风险的投资创造高回报，为家庭创造收益。这个账户往往是通过

个人最擅长的方式为家庭赚钱并创造高收益，具体包括投资股票、基金、房产、企业项目等。对于这个账户，关键在于合理的占比，无论盈亏，对家庭都不能有致命性的打击。这个账户容易出现的问题是风险投资占比过高，比如大量的资金投资到股票市场，若遇到股市大跌，本金可能受到严重损失。所以对于处于成长期和养老期的家庭来说，资产配置中不适合大比例持有高风险高收益类型的资产，而偏保守类的稳健型投资方式更为合适。

第四个账户是长期收益账户，也就是保本升值的钱，一般占家庭资产的40%，主要用于存放保障家庭成员的养老金、子女教育金、留给子女的资产等。简单来说，这个账户中存放的是一定要用的，且需要提前准备的钱。对于这部分资产，一定要保证本金不能有任何损失，并要抵御通货膨胀的侵蚀，所以收益不一定高，但却是长期稳定的。这个账户最重要的是专属性，需要与其他资金进行隔离。第一，不能随意取出使用，比如养老金是专门准备养老用的。第二，每年或每月有固定的钱进入这个账户，才能积少成多，不然就随手花掉了。第三，要受法律保护，要和企业资产相隔离，不用于抵债。

标准普尔家庭资产象限图的价值在于给家庭保障其正常开支、子女教育、医疗健康和养老规划等设定了通用标准，它的科学性在于这个象限模型来源于实践，并广泛应用于实践而长期有效。这个四象限图成为现代家庭资产配置理论的基础。每个家庭都有必要对照这个象限图做出自己家庭资产配置的基本模型，未雨绸缪，从而逐步提高家庭生活水平，为家庭提供更高质量的生活保障。对于每个象限的资产配置要求，需要匹配能满足要求并在安全和收益的结合点上最佳的产品。而政信金融类的各种产品在诸多方面满足了家庭资产配置对于安全和收益等各方面的需求。

第二节　政信金融投资策略概述

学习目标	知识点
掌握政信金融投资策略	政信金融产品特点、"四国保障"产品、八大业务闭环

一、理解政信投资的保障性

政信理财产品的投资起点较低，既有保险投资的低门槛，又有不输信托收益的稳健回报，属于大众投资品。政信投资兼具两者的特征，保险资金参与政信项目，表示认可政信投资的收益和风险；政信投资的投资形式与信托类似，但更有特色。根据不同的产品设计，不同的政信理财投资品种有不同的投资门槛，投资方式比较灵活。可以说，政信投资既是保障，又是投资。

1. 保险公司逐步参与到政信投资中

随着我国经济的稳步增长，目前已有部分保险公司通过 PPP 项目等方式助力实体经济的发展，但每家公司各有侧重，还有一些机制仍处探索之中。

当前，在重点经济领域，诸如财政改革、投融资改革、缓解政府融资、引导民间投资等主题都与 PPP 有重要关联，而保险资金与 PPP 项目具有天然的匹配性。一方面，PPP 项目建设运营周期长，对资金的需求量大，与保险资金投资期限长、资金量大且稳定的特征天然匹配。另一方面，PPP 属于以政府信用背书的带有公益性质的政企合作项目，既不允许暴利，又要求相对适中稳健的资本回报率，这也与保险资金风险偏好低但要求长期稳定投资回报率的特征相吻合。

实际上，保险资金应发挥长期投资优势，为国家重大战略和产业政策、国有企业混合所有制改革、棚户区改造、基础设施建设、新经济增长等提供有力的资金支持，做长期资金的提供者，而非短期资金炒作者，使金融体系的资金供需在期限结构上更加匹配。在国家大力倡导下，社会资本纷纷以 PPP 模式参与到这些建设中。保险资金也必然通过参与 PPP 模式来分享实体经济发展的成果。

目前，保险资金间接投资 PPP 项目主要有四种形式，包括以债权计划投资施工方、投资企业专项基金、参与政府融资基金、跟投其他金融机构。信托公司、证券公司、保险公司、区域性金融资产交易所、资产管理公司、商业保理公司等各类金融机构针对优质 PPP 项目及地方优势产业国企改制项目，提供投融资服务，大力引导包括险资在内的各类资金参与到实体经济当中。

2. 政信投资类型丰富

政信理财产品与信托的投资范围有重叠，一般投向由政府发起的交通、住建、环保、能源、教育、医疗、体育健身和文化设施等项目或政府债权融资，投资规模较大、需求长期稳定。政信理财产品多属于直接为政府融资，省去了融资渠道的中间费用，降低了融资成本，安全性高且收益不错，主要包括政信类信托和 PPP 项目两种。

政信类信托是基础产业类信托的一种，基础产业类信托是资金投资于基础产业领域的信托计划。基础产业主要包括农业、能源、原材料和交通运输等产业部门，在经济结构中占有相当大的比重，能够为社会生产和居民提供公共服务。其中，信托资金投向交通、水利等基础设施建设项目的被称为基础设施建设类信托，其参与实体基本为地方国企或融资平台，用资项目多由国家和政府支持，由政府验收还付款，因包含隐形政府信用，又被称为政信类信托。

传统的政信信托模式是，各级政府以某个特定的基础设施建设项目为由，通过其下属的地方融资平台，向信托公司融资。这类产品的融资主体大部分都是实力较强的地方政府融资平台，融资标的一般为政府债权收益权。

在地方政府性债务中，政信类信托实际所占比例很小。与其他信托产品相比，政信理财产品、政信合作信托的安全性更加有保障。在当前的市场情况下，其投资性价比更是得到市场的一致认同。

政信合作的融资方一般是政府的各类融资平台，政府融资平台负责城市基础设施建设、城市开发等。这类理财产品最大的特点是融资主体相对较有实力，且地方政府对还款有相关责任或直接以地方政府的债权收益权作为融资标的。

政信类信托的体量比较小，信托在政信类项目中一般只充当普通债权人，不承担项目经营中的风险。而政信合作包含大多数政府信用在内的合作，合作方式较多，主体更多，理财产品模式也更多样，比如 PPP 融资模式。PPP 融资模式是在城市基础设施建设中，政府部门和私人机构形成一种合作关系，共同出资建设、运营，政府与社会各主体建立"利益共享、风险共担"的合作模式。PPP 模式中，各类金融机构可以充当项目的股东，分担项目风险和分享收益。引入 PPP 模式的目的是希望实现政府和社会"双赢"，在政府的大力支持下，PPP 作为一种新的融资模式，备受银行、基金、信托等金融机构的关注。

对于政府而言，PPP 模式有利于缓解政府债务负担；对于社会资本而言，其在地方优质项目中参与程度更高，可以以股东的身份分享我国经济发展的成果。在具体实践中，PPP 项目延续了传统政信类信托的某些优点，比如收益水平。在风险保障机制方面，仍然有政府的相关支出义务以保证收益。另外，PPP 项目本身具有稳定的现金流，其安全性不亚于传统的政信类信托项目。

二、识别优质政信金融产品

（一）金牌政信成市场风向标

政信金融在金融市场上风生水起，引来了众多参与者。政信投资和政信项目的本质就是政府信用，除了融资主体的政府信用背景外，投资方、建设方、运营管理方等各方参与主体是否具有国资背景也决定了政信项目和政信金融产品的认可度。根据这些参与主体是否具备国资背景，政信金融产品分为金、银、铜三种。其中，金牌政信是指在项目的融资、建设、运营管理和还款四个环节的主体均为国资主体；银牌政信是指在以上四个环节中，其中三个主体具备国资背景；而铜牌政信则是仅有两个环节的主体具备国资背景的主体。

1. 金牌政信的国资保障

金牌政信的融资方、投资方、建设方、运营管理方均具有国资背景，即具有"国资建、国资管、国资融、国资还"的闭环属性。多一道国资主体，就为政信产品增加了一道安全保障，并更有利于实现投资收益的最大化。因此，金牌政信具备强信用和高收益性的特征。

国资之所以被认为是安全的，是因为国资最终体现的是政府信用。政府作为国家财产的经营者，要确保国家资产的保值增值，国资企业被赋予国有资本保值增值的责任。国资企业是政府出资设立，参与政信项目的投资、融资、建设和运营管理，代表国家履行国企责任，多个国资主体参与到政信项目全生命周期中，能够全方位发挥各类国资主体在各环节的优势。

2. 融资主体的国资保障

政府注资设立或控股的国有企业作为融资主体，承担着地方经济开发建设的重任，其使命就是为地区经济发展和民生改善进行投资、融资、建设和运营管理，必然得到政策支持。2018 年 7 月 23 日，国务院常务会议对政府融资平台监管政策进行了微调，引导金融机构按照市场化原则，保障融资平台公司合理融资需求。随后，国务院办公厅发布《关于保持基础设施领域补短板力度的指导意见》，中国银保监会发布《关于进一步做好信贷工作提升服务实体经济质效的通知》，要求保障在建项目顺利实施、加大对在建项目和补短板重大项目金融支持力度，按市场化原则满足平台公司合理融资需求，避免必要在建项目资金断供、工程烂尾。2019 年 3 月，政府工作报告提出要妥善解决融资平台到期债务问题，不能搞"半拉子"工程。2019 年 6 月，中共中央办公厅、国务院办公厅发布《关于做好地方政府专项债券发行及项目配套融资工作的通知》，允许专项债作为符合条件的重大项目资本金。

市场化多元化融资有助于提供充足的流动性。有政策支持，地方融资平台不仅能获得国开行长期低息贷款和地方政府的产业投资基金，还能在交易所发行企业债获得直接融资，而且可以通过商业银行获得贷款，并通过信托公司发行债权信托计划，还可以在地方金交所发行定向融资计划。这些多元化的融资手段为融资平台的项目建设提供了充足的资金来源，而且更容易保障各路资金投入和退出。

3. 建设主体的国资保障

政信项目通常要求建设主体具有国资背景，以便融资平台与国资建设主体的合作具有更多便利性。改革开放 40 多年来，伴随着我国基础设施的大规模建设，一大批施工企业得以快速壮大，甚至中国建筑、中国中铁等央企已经排名世界五百强前列，体现了我国国有建设主体的实力。

国资建设的优势在于超前的顶层设计能力、先进的装备和技术支持、强大的组织协调和号召能力、强大的资金支持。为完成公共服务类的政信项目，国资建设企业参与其中，更加有利于项目的顺利推进。

☞延伸阅读☜

在 2020 年抗击新冠肺炎疫情中，"240 个小时建成一座医院"让世界为之震撼。从 2020 年 1 月 23 日武汉市政府决定参照小汤山医院模式建设火神山医院，1 月 25 日决定再建一所"小汤山医院"——武汉雷神山医院，到 2 月 2 日和 2 月 5 日晚两座共容纳超 2500 张重症患者床位的医院分别交付使用，创造了中国建筑史上的奇迹，体现了中国速度。作为传染病隔离治疗医院，火神山医院对于防护隔离的要求极高，在提出建设需求之初，由于工期过短、准备时间基本为零等多个不利条件限制，曾被认为是不可能完成的任务。建筑、通信、能源、制造等多类别总计 39 家业内处于领先地位的央企充分发挥优势，将业务中最强的"长板"拼在一起，才在不牺牲质量的前提下，完成了火神山医院的建设。

几百台机器同时作业，忙而不乱，以分钟来计算工期，火神山医院和雷神山医院的建设将国资建设能力发挥到了极致。这既是个案，也是政信项目中国资力量的缩影，是这个时代最可信赖的力量。

资料来源：根据新华社相关报道整理。

4. 资金管理的国资保障

政信项目建设和运营中的资金管理是投资人普遍关心的问题。政信金融产品的结构设计中包含银行、挂牌机构/交易场所、管理人及用资方，所有的政信金融产品所涉及的资金往来都是通过多方共管。银行作为政信金融产品的资金托管方，监管资金流向。银行作为资金存管方，与受托管理人开设共管账户，并根据共管协议，严格按照受托管理人的指令和印章执行资金划转。

金融资产交易所是由地方省级政府部门、金融办审批通过的，就区域性金融资产进行挂牌、备案、交易的平台，开展政信类的定向融资计划的挂牌、备案和交易。根据金融资产交易所的规定，产品发行人需要设立独立的监管账户，并委托金融资产交易所进行托管；金融资产交易所对发行人进行尽职调查，设定发行规模和投资者人数，在定向融资计划发行完成后，发行人需要在金融资产交易所登记共同管理。金融资产交易所要求产品发行人通过金融资产交易所网站或合格投资人专区披露相关公告，督导发行人办理抵质押相关风控措施以按时兑付。

（二）细致的政信风控技术

政信事业关乎政府、国资平台和企业的公信力，更关乎广大投资人的利益。作为连接政府公信力与投资人利益的桥梁，把利国利民的事做好，是职责，也是义务。政信事业是一片"蓝海"，开拓政信事业更需要专业技术。好产品要精心打造，不仅需要从源头把好每一关，更要有科学的顶层设计和专业的团队。金融产品的核心就是风险把控，风险把控是从事政信事业的企业能够行稳致远的生命线。74层风险净化理论从宏观风险把控、市场风险把控、管理风险和经营性风险把控三个层面提出了74层风险管理体系，具体请参见本书第十五章第四节。

三、精选闭环政信金融项目

投资的体系环环相扣，想要控制每一个节点，想要获得高收益，就需要全部投资环节的相互配合，打造一个良性的闭环。闭环不仅是可控的，而且是螺旋上升的，收益用于再投资，每个环节都能创造价值而传导给下一环节。在政信项目的全生命周期，每个环节都有可能创造利益，而在投、融、建、管、退的过程中，如何选择闭环的项目呢？

第一，项目管理人要有政信事业的战略闭环。管理人要建立共生共赢的战略，通过合伙人机制建立政信生态，以专业的顶层设计谋划整体效益。

第二，项目系统规划闭环。政信企业与政府达成共促地方发展的共识，发掘并提升项目的战略价值，系统规划，确保可执行性，优化项目投入与产出效益。

第三，项目全方位投资调研闭环。项目要有精细化的调研策略，有权威的规划设计方案，能够为政府提供全方位的项目投资服务。通过筛选项目、优劣势分析及风险管控分析，做到所投项目合规合法、结构合理、全流程管控。

第四，项目融资闭环。从资产追索、风险分担到投资战略设定，都要有明确要求。项目融资要遵循七大策略：融资资料精细化，立项评审严谨化，项目调研流程化，投资决策专业化，洽谈签约规范化，产品发行标准化，产品管理审慎化。

第五，项目工程建设闭环。项目管理要符合七大原则：整合资源合理投入；专业分工优势互补；超前谋势强化预控；主动创新攻克难关；抓主要矛盾，注重施工组织；注重管理质量优先；预防风险保障安全。

第六，产业经营增效闭环。项目要坚持产业经营五大原则：规划引领、有序发展；市场调节、政府引导；产城互动、融合发展；五化协同、以人为本；改革创新、响应政策。项目要形成产业经营四大优势：产业管理主体可控、项目管理要素齐全、项目运营体系闭环、产业体系现代化运营。

第七，项目退出闭环。项目退出是投资人实现投资收益的最后环节。对于不同的项目，可以选择项目回购、上市、资产证券化和发行债券等方式实现退出。

第八，项目风险控制闭环。项目要坚守国家底线思维，设立风险管理系统原则，如风险管理创造价值、独立性、全面性、全员参与、匹配性、审慎性、有效融合的原则，构建合规文化，使风险管理专业化，积极主动应对风险。

思考与练习

1. 单项选择题

(1) 国家提出"十四五"期间居民收入保持（   ）。

A. 低于经济增长水平　　　　　　B. 高于经济增长水平

C. 与经济增长水平同步　　　　　D. 两倍于经济增长水平

(2) 关于家庭生命周期不正确的是（   ）。

A. 由美国经济学家莫迪利安尼等人提出

B. 家庭生命周期分为单身期、建立期、成长期、成熟期和养老期

C. 成长期是主要的消费期，需要大量的支出

D. 成熟期指从子女出生到接受完高等教育的时期。这一时期家庭支出大幅增加，可选择高风险高收益的产品投资

(3) 关于标准普尔家庭资产象限图的说法不正确的是（   ）。

A. 分为零钱、保命的钱、生钱的钱和保本升值的钱

B. 股票、基金等投资适合作为生钱的钱

C. 保本升值的钱适合选择稳健型的债权产品，如政信私募债

D. 保命的钱属于"以小博大"，如社会保险金

(4)（   ）不是政信投资的特点。

A. 投资门槛低，适合大众投资

B. 高风险、高收益

C. 有国资平台的强信用保障

D. 资金投向基础设施建设等公共服务类项目

2. 多项选择题

（   ）不属于中国家庭资产配置的特点。

A. 高储蓄、低投资　　　　　　　B. 房产投资比重过大

C. 股票投资比重大　　　　　　D. 激进型投资偏多

3. 判断题

（1）商业保险公司的资金投资方向包括政信类投资项目。　（　　）

（2）政信投资的收益高是因为属于直接投资，没有中间环节。（　　）

（3）政信理财产品最大的特点是融资主体相对比较有实力，且地方政府对还款有相关责任或直接以地方政府的债权收益权作为融资标的。　（　　）

（4）PPP 项目不属于政信金融投资。　　　　　　　　　　　（　　）

（5）金牌政信是指项目的融资、建设、运营管理和还款四个环节的主体均为国资主体。　　　　　　　　　　　　　　　　　　　　　（　　）

4. 简答题

（1）优质政信金融产品有哪些风控要素？

（2）政信金融产品有哪些特点？

5. 论述题

（1）政信金融项目如何创造更高的收益？有哪些保障？

（2）政信金融产品的投资策略。

练习题答案

1. 单项选择题

（1）C　（2）D　（3）D　（4）B

2. 多项选择题

CD

3. 判断题

（1）正确　（2）正确　（3）正确　（4）错误　（5）正确

4. 简答题（略）

5. 论述题（略）

第四篇　政信金融监管和管理

　　政信金融必须坚守服务民生的基本使命和合法合规的安全底线，必须在政府预算、政府投资、政府债务、货币和信贷政策、地方融资平台管理等法律法规和政策框架内依法开展相关业务。为了防范市场风险、政策风险、信用风险、经营风险和流动性风险等，政信金融需要合理的风控模型和风控策略。政信金融从业人员应具有较高业务水平、基本的职业道德，自觉接受相应行业的法律监管并遵守相应的行为准则。

第十四章
政信金融监管

【本章内容概述】

本章重点介绍政信金融监管相关内容。首先,介绍金融监管相关理论知识,并进一步分析我国政信金融监管体系构成以及主要政信产品的监管格局;其次,梳理总结现存的、与政信金融有关的法律法规;最后,详细介绍政信金融监管主体以及行业内的一些政信研究机构。

【本章重点与难点】

重点:

1. 金融监管概述
2. 政信金融监管体系
3. 政信金融监管相关法律法规
4. 政信金融监管机构

难点:

1. 金融监管理论
2. 政信金融监管体系
3. 政信金融监管相关法律法规

第一节 政信金融监管概述

学习目标	知识点
掌握金融监管概述	金融监管的定义、必要性、目的、原则及监管体制
掌握政信金融监管体系	理论体系、法律法规体系、内容体系、监管手段及方法
掌握政信金融监管格局	政信债券、政信信贷、政府投资基金、政信信托的监管

金融是现代市场经济的核心。党的十九大报告和中央经济工作会议强调，要坚决打好防范化解重大风险攻坚战，重点是防控金融风险。金融监管通过督促金融机构及产品合法合规经营，可以有效防范化解金融风险，维护金融体系的稳定运行，并保护社会公众的利益。本节在梳理金融监管相关理论的基础上，对政信金融监管体系及监管格局进行阐述。

一、金融监管概述

（一）金融监管的必要性

金融监管的含义有广义和狭义之分。狭义的金融监管是指一个国家的中央银行或国家金融监管机构依据国家法律法规对金融业实施监督管理，促进金融体系稳健运行和健康发展。广义的金融监管不仅包括金融主管机关对金融业施加的监管，还包括社会中介组织的监管、同业自律组织的监管以及金融机构的内部控制。

近几十年来，金融危机事件频发，让人们清楚地认识到金融风险的破坏力。金融监管已然成为事关金融与经济安全的重大事项。开展金融监管活动的必要性主要体现在以下几个方面：

1. 金融体系的外部性

外部性又称外部效应，其经济学含义是指经济当事人的生产和消费行为会对其他经济当事人的生产和消费行为产生外溢的影响。这种影响可能是积极的，也可能是消极的，因而外部性分为正外部性和负外部性。金融体系的外部性特征比较明显。

（1）正外部性。金融体系的正外部性集中体现在金融体系的功能上，包括支付和清算功能、融资和股权细化功能、资源配置功能、风险管理功能、激励功能以及信息提供功能。

（2）负外部性。金融体系的负外部性主要体现在金融风险与金融体系的内在不稳定性上。金融业是一个特殊的高风险行业。金融风险具有普遍性、不可避免的特点，只要存在金融交易，就会出现金融风险。金融机构或投资者虽然可以通过一定的工具和手段分散或转移风险，但不能完全消除风险。金融风险还存在传染性，可以沿着债务链、资金链在金融产品之间、金融机构之间以及金融市场之间扩散，最终可能引发金融危机，使实体经济面临衰退风险。另外，金融体系具有内在不稳定性或脆弱性的特点。相较于实体企业，金融机构支撑业务活动的资本金较少，杠杆较高，在发生风险事件时难以为投资者提供完全的资金保障。

对金融体系施加监管正是为了保证金融体系能够正常发挥功能，发挥其正外部性作用，同时防范化解金融风险，维护金融稳定，实现经济与金融之间的良性循环。

2. 金融体系的公共产品特征

在公共产品消费中存在"搭便车"的行为。人们都乐于享受公共产品带来的便利与收益，但同时又缺乏有效的激励，为公共产品的提供和维护作出贡献。因此，政府部门应该承担提供公共产品和服务的职责。

金融体系具有公共产品的特征。社会公众都可以享受金融体系正常运转带来的便利，并且不会妨碍市场其他主体享受相同的好处。但同时市场主体存在"搭便车"的心理，不愿付出努力来维护金融体系的正常运行，甚至会为了追逐利益而主动从事某些高风险业务。因此，需要代表社会公众利益的政府或机构对金融体系展开监管，规范金融机构业务和金融市场交易，限制个体非理性行为和冒险行为，保持金融体系的稳定、有效和公平。

3. 金融体系的自然垄断特征

金融行业存在规模经济、范围经济等特点，具有一定的自然垄断倾向。金融行业高度集中可能会造成效率损失和金融消费者福利损失，还会形成行业壁垒，新企业难以进入市场参与竞争，造成垄断企业创新能力不足、管理水平下降等问题，不利于金融行业发展进步。此外，自由竞争意味着优胜劣汰，为了成为最后的赢家，金融机构之间将展开激烈的市场竞争，甚至出现一些不正当竞争行为，这将危害金融体系的稳定性。因此，政府需要对金融机构的竞争行为进行约束，既要防止自然垄断造成竞争不足与市场失灵，又要防止过度竞争。

4. 信息不对称

金融行业存在严重的信息不对称问题，体现在商业银行与贷款人之间、保险公司与投保人之间、证券公司与投资者之间，等等。金融机构配置资源时需要充分的信息作为支撑，而信息不对称容易造成金融活动的高风险和低效率。如果依靠金融机构自身来解决信息不对称问题，将会产生高昂的信息搜集、筛选和处理成本，并且造成重复、低效工作。此外，金融机构与社会公众之间存在的信息不对称可能会损害金融消费者权益。因此，需要政府的外部监管来增强金融行业的信息披露与公开，减少金融业存在的信息不对称现象。

（二）金融监管的目的

1. 维护金融体系的安全和稳定

金融监管的首要任务是防范化解金融风险，维护整个金融体系的安全与稳定，使其能够正常发挥金融市场和机构的功能。

2. 保护社会公众利益

由于金融业存在信息不对称现象，存款人、投资者和其他社会公众的利益容易被侵犯，金融监管有利于维护投资者的利益。

3. 促进金融市场公平竞争，提高金融体系运行效率

金融行业容易出现恶性竞争和高度集中垄断的问题，将降低金融体系的运行效率，影响金融经济稳定。因此，金融监管的目标之一是为金融行业营造有序竞争的市场环境，规范市场竞争行为，保持金融机构之间的适度竞争，提高金融机构经营效益，进而实现金融体系的健康运转。

（三）金融监管的原则

金融监管原则是指金融监管机构开展金融监管活动应当遵循的行为准则，主要包括以下六个方面：

1. 依法监管原则

依法监管原则又称合法性原则，指金融监管必须依据法律、法规进行。监管的主体、监管的职责权限、监管措施等均由相关法律法规规定，监管活动均应依法依规展开。

2. 公平公正原则

监管活动应最大限度地提高透明度。同时，监管当局应公正执法、平等对待所有金融市场参与者，做到实体公正和程序公正。

3. 效率原则

效率原则是指金融监管应当提高金融体系的整体效率，不得压制金融创新与金融竞争。同时，金融监管当局应合理配置和利用监管资源以降低成本，减少社会支出，从而节约社会公共资源。

4. 有机统一原则

有机统一原则要求金融监管机构统一监管标准与口径，坚持宏观金融监管和微观金融监管相统一，坚持国内金融监管与国际金融监管相统一。

5. 内控与外控相结合原则

内控与外控相结合原则不仅强调来自金融监管机构的外部监管，还注重加强金融机构的自我约束与自我管理。

6. 适度竞争原则

金融监管需要促进金融体系的适度竞争。监管过度将抑制金融创新活动，制约金融体系发展；监管不足将造成金融市场秩序混乱、金融风险加剧的后果。

二、政信金融监管体系

金融监管体系是一个国家或地区具有金融监管职能的职能机构组成的有机整体。从组成来看，完整的政信金融监管体系包括理论体系、法律法规体系、组织体系、内容体系等。

（一）理论体系

金融监管理论体系是指通过观察和经验积累形成的关于金融监管实践的

理性认识。金融监管理论体系可以分为三个层次。

一是基础理论。基础理论是金融监管的一般性或根本性的理论，探究金融监管的普遍本质与一般规律，涉及的是关于金融监管含义、目标、对象、原则等基础性问题。

二是应用理论。应用理论是金融监管理论体系中的应用性理论，主要包括金融监管准则、金融监管实务操作的具体程序和方法技术等。因此，应用理论具有实践意义，用于指导金融监管实务操作。

三是相关理论。相关理论是指与金融监管相关联的其他学科（如财政学、管理学、审计学等）理论。

政信金融是金融业的一个细分领域，政信金融监管涵盖在金融监管的大框架下。因此，金融监管理论依然适用于政信金融监管。值得注意的是，政信金融与财政关系密切，通常涉及政府预算、政府收支、政府信用等内容，政信金融监管建立在相关财政理论基础之上。

（二）法律法规体系

金融监管法律法规体系是为了保证金融监管活动有序进行，由国家权力机关、政府部门以及监管机构制定的一系列法律法规。政信金融监管机构开展监管活动需要遵循国家法律法规，严格按照法律法规执行。根据制定主体以及法律效力来划分，我国政信金融监管法律法规体系主要可以分为四个层级，如图 14.1 所示。

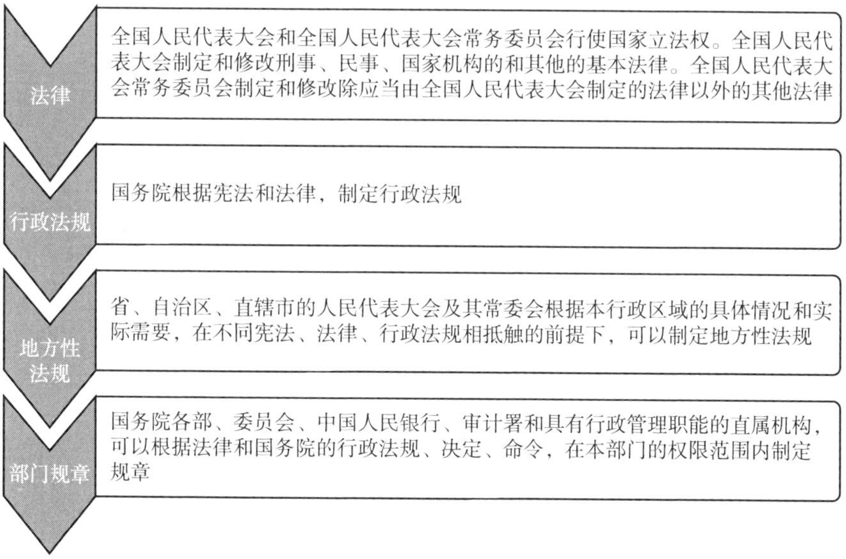

法律	全国人民代表大会和全国人民代表大会常务委员会行使国家立法权。全国人民代表大会制定和修改刑事、民事、国家机构的和其他的基本法律。全国人民代表大会常务委员会制定和修改除应当由全国人民代表大会制定的法律以外的其他法律
行政法规	国务院根据宪法和法律，制定行政法规
地方性法规	省、自治区、直辖市的人民代表大会及其常委会根据本行政区域的具体情况和实际需要，在不同宪法、法律、行政法规相抵触的前提下，可以制定地方性法规
部门规章	国务院各部、委员会、中国人民银行、审计署和具有行政管理职能的直属机构，可以根据法律和国务院的行政法规、决定、命令，在本部门的权限范围内制定规章

图 14.1　我国法律规章体系组成

政信金融是政信的核心内容，包括政府为履职践约而开展的所有投融资活动，其参与主体不仅包括商业银行、信托公司、证券公司、基金公司等金融服务机构，还包括中央和地方政府以及与政府关系紧密的部门，如国企、地方融资平台等主体。从实践形式和载体来看，政信金融产品包括政信债券、政信贷款、政信投资基金、PPP、政信信托、政信定融等。对这些政信金融服务机构和产品进行监管时，需要遵循已有的金融监管法律法规，如《商业银行法》《证券法》《信托法》《私募投资基金监督管理暂行办法》《信托公司集合资金信托计划管理办法》等。此外，由于政府部门及其下属单位参与政信金融产品的发起设立、投资运营、市场退出等环节，相关政信金融业务需要符合国家法律法规对政府负债、财政出资、政府增信等内容的规定。

（三）组织体系

金融监管的组织体系是根据监管模式设立的一套监管机构体系。广义的金融监管组织体系包括监管主体系统、金融机构内部控制系统、金融业行业自律系统以及体制外金融机构监管系统。

1. 监管主体系统

监管主体系统即金融监管当局，是狭义上的金融监管组织体系。根据金融监管模式不同，金融监管主管机关的构成会有所不同。我国金融监管模式经历了从集中监管到分业监管的演变。1992 年国务院决定成立国务院证券委员会和中国证券监督管理委员会，负责对股票发行上市进行监管。1993 年党的十四届三中全会通过了《中共中央关于建立社会主义市场经济体制若干问题的决定》，提出银行业与证券业实行分业监管、分业经营的原则。从 1995 年开始，国家相继颁布了《中国人民银行法》《商业银行法》《证券法》等，从法律上确立了我国金融业实行分业经营的体制。1998 年国务院决定将国务院证券委并入中国证券监督管理委员会，由中国证券监督管理委员会统一负责证券期货市场的监管。同年，还成立了中国保险监督管理委员会，由其负责保险行业的监管事项。我国分业监管的格局正式形成。2003 年中国银行业监督管理委员会正式成立。"一行三会"构成了我国的金融监管主体。2018 年国务院决定将中国银行业监督管理委员会和中国保险监督管理委员会合并成中国银行保险监督管理委员会，由此形成了"一行两会"的监管新格局。

政信金融作为金融行业的细分领域，相关金融产品和金融机构需要接受来自"一行两会"的系统监管。同时，政府投融资活动受到财政部、国家发展改革委等政府部门的监管管理。

2. 金融机构内部控制系统

金融机构内部控制是指金融机构为了完成既定工作目标，防范金融风险，对各职能部门及工作人员从事业务活动进行风险控制而制定的管理方法、措施与程序。金融机构内部控制系统涵盖内控机构、内控设施、内控制度等内容。无论是政信金融产品，还是从事政信金融相关业务的金融机构，建立一套完善的内控系统对于风险防控和风险处置都至关重要。

3. 金融业行业自律系统

行业自律是一个行业自我规范、自我协调的行为机制，同时也是维护市场秩序、保持公平竞争、促进行业健康发展、维护行业利益的重要措施。行业自律包括行业内对国家法律法规、政策的遵守和贯彻，也包括制定行业公约规范成员行为。金融行业设立行业自律组织，有利于加强行业监督管理，实现金融行业的自我约束和自我管理，维护行业共同利益。金融行业自律系统的监管主体是行业协会。目前，我国尚未建立起专门针对政信金融的行业自律组织，但政信金融产品及机构需要接受已有行业自律组织（如中国银行业协会、基金业协会、信托业协会等）的监督管理。

4. 体制外金融机构监管系统

体制外金融机构监管系统主要包括社会舆论监督系统、社会监督机构和有关政府部门。由于政信金融项目大多投向基础建设、公共服务、住房保障、生态环境以及高新产业等领域，与社会民生、经济发展息息相关，政信金融业务是否成功不仅事关投资者的投资损益，还关系到广大人民群众的利益福祉，从而形成社会主体的内生监督动力。社会监督将对政府投融资行为形成良性约束，有利于促进政信金融的规范发展，维护社会公共利益，提高居民生活水平与国家经济发展水平。

（四）内容体系

政信金融监管内容体系主要包括市场准入监管、业务运营监管以及市场退出监管。

1. 市场准入监管

市场准入是政府行政管理部门按照市场运行规则设立或准许某一行业及其所属机构、产品进入市场的一种管制行为。政信金融行业实行市场准入监管是为了将不合格的金融机构或者金融产品拒之门外，保证政信金融服务质量，维护政信金融市场稳定运行。同时，市场准入监管通过设置市场进入门槛，可以防止政信金融行业过度竞争。金融监管部门一般会参与到金融机构或产品设立的审批过程中，并设置注册资本、管理人员、最低限度认缴资本额等硬性要求。

2. 业务运营监管

业务运营监管是指对政信金融主体的各项运营行为展开监管。监管主体采取非现场检查和现场检查的方法，及时发现、识别、评价和纠正业务运营风险，督促政信金融机构规范开展业务，保证政信金融产品的健康可持续运行。监管主体对政信金融进行业务运营监管的内容主要包括：业务经营的合法合规性、资本充足性、资产质量的可靠性、机构经营稳定性、内部管理水平、内控制度的健全性等。

3. 市场退出监管

市场退出监管是指金融监管部门对政信金融机构或产品退出金融行业、破产倒闭或合（兼）并、变更等实施监管，也包括对违规政信金融机构或产品终止经营的监管。

（五）监管手段与方法

1. 监管手段

（1）法律手段。通过制定法律法规，将政信金融市场运行中的各种行为纳入法制轨道，同时严格执法，督促政信金融活动中的各参与主体按法律要求规范行事。

（2）行政手段。财政部、国家发展改革委等政府监管部门采用询问、约谈、检查、关停等措施进行直接行政干预。

（3）经济手段。金融监管以监管金融活动和金融机构为主要对象，间接调控影响市场经济活动。

（4）技术手段。金融监管部门运用互联网及大数据技术对互联网金融、金融业务宣传等加强监管。

2. 监管方法

金融监管方法主要包括非现场检查和现场检查。非现场检查是指监管机构根据政信金融机构报送的各种经营管理及财务数据、报表等，发现、识别风险和金融机构经营管理存在的问题。现场检查是指监管机构指派工作人员到政信金融项目或参与主体的营业场所现场，通过查阅各类财务报表、文件档案、原始凭证和规章制度等资料，查访有关人员，核实和评价政信金融项目或主体的经营状况和风险管理。

三、政信金融监管格局

当前，我国金融行业呈现出混业经营的趋势，在法律允许或国家另有规定的情况下，金融机构的业务范围有所放宽。但我国金融业经营模式大体上还是属于分业经营。对应分业经营模式，我国金融监管以分业监管为主，形成了"一委一行两会"的金融监管框架。"一委"是指国务院金融稳定发展委员会，负责统筹协调金融监管，解决金融监管部门之间存在的各自为政的问题；"一行"是指中国人民银行，负责宏观审慎监管和金融市场监管；"两会"指中国银行保险监督管理委员会和中国证券监督管理委员会，分别负责银行保险业、证券业的金融监管。政信金融并非金融业中独立的行业分支，而是融入银行业、证券业、信托业、租赁业等金融子行业中。根据政信金融产品的不同，接受国家发展改革委、财政部、中国银行保险监督管理委员会、中国证券监督管理委员会等监管主体对不同层面的监管。在此主要介绍政信债券、政信贷款、政信投资基金、政信信托以及政信定融这几类典型政信金融产品的监管格局。

（一）政信定融

政信定融，即政府平台定向融资计划，是由政府投融资平台在金融资产交易所备案，面向特定人群非公开募集的产品。这些金融资产交易所由地方政府或地方金融办监管，为股权和债权类资产提供信息发布、资产挂牌、交易、登记结算、受托管理等服务。根据《国务院关于清理整顿各类交易场所切实防范金融风险的决定》的规定，对经国务院或国务院金融管理部门批准设立从事金融产品交易的交易场所，由国务院金融管理部门负责日常监管，其他交易场所均由省级人民政府按照属地管理原则负责监管。目前，对金融资产交易所的监管，各地还没有统一的标准。

（二）政信投资基金

政信投资基金是指由中央政府、地方政府或国企出资引导，吸引社会资本参与投资的产业投资基金。政信产业投资基金本质上仍属于私募基金，此类投资基金的"募投管退"需要符合相关法律法规的规定，如《证券法》《证券投资基金法》《私募投资基金监督管理暂行办法》。《私募投资基金监督管理暂行办法》明确规定，中国证监会及其派出机构依法对私募基金管理人、私募基金托管人、私募基金销售机构及其他私募服务机构进行私募基金业务情况统计监测和检查，若出现违反法律、行政法规的情况，中国证监会及其派出机构可以对相关机构采取责令改正、监管谈话、出具警示函、公开谴责等行政监管措施。另外，2015 年财政部出台《政府投资基金暂行管理办法》，明确了政府产业投资基金的设立、运行、风险管理、终止退出等运作流程和规范，规定"政府投资基金应当接受财政、审计部门对基金运行情况的审计、监督。各级财政部门应会同有关部门对政府投资基金运作情况进行年度检查"。2017 年，国家发展改革委出台《政府出资产业投资基金管理暂行办法》，明确指出"国家发展改革委应会同地方发展改革部门严格履行基金的信用信息监管责任，加强对政府出资产业投资基金的监督管理"。

（三）政信信托

政信信托是指信托公司受托，与地方政府融资平台或国企合作开展的，以基础设施、民生工程、PPP 项目为投资标的的信托业务。政信信托监管的法律依据主要有"一法三规"。其中，"一法"是指《信托法》，规定了信托制度的相关要素，包括信托设立、信托财产、信托当事人（委托人）、信托变更与终止等内容。信托产品的交易全过程，如结构设计、信托合作拟定、信托项目成立管理与结束，都需以《信托法》为依据。"三规"分别指《信托公司管理办法》《信托公司集合资金信托计划管理办法》《信托公司净资本管理办法》。由中国银行保险监督管理委员会制定，对信托公司、信托业务中的集合信托、信托公司的净资本计提做了详细的规定。在实际操作过程中，政信信托接受中国银行保险监督管理委员会的监管，包括对信托公司及其业务范围实行准入管理；审查信托公司高级管理人员任职资格；制定从业人员行为管理规范；对公司治理、风险管理、内部控制、资本充足状况、偿付能力、经营行为和信息披露等情况进行监管；开展现场检查与非现场监管，进行风险与合规评估，保护金融消费者合法权益，依法查处违法违规行为等。由于政信信托涉及地方融资平台、国企等主体，因此还需要满足国务院、财政部等相关部门的相关规定。

（四）政信债券

政信债券是基于政府信用发行的债券，包含中央政府发行的国债、地方政府发行的地方政府债券，以及背靠政府信用的央企、地方国企发行的企业债、公司债。我国债券市场监管机构主要包括国家发展改革委、财政部、中国人民银行、中国银行保险监督管理委员会、中国证券监督管理委员会等。不同的债券种类有不同的主管机关。

国债以及地方政府债券由国家财政部门进行管理监督。财政部出台的《地方政府债券发行管理办法》对地方政府债券发行额度和期限、信用评级和信息披露、债券发行与托管、相关机构职责以及监督检查做出了明确规定，指出"财政部各地监管局应当加强对地方政府债券的监督检查，规范地方政府债券的发行、资金使用和偿还等行为"。

最新修订的《企业债券管理条例》规定了国家发展改革委、中国人民银行对央企、地方国企发行的企业债券的监管权：中央企业发行企业债券，由中国人民银行会同国家计划委员会审批；地方企业发行企业债券，由中国人民银行省、自治区、直辖市、计划单列市分行会同同级计划主管部门审批。

按照《证券法》《公司债券发行与交易管理办法》规定，公司债券的发行、交易、登记结算等方面的业务或行为由证监会实施行政监管，并由中国证券业协会、交易所、中国证券登记结算公司等按各自职责负责自律监管。

因此，政信债券按照各自的种类和属性接受特定部门的监管。从监管内容来看，政信债券监管包括债券发行、挂牌交易、信息披露、清算结算、债券托管以及债券评级等内容。

（五）政信信贷

政信信贷是指以政信项目的投资、建设、运营等为资金用途的银行贷款。政信项目的贷款主体一般是地方政府融资平台。地方融资平台贷款是地方政府借用融资平台渠道变相融资的产物，因而它与政府债务之间存在一种微妙的关系。当前，我国正在剥离融资平台的政府融资职能，推动融资平台公司转型为市场化运营的国有企业，按照市场化原则依法合规开展融资活动，而地方政府不得干预融资平台公司的日常运营与融资活动。财政部对地方融资平台投融资活动的监管主要是出于规范地方政府举债融资行为的目的，金融机构对地方融资平台的贷款活动则主要接受银保监会的监管。按照有关规定，金融机构在向地方融资平台公司发放贷款时，应当切实加强风险识别和防范，落实企业举债准入条件，按商业化原则履行相关程序，审慎评估举债人财务能力和还款来源、防范经营风险。金融机构为融资平台公司等企业提供融资时，不得违法违规要求或接受地方政府及所属部门以担保函、承诺函、安慰函等任何形式提供担保，应鼓励依法合规支持融资平台公司市场化融资，服务实体经济发展。

第二节　政信金融监管法律法规

学习目标	知识点
了解政信金融监管相关法律法规	—

依法监管是政信金融监管的重要原则。了解政信金融相关法律法规不仅有利于金融机构顺利开展政信金融业务，避免触及监管红线，从而带来负面影响，也有利于市场投资者加强对政信金融产品的判断和监督，并通过市场机制优胜劣汰，营造良好的政信金融业态。本节主要梳理了与政府预算管理、政府投融资行为相关的法律法规。

一、政府预算管理相关法律法规

（1）2014 年 8 月 31 日，第十二届全国人民代表大会常务委员会第十次会议通过《全国人民代表大会常务委员会关于修改〈中华人民共和国预算法〉的决定》，完善政府预算管理体系，实行全口径预算，杜绝预算外资金和其他违法违规收入；健全透明预算制度，推进预算公开，加强社会监督；规范地方政府融资行为，赋予地方政府适度的举债权，同时也将地方举债关进制度"笼子"，这对于化解地方债务风险、合理控制地方政府债务增长具有积极作用。

（2）2016 年 10 月 27 日，财政部印发《关于印发〈地方预决算公开操作规程〉的通知》，规定地方各级财政部门应当公开一般公共预算、政府性基金预算、国有资本经营预算、社会保险基金预算四本预算。涉及国家秘密的除外。

（3）2020年8月3日，修订后的《中华人民共和国预算法实施条例》公布，对《中华人民共和国预算法》进行细化说明，进一步明确政府预算收支范围、预算编制、预算执行及决算等内容，使政府预算体系更加清晰完整。

二、政府投资相关法律法规

2014年4月14日，《政府投资条例》公布。该条例旨在充分发挥政府投资作用，提高政府投资效益，规范政府投资行为，激发社会投资活力，规定政府投资资金应当投向市场不能有效配置资源的社会公益服务、公共基础设施、农业农村、生态环境保护、重大科技进步、社会管理、国家安全等公共领域的项目，以非经营性项目为主。政府投资资金按项目安排，以直接投资方式为主；对确需支持的经营性项目，主要采取资本金注入方式，也可以适当采取投资补助、贷款贴息等方式。

三、政府债务管理相关法律法规

（1）2014年9月21日，国务院印发《关于加强地方政府性债务管理的意见》，全面部署加强地方政府性债务管理：规范地方政府负债行为，明确提出赋予地方政府适度举债权限，形式为发行地方政府债券，严禁地方政府通过企业举借，并对地方政府债务实行规模控制，限定其资金用途，将地方政府债务分门别类纳入全口径预算管理，加大对地方政府性债务管理的监督检查力度。

（2）2014年10月23日，财政部印发《关于印发〈地方政府存量债务纳入预算管理清理甄别办法〉的通知》，指出对地方政府负有偿还责任的存量债务进行逐笔甄别，归类为一般债务或专项债务，为将政府债务分门别类纳入全口径预算管理奠定基础；同时规定通过PPP模式转化为企业债务的，不纳入政府债务。

（3）2015年12月21日，财政部印发《关于对地方政府债务实行限额管理的实施意见》，规定要合理确定地方政府债务总限额，而地方政府债务总限额由国务院根据国家宏观经济形势等因素确定，并报全国人民代表大会批准；对地方政府债务余额实行限额管理，具体分为一般债务限额和专项债务限额。

（4）2016年11月9日，财政部印发《关于印发〈地方政府一般债务预算管理办法〉的通知》，明确专项债务限额与余额、预算编制与批复、预算执行与决算等内容。地方政府一般债务包括地方政府一般债券、地方政府负有偿还责任的国际金融组织和外国政府贷款转贷债务（外债转贷）以及清理甄别认定的截至 2014 年 12 月 31 日非地方政府债券形式的存量一般债务（非债券形式一般债务）。一般债务收入、安排的支出、还本付息、发行费用纳入一般公共预算管理。除外债转贷外，一般债务收入通过发行一般债券方式筹措。一般债务收入应当用于公益性资本支出，不得用于经常性支出。一般债务应当有偿还计划和稳定的偿还资金来源。非债券形式一般债务应当在国务院规定的期限内置换成一般债券。

（5）2016 年 11 月 9 日，财政部印发《关于印发〈地方政府专项债务预算管理办法〉的通知》，规定专项债务限额与余额、预算编制与批复、预算执行与决算等内容。专项债务收入通过发行专项债券方式筹措，应当用于公益性资本支出，不得用于经常性支出。专项债务应当有偿还计划和稳定的偿还资金来源。非债券形式专项债务纳入预算管理。非债券形式专项债务应当在国务院规定的期限内置换成专项债券。

（6）2016 年 10 月 27 日，国务院办公厅印发《关于印发〈地方政府性债务风险应急处置预案〉的通知》，旨在建立健全地方政府性债务风险应急处置工作机制，构建组织指挥体系，明晰各部门职责，加强地方债务风险应急响应与处置。

（7）2017 年 4 月 26 日，财政部印发《关于进一步规范地方政府举债融资行为的通知》，指出要全面组织开展地方政府融资担保清理整改工作，要求地方政府举债一律采取在国务院批准的限额内发行地方政府债券方式，除此以外，地方政府及其所属部门不得以任何方式举借债务；切实加强融资平台公司融资管理，推动融资平台公司尽快转型为市场化运营的国有企业，依法合规开展市场化融资；同时规范政府与社会资本方的合作行为，引导社会资本投资经济社会发展的重点领域和薄弱环节。

四、政府和社会资本合作（PPP）相关法律法规

（1）2014 年 9 月 23 日，财政部印发《关于推广运用政府和社会资本合作模式有关问题的通知》，指出从项目识别和论证到项目采购、融资安排、运营绩效监管的全流程，政府和社会资本都不得缺位。就需要财政补贴的项目而言，强调要从"补建设"向"补运营"逐步转变，探索建立动态补贴机制；明确风险由最适宜的一方来承担。

（2）2014 年 12 月 2 日，国家发展改革委印发《关于开展政府和社会资本合作的指导意见》，明确 PPP 模式主要适用于政府负有提供责任又适宜市场化运作的公共服务、基础设施类项目。燃气、供电、供水、供热、污水及垃圾处理等市政设施，公路、铁路、机场、城市轨道交通等交通设施，医疗、旅游、教育培训、健康养老等公共服务项目，以及水利、资源环境和生

态保护等项目均可推行 PPP 模式。各地的新建市政工程以及新型城镇化试点项目，应优先考虑采用 PPP 模式建设。

（3）2017 年 4 月 26 日，财政部印发《关于进一步规范地方政府举债融资行为的通知》，允许地方政府以单独出资或与社会资本共同出资方式设立各类投资基金，但地方政府不得以借贷资金出资设立各类投资基金，严禁地方政府利用 PPP、政府出资的各类投资基金等方式违法违规变相举债，除国务院另有规定外，地方政府及其所属部门参与 PPP 项目、设立政府出资的各类投资基金时，不得以任何方式承诺回购社会资本方的投资本金，不得以任何方式承担社会资本方的投资本金损失，不得以任何方式向社会资本方承诺最低收益，不得对有限合伙制基金等任何股权投资方式额外附加条款变相举债。

（4）2017 年 7 月 3 日，国家发展改革委印发《关于加快运用 PPP 模式盘活基础设施存量资产有关工作的通知》，明确对拟采取 PPP 模式的存量基础设施项目，根据项目特点和具体情况，可采用转让—运营—移交（TOT）、改建—运营—移交（ROT）、转让—拥有—运营（TOO）、委托运营、股权合作等多种方式。

（5）2017 年 11 月 28 日，国家发展改革委印发《关于鼓励民间资本参与政府和社会资本合作（PPP）项目的指导意见》，提出应不断加大基础设施领域开放力度，除国家法律法规明确禁止准入的行业和领域外，一律向民间资本开放，不得以任何名义、任何形式限制民间资本参与 PPP 项目；向民营企业重点推介以使用者付费为主的特许经营类项目，审慎推介完全依靠政府付费的 PPP 项目，以降低地方政府支出压力，防范地方债务风险。

（6）2019 年 6 月 21 日，国家发展改革委印发《关于依法依规加强 PPP 项目投资和建设管理的通知》，明确所有拟采用 PPP 模式的项目，通过可行性论证审查后，方可采用 PPP 模式建设实施；通过实施方案审核的 PPP 项目，可开展社会资本遴选，公开招标应作为遴选社会资本的主要方式，不得排斥、限制民间资本参与 PPP 项目；PPP 项目的融资方式和资金来源应符合防范化解地方政府隐性债务风险的相关规定，不得通过约定回购投资本金、承诺保底收益等方式违法违规变相增加地方政府隐性债务，严防地方政府债务风险。

（7）2020 年 3 月 16 日，财政部印发《关于印发〈政府和社会资本合作（PPP）项目绩效管理操作指引〉的通知》，规定 PPP 项目绩效目标与绩效指标管理、PPP 项目绩效监控、PPP 项目绩效评价等内容。完善 PPP 项目绩效管理框架，有利于提高 PPP 项目运营效率。

五、地方政府融资平台管理相关法律法规

（1）2010 年 6 月 10 日，国务院印发《关于加强地方政府融资平台公司管理有关问题的通知》，提出要抓紧清理核实并妥善处理融资平台公司债务，对融资平台公司进行清理规范，加强对融资平台公司的融资管理和银行业金融机构等的信贷管理，坚决制止地方政府违规担保承诺行为。

（2）2014 年 12 月 2 日，国家发展改革委印发《关于开展政府和社会资本合作的指导意见》，明确 PPP 模式主要适用于政府负有提供责任又适宜市场化运作的公共服务、基础设施类项目。燃气、供电、供水、供热、污水及垃圾处理等市政设施，公路、铁路、机场、城市轨道交通等交通设施，医疗、旅游、教育培训、健康养老等公共服务项目，以及水利、资源环境和生态保护等项目均可推行 PPP 模式。各地的新建市政工程以及新型城镇化试点项目，应优先考虑采用 PPP 模式建设。

（3）2011 年 6 月 17 日，中国银监会印发《关于地方政府融资平台贷款监管有关问题的说明》，明确新增平台贷款可放贷条件、不可放贷规定以及管理方法。该文件规定，银行不得向银行"名单制"管理系统以外的融资平台发放贷款，不得再接受地方政府以直接或间接形式提供的任何担保和承诺，不得再接受以学校、医院、公园等公益性资产作为抵质押品，不得再接受以无合法土地使用权证的土地预期出让收入承诺作为抵质押。

（4）2013 年 4 月 9 日，中国银监会印发《关于加强 2013 年地方政府融资平台贷款风险监管的指导意见》，严格新发放平台贷款条件，控制平台贷款投向，强化贷款审批制度，严控新增贷款，缓释平台贷款存量。各银行应审慎合理测算融资平台自身现金流，并对地方政府融资平台贷款风险分类结果进行动态调整，及时报牵头行汇总形成一致性意见，并按季上报监管机构。

（5）2014 年 9 月 21 日，国务院印发《关于加强地方政府性债务管理的意见》，明确剥离融资平台公司政府融资职能，融资平台公司不得新增政府债务。

（6）2017 年 4 月 26 日，财政部印发《关于进一步规范地方政府举债融资行为的通知》，指出应推动融资平台公司尽快转型为市场化运营的国有企业、依法合规开展市场化融资，地方政府及其所属部门不得干预融资平台公司日常运营和市场化融资。地方政府不得将公益性资产、储备土地注入融资平台公司，不得承诺将储备土地预期出让收入作为融资平台公司偿债资金来源。融资平台公司在境内外举债融资时，应当向债权人主动书面声明不承担政府融资职能，并明确自 2015 年 1 月 1 日起其新增债务依法不属于地方政府债务。金融机构为融资平台公司等企业提供融资时，不得要求或接受地方政府及其所属部门以担保函、承诺函、安慰函等任何形式提供担保。

第三节 政信金融监管机构与行业研究所

学习目标	知识点
了解政信金融监管机构	行政机构、"一行两会"、交易所
了解政信金融行业研究所	中国政信研究院、中央财经大学政信研究院、中国政法大学 PPP 研究中心

  金融监管的职责一般通过法律法规规定的形式赋予特定的主体。由于监管制度及体制的不同，各国金融监管主体的具体构成存在差异，但大致都包括政府行政部门与专门的金融监管机构两大主体。我国目前仍处于"分业经营、分业监管"的状态，金融监管活动主要由"一行两会"实施。政信金融由于事关政府信用与投融资行为，因此相关政府部门也会参与监管。此外，政信金融行业还有一些专业的行业研究所，它们对政信金融展开充分的研究，为中央和地方政府、企业以及社会其他主体提供政信金融专家服务，促进国内政信金融的繁荣发展。本节主要介绍政信金融监管机构以及行业内知名的三家政信研究所。

一、政信金融监管机构

（一）行政机构

1. 财政部

  财政部是国务院组成部门，主要职能包括：起草财政、财务、会计管理的法律、行政法规草案，制定部门规章，并监督执行；负责管理中央各项财政收支，编制年度中央预决算草案并组织执行，向全国人民代表大会及其常委会报告财政预算、执行和决算等情况；负责政府投资基金中央财政出资的资产管理；拟订和执行政府国内债务管理制度和政策，依法制定中央和地方政府债务管理制度和办法，编制国债和地方政府债余额限额计划等。

  政信金融是基于政府信用的投融资活动，事关政府财政收支，因此受到财政部的监管。政信债券融资规模、风险管理、信息公开等需要符合财政部的相关规定，其他产品（如政府产业投资基金、PPP 项目）由于涉及政府财政出资，财政部也会对其实施监管。

2. 国家发展和改革委员会

  国家发展和改革委员会（简称国家发展改革委）是国务院组成部门。

国家发展改革委的主要职责包括拟订并组织实施国民经济和社会发展战略、中长期规划和年度计划，组织拟订综合产业政策、政府投资管理，统筹推进基本公共服务体系建设等。

政信金融的产生与发展正是基于政府履行经济建设、提供公共产品服务等职责的客观需求。中央政府、地方政府以及国有企业、地方融资平台等背靠政府信用的企业通过发行债券、银行贷款筹集资金，或者利用信托、基金等产品出资引导社会资金参与项目投资，支持产业和经济发展，需要符合国家经济发展战略定位与规划，符合相关产业政策要求。这就意味着，政信金融产品的发行、投资与管理等需要受到国家发展改革委的监管。

（二）"一行两会"

1. 中国人民银行

中国人民银行是我国的中央银行。在国务院领导下，中国人民银行主要负责拟订金融业改革、开放和发展规划；牵头国家金融安全工作协调机制，维护国家金融安全；拟订金融业重大法律法规和其他有关法律法规草案，制定审慎监管基本制度，建立健全金融消费者保护基本制度；制定和执行货币政策、信贷政策，完善货币政策调控体系，负责宏观审慎管理；牵头负责系统性金融风险防范和应急处置；承担最后贷款人责任，负责对因化解金融风险而使用中央银行资金机构的行为进行检查监督；监督管理银行间债券市场、货币市场、外汇市场、票据市场、黄金市场及上述市场有关场外衍生产品；牵头负责跨市场跨业态跨区域金融风险识别、预警和处置，负责交叉性金融业务的监测评估，会同有关部门制定统一的资产管理产品和公司信用类债券市场及其衍生产品市场基本规则等工作。

2. 中国银行保险监督管理委员会

中国银行保险监督管理委员会简称银保监会，成立于2018年，是国务院直属事业单位，其主要职责包括依法依规对全国银行业和保险业实行统一监督管理，维护银行业和保险业合法、稳健运行；参与起草银行业和保险业重要法律法规草案以及审慎监管和金融消费者保护基本制度，起草银行业和保险业其他法律法规草案，提出制定和修改建议；依据审慎监管和金融消费者保护基本制度，制定银行业和保险业审慎监管与行为监管规则；对银行业和保险业机构的公司治理、风险管理、内部控制、资本充足状况、偿付能力、经营行为和信息披露等实施监管；等等。

地方融资平台、国有企业等与地方政府关系密切的主体无论是通过商业银行贷款获得资金，还是利用信托产品在市场上进行融资，都需要符合银保监会的规定，与其交易合作的金融机构（如商业银行、信托公司）在进行相关业务操作时需要符合业务规范，接受银保监会的监管。

3. 中国证券监督管理委员会

1992 年 10 月，国务院证券委员会和中国证券监督管理委员会（简称证监会）宣告成立，标志着中国证券市场统一监管体制开始形成。1998 年，国务院决定将这两家机构合并，进一步明确证监会为国务院直属事业单位，是全国证券期货市场的主管部门。证监会的主要职责包括研究和拟订证券期货市场的方针政策、发展规划；起草证券期货市场的有关法律、法规，提出制定和修改的建议；制定有关证券期货市场监管的规章、规则和办法；监管股票、可转换债券、证券公司债券和国务院确定由证监会负责的债券及其他证券的发行、上市、交易、托管和结算；监管证券投资基金活动，批准企业债券的上市，监管上市国债和企业债券的交易活动等。

政信投资基金、资产证券化产品等需要满足证监会对产品设立、资金筹集、投资运作以及终止退出环节的要求，并接受证监会的监管。

（三）交易所

交易所是指交易某种信息及物品等的信息平台。在我国，主要包括证券交易所、期货交易所、金融资产交易所等。

证券交易所是为证券集中交易提供场所和设施，组织和监督证券交易，实行自律管理的法人。证券交易所的职能不仅仅在于为证券交易提供场所、设施、工作人员，它还肩负着对证券交易的监管职能，如实时监控证券交易、督促相关信息披露义务人依法、及时、准确地披露信息等。

期货交易所是买卖期货合约的场所，是期货市场的核心，为交易者提供一个公开、公平、公正的交易场所和有效监督服务，并制定一套制度规则，为整个期货市场提供了一种自我管理机制，使得期货交易的"公开、公平、公正"原则得以实现。

金融资产交易所（简称金交所）是一种新型交易平台，即以资产交易的方式，让资产持有者通过出售某类资产或者暂时让渡某支资产的权利而获得融资。金交所一般由省政府批准设立，业务上受地方金融办监管，各省（区、市）针对金融资产交易所出台相应的业务管理办法，各交易所有各自的业务规则。

二、政信金融行业研究机构

（一）中国政信研究院

中国政信研究院是在政信投资集团的支持下，联合国家相关机构、部委、科研院所等政府决策者与战略核心单位共同组建的，致力于政府与社会资本合作领域的全方位研究的非营利性公益机构。

中国政信研究院主要对政策、经济、信息、科学协调发展的中长期战略进行咨询、规划；对政府项目融资改革、发展、实践中所遇到的重大理论问题进行梳理；对政府重大项目相关方面进行科学的综合性研究论证，并负责对政府重大项目组织考察、论证，从国内外理论前沿及战略政策出发，结合当地实际情况，帮助各地政府及企业制定全局性、局部性、技术性的发展规划，推荐对应的机构参与政府项目的投资以及项目的中后期软硬件技术性管理。

中国政信研究院致力于推动政府政务管理与市场运营理念及模式的创新，充分整合和利用行业资源，发挥行业群体优势，促进服务成员之间的信息沟通和合作；实现各服务成员单位的市场资源共享、信息互通、优势互补、共同发展，最终达到多方共赢的目的。

（二）中央财经大学政信研究院

中央财经大学政信研究院成立于 2017 年 7 月，是国内第一家以政信领域学术研究、决策咨询、学科培育、人才培养、社会服务、文化传承为主要职能的高校智库，是政信领域学术研究、战略咨询、金融服务的开放性公共研究机构。

自成立以来，中央财经大学政信研究院紧紧围绕国家经济社会发展和政信服务实践中的重大理论和实践问题，积极开展学术和政策研究，奋力开拓政信市场，加强与国家部委、地方政府、企业和社会各界的合作，形成了《政信蓝皮书——中国政信发展报告（2019—2020）》、"中国政信金融发展指数（2018）—地市级指数"《中国 PPP 蓝皮书——中国 PPP 行业发展报告》《政府和社会资本合作（PPP）术语手册》等一系列研究成果。中央财经大学政信研究院已发展成为国内政信领域有一定影响力的专业智库。

（三）中国政法大学 PPP 研究中心

中国政法大学 PPP 研究中心作为全国第一家依托专业政法院校成立的科研机构，充分利用中国政法大学的法学专家资源，从学术研究高度为 PPP 项目解决实际操作过程中面临的法律问题提出解决建议和路径，培养 PPP 项目参与各方的法律意识和法治习惯，在 PPP 项目中加强法律执行问题，保证 PPP 项目的质量，降低 PPP 项目的风险。

中国政法大学 PPP 研究中心的主要任务包括接受党政机关和企业的委托，开展专项课题研究，为委托机构提供决策咨询；就 PPP 相关问题进行调查和研究，为国家 PPP 的健康发展提出建议；开展学术交流，举办学术会议，围绕 PPP 领域进行理论和实践探讨；就 PPP 项目的论证和实施提供人员培训。

思考与练习

一、思考题

(1) 如何看待我国当前的政信金融监管格局？

(2) 试想我国政信金融监管未来的发展路径。

二、练习题

1. 单项选择题

(1) 下列有关新《预算法》说法不正确的是（   ）。

A. 推行全口径预算管理

B. 国家实行财政转移支付制度

C. 中央一般公共预算中必须的部分资金，可以通过举借国内和国外债务等方式筹措

D. 不允许地方政府发行地方政府债券

(2) 下列有关政府与社会资本合作项目（PPP）说法错误的是（   ）。

A. 国家鼓励社会资本通过特许经营等方式，参与城市基础设施等有一定收益的公益性事业投资和运营

B. 投资者按照市场化原则出资，按约定规则独自或与政府共同成立特别目的公司建设和运营合作项目

C. 政府对投资者或特别目的公司按约定规则依法承担特许经营权、合理定价、财政补贴等相关责任，不承担投资者或特别目的公司的偿债责任

D. 对于社会资本与政府共同成立特别目的公司在进行公司建设和运营合作项目过程中所形成的债务，归入地方政府债务以及或有债务

(3) 下列关于地方融资平台说法错误的是（   ）。

A. 国家推动融资平台公司转型为市场化运营的国有企业、依法合规开展市场化融资

B. 地方政府不得将公益性资产、储备土地注入融资平台公司，不得承诺将储备土地预期出让收入作为融资平台公司偿债资金来源

C. 当前，地方融资平台新增债务依法不属于地方政府债务

D. 金融机构为融资平台公司等企业提供融资时，可以要求或接受地方政府及其所属部门以担保函、承诺函、安慰函等任何形式提供担保

(4) （   ）是指按照金融机构类型来划分监管对象的金融监管模式。

A. 机构监管   B. 功能监管

C. 集中监管   D. 单线多头监管

(5) 下列有关我国当前的金融监管模式说法错误的是（   ）。

A. 遵循分业经营，分业监管的原则

B. 形成了"一委一行两会"的监管新格局

C. 中国银行业协会、中国证券业协会等行业自律协会依法加强行业自我管理和约束

D. 中国人民银行和银保监会共同负责银行业监管

（6）金融体系的负外部性是指（　　）。

A. 金融体系的资源配置功能　　　B. 金融稳定

C. 金融风险与内在不稳定性　　　D. 金融安全

（7）（　　）是政信金融监管机构根据金融机构报送的各种经营管理和财务数据、报表和报告，发现、识别风险和金融机构经营管理存在的问题的监管方法。

A. 现场检查　　　　　　　　　　B. 资料审核

C. 非现场检查　　　　　　　　　D. 业务运营监管

（8）（　　）是政府监管当局采用计划、政策、制度、办法等进行直接的行政干预和管理的监管手段。

A. 法律手段　　　　　　　　　　B. 行政手段

C. 经济手段　　　　　　　　　　D. 技术手段

（9）下列属于体制外金融机构监管系统的是（　　）。

A. 金融监管当局　　　　　　　　B. 社会监督机构

C. 金融机构内控机制　　　　　　D. 行业自律协会

（10）20 世纪 80 年代我国的金融监管模式是（　　）。

A. 分业监管　　　　　　　　　　B. 伞形监管

C. 集中监管　　　　　　　　　　D. 功能监管

2. 多项选择题

（1）广义的金融监管包括（　　）。

A. 中央银行或其他金融监管当局依据国家法律法规对金融业实施监督管理

B. 同业自律组织的监管

C. 社会中介组织的监管

D. 金融机构的内部控制

（2）金融监管的必要性体现在（　　）。

A. 金融体系的正外部性和负外部性

B. 金融体系的公共产品特征

C. 行业自然垄断特征

D. 信息不对称问题

（3）金融监管的原则包括（　　）。

A. 依法监管　　　　　　　　　　B. 公平公正

C. 效率原则　　　　　　　　　　D. 有机统一

E. 适度竞争

（4）金融监管内容主要包括（　　　）。

A. 市场准入监管 　　　B. 业务运营监管

C. 市场退出监管 　　　D. 业务风险监管

（5）政信金融监管主体包括（　　　）。

A. 财政部 　　　　　　B. 国家发展改革委

C. 银保监会 　　　　　D. 证监会

E. 中国人民银行

3. 判断题

（1）除法律另有规定外，地方政府及其所属部门不得为任何单位和个人的债务以任何方式提供担保。　　　　　　　　　　　　　　（　　）

（2）地方政府举借的债务可以用于经常性支出和公益性资本支出。
　　　　　　　　　　　　　　　　　　　　　　　　　　　　　（　　）

（3）对金融体系施加监管是为了发挥金融体系的正外部性效应，同时防止其负外部性。　　　　　　　　　　　　　　　　　　　　（　　）

（4）根据政信金融产品的不同，将政信金融监管职责分派给财政部、银保监会、证监会等金融监管机构。　　　　　　　　　　　　（　　）

（5）我国政信金融监管法律法规体系主要包括国家法律、行政法规、地方性法规以及部门规章。　　　　　　　　　　　　　　　（　　）

4. 简答题

（1）简述金融监管的目的。

（2）简述政信金融监管主体的构成。

参考答案

1. 单项选择题

（1）D　（2）D　（3）D　（4）A　（5）D　（6）C　（7）C　（8）B（9）B　（10）C

2. 多项选择题

（1）ABCD　（2）ABCD　（3）ABC　（4）ABCDE　（5）ABCDE

3. 判断题

（1）正确　（2）错误　（3）正确　（4）正确　（5）正确

4. 简答题（略）

第十五章
政信金融风险管理与控制

【本章内容概述】

　　本章重点介绍政信金融可能面临的风险及应对风险的管理控制措施。首先，明确金融风险的定义，金融系统产生风险的内在原理，然后系统阐述政信金融风险中的主权信用风险和具体业务风险；其次，从风险控制管理的视角出发，先系统总结传统宏观金融监管和微观层面的金融活动风控体系，再聚焦政信金融领域的风险管理和控制体系，详细介绍以74层风险净化理论为代表的政信金融业务风险管理过程和方法，以及政信金融平台企业的风控体系建设。

【本章重点与难点】

　　重点：

　　1. 金融风险的定义、性质及分类

　　2. 金融风险监管与管理体系

　　3. 政信金融风险的来源及管理控制体系

　　难点：

　　1. 金融风险

　　2. 金融风险管理

　　3. 政信金融业务风险管理

　　4. 政信金融企业风控体系

　　5. 74 层风险净化理论

第一节　金融风险理论基础

学习目标	知识点
掌握金融风险的概念	金融市场的不确定性
掌握金融风险的性质	不可消散性、隐蔽性、传染性、普遍性、随机性
掌握金融风险的分类	按风险能否分散划分、按风险产生原因划分

一、金融风险概述

（一）金融风险的定义

风险源于未来事物的不确定性。在金融市场中，归结起来，金融风险本质上就是金融资产价格的不确定性。这种不确定性是双向的，既有资产价格上涨的可能，也有资产价格下降的可能。广义的金融风险指一切波动性，即既包括有利变动，也包括不利变动。狭义的金融风险仅指金融活动发生损失的情况。人们往往更加关注金融资产价格出现不利波动导致损失的风险情况。可以说，现代金融资产定价理论的本质就是旨在找到最优的金融资产风险水平与金融资产定价之间的关系范式。

（二）金融风险的性质

1. 不确定性

金融风险源于未来的不确定性。换言之，只要不处于完全确定的状态，就存在风险。金融市场上发生的交易和金融市场中的各种资产价格，往往只有当完成时才能完全排除其他波动的可能，即只有历史状态、已经发生了的事情是完全确定的。从这个角度来看，金融风险是不可能完全消除的，只能通过科学合理的策略方法来减少不利波动的可能性，达到管理控制金融风险在合意水平之上的目的。

2. 隐蔽性

引起未来金融市场和金融资产价格发生波动的因素非常多，其中很多因素具有微小性、间接性。同时，从某一因素到最终引起波动的传导路径和机制也并不完全明了。"黑天鹅现象""灰犀牛事件""蝴蝶效应"等均表明复杂系统中的概率事件是难以完全准确预测的。人们往往都是等风险已经暴露时，才用事后回测的角度发现风险因素。由此可见，在多数情况下，金融风险本身具有很强的隐蔽性。

3. 传染性

金融市场的基础活动就是资金融通，很多机构和投资者通过借贷、委托代理等关系而成为利益相关者，从而使得金融市场活动呈现"牵一发而动全身"的效果。同时，与实体经济不同，资本没有最后的消费环节，而是通过不断的流动来创造价值，故资本流动链条可以尽可能大地延伸、资本产能也被加上了很大的杠杆，这意味着资本流动过程中任一环节的风险暴露都会将整个流动闭环置于较高的风险水平上。此外，信用是金融市场运作的底层资源之一，当金融市场局部暴发危机时，市场信用环境遭到破坏，市场容易陷入恐慌情绪，导致资金出逃、"挤兑"等行为发生，从而加剧危机严重程度和扩大危机的影响范围。

二、金融风险的分类

学界对金融风险的分类大体有两种思路，一种是按照金融风险的性质进行划分，另一种是按照风险来源进行划分。

（一）按照风险是否可分散进行分类

依照风险可否通过分散化投资来减弱，将风险分为系统性风险和非系统性风险。分散化投资策略能够成立的基本前提就是所有资产的价格波动是不同的，甚至是反向的。但是，并非不同资产之间所有的价格波动都是毫无联系甚至是负相关的，对于一些由于市场基本面因素的导致的价格波动，所有资产往往会呈现出一致性和连续性，这一部分风险对所有资产都起作用，并且由此产生的资产价格波动方向趋同，因此是无法通过分散化投资来互相抵消的。而另一类风险是由于特定资产本身的一些特性或者特殊因素造成的，比如某一只股票对应的上市公司因为突发的负面事件导致的股价下跌，或者是某只债券的偿债主体发生了信用违约等，这样的风险只针对单个或者某一类资产起作用，因此可以通过与其他资产的组合来抵消弱化这类风险。

以上主要是从投资者的角度来看系统性风险与非系统性风险的。以下从资产管理者或者证券发行主体来看系统性与非系统性风险。

系统性风险的来源包括经济运行周期、重大社会事件、政策法规、汇率变动等决定市场基本面的所有因素，对于证券发行者或者专业的资产管理者来说，这些因素是难以通过自身经营决策来避免的，但是可以通过对宏观经济基本面的专业化分析预测来捕捉可能会对自己的资产产生影响的因素，提前通过积极的风险对冲手段来进行避险。

非系统性风险的来源包括一切与市场整体环境无关，但可能引起资产价格波动的因素，如证券发行主体经营过程中的操作过失带来的负面影响，债务人发生财务危机导致的信用违约，资产管理方由于管理不善使得资产的流动性兑付陷入困境等。这一类风险完全可以通过经营主体增强内部控制，优化经营管理策略来加以控制。

(二) 按照风险来源分类

1. 市场风险

市场风险指由于市场异动导致的金融资产价格波动。市场风险属于一种系统性风险,因为市场因素会对市场中的各种资产产生普遍影响。市场因素多种多样,包括所处的经济周期、汇率波动、市场利率波动、通货膨胀、物价水平等。

2. 政策风险

政策风险指由于政府针对金融市场出台了重要法律法规或者已有法律法规发生重大变化,从而引起金融市场振动,并带来有关金融资产价格发生波动而产生的风险。

3. 信用风险

信用风险又称违约风险,指交易对手不依照契约履行相应的义务而导致交易另一方可能面对的利益损失的风险。在金融市场中,最常见的信用风险事件包括债券违约、贷款人不依约偿还本金及利息、平台"跑路"等。

4. 操作经营风险

操作经营风险指由于信息系统不健全、内部控制不当、人为失误或外部事件而导致主体面临潜在损失的风险。操作风险的具体来源包括但不限于信息系统缺陷、人员操作失误、内部控制程序不完备。比如,财务人员在记账时出现错误与遗漏,交易员错误下单,计算机系统故障等事件导致资产价值的波动都属于操作风险的范畴。操作风险可以说是很多企业及个人投资者面临的"黑天鹅"。在不少金融机构,操作风险导致的损失已经明显大于市场风险和信用风险。因此,国际金融界和监管组织开始致力于操作风险管理技术、方法和组织框架的探索与构建,目前已取得了明显的进展。

5. 流动性风险

金融体系中资产流动性指资产能够快速、低成本变现的能力。金融机构的流动性指能够保持充足的现金以覆盖随时可能发生的兑付需求的能力。由于资产或者机构流动性缺乏产生的潜在的资产真实价值波动或者机构利益损失就是流动性风险。

流动性风险的成因较其他风险更加复杂,包括市场交易量不足,缺乏合意的交易对手,短期资产不足以覆盖短期负债等。流动性风险管理的重点就是对资产和负债进行期限结构管理,保障流动性资产对流动性负债的覆盖率。除此之外,还可以通过调整资产配置,适当增加高流动性资产持有的比重来提高整体流动性。但是,往往流动性越高的资产,其盈利性较差。企业和个人投资者都需要面临流动性和盈利性之间的权衡取舍,一个理想的状态是在保持适度流动性的前提下最大化收益。

第二节 政信金融风险概述

学习目标	知识点
了解主权信用风险	主权信用与政信金融的关系、主权信用风险的定义及典型案例、我国主权信用的现状
掌握政信金融业务常见的风险来源	信用风险、政策风险、其他风险

一、主权信用风险

（一）主权信用概述

1. 主权信用

主权信用是信用评级机构对一国或经济体的政府作为债务人的偿债能力和偿债意愿的评判。信用评级机构可以分为五大类：政府间国际组织、政府官方机构、非政府组织、商业机构、学术研究机构。目前，主权信用评级领域被穆迪、惠誉国际和标准普尔三大国际商业评级机构垄断，它们占据了90%以上的市场份额。主权信用评级的两大基本原则是准确性和稳定性。影响主权信用水平的因素众多，包括一国的政治风险、经济增速、国际收支情况、外汇储备、外债水平等。

2. 主权债务危机

主权债务是指一国以自己的主权为担保向外国政府、外国金融机构及国际货币基金组织和世界银行等国际金融机构借来的债务。主权债务危机是指，一国所承担的主权债务超过其偿付能力或者偿付意愿，从而产生债务违约并对本国及相关债权国经济发展产生严重影响，引发经济危机。

从世界总体水平来看，受一些特定国际重大事件的影响，在各国经济金融存在联动的机制下，会有主权债务违约集中发生的情况。比如20世纪70年代末，由于"尼克松冲击"，各发达国家相继进入货币竞争性贬值的恶性循环，加之两次石油危机导致油价飙升，发展中国家借此机会大力发展，债务融资达到高潮。进入80年代，美联储主席保罗·沃尔克推行紧缩货币政策，马上引起了席卷几乎全球第三世界国家和苏联、东欧的债务危机。巴西、墨西哥、阿根廷、委内瑞拉等拉丁美洲国家相继陷入"失去的十年"。波兰外债危机成为苏联和东欧社会主义国家剧变的诱因之一。

（二）主权信用与政信金融的关系

主权信用评级是从一国整体情况出发，以国际信用活动视角，对以中央政府为主的国家信用活动主体做出的政府信用等级评价。因此，主权信用的核心组成部分就是政府信用。由于各国的政治经济体制不同，中央政府信用和地方政府信用之间的联系方式也有所不同，但两者都是整体政府信用的有机组成部分。

政信起源于政府信用的概念，但随着实践的发展，其内涵和外延已经远远超出了传统政府信用的概念，而成为一种社会关系形态和实践业态。作为一个全新的研究范畴，政信与政府信用、政府诚信、政府公信力等概念所表达的实质意思和应用范畴既有联系，又有区别。政府诚信主要是从政府的政治道德和社会道德角度进行探讨；政府信用主要是从经济学角度对政府的自身资源，即信任使用的角度予以关注；政府公信力强调了政府获得公众信任的能力，并特别突出公众对政府公信的价值判断和认同程度。

二、我国政信金融业务常见的风险来源

（一）信用风险

政信金融项目的信用风险指由于合作中的一方或者多方不遵守合约规定的责任和义务，从而导致项目执行出现问题，项目收益受损，最终投资人收益达不到预期水平甚至出现亏损的情况。政信金融项目的参与方包括政府、项目承包方、平台公司等。通过严格的金融法规监管，选择大规模的、可靠的金融平台进行资产管理可以大大降低平台公司违约的可能性。以 PPP、定向融资、产业投资基金等为主体，底层项目为最终资金流向的政信金融活动的主要信用风险来源于该项目所合作的地方政府，如该地方政府不履行或拒绝履行合同约定的责任和义务而给项目带来直接或间接的危害。这里又分为政府不履行合同约定价款的义务和政府因收费改革等问题强制征用已建项目的风险。

违约合同多数为工程建设类合同。针对项目信用风险，可以通过三个具体措施进行预防管理，即保障合作政府有充足的抵质押资产；关注政府债相关各种处置法律法规，对政府资产处置预案资产不充足的项目，要求 AA 级以上国企担保；平台公司建立资产池，接收充足资产来支撑项目运行，并引入银行授信。

目前，我国还没有明确的法律规定地方政府可以破产，但即便是地方政府财政破产，也会有上级政府为其兜底，《巴塞尔协议》更是规定地方政府债务属于主权信用债务。所有的投资都是有风险的，但相对而言，由于有政

府信用作为背书，政信金融的整体风险水平是可控的。政信金融违约率在各大投资渠道中常年处于低位，因此整体而言属于常态风险。

（二）政策风险

政信法规建设是政信体系规范运行的重要保障，政策法规的重大变化导致政信项目重大调整并带来损失，就构成了政信金融的政策风险。

政信法规在广义上包括宪法在内的有关政信的所有法律法规，在狭义上包括与政信较为直接相关的基本法律制度体系以及有关政信的专门立法。政信法规涉及社会信用体系建设、政府信息公开、政务诚信、政府公信力、政府信用管理、行政裁量权规范、行政程序规定、行政首长问责、行政许可补偿、政府信用监督等方面。

目前，我国尚未有直接针对政信金融领域的监管体系，而是直接根据融资产品的不同，将政信金融监管职责分别划分给财政部、银保监会、证监会、金融办及基金业协会等政府监管机构或行业自律组织。

除了政策法规建设，我国地方政府投融资平台、政府信托、PPP、政府投资基金等主要的政信金融活动在严格的监管政策下探索转型或者规范发展之路。充分全面地了解政策导向和政策意图是保证项目高效运转的基础条件之一。

（三）经营风险

政信金融项目整体操作流程可以概括为"投、融、建、管、退"，每一个环节都需要严格实施风险控制，将项目周期内的风险降到最低。在整体操作流程中，需要通过流程优化、成本优化、跟进项目开发、细化业务拓展工作流程、收集政策性文件资料、收集投资标的信息、管理项目投资信息等保障措施，严格筛选优质政信项目进行投资。

政信金融外延覆盖范围广，资金筹集、资金流转、资金使用、项目落地实施、资金回收、收益分配等各个环节相互联系、相互影响，构成了一个统一的完整的政信金融项目闭环。从这个角度来说，政信金融项目是一个系统性工程，任何一个环节都可能成为影响整个项目成功与否的风险因子。具体来看，可能的操作风险包括：金融平台企业及项目承包方在内的项目参与者风控管理不完善；政府的决策程序不规范，存在官僚作风；合作各方缺乏PPP的运作经验和能力、前期准备不足和信息不对称等造成项目决策失误和过程冗长；项目审批的风险，如项目的审批程序过于复杂，花费时间过长和成本过高，且批准之后，对项目的性质和规模进行必要商业调整非常困难，给项目正常运作带来威胁等。

第三节 政信金融风险管理基本框架

学习目标	知识点
掌握金融市场宏观监管	金融监管的定义、重要性
熟悉微观主体金融风险管理	风险管理过程、风险评估方法

一、宏观金融市场风险监管

金融监管指政府通过专门的法律法规体系和特定的机构组织，对金融市场中的交易主体进行规范和限制，对金融机构及其经营活动实施指导、领导、协调、控制等一系列活动，以保证市场活动的有序进行，避免潜在的金融风险发生积累，稳定国家金融体系。狭义的金融监管仅指金融监管当局依照法律法规对金融机构和金融市场活动实施监督管理；广义的金融监管除金融监管当局的监管之外，还包括金融机构内部控制体系、行业自律性组织及其他社会组织的监管活动。

从社会安全、规范和稳定的角度出发，事实上任何一个行业都需要政府从公共管理的层面进行一定程度的规制。但金融监管的重要程度和复杂性往往远超其他行业监管，并被许多国家提到了国家战略高度。金融监管的必要性，从本质上来说是因为金融体系具有外部性。外部性指金融体系中的某些活动会对金融体系外部的实体经济、社会整体产生重要影响。其中，对外部具有积极影响的是正外部性，具有消极影响的是负外部性。

金融体系的正外部性体现在金融具有调节社会资源配置，联系资本余缺，提高社会各行业运行效率的作用，是包括实体经济在内的社会各个产业运转的重要基础。金融体系的负外部性体现在金融本身的内部不稳定性和风险传染性。金融的不稳定性指金融机构固有的经历周期性危机和破产的倾向，而金融机构的局部风险会传染影响整个金融体系的稳定，金融体系的风险又会对整个社会经济产生影响，从而导致整个经济的衰退和社会动荡。世界历史上曾经出现的历次金融危机，如1994年的墨西哥金融危机，1997年的东南亚金融危机，2007年的美国次贷危机等，都对本国、周边地区乃至整个世界的经济发展产生了巨大冲击。所以，金融体系的外部性决定了金融安全是国家经济安全的核心，而金融监管就是保证金融安全的基础工程。

二、微观主体金融风险管理

（一）风险管理过程

以金融机构和金融从业者为主体的金融市场微观主体是防控金融风险的基本单位。掌握科学合理的金融风险管理方法并严格执行对于微观金融风险防控和整体金融市场的稳定都具有重要意义。

风险管理的具体流程可以依次分为风险识别、风险评估、风险分析、风险处理、风险报告几个主要环节。

1. 风险识别

风险识别是风险管理过程的第一步。金融风险具有不确定性、普遍性、隐蔽性，因此任何一个动态系统在任何时候都有可能处于显在的或者潜在的风险暴露状态，因此有效的风险管理过程必然要求建立起一套能够对各种可能出现的风险进行系统、连续、高效识别的机制。

常见的风险识别方法包括针对不同主体和金融活动常见的风险来源建立指标监控体系，实时监测可能产生的风险敞口；积极参考行业专家智库分析预测成果，研判未来市场可能走势；采取项目实地调研、走访、抽查等方式了解项目实况，排查可能的风险；对项目标的和合作对手进行全面尽职调查，通过对历史档案文件、数据资料的详尽掌握和分析及时识别可能存在的风险因素。

2. 风险评估

风险评估或风险衡量是指利用科学的统计方法，依据风险概率分布，对风险水平进行量化估计，用数值来准确衡量风险水平。从数理统计角度来看，常见的风险水平量化指标包括方差、标准差、在险价值（VAR）、Beta值、夏普值等。

3. 风险分析

风险分析是对风险进行科学管控的基本前提。在监测到可能存在的风险敞口，甚至是已经发生风险暴露之后，对所面临的风险进行全面的分析研究，找到风险具体确切的来源、对风险进行分类、依照风险严重程度进行初步的风险等级界定、对风险的可控程度进行初步研判等，可以为进一步的具体风险防范和风险管控提供基础方法和认识上的支撑。

4. 风险处理

风险的处理指微观主体在监测到即将发生的或者已经发生的风险事件后，依据风险分析和风险衡量的结果，制定切实可行的且符合成本效益原则的风险处理方法。从实际操作层面来讲，风险处理方法包括风险的规避、风险防范、风险分散、风险转移、风险转换等。

风险规避指在对可能发生的风险所产生的成本进行客观评估后，放弃风险成本过高的项目以彻底规避风险的产生。风险防范指对应于风险产生的原因，通过严格监控和积极管理以切断风险来源，从而起到风险防范的作用。风险分散指通过分散化资产配置，降低总体资金风险水平，从而达到风险管理的目的。风险转移指通过保险、套期保值等方式引入其他的风险承担主体来分散或者转移风险带来的损失。

5. 风险报告

风险报告指针对监测到的风险进行事前报告反馈，事后处理总结记录上报等一系列记录、机构间横向和纵向信息交流的过程。风险报告的意义主要在于两个方面。首先，对于当前风险事件的处理来说，风险报告可以实现风险信息的内部充分共享，这是调动机构内部专业智库资源的基础，通过向专门进行相应风险管理决策的团队和管理层进行详细真实的报告，是找到切实风险管控方法的前提。其次，针对风险管理过程中以及事后的总结报告，一方面，可以监控风险事件发展动态，及时调整应对策略；另一方面，还可以将风险处理过程中形成的宝贵实践经验进行存档，从而为日后的风险管理过程提供参考和支持。

（二）风险评估方法

1. 金融风险压力测试

1995 年国际证监会组织（IOSCO）首次提出金融风险压力测试的定义，即当市场出现极其不利的情形时，市场变化对资产组合的影响程度，这是对资产风险承受力的一种估计。解读压力测试结果的基本逻辑是：在面对不利风险的发生时，若资产承受的损失在投资主体或资产管理机构可接受范围内，那么认为其压力度不高；相反，如果某一不利风险的发生所带来的损失是难以承受的，那么就认为此风险压力度很高。

在微观市场主体层面，主要由金融机构的风险管理部门来对本机构进行压力测试。压力测试的基本思路是，以统计回归模型和金融工程模型为基础，找到风险驱动因子、风险传导机制，设计包括历史情景和假设情景在内的压力测试情景，利用情景测试和敏感性分析方法，建立压力测试模型并代入实际数据进行测算。

以信用风险压力测试为例，具体操作过程包括：

（1）确定衡量信用风险的具体指标，作为压力测试对象，如违约率、预期损失等。

（2）设计压力情景，可以是历史情景，也可以是假设情景，并找到情景下的风险驱动因素。

（3）分析风险传导机制，建立模型，代入具体数据，测算得到压力下测试目标指标的分布情况。

（4）进行压力测试结果分析，对建模过程、压力情景设定过程、数据来源、测试结果分布、风险压力大小等进行系统记录和分析，以作为进一步风险评估和管理决策的依据。

2. 方差衡量风险水平

风险的本质是不确定性，即资产价格的波动。从数理统计角度，方差是衡量数据波动的基本指标之一。用方差衡量金融风险的思想起源于资本资产组合理论，并一直沿用至今。假定某一事件未来的可能状态有多种情况，对应每种情况的概率用预期概率表示，则最后事件方差的计算方法为：每一种可能状态与平均状态分别做差后再平方求和。可见，方差衡量了事件偏离平均状态的绝对距离大小，即波动程度。

3. VAR 衡量风险水平

金融资产的在险价值（Value at Risk，VAR）是指，在一定的时间内，在一定的概率分布情况下，给出某一风险带来的可能的最大损失。除了通过设定资产的概率分布来确定在险价值之外，还可以利用历史数据进行 VAR 值估计。VAR 是一种综合性的测量方法，对于各类问题的风险度量具有普适性。

第四节　74 层风险净化理论

学习目标	知识点
熟悉 74 层风险净化理论的理论背景	理论的提出背景、提出主体
掌握 74 层风控体系	风险净化理论内容

一、74 层风险净化理论的提出背景

在政信金融不断发展的背景下，作为我国最早的、体系最为完善的政信投资平台之一的政信投资集团，提出了其独具一格的、针对政信金融投资活动的风险管理理论——74 层风险净化理论。

政信投资集团成立于 2014 年 3 月，总部设立在北京，是国内唯一一家以政信金融服务为主业的集团公司，是由中国证券投资基金业协会登记备案的独立基金管理机构。政信投资集团自成立以来，经过长期的研究探索，从实践中总结经验，不断自我完善，持续创新发展，在政信金融领域深耕细作，推进政信投资项目及产品风控体系，致力打造政信金融行业的风控领头羊，最终建立了成熟的 74 道风控之"火车头模型"风控体系（见图 15.1）。这一风控体系既有理论指导性，又具备实操性，能系统化、规范化地提升项

目经营效益，旨在"由央企＋地方联合打造高速发展的列车"，开启"与国共赢、创利为民"的投资理念。

图 15.1　74 道风控之"火车头模型"风控体系

二、74 层风险净化理论的内容

74 层风险净化理论从宏观风险把控、市场风险把控、管理风险和经营性风险把控三个层面，提出了包括国家战略指引、地方行政伦理与法制建设、地方资源保障、政信项目筛选、项目尽职调查、项目分析、合规审核、产品发行、资金投放使用管理、投后管理、产品管理、政信风险管理在内的 12 个风控子系统，共 74 层风险管理体系。其中，各个子系统对政信项目风险管理的每个环节都提供了具体的标准，为判断一个项目的风险性、发展前景和可靠度提供了有力的参考依据。

（一）宏观风险把控

1. 国家战略指引——5 层

第一个子系统是国家战略政策，由 5 层风控标准构成。

（1）国家级研究院根据国家发展战略，结合区域经济发展层级、地方政府的政治生态、政信指数排名、行政领导能力及政府廉洁度等要素，拟定项目投资版图，坚持国家战略大局方向，推动国家经济发展结构升级。

（2）国家双智库专家（财政部 PPP 中心专家库和国家发展改革委 PPP 专家库）针对项目所在省、市（县）的中长期规划进行区域发展前瞻性判断，与地方自然资源适配性进行评测，对过往发展规划的执行情况等进行项目投资战略的规划和评估，服务于发展快、信用高的政府及组织，结成共同体，深度参与当地经济建设，服务好当地民众。

（3）中央财经大学政信研究院从国民收入分配政策、财政投资政策、财政补贴政策、税收政策、国债政策等财税政策方面，为项目全流程的统筹和合规设计保驾护航。

（4）中国政法大学PPP研究中心及国家智库法律专家基于法律、中央及地方各级政府部门规范性文件，对地方政府举债融资、地方债务管理、社会资本参与合作地方项目建设相关限制进行深入研究解读，指导社会资本"规范化、法制化"地参与项目运营，合规有序参与地方建设。

（5）项目匹配国家宏观战略发展要求、地方产业经济及政策布局，从地方产业宏观发展规划中把控项目实施重要方向，使业务发展形成生态闭环，通过参与政信项目，以高度社会责任感积极融入地方经济发展建设中，服务地方政府与地方经济。

2. 地方行政伦理与法制建设——3层

第二个子系统是地方行政伦理与法制建设。此系统提出了以下3层风险控制标准来科学地筛选有价值的项目：

（1）调研地方行政道德与文化建设，分析地方政府历史党风党纪建设情况以及行政系统关联部门的党风党纪教育体系，优选优秀党风党纪建设、政府班子稳定、行政决策有效、廉洁度高的政府。

（2）调研地方政府行政伦理建设和开放力度，优选政府公共管理科学、政府工作实绩透明、信访通道公开透明且及时回复的阳光政府。

（3）调研地方政府行政法制建设健全程度，优选法律制度健全、执行公正、行政责任明确、政府公信力及执行力强的法治政府。

3. 地方资源保障——4层

第三个子系统通过调研地方资源禀赋来为项目提供安全保障，由4层风控标准构成。

（1）调研地方产业资源，优选战略结构规划科学、产业发展稳步前进、产业禀赋优势明显、产业发展的经济带动能力强劲的地区。

（2）调研地方自然资源，优选自然资源丰富、生态保护优秀、劳动力富足、人口红利效益大的地区。

（3）调研地方文化资源，优选文化底蕴深厚、人文建设完善、法治建设科学的地区。

（4）调研地方财政支持力度，优选国家战略扶持、国家财政倾斜、地方财政增长快速、税收优惠政策较大的地区。

4. 政信项目筛选——6层

第四个子系统关注产品合规性，通过6层风控标准进行项目筛选。

（1）项目合作筛选坚持"四国理念"原则，专注政信项目，服务民生、创造价值。

（2）区域选择：优选国家战略倾斜、经济发展规划清晰、行政法制健全、产业优势清晰、发展规划与资源适配度高、公共财政收入充足、区位优势明显、行政执行效率高的区域。

（3）政府选择：优选政府信用高、政信指数排名靠前、偿债能力强、国家财政支持力度强、政府行政职能履行度高、发展规划执行力强、政府班子稳定、廉洁度高的廉洁政府和阳光政府，避免出现地方政府违约、失信风险。

（4）主体选择：优选行政管理健全、公共责任明确、公司绩效稳定增长、公司资产价值高、企业负债低、现金流稳定、地方财政支持的平台公司或大型国企，在服务地方政府经济发展、响应国家政策及产业政策，为国企做大做强注入市场力量的同时，分享国企发展红利。

（5）项目选择：优选符合当地经济发展水平，对当地民生、产业结构升级、经济发展影响力较大的项目，筛选时综合考虑项目是否纳入公共预算、项目的市场经济参与程度、项目是否经过地方政府集体决策等因素，优先选择当地政府主导的有经济效益的公共产品建设类项目进行深度参与，分享地方经济与企业发展双重红利。

（6）增信选择：优选信用评级高、企业综合实力强、企业发展稳定、领导行政决策合理、公司绩效增长稳定的平台公司或大型国企作为项目担保方提供连带责任保证担保，并由项目方提供优质资产进行抵质押担保增信。

（二）市场风险把控

1. 项目尽职调查——9 层

第五个子系统是项目尽职调查，通过以下 9 层风险保障来辨别政信项目可靠性：

（1）360 度无死角研究项目价值：保证项目的高附加值，做到投资有回报。

（2）优化项目实施路径，牢固把握项目发展方向，确保项目高效实施。

（3）严格项目参与主体尽职调查，审查主体信用，确保项目主体安全合规。

（4）底层资产穿透审核，确保资产真实、安全、合规、足额有保障。

（5）长远、综合考量项目原则：保障项目风险可控、长期收益稳定，有持续的发展前景。

（6）项目投资可操作性原则：项目有完整的各类投资要素支持，项目合规合法。

（7）考察投资相关性，确保高效和准确投资。

（8）真实、合理估算投资和绩效比。

（9）坚持投资建设与管理科学性原则。

2. 项目分析——3层

第六个子系统是项目分析，即投资主体在调查、分析、论证的基础上，对投资活动所做出的最后决断，涉及建设时间、地点、规模，技术上是否可行、经济上是否合理等问题的分析论证和抉择，是投资成败的首要环节和关键因素。具体来看，其包括以下3层风控标准：

（1）在政府的行政决策、行政责任、行政伦理、领导力等方面进行项目主体风险评测，多维度评审分析区域综合实力；

（2）项目立项委员会评委对项目进行专业剖析出具立项意见。

（3）再次核准尽职调查信息和要素，由投资决策委员会评委出具投资决策意见。

3. 合规审核——2层

第七个子系统是合规审核，具体包括以下2层风控标准：

（1）合同审核：审核合同关键条款，做到合理合规，有法可依。

（2）程序合规化审核：社会资本在参与政信项目的过程中，严格遵守相关法律法规及程序，做到程序规范。

（三）管理风险和经营性风险把控

1. 产品发行——11层

第八个子系统是产品发行，具体包括11层产品发行制度体系保障。

（1）科学、严谨地设计产品交易结构，并较好地匹配市场需求，为地方经济发展注入市场活力。

（2）严格按照决策程序，获得融资方、担保方真实有效的审批决策文件。

（3）合规办理抵质押物、收益权转让的登记手续。

（4）严选产品发行合作机构，所有合同/协议实行"面签""双录"。

（5）专业团队承做产品，内部三层审核，套件全要素缺一不可。

（6）集中统筹销控及市场服务，坚持客户导向，遵守金融产品监管要求。

（7）对投资者进行适当性风险测评，充分揭示投资风险及风控措施。

（8）做好投资人信息保密，定期进行客服回访。

（9）定期跟踪存续项目交易要素，保持产品结构稳定。

（10）准时完成产品返本付息分配工作，保障投资人权益。

（11）完善的档案管理制度，管理项目及产品资料，保证档案的完整性、一致性。

2. 资金投放使用管理——4层

第九个子系统是资金投放使用管理。投资资金是牵动投资人神经的一根主线，但是如何让这根线按照正确的方向延伸，需要各类资金管理方进行实质的监督和管理。此子系统通过以下4层风控标准来保障资金投放使用环节的健康运作：

（1）资金账户共同监管，协议约束，保障资金安全。

（2）资金分批投放，严格监控资金流向，确保资金专款专用。

（3）用款协议及单据全部留存归档。

（4）项目主体定期内部审计，审查程序合规性，出具《内审报告》。

3. 投后管理——14层

第十个子系统是投后管理，具体包括以下14层风控标准，以做到全周期生态闭环保障：

（1）督促政府践行监督职能，资金实时监督、合规使用。

（2）按季度出具《付息通知书》，确保按时支付。

（3）与政府建立长期友好的合作关系，持续对接、深入合作，避免行政伦理风险。

（4）定期调研政府战略规划、财政预算、组织变动等信息，评估风险管理。

（5）督促政府机关履行公共组织绩效管理职能，调研项目运营情况。

（6）跟踪和落实资金偿还能力及还款来源。

（7）关注抵质押物的有效现状，及时补足。

（8）调研行政执行力，评估区域经济发展状况及财政实力情况。

（9）关注相关舆情及负面信息，跟进处理办法和进度。

（10）专人负责提前沟通本金到期兑付准备事项。

（11）调研和落实地方政府资金政策及资金到位情况。

（12）专人负责跟踪落实兑付计划及还款来源。

（13）专人负责监督资金管理机构，确保及时分配本息。

（14）加强宏观经济研究分析，建立品牌优势，应对市场风险。

4. 产品管理——5层

第十一个子系统是产品管理，具体包括以下5层风控标准：

（1）满足条件的情况下，产品份额灵活转让。

（2）产品到期赎回，本金和最后一期收益及时分配。

（3）产品续投，专业、安全、快速。

（4）产品转投，专业、安全、安心。

（5）份额合法继承，实现财富传承。

5. 政信风险管理——8层

第十二个子系统是外延风险管理，具体包括8层风控标准。

（1）通过行政监督手段，实现风险应对的政治保障。

（2）配合投资人代表参与兑付谈判，跟踪落实阶段性还款到位。

（3）通过专业法律手段，按约处置抵质押物等，进行财产保全。

（4）依据地方政府公共危机管理制度，对舆情监控并进行应急处置。

（5）寻求新的合作，完成债务置换。

（6）协助地方政府落实政策补助资金。

（7）建立政治保障、经济偿还、法律追索的三级风险防控机制。

（8）深入研究法律法规及政策，控制政策风险。

74 层风险净化理论作为项目、产品孵化标准和流程，严格规范了政信金融项目运作，建立起了一个完善的、覆盖所有主要风险的全面风险管理体系，最终实现有效的风险管理，确保项目发展战略、经营目标的实现。

思考与练习

一、思考题

（1）如何理解管理金融风险的必要性和可行性？

（2）政信金融风险管理需要关注哪些问题？

（3）如何理解 74 层风险净化理论体系的组成？

二、练习题

1. 单项选择题

（1）狭义的金融风险指（   ）。

A. 金融资产价格的不确定性

B. 金融市场波动

C. 未来发生非预期损失的可能性

D. 未来产生非预期盈利的可能性

（2）（   ）的目的在于控制个体金融机构或行业的风险，保护投资者利益，侧重于对金融机构的个体行为和风险偏好的监管。

A. 微观审慎监管体系 　　　　　B. 宏观审慎监管体系

C. 金融监管 　　　　　　　　　D. 分业监管

（3）（   ）是风险管理过程的第一步。

A. 风险评估　　B. 风险报告　　C. 风险分析　　D. 风险识别

（4）（   ）指通过分散化资产配置，降低总体资金风险水平，从而达到风险管理的目的。

A. 风险规避　　B. 风险转移　　C. 风险分散　　D. 风险管理

2. 多项选择题

（1）常见的金融风险量化评估方法包括（   ）。

A. VAR　　　　B. 方差　　　　C. 压力测试　　D. 专家评价

（2）主权信用评级过程的两大基本原则是（   ）。

A. 高效性　　B. 准确性　　C. 公平性　　　D. 稳定性

（3）目前主权信用评级领域被三大国际商业评级机构垄断，这三个机构包括（　　）。

A. 穆迪　　　　B. 世界银行　　　C. 惠誉国际　　　D. 标准普尔

（4）政信金融项目是一个系统性工程，任何一个环节都可能成为影响整个项目成功与否的风险因子。具体来看，可能的风险包括（　　）。

A. 金融平台企业及项目承包方在内的项目参与者风控管理不完善

B. 政府的决策程序不规范，存在官僚作风

C. 由于合作各方缺乏 PPP 的运作经验和能力、前期准备不足和信息不对称等，造成项目决策失误和过程冗长

D. 项目审批有一定的风险，如项目的审批程序过于复杂，花费时间过长和成本过高，且批准之后，对项目的性质和规模进行必要商业调整非常困难，给项目正常运作带来威胁

3. 判断题

（1）金融风险可以完全避免。　　　　　　　　　　　　　　（　　）

（2）信用风险指因交易对手违约带来损失的可能性。　　　　（　　）

（3）流动性风险可以通过尽可能多地持有长期资产来进行管控。

（　　）

（4）汇率风险只对外贸企业有影响，因此不属于市场风险。　（　　）

（5）市场风险属于系统性风险。　　　　　　　　　　　　　（　　）

（6）操作风险可以通过严格规范内部控制管理体系和提高员工专业素养来规避。　　　　　　　　　　　　　　　　　　　　　　　（　　）

（7）风险处理是金融风险管理过程中的最后一步。　　　　　（　　）

4. 简答题

（1）金融风险的本质是什么？什么是狭义的金融风险？

（2）按照风险来源划分，金融风险有哪些类别？

（3）简述我国政信金融业务中常见的风险。

练习题答案

1. 单项选择题

（1）C　（2）A　（3）D　（4）C

2. 多项选择题

（1）ABC　（2）BD　（3）ACD　（4）ABCD

3. 判断题

（1）错误　（2）正确　（3）错误　（4）错误　（5）正确　（6）错误

（7）错误

4. 简答题（略）

第十六章
政信金融职业
道德与行为准则

【本章内容概述】

    本章重点介绍政信金融从业人员所应遵守的职业道德与行为准则。由于政信金融涉及领域广泛，包括政信债券、政信贷款、政信产业投资基金和政信信托等，因此从业人员应自觉接受相应行业的法律监管并遵守相应的行为准则。本章将依据相关行业法律法规，重点介绍政信金融的职业道德规范和从业人员行为准则。

【本章重点与难点】

    重点：

1. 政信金融职业道德规范
2. 政信金融从业人员行为准则

    难点：

相关法律条款规定

第一节　政信金融职业道德概述

学习目标	知识点
了解道德的内涵	定义、特征、与法律的关系
了解职业道德的内涵	定义、特征、作用
掌握政信金融从业道德	证券业、银行业、投资基金业、信托业

一、道德

道德是一种社会意识形态，是由一定的社会经济基础决定并形成的，以是与非、善与恶、美与丑、正义与邪恶、公正与偏私、诚实与虚伪等范畴为评价标准，依靠社会舆论、传统习俗和内心信念等约束力量，实现调整人与人之间、人与社会之间关系的行为规范的总和。

道德必须依靠一定的社会经济基础，所谓社会主义道德便是植根于社会主义经济基础，与社会主义经济、政治、文化状况相适应的社会道德。

2019 年 10 月，中共中央、国务院印发了《新时代公民道德建设实施纲要》，要求加强公民道德建设要坚持马克思主义道德观、社会主义道德观，把社会公德、职业道德、家庭美德、个人品德建设作为着力点。

（一）道德的特征

综合马克思主义道德观、社会主义道德观及其他参考资料，道德主要具有以下特征：

1. 历史性

道德的历史性又称继承性，主要指经济基础的变化会引起包括道德在内的社会意识形态的变化，人们在进行物质生产和交换的过程中会发生道德观念的改变。因此，世界上不存在永恒不变的道德，道德总是随着社会经济的发展而不断变化。事实上，除了经济基础，文化、习俗、宗教、伦理，甚至政治都会影响道德的界定和评判标准。由于这些影响道德的因素都建立在较长时间的国家、民族发展之上，即具有历史延续性，因此道德也会跟随历史传承。这种传承的力量是巨大的，历史道德往往会对现代道德产生深远的影响，正如尊老爱幼从古至今都是中华民族的传统美德一样，在历史沿革上，道德具有很强的继承性。

2. 差异性

由于道德是由一定经济基础决定的，是一定社会关系的反映，因此不同的社会有不同的道德。道德的差异性主要体现在横向和纵向两个维度：一方面，某一社会主体的不断发展会使得现在的道德与过去的存在差异；另一方面，不同社会主体由于经济基础和社会关系的不同，会产生道德上的差异。因而，不同时期、不同社会条件下有着不同的社会价值观念和道德标准，以及与其相适应的道德规范体系。除了从时空维度上考虑道德的差异性，人们普遍认同的、相对稳定的社会基本道德规范和某一特定领域内的特定道德规范也是造成道德具有差异性的原因。

3. 约束性

道德建立在维护社会秩序的基础上，是社会认可的、人们普遍接受的、具有一般约束力的行为规范。因此，道德对全体社会成员具有约束作用。道德依靠社会舆论、文化习俗等力量来约束社会成员可以做什么、不可以做什么和怎么做，然后形成与之相对应的道德标准、道德观念和行为习惯。树立优良社会风气、深化道德教育、推动道德实践养成是道德发挥约束力的重要保障。

4. 具体性

道德可以被称为道德规范。与法律规范、制度规范相对应，道德规范也是一种行为规范。由此可见，行为规范不仅限于道德，还包括法律、规章、制度等。道德规范可以以"公约""守则""行为准则"等具象的、成文的形式存在，也可以以信念、共识等不成文的形式存在。但无论是哪种形式，道德作为一种行为规范，其内容都是真实存在的、具体的。

（二）道德与法律的关系

1. 道德与法律的区别

（1）产生条件不同。法律是在原始社会晚期，伴随着私有制、阶级制度，与国家的出现而同时诞生的。社会道德则是人类社会意识形态的产物，几乎与人类文明同时诞生。

（2）表现形式不同。法律是由国家相关部门制定或认可的各种行为规范，通常以文字为载体，通过特定的途径表现，具有非常明确的内容。道德主要存在于人们的意识中，形成思想，通过人们的行为表现出来。

（3）内容结构不同。在内容方面，法律在凸显权利的同时，也明确了相应的义务，要求社会成员做到权利与义务的对等。而道德通常只规定了人们要尽到的义务，并不要求对等的权利或回报。在结构方面，法律规范的结构是假定、处理和制裁（即行为模式与法律后果）。而道德规范一般没有明确的制裁措施或者行为后果。

（4）约束范围不同。一般认为，道德约束的范围要比法律的约束范围更广泛。道德是以约束人们的思想和心理为主，影响人们的言行，以自律行为自我约束。法律是国家意志的统一体现，通过约束行为来规范。从纵向来看，法律只追究和惩罚违法犯罪行为，而道德不仅约束社会成员外在的一言一行，还调整人们内在的思想动机和心理活动，要求人们用崇高的意图去行事做人。

（5）实现机制不同。法律需要依靠国家强制力去保障实施，存在强制性和滞后性。而道德主要靠社会舆论、传统习俗、内心信念和个人的自觉性、自律性去维持，具有明显的自觉性和事前预防性。相比法律，道德的调整手段更多，但均不具有强制性。总结起来，法律的实施需要依靠他律，而道德的实施主要依靠自律。社会法治建设偏重于"有法可依、有法必依、执法必严、违法必究"的外化机制，而社会道德建设偏重于"移风易俗""奖优罚劣""德育教化"等内化机制。

2. 道德与法律的联系

《新时代公民道德建设实施纲要》要求，加强公民道德建设必须要坚持发挥社会主义法治的促进和保障作用，以法治承载道德理念、鲜明道德导向、弘扬美德义行，把社会主义道德要求体现到立法、执法、司法、守法之中，以法治的力量引导人们向上向善。法律大多建立在道德的基础上，二者相互补充。具体而言，道德与法律的联系体现在以下几个方面：

（1）目的一致。道德与法律都是重要的社会调控手段。二者均属于上层建筑范畴，都为一定的社会经济基础服务，绝大多数法律规范都以道德作为价值基础，二者在评价标准上保持一致。因此，道德和法律在根本目的上具有一致性。

（2）内容交叉。良好的道德有助于提高人的精神素质，增进人与人之间和谐关系。法律一般针对维护社会秩序所要求的最低限度的道德进行调整。法律调整的内容并不限于道德所调整的范畴。因此，道德与法律在内容上是交叉关系。

（3）功能互补。由于道德的约束范围比法律宽泛，因此道德能为约束那些不宜由法律调整或者还未来得及由法律调整的行为起补充作用。除此之外，法律可以在约束力方面对道德进行补充，因为道德是"软约束"，而法律具有强制力作用。

（4）相互促进。法律对道德的促进作用体现在，法律的实施可以通过惩恶扬善来帮助人们培养道德观念。而道德对法律的促进作用体现在，遵纪守法通常是道德最基本的要求，增强道德观念有助于人们自觉守法。另外，规章、制度、纪律等也属于行为规范的范畴，是介于法律和道德之间的一种特殊的规范。

二、职业道德

职业道德，也称为职业道德规范，是一般社会道德在职业活动和职业关系中的特殊表现，是与人们的职业行为紧密联系的、符合职业特点要求的职业道德规范的总和。它既是对从业人员在职业活动中行为的要求，同时又是职业对社会所负的道德责任与义务的体现。

（一）职业道德的特征

1. 特殊性

相对于一般社会道德，职业道德具有特殊性。职业道德与一般社会道德之间的关系是特殊与一般、个性与共性之间的关系。任何职业道德都在不同程度上体现着一般社会道德的要求，职业道德是一般社会道德在职业活动中的具体化。

2. 继承性

与道德的继承性相同，职业道德会随着社会、经济的发展而不断变化。但是，由于职业的形成是一个漫长的过程，人们在长期执业实践中所积累的作风、习惯和心理会逐渐稳定下来，因此职业道德与一般社会道德一样，具有继承性。

3. 规范性

职业道德的规范性体现在，具有完整的规范结构和有保证的约束力。如同违反法律一样，违反职业道德规范也要承担相应的后果。但是，违反一般社会道德通常没有相关行为后果的处罚措施。因此，违反职业道德规范除了要受到社会舆论谴责等道德性的约束之外，往往还要受到规范本身所明确规定的惩罚。

4. 具体性

职业多种多样，每种职业都有其特有的职业活动和职业关系，都承担着特定的职业义务和责任。虽然不同的职业道德的内容有所不同，但其作为行为规范，具有具体性。

（二）职业道德的作用

职业道德具有引导、规范、评价和教化的功能，可以发挥调整职业关系、提升职业素质和促进行业发展的作用。

1. 调整职业关系

职业道德是职业行为规范，告诫从业人员应该做什么、不应该做什么以及应该如何做，具有引导和规范的功能。因此，职业道德可以引导和规范从业人员的职业行为。职业道德通过引导和规范职业行为，可以发挥调整职业关系的作用。

2. 提升职业素质

职业素质包括专业技能和道德素养。加强职业道德建设有助于提高从业人员的职业素质。

3. 促进行业发展

加强职业道德建设有助于推动行业发展，树立行业新形象。

三、政信金融从业道德

政信金融覆盖的范围非常广泛，包括但不限于债券、贷款、投资基金和信托等。表16.1汇总了相关政信产品所处细分行业所应遵守的从业道德规范。纵观各类行业协会所明确规定的从业人员职业道德，爱国、诚信、遵纪守法、爱岗敬业、客户至上、保守秘密等是对所有从业人员所提出的基本道德规范。为了让政信金融行业的从业人员全面了解相关从业道德，下面将针对证券业、银行业、投资基金业和信托业分别介绍其从业道德规范。

表 16.1 　　　　　　　　　　　政信金融行业从业道德规范

政信金融子行业	从业道德规范
证券业	<ul><li>敬畏法律，遵纪守规</li><li>诚实守信，勤勉尽责</li><li>守正笃实，严谨专业</li><li>审慎稳健，严控风险</li><li>公正清明，廉洁自律</li><li>持续精进，追求卓越</li><li>爱岗敬业，忠于职守</li><li>尊重包容，共同发展</li><li>关爱社会，益国利民</li></ul>
银行业	<ul><li>爱国爱行</li><li>诚实守信</li><li>依法合规</li><li>专业胜任</li><li>勤勉履职</li><li>服务为本</li><li>严守秘密</li></ul>
投资基金业	<ul><li>守法合规</li><li>诚实守信</li><li>专业审慎</li><li>客户至上</li><li>忠诚尽责</li><li>保守秘密</li></ul>
信托业	<ul><li>恪尽职守，履行诚实、信用、谨慎、有效管理的义务</li><li>具备从事相关活动所必需的专业能力、技巧和知识</li><li>在自身利益或者相关方利益与委托人或受益人的合法利益发生冲突或者存在潜在利益冲突时，应及时向委托人或受益人进行披露，并且坚持受益人利益最大化的原则</li><li>依法保守委托人、受益人以及所在机构的商业秘密及个人金融信息在内的隐私信息。未经监管机构允许，从业人员不得向社会或其他单位和个人提供监管工作秘密信息</li><li>向委托人和受益人提供专业服务时，应充分、客观地揭示风险，真实披露与信托业务有关的信息</li></ul>

(一) 政信证券业从业道德

1. 敬畏法律，遵纪守规

从业人员应遵从宪法，对证券行业相关法律法规、监管规定、自律规则以及道德准则心存敬畏，牢固树立依法合规、遵德展业理念，自觉接受监管和自律管理，抵制违反规则及道德准则的行为。

2. 诚实守信，勤勉尽责

从业人员应表里如一、言而有信，珍视行业声誉与职业声誉，坚守契约精神，保护并合理运用受托资产，真实、准确、完整地披露相关信息，自觉抵制弄虚作假、误导欺骗等行为。

3. 守正笃实，严谨专业

从业人员应恪守职业操守，规矩做事、踏实做人、不偏不倚，客观、审慎、专业地为投资者及其他利益相关方提供服务，自觉抵制利用资源、信息等不对称损害客户及其他利益相关方合法权益的行为。

4. 审慎稳健，严控风险

从业人员应牢固树立风险底线意识，提高风险识别、应对和化解能力，审慎执业，主动履行报告义务，严防执业过程中因不当行为带来的各类业务风险，自觉抵制侥幸心理与短视行为。

5. 公正清明，廉洁自律

从业人员应树立正确的世界观、人生观、价值观和利益观，清廉自律，在开展证券业务及相关商业活动中，应保持清爽规矩的共事关系、客户关系，自觉抵制直接或者间接向他人输送或者谋取不正当利益的行为。

6. 持续精进，追求卓越

从业人员应树立持续学习理念，坚持与时俱进、不断更新业务知识与技能，守正创新、秉持工匠精神为客户及其他利益相关方提供优质服务，自觉抵制不思进取、故步自封的工作学习态度和行为。

7. 爱岗敬业，忠于职守

从业人员应忠于所在机构，认真做好本职工作，公私分明，保护并合理使用所在机构资产，及时报告与所在机构存在的或潜在的利益冲突，自觉抵制损害所在机构合法权益的行为。

8. 尊重包容，共同发展

从业人员应遵从社会公德，尊重客户、合作伙伴、竞争对手及社会公众等利益相关方，尊重和包容不同的意见及文化、语言、专业等背景差异，共同营造没有歧视和偏见的行业发展环境、职业氛围。

9. 关爱社会，益国利民

从业人员应自觉维护国家利益和金融安全，积极参与普惠金融、绿色金融、金融扶贫、投资者教育保护等活动，自觉践行社会责任，做有担当、有格局、令人尊重的从业人员。

（二）政信银行业从业道德

1. 爱国爱行

银行业从业人员应当拥护中国共产党的领导，认真贯彻执行党和国家的金融路线方针政策，严格遵守监管部门要求，认真践行服务实体经济、防范化解金融风险、深化金融改革的任务；热爱银行业工作，忠诚金融事业，切实履行岗位职责，爱岗敬业，努力维护所在银行商业信誉，为银行业改革发展做出贡献。

2. 诚实守信

银行业从业人员应当恪守诚实信用原则，真诚对待客户，珍视声誉、信守承诺，践行"三严三实"的要求，发扬银行业"三铁"精神，谋事要实，创业要实，做人要实，通过踏实劳动实现职业理想和人生价值。

3. 依法合规

银行业从业人员应当敬畏党纪国法，严格遵守法律法规、监管规制、行业自律规范以及所在机构的规章制度，自觉抵制违法违规违纪行为，坚持不碰政治底线、不越纪律红线，"一以贯之"守纪律，积极维护所在机构和客户的合法权益。

4. 专业胜任

银行业从业人员应当具备现代金融岗位所需的专业知识、执业资格与专业技能；树立终身学习和知识创造价值的理念，及时了解国际国内金融市场动态，不断学习提高政策法规、银行业务、风险管控的水平，通过"学中干"和"干中学"锤炼品格、补充知识、增长能力。

5. 勤勉履职

银行业从业人员应当遵守岗位管理规范，严格执行业务规定和操作规程，防范利益冲突和道德风险，尽责、尽心、尽力做好本职工作。

6. 服务为本

银行业从业人员应当秉持服务为本的理念，以服务国家战略、服务实体经济、服务客户为天职，借助科技赋能，竭诚为客户和社会提供规范、快捷、高效的金融服务。

7. 严守秘密

银行业从业人员应当谨慎负责，严格保守工作中知悉的国家秘密、商业秘密、工作秘密和客户隐私，坚决抵制泄密、窃密等违法违规行为。

（三）政信投资基金业从业道德

1. 守法合规

（1）熟悉法律法规等行为规范。

（2）遵守法律法规等行为规范。①严格遵守法律法规等行为规范。当不同效力级别的规范对同一行为均有规定时，应遵守更为严格的规范。②自觉遵守《自律规则》规定的各类行为规范。③积极配合基金监管机构的监管。④负有监督职责的基金从业人员，要忠实履行自己的监督职责，及时发现并制止违法违规行为，防止违法违规行为造成更加严重的后果。⑤普通的基金从业人员虽不负有监督职责，但也应监督他人的行为是否符合法律法规的要求。如发现违法违规行为，应及时制止并向上级部门或者监管机构报告。

2. 诚实守信

（1）不得欺诈客户。①基金从业人员在宣传、推介和销售基金产品时，应当客观、全面、准确地向投资者推介基金产品、揭示投资风险。②基金从业人员对基金产品的陈述、介绍和宣传应当与基金合同、招募说明书等相符，不得进行虚假或误导性陈述，或者出现重大遗漏。③基金从业人员在销售基金或者为投资者提供咨询服务时，应当向客户和潜在客户披露用于分析投资、选择证券、构建投资组合的投资过程的基本流程和一般原则。④基金从业人员在陈述所推介基金或同一基金管理人管理的其他基金的过往业绩时，应当客观、全面、准确，并提供业绩信息的原始出处，不得片面夸大过往业绩，也不得预测所推介基金的未来业绩。⑤基金从业人员分发或公布的基金选产推介材料应为基金管理机构或基金代销机构统一制作的材料。⑥基金从业人员不得违规向投资者做出投资不受损失或保证最低收益的承诺。⑦基金从业人员不得从事隐匿、伪造、篡改或者损毁交易数据等舞弊的行为，或做出任何与执业声誉、正直性相背离的行为。

（2）不得进行内幕交易和操纵市场。①基金从业人员不得自己或者促使他人利用内幕信息牟取不正当利益，不得从事或协同他人从事内幕交易或者利用未公开信息从事交易活动，不得泄露利用工作便利获取的内幕信息或者其他未公开信息，或明示、暗示他人从事内幕交易活动。②基金从业人员不得通过操纵市场牟取不正当利益，不得利用资金优势、持股优势和信息优势，单独或者合谋串通，影响证券交易价格或者交易量，误导和干扰市场。

（3）不得进行不正当竞争。公平竞争是正当竞争的前提，合法竞争是正当竞争的基础。

3. 专业审慎

（1）持证上岗。基金从业人员必须通过基金从业资格考试，取得基金从业资格，并经由所在机构向基金业协会申请执业注册后，方可执业。

（2）持续学习。基金从业人员应热爱本职工作，努力钻研业务，注重业务实践，积极参加基金业协会和所在机构组织的后续职业培训。

（3）审慎开展执业活动。①基金从业人员在进行投资分析、提供投资建议、采取投资行动时，应当具有合理充分的依据，有适当的研究和调查支撑，保持独立性与客观性，坚持原则，不得受各种外界因素的干扰。②基金从业人员应该牢固树立风险控制意识，强化投资风险管理，提高风险管理水平。③基金从业人员应当合理分析、判断影响投资分析、建议或行动的重要因素。④基金从业人员应当区分投资分析和建议演示中的事实和假设。⑤基金从业人员必须记载和保留适当的记录，以支持投资分析、建议、行动相关事项。⑥基金从业人员在向客户推荐或销售基金时，应充分了解客户的投资需求和投资目标以及客户的财务状况、投资经验、流动性要求和风险承受能力等信息，坚持销售适用性原则，向客户推荐或者销售合适的基金。

4. 客户至上

（1）客户利益优先。①不得从事与投资人利益相冲突的业务。②应当采取合理的措施避免与投资人发生利益冲突。③在执业过程中遇到自身利益或相关方利益与投资人利益发生冲突时，应以投资人利益优先，并应及时向所在机构报告。④不得侵占或者挪用基金投资人的交易资金和基金份额。⑤不得在不同基金资产之间、基金资产和其他受托资产之间进行利益输送。⑥不得在执业活动中为自己或他人谋取不正当利益。⑦不得利用工作之便向任何机构和个人输送利益，损害基金持有人利益。

（2）公平对待客户。当不同客户之间的利益发生冲突时，要公平对待所有客户的利益。

5. 忠诚尽责

（1）廉洁公正。①不得接受利益相关方的贿赂，如接受或赠送礼物、回扣、补偿或报酬等。②不得利用基金财产或者所在机构固有财产为自己或他人谋取非法利益。③不得利用职务之便或者机构的商业机会为自己或者他人谋取非法利益。④不得侵占或者挪用基金财产或者机构固有财产。⑤不得为了迎合客户的不合理要求而损害社会公共利益、所在机构或者他人的合法权益，不得私下接受客户委托买卖证券期货。⑥不得从事可能导致与投资者或所在机构之间产生利益冲突的活动。⑦抵制来自上级、同事、亲友等各种关系因素的不当干扰，坚持原则，独立自主。

（2）忠诚敬业。①基金从业人员应当与所在机构签订正式的劳动合同或其他形式的聘任合同，保证基金从业人员在相应机构对其进行直接管理的条件下从事执业活动。②基金从业人员有义务保护公司财产、信息安全，防止所在机构资产损坏、丢失。③基金从业人员应当遵守所在机构的授权制度，在授权范围内履行职责；超出授权范围的，应当按照所在机构制度履行批准程序。④基金从业人员提出辞职时，应当按照聘用合同约定的期限提前向公司提出申请，并积极配合有关部门完成工作移交。已提出辞职但尚未完成工作移交的，从业人员应认真履行各项义务，不得擅自离岗；已完成工作移交的从业人员应当按照聘用合同的规定，认真履行保密、竞争禁止等义务。⑤基金从业人员本人、配偶、利害关系人进行证券投资，应当遵守所在机构有关从业人员的证券投资管理制度办理报批或报备手续。

6. 保守秘密

（1）应妥善保管并严格保守客户秘密，非经许可，不得泄露客户资料和交易信息。无论是在任职期间还是离职后，均不得泄露任何客户资料和交易信息。

（2）不得泄露在执业活动中所获知的各相关方的信息及所属机构的商业秘密，更不得用以为自己或他人谋取不正当的利益。

（3）不得泄露在执业活动中所获知的内幕信息。

（四）政信信托业从业道德

第一，从业人员开展信托业务，应恪尽职守，履行诚实、信用、谨慎、有效管理的义务。

第二，从业人员应具备从事相关活动所必需的专业能力、技巧和知识。

第三，从业人员在自身利益或者相关方利益与委托人或受益人的合法利益发生冲突或者存在潜在利益冲突时，应及时向委托人或受益人进行披露，并且坚持受益人利益最大化的原则。

第四，从业人员应依法保守委托人、受益人以及所在机构的商业秘密及个人金融信息在内的隐私信息。未经监管机构允许，从业人员不得向社会或其他单位和个人提供监管工作秘密信息。

第五，从业人员向委托人和受益人提供专业服务时，应充分、客观地揭示风险，真实披露与信托业务有关的信息。

第二节　政信金融从业人员行为准则

学习目标	知识点
掌握证券业行为准则	基本准则、禁止行为
掌握银行业行为准则	行为规范、维护客户合法权益、维护金融稳定、强化自律监管
掌握投资基金业行为准则	基本准则
掌握信托业行为准则	基本准则

一、政信金融从业人员基本准则概述

政信金融产品涉及内容广泛，包括债券、贷款、投资基金、信托等，因此相关从业人员应遵守对应行业行为准则，主要包括《证券业从业人员执业行为准则》《银行业从业人员职业操守和行为准则》《基金从业人员执业行为自律准则》和《信托从业人员管理自律公约》等。

《证券业从业人员执业行为准则》是中国证券业协会为规范证券业从业人员执业行为，维护证券市场秩序，根据《证券法》《证券投资基金法》《证券公司监督管理条例》等法律法规所制定的行业自律规则。《证券业从业人员执业行为准则》不仅规定了证券业从业人员所应遵守的基本行为规范，而且明确列示了从业人员的禁止行为，主要包括一般禁止行为和特定禁止行为。《证券业从业人员执业行为准则》的最新修订日期为2014年12月。

《银行业从业人员职业操守和行为准则》是中国银行业协会为规范银行业金融机构从业人员职业操守和行为准则，加强行业自律和从业人员行为管理而修订发布的行业自律规则。《银行业从业人员职业操守和行为准则》主要就银行业从业人员行为规范、禁止行为、业务合规等方面做出了明确规定。《银行业从业人员职业操守和行为准则》的最新修订日期为2020年9月。

《基金从业人员执业行为自律准则》是中国证券投资基金业协会为促进基金行业持续健康发展，保护基金持有人利益，规范基金从业人员执业行为，树立从业人员的良好职业形象和维护行业声誉，提高从业人员专业服务水平，根据《证券投资基金法》及其他行政法规的有关规定而制定的准则。《基金从业人员执业行为自律准则》的最新修订日期为2014年12月。

《信托从业人员管理自律公约》是中国信托业协会为加强信托公司从业人员自律管理，规范从业人员行为，维护信托业公平有序的市场竞争环境，促进信托行业健康可持续发展，维护信托当事人的合法权益，根据《信托法》《关于规范金融机构资产管理业务的指导意见》《银行业金融机构从业人员行为管理指引》《银行业金融机构从业人员职业操守指引》及相关法律法规，以及《中国信托业协会章程》《信托公司受托责任尽职指引》等所制定的自律公约。《信托从业人员管理自律公约》的最新修订日期为2019年12月。

二、政信金融证券业从业人员行为准则

从事证券类业务的政信金融从业人员应遵守证券业协会（以下简称协会）制定的行为准则。协会依据准则对从业人员的执业行为进行自律管理。协会的自律管理工作接受中国证券监督管理委员会（以下简称中国证监会）的指导和监督。

准则所称的证券业从业人员是指：（1）证券公司的管理人员、业务人员以及与证券公司签订委托合同的证券经纪人；（2）基金管理公司的管理人员和业务人员；（3）基金托管和销售机构中从事基金托管或销售业务的管理人员和业务人员；（4）证券投资咨询机构的管理人员和业务人员；（5）从

事上市公司并购重组业务的财务顾问机构的管理人员和业务人员；（6）证券市场资信评级机构中从事证券评级业务的管理人员和业务人员；（7）协会规定的其他人员。

上述人员所在的证券公司、基金管理公司、基金托管和销售机构、证券投资咨询机构、证券市场资信评级机构、财务顾问机构等，在准则中统称为机构。

准则所称管理人员包括机构法定代表人、高级管理人员、部门负责人、分支机构负责人。中国证监会对管理人员的任职另有规定的，适用其规定。

（一）政信金融证券业从业人员基本准则

第一，从业人员应自觉遵守法律、行政法规，接受并配合中国证监会的监督与管理，接受并配合协会的自律管理，遵守交易场所有关规则、所在机构的规章制度以及行业公认的职业道德和行为准则。

第二，从业人员在执业过程中应当维护客户和其他相关方的合法利益，诚实守信，勤勉尽责，维护行业声誉。

第三，从业人员应依照相应的业务规范和执业标准为客户提供专业服务，了解客户需求、财务状况及风险承受能力，为客户推荐合适的产品或服务，充分揭示其推荐产品或服务涉及的责任、义务及相关风险，包括但不限于法律风险、政策风险、市场风险等。

第四，从业人员应具备从事相关业务活动所需的专业知识和技能，取得相应的从业资格，通过所在机构向协会申请执业注册，接受协会和所在机构组织的后续职业培训，维持专业胜任能力。

第五，从业人员应保守国家秘密、所在机构的商业秘密、客户的商业秘密及个人隐私，对客户服务结束或者离开所在机构后，仍应按照有关规定或合同约定承担上述保密义务。

第六，从业人员应当公平对待所有客户，不得从事与履行职责有利益冲突的业务。遇到自身利益或相关方利益与客户的利益发生冲突或可能发生冲突时，应及时向所在机构报告；当无法避免时，应确保客户的利益得到公平的对待。

第七，机构或者其管理人员对从业人员发出指令涉嫌违法违规的，从业人员应及时按照所在机构内部程序向高级管理人员或者董事会报告。机构未妥善处理的，从业人员应及时向中国证监会或者协会报告。

第八，从业人员应当尊重同业人员，公平竞争，不得贬损同行或以其他不正当竞争手段争揽业务。

（二）政信金融证券业从业人员禁止行为

1. 从业人员一般禁止行为

（1）从事内幕交易或利用未公开信息交易活动，泄露利用工作便利获取的内幕信息或其他未公开信息，或明示、暗示他人从事内幕交易活动。

（2）利用资金优势、持股优势和信息优势，单独或者合谋串通，影响证券交易价格或交易量，误导和干扰市场。

（3）编造、传播虚假信息或做出虚假陈述或信息误导，扰乱证券市场。

（4）损害社会公共利益、所在机构或者他人的合法权益。

（5）从事与其履行职责有利益冲突的业务。

（6）接受利益相关方的贿赂或对其进行贿赂，如接受或赠送礼物、回扣、补偿或报酬等，或从事可能导致与投资者或所在机构之间产生利益冲突的活动。

（7）买卖法律明文禁止买卖的证券。

（8）利用工作之便向任何机构和个人输送利益，损害客户和所在机构利益。

（9）违规向客户做出投资不受损失或保证最低收益的承诺。

（10）隐匿、伪造、篡改或者毁损交易记录。

（11）中国证监会、协会禁止的其他行为。

2. 证券公司从业人员特定禁止行为

（1）代理买卖或承销法律规定不得买卖或承销的证券。

（2）违规向客户提供资金或有价证券。

（3）侵占挪用客户资产或擅自变更委托投资范围。

（4）在经纪业务中接受客户的全权委托。

（5）对外透露自营买卖信息，将自营买卖的证券推荐给客户，或诱导客户买卖该种证券。

（6）中国证监会、协会禁止的其他行为。

3. 基金管理公司、基金托管和销售机构的从业人员特定禁止行为

（1）违反有关信息披露规则，私自泄漏基金的证券买卖信息。

（2）在不同基金资产之间、基金资产和其他受托资产之间进行利益输送。

（3）利用基金的相关信息为本人或者他人谋取私利。

（4）挪用基金投资者的交易资金和基金份额。

（5）在基金销售过程中误导客户。

（6）中国证监会、协会禁止的其他行为。

4. 证券投资咨询机构、财务顾问机构、证券资信评级机构的从业人员特定禁止行为

（1）接受他人委托从事证券投资。

（2）与委托人约定分享证券投资收益，分担证券投资损失，或者向委托人承诺证券投资收益。

（3）依据虚假信息、内幕信息或者市场传言撰写和发布分析报告或评

级报告。

（4）中国证监会、协会禁止的其他行为。

（三）政信金融证券业从业人员监督及惩戒

（1）机构应根据准则制定相应的人员管理、培训和执业监督制度，管理本机构从业人员，督促从业人员依法合规执业。

（2）协会对机构执行准则的情况进行定期或者不定期检查。从业人员及其所在机构应配合协会检查工作。

（3）协会自律监察专业委员会按照有关规定，对机构和从业人员进行纪律惩戒。机构和从业人员对纪律惩戒不服的，可向协会申请复议。

（4）从业人员违反准则的，协会应进行调查，视情节轻重采取纪律惩戒措施，并将纪律惩戒信息录入协会从业人员诚信信息系统。从业人员涉嫌违法违规，需要给予行政处罚或采取行政监管措施的，移交中国证监会处理。

（5）从业人员违反准则，情节轻微且没有造成不良后果的，协会可酌情免除纪律惩戒，但应责成从业人员所在机构予以批评教育。

（6）从业人员受到所在机构处分，或者因违法违规被国家有关部门依法查处的，机构应在做出处分决定、知悉该从业人员违法违规被查处事项之日起十个工作日内向协会报告。协会将有关信息记入从业人员诚信信息系统。

三、政信金融银行业从业人员行为准则

从事银行业务的政信金融从业人员应遵守中国银行业协会制定的银行业从业人员行为准则。准则所称的银行业从业人员是指：（1）在中华人民共和国境内银行业金融机构工作的人员；（2）中华人民共和国境内银行业金融机构委派到国（境）外分支机构、控（参）股公司工作的人员。

（一）政信金融银行业从业人员行为规范

1. 行为守法

（1）严禁违法犯罪行为。银行业从业人员应自觉遵守法律法规规定，不得参与"黄、赌、毒、黑"、非法集资、高利贷、欺诈、贿赂等一切违法活动和非法组织。

（2）严禁非法催收。银行业从业人员不得以故意伤害、非法拘禁、侮辱、恐吓、威胁、骚扰等非法手段催收贷款。

（3）严禁组织、参与非法民间融资。银行业从业人员不得组织或参与非法吸收公众存款、套取金融机构信贷资金、高利转贷、非法向在校学生发放贷款等民间融资活动。

（4）严禁信用卡犯罪行为。银行业从业人员不得利用职务便利实施伪造信用卡、非法套现信用卡、滥发信用卡等行为。不得为特定客户优于同等

条件办理高端信用卡，提供价质不符的高端服务。

（5）严禁信息领域违法犯罪行为。银行业从业人员不得利用职务便利实施窃取、泄露客户信息、所在机构商业秘密等的违法犯罪行为。发现泄密事件，应立即采取合理措施并及时报告。违反工作纪律、保密纪律，造成客户相关信息泄露的，应当按照有关规定承担责任。

（6）严禁内幕交易行为。银行业从业人员在业务活动中应当遵守有关禁止内幕交易的规定。不得以明示或暗示的形式违规泄露内幕信息，不得利用内幕信息获取个人利益，或是基于内幕信息为他人提供理财或投资方面的建议。

（7）严禁挪用资金行为。银行业从业人员不得默许、参与或支持客户用信贷资金进行股票买卖、期货投资等违反信贷政策的行为。不得挪用所在机构资金和客户资金，不得利用本人消费贷款进行违规投资。

（8）严禁骗取信贷行为。银行业从业人员不得向客户明示、暗示或者默许以虚假资料骗取、套取信贷资金。

2. 业务合规

（1）遵守岗位管理规范。银行业从业人员应当遵守业务操作指引，遵循银行岗位职责划分和风险隔离的操作规程，确保客户交易的安全。不得打听与自身工作无关的信息，或是违反规定委托他人履行保管物品、信息或其他岗位职责。

（2）遵守信贷业务规定。银行业从业人员应当根据监管规定和所在机构风险控制的要求，严格执行贷前调查、贷时审查和贷后检查等"三查"工作。

（3）遵守销售业务规定。银行业从业人员不得在任何场所开展未经监管机构或所在机构批准的金融业务，不得销售或推介未经所在机构审批的产品，不得代销未持有金融牌照机构发行的产品。不得针对特定客户非公开销售优于其他同类客户的存款产品、贷款产品、基金产品、信托产品、理财产品等。

（4）遵守公平竞争原则。银行业从业人员应当崇尚公平竞争，遵循客户自愿原则、尊重同业公平原则。在宣传、办理业务过程中，不得使用不正当竞争手段。坚决抵制以权谋私、钱权交易、贪污贿赂、"吃拿卡要"等腐败行为。

（5）遵守财务管理规定。银行业从业人员应当严格执行所在单位的财务报销规定，组织或参加会议、调研、出差等公务活动应当严格执行公务出差住宿和交通标准。出差人员应在职务级别对应的住宿费标准限额内选择宾馆住宿，按规定登记乘坐交通工具。不得用公款支付应当由本人或亲友个人支付的费用，严禁上下级机构及工作人员之间、行内部门之间用公款相互宴请或赠送礼品，不得使用公款开展娱乐互动、游山玩水或以学习考察等名义出国（境）公款旅游等。

（6）遵守出访管理规范。出访期间须主动接受我国驻外使领馆的领导和监督，及时请示报告。除另有规定外，严禁持因私护照出访执行公务。严格执行中央对外工作方针政策和国别政策，严守外事纪律，遵守当地法律法规，尊重当地风俗习惯，杜绝不文明行为。严禁变相公款旅游，严禁安排与公务活动无关的娱乐活动，不得参加可能对公正履职有影响的出访活动。增强安全保密意识，妥善保管内部资料，未经批准，不得对外提供内部文件和资料。

（7）遵守外事接待规范。接待国（境）外来宾坚持服务外交、友好对等、务实节俭原则，安排宴请、住宿、交通等接待事宜根据相关规定执行。在公务外事活动中，严格遵守外事礼品赠予与接受的相关规定。

（8）遵守离职交接规定。银行业从业人员岗位变动或离职时，应当按照规定妥善交接工作，遵守脱密和竞业限制约定，不得擅自带走所在机构的财物、工作资料和客户资源。

3. 履职遵纪

（1）贯彻"八项规定"、反"四风"。银行业从业人员应当严格遵守纪律要求，认真落实所在机构贯彻中央"八项规定"的有关制度，求真务实、勤俭节约，坚决反对"形式主义、官僚主义、享乐主义和奢靡之风"四种不正之风。

（2）如实反馈信息。银行业从业人员应当确保经办和提供的工作资料、个人信息等的合法性、真实性、完整性与准确性。严禁对相关个人信息采取虚构、夸大、隐瞒、误导等行为。

（3）按照纪律要求处理利益冲突。银行业从业人员应当按照纪律要求处理自身与所在机构的利益冲突。存在潜在冲突的情况下，应当主动向所在机构管理层说明情况。

（4）严禁非法利益输送交易。银行业从业人员严禁利用职务便利侵害所在机构权益，自行或通过近亲属以明显优于或低于正常商业条件与其所在机构进行交易。

（5）实施履职回避。银行业从业人员应当严格遵守有关履职回避要求。任职期间出现需要回避情形的，本人应当主动提出回避申请，服从所在机构做出的回避决定。银行业金融机构不得向特定关系人及其亲属提供高薪岗位、职务、薪酬奖励，不得针对特定关系人授予或评审职位职称。

（6）严禁违规兼职谋利。银行业从业人员应当遵守法纪规定以及所在机构有关规定从事兼职活动，主动报告兼职意向并履行相关审批程序。应当妥善处理兼职岗位与本职工作之间的关系，不得利用兼职岗位谋取不当利益，不得违规经商办企业。银行业从业人员未经批准，不得参加授课、课题研究、论文评审、答辩评审、合作出书等活动；经批准到本单位直属或下辖单位参加上述活动的，按所在单位有关规定办理。

（7）抵制贿赂及不当便利行为。银行业从业人员应当自觉抵制不正当交易行为。严禁以任何方式索取或收受客户、供应商、竞争对手、下属机构、下级员工及其他利益相关方的贿赂或不当利益，严禁向政府机关及其他利害关系方提供贿赂或不当利益，严禁收、送价值超过法律及商业习惯允许范围的礼品。

（8）厉行勤俭节约。银行业从业人员应当厉行勤俭节约，珍惜资源，爱护财产。根据工作需要合理使用所在机构财物，禁止以任何方式损害、浪费、侵占、挪用、滥用所在机构财产。

（9）塑造职业形象。银行业从业人员在公共场合应做到言谈举止文明稳重、着装仪表整洁大方，个人形象要与职业身份、工作岗位和环境要求相称。做到身心健康、情趣高雅，积极履行社会责任。严禁通过网络等发布、传播不当言论。

（10）营造风清气正的职场环境和氛围。银行业金融机构应按照"忠、专、实"的衡量标准，选拔任用政治过硬、素质过硬、踏实肯干的干部人才。破除阿谀奉承、拉帮结派等小圈子、小团伙依附关系，杜绝因"圈子文化"而滋生的畸形权力和裙带关系。关爱员工，严禁体罚、辱骂、殴打员工；采取合理的预防、受理投诉、调查处置等措施，防止和制止利用职权、从属关系等实施性骚扰。尊重员工权益，畅通诉求渠道，从政治思想教育、薪酬待遇、职业生涯规划、心理动态咨询等多方面帮助引导员工，在多岗位历练培养，增强员工的归属感和成就感。

（二）保护客户合法权益

1. 礼貌服务客户

银行业从业人员在接洽业务过程中，应当礼貌周到。对客户提出的合理要求尽量满足，对暂时无法满足或明显不合理的要求，应当耐心说明情况，取得理解和谅解。

2. 公平对待客户

银行业从业人员应当公平对待所有客户，不得因客户的国籍、肤色、民族、性别、年龄、宗教信仰、健康或残障及业务的繁简程度和金额大小等其他方面的差异而歧视客户。对残障者或语言存在障碍的客户，银行业从业人员应当尽可能为其提供便利。

3. 保护客户信息

银行业从业人员应当妥善保存客户资料及其交易信息档案。在受雇期间及离职后，均不得违反法律法规和所在机构关于客户隐私保护的规定，违规泄露任何客户资料和交易信息。

4. 充分披露信息

银行业从业人员在向客户销售产品的过程中，应当严格落实销售专区录音录像等监管要求，按照规定以明确的、足以让客户注意的方式向其充分提示必要信息，对涉及的法律风险、政策风险以及市场风险等进行充分的提示。严禁为达成交易而隐瞒风险或进行虚假或误导性陈述，严禁向客户做出不符合有关法律法规及所在机构有关规章制度的承诺或保证。

5. 妥善处理客户投诉

银行业从业人员应当坚持客户至上、客观公正原则，耐心、礼貌、认真地处理客户投诉，及时作出有效反馈。

（三）维护国家金融安全

1. 接受、配合监管工作

银行业从业人员应当树立依法合规意识，依法接受银行业监督管理部门的监管，积极配合非现场监管和现场检查等监管工作。严禁自行或诱导客户规避监管要求。

2. 遵守反洗钱、反恐怖融资规定

银行业从业人员应当遵守反洗钱、反恐怖融资有关规定，熟知银行承担的义务，严格按照要求落实报告大额和可疑交易等工作。

3. 协助有权机关执法

银行业从业人员应当熟知银行承担的依法协助执行义务，在严格保守客户隐私的同时，按法定程序积极协助执法机关的执法活动，不泄露执法活动信息，不协助客户隐匿、转移资产。

4. 举报违法行为

银行业从业人员对所在机构违反法律法规、侵害国家金融安全的行为，有责任予以揭露。有权向上级机构或所在机构的监督管理部门直至国家司法机关举报。

5. 服从应急安排

银行业从业人员应当积极响应国家号召、落实行业倡议、服从机构安排，在抗震救灾、卫生防疫等重大公共应急事件中坚守岗位，尽职履责，努力保障特殊时期金融服务的充分供给。

6. 守护舆情环境

银行业从业人员应当遵守法律法规、监管规制及所在机构关于信息发布的规定，严禁擅自接受媒体采访或通过微信、微博、贴吧、网络直播等自媒体形式对外发布相关信息。

（四）强化职业行为自律

1. 接受所在机构管理

银行业从业人员应当严格遵守准则，接受所在机构的监督和管理。银行业金融机构应当依照法律法规和准则的精神制定本单位员工具体职业行为规范，将职业操守和行为准则作为反腐倡廉建设、企业文化建设、合规管理、员工教育培训及人力资源管理的重要内容，定期评估，建立持续的员工执业行为评价和监督机制。

2. 接受自律组织监督

银行业从业人员应自觉接受银行业协会等自律组织的监督。银行业协会依据有关规定对会员单位贯彻落实准则的实施情况进行监督检查和评估。

3. 惩戒及争议处理

为加强银行业从业人员行为管理，银行业协会、银行业金融机构应当健全关于员工违反职业操守和行为准则的惩戒机制。银行业协会建立违法违规违纪人员"黑名单"和"灰名单"制度。对银行业从业人员严重违法违规违纪的、严重影响行业形象造成恶劣社会影响的，纳入"黑名单"管理，予以通报同业，实行行业禁入制度。对其他情节较严重的违法违规违纪人员，实行"灰名单"管理制度，限制其不得任职于银行业金融机构重点部门或关键岗位。银行业金融机构应通过订立劳动合同等方式明确员工违反职业操守和行为准则应受到的惩戒内容。银行业从业人员对所在机构的惩戒有异议的，有权按照正常渠道反映和申诉。

4. 高管规范

银行业高级管理人员应当带头遵守、模范践行职业操守和行为准则，并通过"立规矩、讲规矩、守规矩"以上率下，在战略制定和绩效管理等工作中融入职业操守和行为准则考量，管好关键人、管到关键处、管住关键事、管在关键时，全面推动所在机构营造爱国爱行、诚实守信、专业过硬、勤勉履职、服务为本的良好从业氛围和工作环境。

四、政信投资基金业从业人员行为准则

从事政信投资基金业的从业人员包括：（1）基金管理公司和基金托管部正式聘用的基金从业人员；（2）商业银行（含在华外资法人银行）、证券公司、期货公司、保险机构、证券投资咨询机构、独立基金销售机构以及中国证监会认定的其他机构中的基金管理人员、业务人员、营销人员；（3）从事私募证券投资基金业务的各类私募基金管理人，其高管人员、总经理、副总经理、合规、风控负责人等；（4）证券投资基金行业高级管理人员，包括基金管理公司的董事长、总经理、副总经理、督察长以及实际履行上述职务的其他人员，基金托管银行基金托管部门的总经理、副总经理以及实际履行上述职务的其他人员；（5）证券公司从事大集合产品管理业务相关从业人员；（6）公募基金投资顾问业务试点机构从事投资顾问业务的相关人员。

政信投资基金从业人员须遵守的行业行为准则：

（1）从业人员应自觉遵守法律、行政法规，及职业道德，不得损害社会公共利益、基金持有人利益和行业利益。

（2）从业人员应将基金持有人的利益置于个人及所在机构的利益之上，公平对待基金持有人。不得侵占或者挪用基金持有人的交易资金，不得在不同基金资产之间、基金资产和其他受托资产之间进行利益输送。

（3）从业人员应具备从事相关活动所必需的专业知识和技能，保持和提高专业胜任能力，审慎开展业务，提高风险管理能力，不得做出任何与职业声誉或专业胜任能力相背离的行为。

（4）从业人员应当在进行投资分析、提供投资建议、采取投资行动时，具有合理充分的调查研究依据，保持独立性与客观性，坚持原则，不得受各种外界因素的干扰。

（5）从业人员应当公平、合法、有序地开展业务，不得以排挤竞争对手为目的，压低基金的收费水平，低于基金销售成本销售基金；不得采取抽奖、回扣或者赠送实物、保险、基金份额等方式销售基金。

（6）从业人员不得泄露任何基金持有人资料和交易信息，不得泄露在执业活动中所获知的各相关方的信息及所属机构的商业秘密，更不得为自己或他人谋取不正当利益。

（7）从业人员不得从事或协同他人从事内幕交易或利用未公开信息交易活动，不得泄露利用工作便利获取的内幕信息或其他未公开信息，或明示、暗示他人从事内幕交易活动。

（8）从业人员不得利用资金优势、持股优势和信息优势，单独或者合谋串通，影响证券交易价格或交易量，误导和干扰市场。

（9）从业人员不得利用工作之便向任何机构和个人输送利益，损害基金持有人利益和损害证券市场秩序。

（10）从业人员应廉洁自律，不得接受利益相关方的贿赂或对其进行贿赂，如接受或赠送礼物、回扣、补偿或报酬等，或从事可能导致与投资者或所在机构之间产生利益冲突的活动。

（11）从业人员应当在宣传、推介和销售基金产品时，坚持销售适用性原则，客观、全面、准确地向投资者推荐或销售适合的基金产品，并及时揭示投资风险。不得进行不适当地宣传，误导欺诈投资者，不得片面夸大过往业绩，不得预测所推介基金的未来业绩，不得违规承诺保本保收益。

（12）从业人员应主动倡导理性成熟的投资理念，坚持长期投资、价值投资导向，自觉弘扬行业优秀道德文化，加强自身职业道德修养，规范自身行为，履行社会责任，遵从社会公德，更好地服务社会和投资者。

五、政信信托业从业人员行为准则

政信信托业从业人员指按照《劳动合同法》规定，与信托公司签订劳动合同的在职人员，包括信托公司董事会成员、监事会成员及高级管理人员，以及信托公司聘用或与劳务派遣机构签订协议从事辅助性金融服务的其他人员。

政信信托业从业人员须遵守的行为准则包括：

（1）从业人员应具备受托责任意识，严格遵守法律法规和行业自律规范，恪守工作纪律。

（2）从业人员应自觉抵制并严禁参与非法集资、地下钱庄、洗钱、恐怖融资、商业贿赂、内幕交易、操纵市场等违法行为。

（3）从业人员不得在任何场所开展不符合监管规定和未经所在公司批准的金融业务，不得销售或推介不符合监管规定和未经所在公司批准的金融产品或非金融机构发行的产品。

（4）从业人员在宣传、推介信托产品时，应坚持投资者适当性原则，不得欺诈或者误导投资者购买与其风险承担能力不匹配的信托产品，不得向风险识别能力和风险承担能力低于产品风险等级的投资者销售信托产品，不得向投资者作出不当承诺或保证。

（5）从业人员应严格遵守国家关于金融服务收费的各项规定，不得随意增加收费项目或提高收费标准。从业人员不得违反法律法规规定，利用信托财产为自己谋取利益，不得利用职务和工作之便谋取其他非法利益或进行利益输送，损害委托人和受益人、所在机构或者他人的合法权益。

（6）从业人员不得接受贿赂或实施贿赂，不得从事其他不正当竞争行为和不正当交易行为。

思考与练习

1. 单项选择题

（1）（　　）不属于道德与法律的联系。

A. 目的一致性　　　　　　　B. 价值标准一致

C. 功能互补　　　　　　　　D. 内容交叉

（2）（　　）不属于职业道德的作用。

A. 调整职业关系　　　　　　B. 提升职业素质

C. 提高职业能力　　　　　　D. 促进行业发展

（3）下列关于基金销售人员行为的表述，正确的是（　　）。

A. 承诺基金投资收益

B. 通过基金过往业绩预测基金收益

C. 对机构客户提供优先服务

D. 根据投资者风险承受能力选择性推荐基金

（4）某公募基金公司经理甲在一次偶然的场合从朋友乙处得知乙所供职的公司将要收购 A 公司，甲利用此消息在证券市场做了投资交易，此行为违反了政信基金业职业道德中的（　　　　）。

A. 守法合规　　　　　　　　B. 不得操纵市场

C. 不得进行内幕交易　　　　D. 专业审慎

（5）以下不属于政信银行业从业人员行为规范的是（　　　　）。

A. 行为守法　　B. 业务合规　　C. 履职遵纪　　D. 不正当竞争

2. 多项选择题

（1）（　　　　）属于政信证券业从业道德。

A. 敬畏法律，遵纪守规　　　　B. 诚实守信，勤勉尽责

C. 守正笃实，严谨专业　　　　D. 审慎稳健，严控风险

（2）（　　　　）属于政信银行业从业人员行为准则。

A. 政信银行业从业人员行为规范　B. 保护客户合法权益

C. 维护国家金融安全　　　　　　D. 强化职业行为自律

（3）（　　　　）属于政信金融证券业从业人员一般禁止行为。

A. 从事内幕交易

B. 伪造交易记录

C. 合谋串通影响市场价格

D. 挪用基金投资者的交易资金和基金份额

（4）职业道德的特征有（　　　　）。

A. 特殊性　　　　B. 继承性　　　　C. 抽象性　　　　D. 规范性

（5）以下属于政信投资基金业从业道德的有（　　　　）。

A. 守法合规　　B. 客户至上　　　C. 专业审慎　　　D. 诚实守信

3. 判断题

（1）职业道德的特征包括特殊性、继承性、规范性和具体性。（　　　）

（2）政信证券业从业人员利用职务之便从事证券买卖违反了从业人员不得从事内幕交易的规定。（　　　）

（3）政信银行业从业人员行为准则要求从业人员应当公平对待所有客户，不得因客户的国籍、肤色、民族、性别、年龄、宗教信仰、健康或残障及业务的繁简程度和金额大小等其他方面的差异而歧视客户。（　　　）

（4）政信信托业从业道德要求从业人员坚持公司利益最大化的原则。
（　　　）

（5）政信银行业从业人员行为规范包括行为守法、业务合规和履职遵纪。
（　　　）

4. 简答题

（1）简单介绍政信证券业从业道德规范。

（2）概述政信金融证券业从业人员一般禁止行为。

5. 思考题

（1）总结职业道德规范的共同之处。

（2）未来中国政信金融业从业人员行为准则会发生哪些变化？将会给行业带来什么影响？

练习题答案

1. 单项选择题

（1）B （2）C （3）D （4）C （5）D

2. 多项选择题

（1）ABCD （2）ABCD （3）ABC （4）ABD （5）ABCD

3. 判断题

（1）正确 （2）正确 （3）正确 （4）错误 （5）正确

4. 简答题（略）

5. 思考题（略）

参 考 文 献

［1］戈兹曼. 千年金融史：金融如何塑造文明，从 5000 年前到 21 世纪 ［M］. 张亚光，熊金武，译. 北京：中信出版社，2020.

［2］香帅. 香帅金融学讲义 ［M］. 北京：中信出版社，2021.

［3］中共中央宣传部. 习近平新时代中国特色社会主义思想学习纲要 ［M］. 北京：学习出版社，人民出版社，2019.

［4］清华大学经济管理学院数字金融资产研究中心. 数字金融：未来已来 ［M］. 北京：人民日报出版社，2020.

［5］田中道昭. 新金融帝国：智能时代全球金融变局 ［M］. 杨晨，译. 杭州：浙江人民出版社，2021.

［6］黄达，张杰. 金融学，第五版 ［M］. 北京：中国人民大学出版社，2020.

［7］陈蔚. 会计基础工作规范与核算实务 ［M］. 北京：企业管理出版社，2005.

［8］国投信达（北京）投资基金集团有限公司. 新共赢生态：政信金融投资指南 ［M］. 北京：中国金融出版社，2019.

［9］政信投资有限公司. 新时代金矿：政信金融投资指南（二）［M］. 北京：经济管理出版社，2020.

［10］黄震. 中国金融科技安全发展报告 2020：基于技术、市场、监管协调发展视角 ［M］. 北京：中国金融出版社，2020.

［11］余丰慧. 金融科技：大数据、区块链和人工智能的应用和未来 ［M］. 杭州：浙江大学出版社，2018.

［12］吴敬琏. 当代中国经济改革教程 ［M］. 上海：上海远东出版社，2015.

［13］杨保华，陈昌. 区块链原理、设计与应用，第 2 版 ［M］. 北京：机械工业出版社，2020.

［14］库马克. 千年帝国史 ［M］. 石炜，译. 北京：中信出版社，2019.

［15］王福重. 金融的解释 ［M］. 北京：中信出版社，2014.

［16］那一水的鱼. 投资第一课 ［M］. 北京：中国经济出版社，2015.

［17］唐朝. 手把手教你读财报 ［M］. 北京：中国经济出版社，2020.

［18］王巍．金融可以颠覆历史［M］．北京：中国友谊出版公司，2015．

［19］钱乘旦．西方那一块土：钱乘旦讲西方文化通论［M］．北京：北京大学出版社，2015．

［20］彭兴韵．金融市场学［M］．上海：格致出版社，2018．

［21］许纯榕．金融市场学［M］．北京：清华大学出版社，2018．

［22］李健．金融学，第三版［M］．北京：高等教育出版社，2018．

［23］王庆安．金融市场学［M］．北京：人民邮电出版社，2014．

［24］祁斌，查向阳，等．直接融资和间接融资的国际比较［E/OL］．（2015－05－14）．http：//www.csrc.gov.cn/pub/newsite/yjzx/sjdjt/zbsczdjcyj/201505/t20150514_276935.html．

［25］殷剑峰，吴建伟，王增武．钱去哪了：大资管框架下的资金流向和机制［M］．北京：社会科学文献出版社，2017．

［26］中国招商银行股份有限公司，贝恩公司．2017中国私人财富报告［R］．2018．

［27］安信证券．历史回溯之中国未有之变：2008—2015［R］．2016．

［28］世界银行．国际债务统计报告［M］．2020．

［29］中国工商银行历年年度报告．

［30］国家开发银行，"开发性金融"的相关论述．

［31］国家统计局历年《中华人民共和国国民经济和社会发展统计公报》．

［32］刘运宏，赵磊．REITs运行模式研究：国际经验与制度选择［J］．首都师范大学学报：社会科学版，2010（5）：45－50．

［33］李燕．基于TOD模式的一体化开发研究［R］．2011．

［34］戴戈．PPP、BOT、BT、TOT、TBT、BOO、PFI的比较及案例分析［J］．工程技术（全文版），2016（11）：00035－00036．

［35］张启智，严存宝．城市公共基础设施投融资方式选择：基于BOT、TOT、PPP、PFI、ABS方式研究［M］．北京：中国金融出版社，2008．

［36］杨坪霖．分析PPP模式的项目运作流程［J］．建筑工程技术与设计，2018（17）：4529．

［37］高国华．地方政府专项债新规对地方经济的影响［J］．债券，2019（7）：36－40．

［38］朱锦强．银行间与交易所市场信用债定价比较研究［J］．金融与经济，2020（6）：22－28．

［39］向吉英．经济转型期产业成长与产业投资基金研究［M］．北京：中国金融出版社，2010．

［40］李素梅．中国产业投资基金综合绩效及发展战略研究［M］．北

京：中国金融出版社，2008.

[41] 谷志威．私募股权投资基金实务操作指引［M］．北京：法律出版社，2015.

[42]《政府信用融资研究》课题组．政府信用融资研究［M］．北京：中国金融出版社，2016.

[43] 孙飞，等．正确发挥政府投资基金作用　促进经济转型升级发展［M］．北京：中国发展出版社，2019.

[44] 刘昕．基金之翼：产业投资基金运作理论与实务［M］．北京：经济科学出版社，2005.

[45] 王陇刚．地方政府出资产业投资基金的运营研究［J］．冶金财会，2020，39（2）：37-42.

[46] 孙芳．产业投资基金支持实体经济发展及其风险防控研究［J］．时代金融，2018（35）：352-353.

[47] 梁婧．推进政府产业基金科学化发展［J］．中国国情国力，2019（10）：75-80.

[48] 刘光明．政府产业投资基金：组织形式、作用机制与发展绩效［J］．财政研究，2019（7）：71-76.

[49] 王海龙，朱杰，张昕嫱．政府引导型产业投资基金面临的问题与对策［J］．科技中国，2019（6）：60-63.

[50] 程惠．资管新规下的信托业务操作实务与图解［M］．北京：法律出版社，2018.

[51] 马丽娟．信托与租赁，第二版［M］．大连：东北财经大学出版社，2012.

[52] 邢成，袁吉伟．资金信托理论与实务［M］．北京：经济管理出版社，2020.

[53] 邢成，尤浩然．基础设施 REITs 的业务机遇与信托模式［J］．当代金融家，2020（10）：86-88.

[54] 邢成．中国信托业黄金十年发展研究［M］．北京：经济管理出版社，2019.

[55] 叶伟春．信托与租赁，第四版［M］．上海：上海财经大学出版社有限公司，2012.

[56] 中诚信托战略研究部．信托市场热点研究［M］．北京：知识产权出版社，2020.

[57] 中国信托业协会．信托公司经营实务［M］．北京：中国金融出版社，2012.

[58] 中铁信托—西南财大中国信托研究中心．信托前沿热点问题研究

[M]. 北京：中国金融出版社，2020.

[59] 赵婧. 债海观潮 [M]. 北京：经济科学出版社，2019.

[60] 李磊宁，高言，戴韡. 固定收益证券 [M]. 北京：机械工业出版社，2014.

[61] 证券从业资格考试研究中心. 北京：北京理工大学出版社有限责任公司，2018.

[62] 姚长辉. 固定收益证券定价与利率风险管理 [M]. 北京：北京大学出版社，2019.

[63] 塔克曼，塞拉特. 固定收益证券 [M]. 范龙振，林祥亮，戴思聪等，译. 北京：机械工业出版社，2014

[64] 朱璟. 证券融资方式和风险管理研究 [J]. 商讯. 2021.

[65] 俞宁子，黄志刚. 适度违约是常态，债市如何完善风险管理 [N]. 第一财经日报，2019.

[66] 陈晓华，吴家富. 供应链金融 [M]. 北京：人民邮电出版社，2018.

[67] 陈长彬，盛鑫. 供应链金融中信用风险的评价体系构建研究 [J]. 福建师范大学学报（哲学社会科学版），2013（2）：79-86.

[68] 孔炯炯，张乐乐，曹磊. 商业保理概论 [M]. 上海：复旦大学出版社，2016.

[69] 李诗华. 供应链金融风险预警与防控 [M]. 北京：中国商务出版社，2017.

[70] 梁立身. 商业银行供应链金融营销实战手册 [M]. 北京：中国金融出版社，2020.

[71] 宋华. 供应链金融 [M]. 北京：中国人民大学出版社，2015

[72] 熊熊，马佳，赵文杰，王小琰，张今. 供应链金融模式下的信用风险评价 [J]. 南开管理评论，2009，12（4）：92-98，106.

[73] 李望华. 融资租赁企业的业财融合问题分析与对策探究 [J]. 经济管理文摘，2021（7）：128-130.

[74] 何建艳，张小文，陈绮莉. 类REITs与ABS、CMBS住房租赁融资产品的对比研究——以保利租赁类REITs为例 [J]. 中国管理信息化，2021，24（7）：136-142.

[75] 杨蝉伊. 融资租赁在中小企业融资中的应用研究 [J]. 中国产经，2020（24）：49-50.

[76] 陈填怡. 中国租赁资产证券化的定价研究 [D]. 杭州：浙江大学，2020.

[77] 张亚奇. PPP项目资产证券化定价研究——基于资产评估方法

[J]. 现代商贸工业, 2020, 41 (24): 121 - 122.

[78] 蔡瑞林, 田林, 董晓伟. 新型基础设施建设不动产投资信托基金的运作探索 [J]. 金融理论与实践, 2021 (4): 44 - 50.

[79] 刘桐君. 基础设施公募 REITs 的交易结构设计 [J]. 中国经贸导刊, 2021 (3): 97 - 100.

[80] 黄盈盈. 浅析资产证券化法律问题 [J]. 科学导报, 2021 - 03 - 05 (B03).

[81] 徐杰. 基于融资租赁业务的内部控制失效的案例研究 [J]. 经济师, 2021 (4): 100 - 101.

[82] 成坤宇. 我国融资租赁发展研究 [J]. 广西质量监督导报, 2020 (10): 160 - 161.

[83] 刘毅, 杨德勇, 万猛. 金融业风险与监管 [M]. 北京: 中国金融出版社, 2006.

[84] 祁敬宇. 金融监管学 [M]. 西安: 西安交通大学出版社, 2013.

[85] 李成. 金融监管学 [M]. 北京: 科学出版社, 2006.

[86] 陈方欣. 关于新预算法对地方政府债务管理的影响分析 [J]. 现代经济信息, 2017 (17): 212.

[87] 李经纬. 新预算法及其配套政策法规实施背景下的地方融资平台转型与发展 [J]. 中央财经大学学报, 2015 (2): 3 - 9.

[88] 靳晖, 伊莎贝尔·里亚尔, 胡妍斌. 中国地方政府融资工具及 PPP 模式的监管研究 [J]. 新金融, 2016 (12): 21 - 27.

[89] 庞念伟. 我国系统性金融风险传染的空间结构及时变特征 [J/OL]. 金融发展研究: 1 - 7 [2021 - 05 - 07]. https: //doi. org/10. 19647/j. cnki. 37 - 1462/f. 2021. 04. 007.

[90] 鲁篱. 论金融司法与金融监管协同治理机制 [J]. 中国法学, 2021 (2): 189 - 206.

[91] 张帆. 对金融风险管理的未来展望 [J]. 商展经济, 2021 (6): 73 - 75.

[92] 严佳佳, 林宸宇. 主权信用评级对国债发行成本的影响研究——兼议国际主权信用评级的合理性 [J]. 福建金融, 2020 (3): 11 - 20.

[93] 郭敏, 黄亦炫, 李金培. 金融风险、政府救助与主权信用风险 [J]. 金融论坛, 2019, 24 (5): 68 - 80.

[94] 徐源. 法务　风控　合规　企管"三位一体"内涵解析 [J]. 法人, 2021 (2): 77 - 79.

[95] 刘洋. 金融泡沫的形成机理分析及相关问题阐述 [J]. 商场现代化, 2016 (22): 250 - 251.

[96] 张祎嵩. 信用危机背后的资本主义基本矛盾本质——欧洲主权债务危机发生路径的政治经济学回顾 [J]. 高校马克思主义理论研究, 2019, 5 (1): 136 - 144.

[97] 李义举, 冯乾. 宏观审慎政策框架能否有效抑制金融风险?——基于宏观审慎评估的视角 [J]. 金融论坛, 2018, 23 (9): 9 - 20, 60.

[98] 中国证券业协会. 2021 年证券从业人员一般从业资格考试教材: 证券市场基本法律法规 [M]. 北京: 中国财政经济出版社, 2020.

[99] 证券考试命题研究组. 证券从业资格考试书: 证券基本法律法规 [M]. 成都: 西南财经大学出版社, 2020.

[100] 中国证券投资基金业协会. 证券投资基金 [M]. 北京: 高等教育出版社, 2017.

[101] 基金从业人员资格考试命题研究组. 基金法律法规、职业道德与职业规范 [M]. 成都: 西南财经大学出版社, 2020.

[102] 中国银行业协会银行专业人员执业资格考试办公室. 银行业法律法规与综合能力 [M]. 北京: 中国金融出版社, 2021.

[103] 华图教育. 银行业法律法规与综合能力 [M]. 北京: 中国社会科学出版社, 2021.

[104] 中国信托业协会. 信托基础 [M]. 北京: 中国金融出版社, 2020.

[105] 易会满: 提高直接融资比重 [E/OL]. (2020 - 12 - 03). http://www.csrc.gov.cn/newsite/zjhxwfb/xwdd/202012/t20201203_387274.html.

[106] 吴晓求: 资产管理业务的发展需要市场有足够透明度 [E/OL]. (2020 - 07 - 07). http://www.xinhuanet.com/money/2020 - 07/07/c_1210691295.htm.

[107] 中国证券投资基金业协会. 基金从业人员执业行为自律准则 [EB/OL]. (2014 - 12 - 15). https://www.amac.org.cn/businessservices_2025/privatefundbusiness/xggz/xggzcyrygl/202001/t20200101_5384.html.

[108] 中国证券业协会. 证券从业人员职业道德准则 [EB/OL]. (2010 - 08 - 06). https://www.sac.net.cn/tzgg/202008/t20200806_143492.html.

[109] 中国证券业协会. 证券业从业人员执业行为准则 [EB/OL]. (2014 - 12 - 10). https://www.sac.net.cn/tzgg/201412/t20141217_113207.html.

[110] 中国证监会、国家发展改革委联合发布《关于推进基础设施领域不动产投资信托基金 (REITs) 试点相关工作的通知》 [E/OL]. (2020 - 04 - 30). http://www.csrc.gov.cn/pub/newsite/zjhxwfb/xwdd/202004/t20200430_374843.html.

［111］民生证券．中国银行基建专题研究报告［R］．2020.

［112］企业会计准则编审委员会．会计基础工作规范与核算实务［M］．上海：立信会计出版社，2019.

［113］Kyle Bales，Christopher Malikane. The effect of credit ratings on emerging market volatility［J］. Journal of International Financial Markets，Institutions & Money，2020（65）.

后　　记

政信，政府信用，贯穿中国数千年历史；金融，资金融通，是现代发展的核心；政信金融伴随着社会的发展，其内涵和意义也在逐渐演化，政信金融业的概念和理论也逐渐清晰和明确。

作为当代中国最早一批从事政信金融的机构，深感政信金融对国家、对行业、对企业、对个人的深远影响和重大意义。我们希望将数十年政信金融的理论研究和从业经验总结、归纳，形成系统性、专业性的教材，用于行业长期研究。

在编著过程中，我们经过深入的总结和探讨，通过查阅大量史料，组织专业人士深入研究，几经完善，终成定稿。感谢给予指导和支持的同行专家、学者和从业人士。

谨以此书献给政信金融的同路人，以期为政信事业做出些许贡献，在政信金融业发展的路上与广大读者共享新时代政信红利。

因水平有限，书中难免存在不当之处，希望广大读者批评指正，联系邮箱：service@ guotouxinda. com。

本书编委会
2021 年 8 月